Pablo

Su vida, llamado y ministerio

JOSUÉ YRION

PABLO: SU VIDA, LLAMADO Y MINISTERIO
Publicado por
Unilit
Medley, FL 33166

Primera edición 2016
© 2016 Josué Yrion
Todos los derechos reservados.

Edición: *Nancy Pineda*
Diseño de la cubierta e interior: *Ximena Urra*
Fotografías e illustración de la cubierta e interior: *©2015 Dundanim,
Pushish Images, ArtMari. Usadas con permiso de Shutterstock.com*

El texto bíblico ha sido tomado de la versión Reina-Valera © 1960
Sociedades Bíblicas en América Latina; © renovado 1988 Sociedades
Bíblicas Unidas. Utilizado con permiso.
Reina-Valera 1960® es una marca registrada de la American Bible Society, y
se puede usar solamente bajo licencia.

Producto 495796 • ISBN 0-7899-2257-6 • 978-0-7899-2257-1

eBook ISBN 0-7899-5833-3 • 978-0-7899-5833-4

Impreso en Colombia
Printed in Colombia

Categoría: Vida cristiana /Crecimiento espiritual /General
Category: Christian Living /Spiritual Growth /General

Cada palabra en hebreo y griego de este libro se tomó del *Diccionario
expositivo de palabras del Antiguo y Nuevo Testamento exhaustivo de Vine*
por W.E. Vine. Derecho reservado @1984 por W.E. Vine.
Usado con permiso de Grupo Nelson. www.gruponelson.com.

Contenido

Introducción

A sí como el profeta Elías, el apóstol Pablo fue un hombre humanamente común como todos. Santiago 5:17 dice que «Elías era hombre sujeto a pasiones semejantes a las nuestras». Es decir, fue igual a nosotros, pero también fue un hombre de una estatura espiritual enorme que experimentó pruebas, tentaciones y aflicciones, como a veces experimentamos todos nosotros.

Pablo no fue un superhombre, al contrario, él mismo lo reconoce en Romanos 7:23-24:

> Pero veo otra ley en mis miembros, que se rebela contra la ley de mi mente, y que me lleva cautivo a la ley del pecado que está en mis miembros. ¡Miserable de mí! ¿quién me librará de este cuerpo de muerte?

Esto lo califica para ser igual a todos los mortales perdonados por Cristo. Sin embargo, también fue un hombre extraordinario para el Señor, alguien de quien todos tenemos que aprender en cuanto a su vida, llamado y ministerio.

Tuvo sus victorias y sus adversidades. Fue un ejemplo vivo del perdón, de la misericordia y de la restauración en Cristo que lo transformó de un perseguidor de la iglesia para convertirse en el heraldo más capacitado y usado por el Señor durante los años dorados de la iglesia primitiva.

Aprendemos más sobre Pablo en sus escritos, los cuales revelan su personalidad, integridad y entrega. También es de destacar lo que escribiera Lucas en el libro de los Hechos, donde de igual manera hay una gran profundidad teológica y espiritual en cuanto a su vida, conversión y servicio.

Presentación

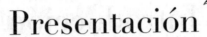

Cuando escribí el primer libro, *El poder de la Palabra de Dios*, mi deseo fue llevar a la Iglesia a un entendimiento teológico más profundo sobre la necesidad de volver a las Escrituras.

En el segundo, *Heme aquí, Señor, envíame a mí*, mi pasión fue hablarle al pueblo de Dios y a sus ministros sobre reconocer la importancia de las misiones mundiales en sus vidas y hacer de la evangelización una prioridad.

En el tercer libro, *La crisis en la familia de hoy*, mi intención fue establecer las bases bíblicas para un matrimonio estable, sólido y santo, teniendo a Cristo como fuente de todas las bendiciones, ya sean materiales o espirituales, a fin de que el hogar sea capaz de resistir los embates furiosos del enemigo y permanecer hasta el fin.

En el cuarto, *La fe que mueve la mano de Dios*, mi propósito fue escribirles a los cristianos y ministros diciéndoles que la fe madura es capaz de llevarles a niveles espirituales poderosos y a recibir grandes milagros de parte de Dios, si tan solo creemos lo que ya sabemos y predicamos.

En el quinto libro, *El secreto de la oración eficaz*, mi énfasis fue dejar en claro la importancia de mantener o regresar a la comunión íntima con el Señor al obtener el resultado y la respuesta que esperamos de Dios a través del secreto de una oración específica y de poder hecha por medio del Espíritu Santo.

En el sexto libro, *La vida espiritual victoriosa*, mi corazón anheló expresar que es posible vivir una vida espiritual plena, abundante y próspera cuando empleamos las bases de la Palabra de Dios para obtenerla.

En el séptimo y el octavo libro, *Espíritu Santo, necesito conocerte más*, que están en dos tomos, mi vida y mi ser escribieron sobre la tercera persona de la Santísima Trinidad de la cual, creyentes y ministros, necesitamos el respaldo, la ayuda, el poder, la unción y la autoridad del Espíritu Santo en todas las esferas de nuestra vida personal, privada y pública.

En el noveno libro, *«Dad, y se os dará»*, hablé sobre la necesidad de tener un entendimiento claro y sencillo, y al mismo tiempo profundo en lo espiritual, sobre la administración y la mayordomía de las finanzas, la necesidad de estar fundamentado en la Palabra de Dios y aplicar sus principios establecidos como el ser fieles en los diezmos, en las ofrendas y el sostenimiento de la obra de Dios en cuanto a su avance mediante la evangelización y las misiones mundiales.

En este décimo libro, *Pablo: Su vida, llamado y ministerio*, deseo escribir sobre el ejemplo de este gran hombre de Dios, del cual todos nos podemos beneficiar. Su amor por Cristo, sus tribulaciones, persecuciones, prisiones, aflicciones, su pasión, su ambición de predicar donde el Señor no se había anunciado, así como de su motivación y liderazgo en la preparación de nuevos candidatos a obreros, hicieron del apóstol Pablo el personaje más importante del Nuevo Testamento después del propio Cristo. En esencia, los escritos de Pablo son la base de la teología cristiana del Nuevo Testamento, solo a continuación de las enseñanzas mismas de Jesucristo en los cuatro Evangelios.

Estoy seguro que la lectura de este libro le llevará a un nivel espiritual más profundo en el caminar de su vida espiritual al aplicar los principios de una vida de renuncia, abnegación y humildad, como fue la de Pablo. Sin duda, él nos inspira a lo que es capaz de alcanzar alguien dispuesto a pagar el precio que sea necesario, a fin de ver a su Señor glorificado y exaltado. A través del ejemplo de su vida, vemos su llamado radical y un ministerio que cambió su generación y que hasta hoy impacta e impactará generaciones futuras hasta que Cristo venga.

¡Que el Señor le bendiga junto a su familia, iglesia y ministerio!

Rvdo. Josué Yrion
Diciembre de 2015
Los Ángeles, California

Dedicatoria

L a Biblia nos dice que Pablo era un ejemplo del Señor mismo: «Sed imitadores de mí, así como yo de Cristo» (1 Co 11:1). Partiendo de esta primicia, deseo dedicar este libro a los cristianos y ministros que he conocido en el mundo entero, ya sean pastores, evangelistas, misioneros, maestros y todo aquel que participa en algún ministerio y que, al igual que yo, tenemos los ojos puestos en Cristo y que deseamos vivir una vida ejemplar con nuestras acciones, palabras y actitudes.

Pablo imitaba, seguía, tenía como ejemplo, como base para su vida, llamado y ministerio al Señor Jesucristo. Nosotros debemos hacer lo mismo. En Filipenses 4:9 también dice: «Lo que aprendisteis y recibisteis y oísteis y visteis en mí, esto haced; y el Dios de paz estará con vosotros». Después de muchos años de seguir a su Señor, Pablo había adquirido un alto nivel espiritual de los demás cristianos y ministros de su época en cuanto al ministerio y liderazgo, así que pudo decir estas profundas palabras al ponerse a sí mismo como ejemplo.

Esta también debe ser nuestra meta: ¡Seguir el ejemplo de Cristo! Al mismo tiempo, que podamos servir de ejemplo a otros, de modo que con solo mirarnos o escuchar de nosotros, puedan decir sin sombras de duda lo mismo que dijeron con respecto de Pedro y Juan:

> Entonces viendo el denuedo de Pedro y de Juan, y sabiendo que eran hombres sin letras y del vulgo, se maravillaban; y les reconocían que habían estado con Jesús.
>
> **HECHOS 4:13**

Dios permita que todos, creyentes o no, reconozcan, sepan y se den cuenta que hemos estado con Jesús, que le conocemos, le amamos y deseamos ser como Él. Por lo tanto, este libro está dedicado a todo cristiano y ministro que es, y desea ser, cada día más un ejemplo, así como fue la incomparable vida de Cristo mismo y la vida extraordinaria del gran apóstol Pablo.

Prólogo

Se dice que un buen joyero puede reconocer cuando una piedra preciosa como el diamante es legítima y de buena calidad. Su experiencia y larga carrera en su oficio le han llenado sus ojos con el brillo inconfundible del diamante, sus formas, sus matices. Por eso, le es muy fácil reconocer lo auténtico de lo que no lo es. Su trabajo de tomar un diamante en bruto, darle sus golpecitos, pulirlo y limpiarlo hasta que pueda sacar una fina joya, le hace un experto en la materia. Por consiguiente, se respeta su palabra y opinión, y todos lo tienen en cuenta.

Dios es mayor que un joyero. Él sabe reconocer cuál es la piedra más valiosa que existe en el mundo entero, pues la creó. Cuando escoge una de esas piedras preciosas, no hay margen de equivocación porque es un experto en la materia de las piedras preciosas. Él sabe cómo pulirlas para que brillen con un gran resplandor.

Saulo de Tarso era un diamante en bruto y los ojos del Altísimo se posaron en él, pues sabía que de esta piedra sin pulir haría una linda joya, un vaso de honra. Además, conocía que este diamante tenía un valor inmenso para su reino. Así que Dios decidió pulir aquel diamante en bruto, y con el primer golpecito para comenzar la labor de pulirlo, Saulo cayó al suelo. Aquel hombre respirando amenazas y muerte en contra de los cristianos, derribado en tierra dijo: «Señor, ¿qué quieres que yo haga?» (Hch 9:6). Bajo ese proceso de pulirlo, Saulo entró en Damasco.

Allí en Damasco estaba aquel hombre fiero y perseguidor de la Iglesia, ciego, sin comer ni beber durante tres días, orando, humillado ante Dios, mientras el Espíritu Santo trabajaba, puliéndolo y transformándolo en un hombre nuevo.

Entonces, el Señor le declara a Ananías lo importante que era Saulo para la obra de su reino y le ordenó:

> Ve, porque instrumento escogido me es éste, para llevar mi nombre en presencia de los gentiles, y de reyes, y de los hijos de Israel; porque yo le mostraré cuánto le es necesario padecer por mi nombre.
>
> **HECHOS 9:15-16**

¡Qué lindo es saber que Dios no tiene en cuenta nuestro pasado y nos escoge como instrumentos para su gloria! ¡Aleluya!

Cuando Ananías llegó y le impuso las manos a Saulo, el proceso del pulido comenzó a dar su fruto. Ahora en aquel cuarto había un hermoso diamante que comenzaba a brillar. Es más, había un nuevo hombre lleno del Espíritu Santo y dispuesto a servir al Señor a quien antes persiguió, dispuesto a padecer y morir por su Nombre.

Dios escogió a Pablo con un propósito, y para cumplir ese propósito, tenía que acomodar el entorno donde se iba a mover, a fin de prepararlo para su obra. No fue casualidad que los padres de Saulo siendo judíos se fueran a radicar en Tarso, la capital de Cilicia (la actual Turquía), en el Asia Menor.

Según la historia, la ciudad de Tarso se destacaba en esa época por el gran nivel cultural de sus habitantes. En esta ciudad tan renombrada en su tiempo por su nivel cultural fue donde Saulo recibió su primera educación. Por consiguiente, llegó a ser un hombre muy instruido, y hablaba con fluidez el griego, el hebreo y el arameo. Allí mismo en Tarso conoció la cultura pagana, por lo que en sus epístolas podía hablar con pleno conocimiento de lo que era el paganismo, y citar algunos de sus poetas y profetas en sus cartas (véase Tit 1:12). Además, siendo nativo de esta ciudad, Pablo tenía los derechos del ciudadano romano, lo cual le ayudó a entrar en los más elegantes salones del Imperio romano para predicar la Palabra de Dios.

El Señor tenía un propósito específico para la vida de Pablo, y en este plan no solo recibiría instrucción secular, sino también instrucción en la Ley de Moisés. Se cree que siendo un adolescente o un joven se trasladó a Jerusalén, donde recibió su instrucción final a los pies del renombrado maestro Gamaliel. Era necesario que el apóstol Pablo fuera un hombre letrado, conocedor de la cultura griega, del paganismo y de la religión de sus padres, con el fin de que pudiera dar con sabiduría el mensaje de salvación. Siendo tan instruido podía comunicarse con todos. Podía hablar en las altas esferas sociales del Imperio, podía hablar con los filósofos griegos de la época, pero también podía hablar con una sencilla vendedora de púrpura o con un simple carcelero.

Pablo fue un hombre extraordinario que se entregó a Cristo con todo su corazón. A pesar de que recibió tanta revelación de Dios, no decía ser perfecto, sino que era humilde, tal y como él mismo dijo:

> Hermanos, yo mismo no pretendo haberlo ya alcanzado; pero una cosa hago: olvidando ciertamente lo que queda atrás, y extendiéndome a lo que está delante, prosigo a la meta, al premio del supremo llamamiento de Dios en Cristo Jesús.
>
> **FILIPENSES 3:13-14**

Sin lugar a dudas, en la vida y el ministerio del apóstol Pablo tenemos un ejemplo a seguir. No cualquier hombre puede decir: «Lo que aprendisteis y recibisteis y oísteis y visteis en mí, esto haced» (Flp 4:9). Sin embargo, podía decirlo porque vivía lo que predicaba. El estudio de la vida de este gran hombre nos impartirá nuevas fuerzas para llevar a cabo nuestro llamado, nuestra tarea en el Señor. Su entrega, su pasión, su abnegación, su arduo trabajo para el Señor nos motivará a trabajar como este gran siervo de Dios.

Creo que este libro escrito por mi querido esposo, titulado *Pablo: Su vida, llamado y ministerio*, nos dará un entendimiento mayor de lo que es ser un siervo del Dios Altísimo. Dios también nos ha llamado y escogido a todos nosotros para llevar a cabo una obra, un ministerio, para la gloria de su Nombre. A todos nos ha pulido, y nos sigue puliendo cada día, para quitar las impurezas de la vieja levadura en nuestras vidas, a fin de que brillemos en un mundo en tinieblas.

Aprendamos de este gran hombre que fue el apóstol Pablo, y hagamos bien nuestro trabajo para que podamos decir al final como él: «He peleado la buena batalla, he acabado la carrera, he guardado la fe» (2 Ti 4:7). ¡Amén!

Dámaris Yrion

Lista de abreviaturas

Antes de Cristo	a. C.	Hechos	Hch
Después de Cristo	d. C.	Romanos	Ro
Antiguo Testamento	AT	1 Corintios	1 Co
Nuevo Testamento	NT	2 Corintios	2 Co
Génesis	Gn	Gálatas	Gl
Éxodo	Éx	Efesios	Ef
Números	Nm	Filipenses	Flp
Deuteronomio	Dt	Colosenses	Col
1 Samuel	1 S	1 Tesalonicenses	1 Ts
2 Samuel	2 S	2 Tesalonicenses	2 Ts
1 Reyes	1 R	1 Timoteo	1 Ti
Job	Job	2 Timoteo	2 Ti
Salmos	Sal	Tito	Tit
Proverbios	Pr	Filemón	Flm
Eclesiastés	Ec	Hebreos	Heb
Isaías	Is	Santiago	Stg
Jeremías	Jer	1 Pedro	1 P
Mateo	Mt	2 Pedro	2 P
Marcos	Mr	1 Juan	1 Jn
Lucas	Lc	Apocalipsis	Ap
Juan	Jn		

PRIMERA PARTE

PABLO Y SU VIDA

Pablo y su preparación

Porque ya habéis oído acerca de mi conducta en otro tiempo
en el judaísmo, que perseguía sobremanera a la iglesia de Dios,
y la asolaba; y en el judaísmo aventajaba a muchos de mis
contemporáneos en mi nación, siendo mucho más celoso de las
tradiciones de mis padres.

GÁLATAS 1:13-14

Es fascinante estudiar, pesquisar y escribir sobre la vida de este gran hombre llamado Pablo, que en griego es *Paulos* y en latín *Paulus*, que significa «pequeño». Se le llamó el apóstol a los gentiles: «Porque a vosotros hablo, gentiles. Por cuanto yo soy apóstol a los gentiles, honro mi ministerio» (Ro 11:13). También se le llamó Saulo, en hebreo «pedido», en honor al primer rey de Israel, Saúl. Es probable que llevara ambos nombres desde la niñez. De las referencias bíblicas en cuanto a la conducta de Pablo antes de su conversión, sabemos que era Saulo, nacido en Tarso, en la región de Cilicia, se educó bajo Gamaliel, era miembro del Sanedrín y que más tarde se volvió perseguidor de la Iglesia.

En el pasaje anterior, la palabra «conducta» en griego es «**agoge**», de «**ago**», que es «conducir», lo cual denota la enseñanza en sí. Luego, en sentido figurado, significa «instrucción, disciplina». De modo que se trata de «la vida vivida, una manera o curso de vida, conducta», como en 2 Timoteo 3:10, que se refiere a la «conducta» y la «instrucción». En este pasaje también se usa la palabra griega «**anástrofe**», que literalmente significa «volverse atrás» y se traduce como «conducta» y «manera de vivir». Por lo tanto, la «conducta» de Pablo antes de su encuentro con Cristo era la de perseguidor de los cristianos.

Sin embargo, desde sus primeros días, de los que tenemos un registro del propio Pablo, este desplegó cualidades excepcionales de liderazgo. Siempre fue un hombre de una capacidad impresionante y de una entrega increíble en todo lo que hacía, por eso muchos lo señalan como el cristiano más exitoso.

Además, por lo que logró, se considera que su carrera es la más prodigiosa en la historia del mundo en cuanto a su influencia a nivel mundial.

Teólogos han dicho que Pablo poseyó en realidad todos los dones del Espíritu y los ejerció con una habilidad única. Tal era su preparación que, si hoy en día hiciéramos un paralelo suyo, diríamos que su capacidad sería idónea para hablar en una graduación de cualquier escuela alrededor del mundo, así como para hablar con presidentes, primeros ministros, jefes de estado, reyes, príncipes, científicos y con cualquier persona en cualquier nivel y en cualquier nación del mundo. En la actualidad, su erudición sería como hablar inglés, mandarín, chino, francés, italiano, griego, hebreo, español, etc. Además, sería capaz de opinar respecto a Confucio o Buda, así como exponer sus ideas en las universidades de Oxford o Harvard. Incluso, también podría hablar en la Casa Blanca o en el Kremlin de Moscú, o debatir con sus oponentes en el gobierno de Inglaterra o en el Parlamento británico. Asimismo, tendría la habilidad de hablar en cualquier academia de ciencias y letras, y a la vez hablar y dialogar con cualquier trabajador o persona común y sencilla. Su carácter era excepcional. La Biblia destaca este punto:

> Y hablaba denodadamente en el nombre del Señor, y disputaba con los griegos.
>
> **HECHOS 9:29**

Pablo podía discutir, debatir, argumentar, exponer, predicar, dialogar, enseñar y anunciar el evangelio con cualquier persona. ¡Qué extraordinario!

Tarso y su riqueza cultural y comercial

Pablo nació en la ciudad de Tarso, capital de Cilicia, la cual era una provincia romana al sureste del Asia Menor. Esa ciudad estaba a orillas del río Cidno, navegable hasta la fecha, por lo que se convirtió en un centro del tráfico comercial que se extendía a muchos países a lo largo de las costas del Mediterráneo, así como a los países centrales del Asia Menor. Por lo tanto, se transformó en una ciudad distinguida por la riqueza de sus habitantes.

Tarso poseía una gran universidad de las tres más ilustres del Imperio romano, las otras dos estaban en Atenas y Alejandría. Incluso, su reputación era mayor que las de estas universidades, pues las superaba en eminencia intelectual.

Tarso tenía abundantes corderos de montaña de larga lana de la que se hacían las famosas ropas sicilianas que se vendían en los mercados públicos. Pablo sentía mucho orgullo de su ciudad natal y la menciona en Hechos 21:39: «Entonces dijo Pablo: Yo de cierto soy hombre judío de Tarso, ciudadano de una ciudad no insignificante de Cilicia».

Algunos datos importantes de la vida de Pablo

Las fuentes fundamentales que tenemos acerca de la vida y del pensamiento de Pablo proceden del libro de Hechos y de las trece epístolas paulinas. En Hechos, Lucas no ofrece una biografía de Pablo, pero nos dejó mucha más información biográfica de la que se halla en las cartas de Pablo. Además de mencionarlo varias veces en la primera sección de su libro, Lucas le dedica por completo los últimos dieciséis capítulos a la vida Pablo. Aunque trece epístolas del Nuevo Testamento se le atribuyen al apóstol, quizá escribiera varias más (véanse 1 Co 5:9; 2 Co 2:4; y Col 4:16).

Muchos dicen que tal vez Pablo naciera más o menos en el mismo tiempo que Cristo. En cambio, la mayoría de los eruditos estima que nació en el año 2 a. C. Esto se basa en la especulación de que murió en el año 66 d. C. y de que quizá Pablo tuviera unos sesenta y ocho años en ese momento.

Pablo fue producto de la civilización grecorromana y del judaísmo de sus padres. Como dijimos, nació en la ciudad romana de Tarso, capital de Cilicia, y hasta en años posteriores se le relacionaba con esta ciudad típica de las ciudades romanas que heredaron la civilización helénica y un notable centro de cultura. Debido a su procedencia, se le llamaba «Saulo de Tarso» (véanse Hch 9:11, 30 y 11:25). No sabemos por cuánto tiempo ni hasta qué punto influyó este ambiente en el joven Pablo.

Su familia y su influencia judía

Pablo procedía de una familia prestigiosa e influyente porque sus miembros calificaban para los requerimientos como ciudadanos de Tarso. Sus padres, que eran de la tribu de Benjamín, nombraron a su hijo en memoria del ilustre rey Saúl. Como sus padres tenían la ciudadanía romana, añadirían el nombre en latín, *Paulus*. Esta ciudadanía romana lo puso en la aristocracia de Tarso.

Sobre su familia se sabe que hablaba griego y que le resultaba conocido el arameo. Su educación temprana fue en la casa o en alguna escuela conectada con la sinagoga, pues sus padres jamás les hubieran encomendado la educación de su hijo a los gentiles.

A los quince años de edad, Pablo hizo un viaje a Jerusalén y tal vez viviera algún tiempo con su hermana (en Hechos 23:16 se habla «de la hermana de Pablo» y de su sobrino). Entre paréntesis, tal parece que algunos de sus parientes abrazaron el cristianismo antes que Pablo, pues en el saludo de la epístola que les escribiera a los romanos aclara lo siguiente: «Saludad a Andrónico y a Junias, mis parientes y mis compañeros de prisiones, los cuales son muy estimados entre los apóstoles, y que también fueron antes de mí en Cristo» (16:7).

En cuanto a su religión, su padre era un fariseo devoto y de seguro que su hijo pasó de forma meticulosa por todo el proceso ceremonial de la ley judaica. Más tarde, el mismo Pablo dijo que creció estrictamente en la tradición de sus padres y en la epístola que les escribió a los filipenses, comenta:

> Aunque yo tengo también de qué confiar en la carne. Si alguno piensa que tiene de qué confiar en la carne, yo más: circuncidado al octavo día, del linaje de Israel, de la tribu de Benjamín, hebreo de hebreos; en cuanto a la ley, fariseo; en cuanto a celo, perseguidor de la iglesia; en cuanto a la justicia que es en la ley, irreprensible.
>
> **FILIPENSES 3:4-6**

Más que sus raíces farisaicas y romanas, en Pablo influyó el judaísmo. Tal y como vimos en el pasaje anterior, aquí no solo da fe de la pureza de su linaje, sino también de su crianza en el conocimiento del Antiguo Testamento en un hogar de habla aramea. Es más, su amor por su nación y su orgullo de ser judío, aun después de ser cristiano, se ven en Romanos 9:1-5 y 10:1.

Según la costumbre judía, aprendió también un oficio, la fabricación de tiendas, que ejerció a lo largo de su ministerio (véanse Hch 18:3; 1 Co 4:12; 9:14-15; y 1 Ts 2:9).

Sin embargo, el hecho de que sus padres fueran ciudadanos de Tarso indica que residió allí por algún tiempo e identifica a la familia con una colonia judía permanente en ese lugar. Esto explica en parte la facilidad, dignidad y pasión de poeta que Pablo manifiesta en su manejo del idioma griego. También puede explicar su familiaridad, aunque rudimentaria y popular, con el pensamiento y la filosofía gentil. Muchos han notado en el apóstol la universalidad y el amor a la verdad y a la investigación, que eran cualidades del griego.

No solo su procedencia de una ciudad grande y culta, sino también su ciudadanía romana, eran motivo de orgullo para Pablo (véanse Hch 16:37; 21:39; y 22:25). Esta última lo libró de la injusticia y le facilitó su entrada a la aristocracia del Imperio. En efecto, Pablo desempeñó el papel de un caballero romano por su compostura ante gobernadores y reyes, y por el respeto que les mostraron estos.

Papel de Gamaliel en su preparación

Durante su crecimiento y aprendizaje, Pablo se vio expuesto a una serie de enseñanzas profundas. Según la costumbre judía, Pablo debió de ingresar en la «casa de interpretación» a los quince años de edad para que le instruyeran los escribas. Su maestro fue Gamaliel, hombre piadoso, pacífico y franco, de quien recibió preparación teológica y con quien estudió a fondo el Antiguo Testamento, el griego, el hebreo y los métodos exegéticos rabínicos. Hechos 22:3 lo confirma:

> Yo de cierto soy judío, nacido en Tarso de Cilicia, pero criado en esta ciudad, instruido a los pies de Gamaliel, estrictamente conforme a la ley de nuestros padres, celoso de Dios, como hoy lo sois todos vosotros.

17

Todo esto sentó las bases para que Pablo llegara a ser un futuro rabino fariseo como su mentor Gamaliel. Sin duda, uno de los grandes privilegios de Pablo fue el de aprender de este doctor de la ley, a quien llamaban «la belleza de la Ley».

Gamaliel era de la escuela de Hillel que poseía un punto de vista más amplio y liberal que el de otro doctor de la ley llamado Shammai, quien era demasiado estricto y legalista.

Siendo lo contrario de Shammai, a Gamaliel le interesaba la literatura griega y animaba a los judíos para que entablaran amistad con los extranjeros. Por eso Pablo conoció muchas otras culturas, literaturas, libros e idiomas. Por lo tanto, en lo académico, Pablo sobrepasó a todos los demás estudiantes de su época. Así lo testifica cuando dijo:

> Y en el judaísmo aventajaba a muchos de mis contemporáneos en mi nación, siendo mucho más celoso de las tradiciones de mis padres.
>
> GÁLATAS 1:14

Es evidente que tras todo esto se encontraba la mano de Dios que lo preparaba para lo que sería en el futuro.

Por otra parte, vemos que también Gamaliel fue el que más tarde aconsejara moderación cuando la multitud quería apedrear a Pedro y los demás apóstoles, al decir estas sabias palabras:

> Entonces levantándose en el concilio un fariseo llamado Gamaliel, doctor de la ley, venerado de todo el pueblo, mandó que sacasen fuera por un momento a los apóstoles, y luego dijo: Varones israelitas, mirad por vosotros lo que vais a hacer respecto a estos hombres. Porque antes de estos días se levantó Teudas, diciendo que era alguien. A éste se unió un número como de cuatrocientos hombres; pero él fue muerto, y todos los que le obedecían fueron dispersados y reducidos a nada. Después de éste, se levantó Judas el galileo, en los días del censo, y llevó en pos de sí a mucho pueblo. Pereció también él, y todos los que le obedecían fueron dispersados. Y ahora os digo: Apartaos de estos hombres, y dejadlos; porque si este consejo o esta obra es de los hombres, se desvanecerá; mas si es de Dios, no la podréis destruir; no seáis tal vez hallados luchando contra Dios.
>
> HECHOS 5:34-39

Sin sombra de duda, Gamaliel influyó con su sabiduría y moderación para siempre en la vida de Pablo. Después de esta enseñanza y preparación bajo este gran instructor y mentor, Pablo regresó a casa y estaba listo para empezar su propia vida y sus propias experiencias.

No se sabe con exactitud cuándo empezó la ira y el celo de Pablo contra la iglesia, ya que Gamaliel fue un hombre tolerante. Lo que sí sabemos es que la tradición y la religión en las que creció Pablo, lo llenó de un compromiso personal de arrestar y matar a los cristianos. Su causa era la destrucción de los primeros cristianos.

La elección de Dios

La preparación de un hombre o mujer de Dios empieza con la elección soberana y divina sobre esta persona. Así lo afirma la Palabra en el libro de Jeremías:

> Antes que te formase en el vientre te conocí, y antes que nacieses te santifiqué, te di por profeta a las naciones.
>
> JEREMÍAS 1:5

Dios predestina, escoge y elije a alguien. Entonces, después de nacer, el camino para la preparación de tal persona se torna largo, difícil y doloroso, a fin de fortalecer su carácter y personalidad.

Pablo no fue parte de los doce apóstoles originales que vivieron desde el principio con Jesús durante su vida y ministerio. Sin embargo, es el apóstol que llamó directamente el Señor tras su ascensión. Sería un pilar clave en el proyecto de Dios para llevar el evangelio al mundo entero. Por lo tanto, aunque a Judas lo sustituyó Matías, Pablo sería el que tendría una relevancia fundamental.

Esto se pone de manifiesto cuando Pablo experimenta una radical transformación: De activo enemigo y perseguidor de la Iglesia, por su celo de Dios y la Ley, al más valeroso predicador de Cristo, pues en muchas ocasiones puso en riesgo su vida. Siempre estuvo dispuesto a convertir al mundo y eso lo vemos en su legado que permanece tras dos mil años, al igual que en todo el Nuevo Testamento.

El Señor sabía muy bien a quién escogía, como lo sabe hoy, así que usó a Pablo como el apóstol del conocimiento que queda patente en sus enseñanzas. Educado en la más estricta cátedra de la Torá, en la escuela de Gamaliel, prestigioso maestro y doctor de la Ley de Dios, y de fe fariseo, la secta que creía en la resurrección dentro del judaísmo.

Todo este conocimiento le serviría a Pablo para predicarles a los gentiles que no sabían nada de la Torá... ¡mucho menos del evangelio! Recuerde que Pablo vivía entre culturas helenísticas y grecorromanas con diversas deidades y costumbres paganas. Pareciera que el Señor no hacía uso de este conocimiento. En cambio, sería la enseñanza de Pablo a los judíos la que crearía un vínculo entre judíos y gentiles, pues el Señor lo preparó para que instruyera a todos, en la misma línea del propio Jesucristo, que el evangelio no es solo para judíos, sino para cada nación de la tierra.

La Palabra de Dios tiene un transformador significado espiritual, por eso todo el que va a la Biblia con los ojos del Espíritu encuentra la vida espiritual y eterna. Ante esto, es evidente que el mismo Dios preparó a Pablo para algo grandioso, a medida que vivía una vida de oración y comunión con Él.

Pablo y su oración

Y el Señor le dijo: Levántate, y ve a la calle que se llama
Derecha, y busca en casa de Judas a uno llamado Saulo, de
Tarso; porque he aquí, él ora.

HECHOS 9:11

Edward M. Bounds, el gran autor del libro *El poder a través de la oración*, al escribir sobre la vida de oración de Pablo, expresó: «Pablo fue un líder por elección y llegó a ser reconocido y aceptado de manera universal. Tuvo muchas ventajas en su ministerio. Su conversión radical le permitió transformarse en un gran guerrero de oración. Su llamado al apostolado fue claro y convincente. Tuvo muchas especialidades, dones, habilidades y talentos. Sin embargo, todo esto no era lo más importante de su ministerio. La vida y el ministerio de Pablo quedaron más marcados por la oración, y bendecido y exitoso en gran medida por medio de sus rodillas que por cualquier otro método».

La palabra «orar», o que «ores», en griego es **«proseuchomai»**. Este es un vocablo aglutinante. El sustantivo **«euche»** es una oración a Dios que también implica el hacer un voto; se añade el verbo **«euchomai»,** el cual denota «una invocación, una petición o ruego». Al agregarle **«pros»**, «en la dirección de Dios», **«proseuchomai»** viene a ser, por lo tanto, el término que más a menudo se emplea para «oración».

La palabra «oración» en griego es **«tefillah»,** que significa «oración, súplica, intercesión». En el AT, la palabra **«tefillah»** aparece más de setenta y cinco veces, treinta y dos de ellas en Salmos.

En esta referencia, se le adjudicó un significado especial a las oraciones ofrecidas desde el templo de Jerusalén, pues Dios protegía esa casa de oración de día y de noche. Hoy la casa de oración debe ser la casa espiritual edificada en nuestros corazones (Jn 4:24).

Después de su conversión, se dice que Pablo estaba orando, o que «él ora», o que oraba, en griego, **«palal»,** que significa «orar, rogar, interceder, suplicar». Este verbo aparece más de ochenta veces. La Palabra dice que Pablo «oraba» cuando Ananías lo fue a ver.

¿Cómo oraba Pablo?

Lo primero que hizo Pablo al convertirse fue orar. Esto es muy interesante. Dios le había preparado hasta ahora para esto y para usarlo en gran medida. La vida del apóstol siempre estuvo marcada por la oración. Dios pudiera haberle dicho a Ananías que solo fuera a ver a Pablo. En cambio, fue significativo que le dijera: «He aquí, él ora». Pablo empezó su vida espiritual de rodillas. Las oraciones de Pablo revelan una profundidad de alabanza, adoración, acción de gracias hacia Dios, intercesión por los demás y por él mismo, a fin de que se le abrieran las puertas para predicar y enfrentar la batalla espiritual contra las fuerzas satánicas, ya sea cuando estuvo en libertad o cuando estuvo preso. Por lo tanto, el apóstol oraba de la siguiente manera:

1. **PABLO ORABA POR LOS DEMÁS SIN CESAR**
   2 Timoteo 1:3: «Doy gracias a Dios, al cual sirvo desde mis mayores con limpia conciencia, de que sin cesar me acuerdo de ti en mis oraciones noche y día».

2. **PABLO ORABA Y RECONOCÍA SUS DEBILIDADES**
   2 Corintios 12:8-9: «Respecto a lo cual tres veces he rogado al Señor, que lo quite de mí. Y me ha dicho: Bástate mi gracia; porque mi poder se perfecciona en la debilidad. Por tanto, de buena gana me gloriaré más bien en mis debilidades, para que repose sobre mí el poder de Cristo».

3. **PABLO ORABA CON HUMILDAD**
   Romanos 8:26: «Y de igual manera el Espíritu nos ayuda en nuestra debilidad; pues qué hemos de pedir como conviene, no lo sabemos, pero el Espíritu mismo intercede por nosotros con gemidos indecibles».

4. **PABLO ORABA Y RECONOCÍA LA AYUDA DE OTROS**
   Filipenses 1:19: «Porque sé que por vuestra oración y la suministración del Espíritu de Jesucristo, esto resultará en mi liberación».

5. **PABLO ORABA POR LA IGLESIA, PERO TAMBIÉN PEDÍA ORACIÓN POR ÉL MISMO**
   1 Tesalonicenses 5:25: «Hermanos, orad por nosotros».

6. **PABLO ORABA Y PEDÍA EL FAVOR DE QUE ORARAN POR ÉL**
   2 Corintios 1:11: «Cooperando también vosotros a favor nuestro con la oración».

7. **PABLO ORABA Y PEDÍA QUE ORARAN POR ÉL, A FIN DE QUE DIOS LE CONCEDIERA SABIDURÍA AL HABLAR LA PALABRA**
   Efesios 6:18-19: «Orando n todo tiempo con toda oración y súplica en el Espíritu, y velando en ello con toda perseverancia y súplica por todos los santos; y por mí, a fin de que al abrir mi boca me sea dada palabra para dar a conocer con denuedo el misterio del evangelio».

8. **PABLO ORABA Y ROGABA QUE LA IGLESIA PIDIERA POR ÉL PARA QUE SE ABRIERAN PUERTAS PARA SU MINISTERIO**
   Colosenses 4:3: «Orando también al mismo tiempo por nosotros, para que el Señor nos abra puerta para la palabra, a fin de dar a conocer el misterio de Cristo».

9. **PABLO ORABA CON ACCIÓN DE GRACIAS**
   Colosenses 4:2: «Perseverad en la oración, velando en ella con acción de gracias».

10. **PABLO ORABA POR PERSONAS ESPECÍFICAS, DE MANERA INDIVIDUAL POR CADA UNA, E INTERCEDÍA A SU FAVOR**
    Romanos 1:9: «Porque testigo me es Dios, a quien sirvo en mi espíritu en el evangelio de su Hijo, de que sin cesar hago mención de vosotros siempre en mis oraciones».

El poder de la oración

Edward M. Bounds, refiriéndose de nuevo a los hombres de Dios que llevaron a cabo grandes avivamientos y campañas, dijo: «Ellos no fueron líderes por la brillantez de su intelecto o pensamiento, ni porque poseyeran un gran equipo de trabajo y una organización poderosa en lo financiero tras ellos, sino porque hicieron grandes cosas para el Señor a través del poder de la oración».

En mi libro *El secreto de la oración eficaz*, hablo sobre el poder de una persona que ora y de una vida de intimidad con Dios, así que le recomendaría al lector que lo tenga y que también lea sobre la vida de grandes hombres y misioneros como Daniel Nash, David Brainerd, Juan Knox, Nicolás Zinzendorf, Guillermo Carey, Hudson Taylor, David Livingstone, Henry Martyn y otros que, al igual que ellos, fueron grandes guerreros de oración:

- *Daniel Nash* (1775-1831) fue un gran guerrero de oración para el ministerio de Charles Finney. Nash acostumbraba llegar dos semanas antes de una cruzada de Finney, alquilaba un cuarto en un hotel, solo o con dos o tres hermanos, y lo único que hacía era orar todo el tiempo. Cuando llegaba Finney, predicaba y había grandes multitudes, salvaciones, milagros y avivamiento. Esto no se debía a la predicación de Finney, aunque él se ganaba el crédito, sino por la agonía de la oración y las rodillas de Nash. A veces ni siquiera iba a los cultos. En cambio, mientras Finney ministraba, él oraba todo el tiempo en el Espíritu. En su tumba en Pensilvania está escrito: «Daniel Nash, colaborador de Charles Finney. Poderoso en oración. Nov. 27, 1775—Dic. 20, 1831». Murió con apenas cincuenta y seis años, pero vio la gloria de Dios en grandes avivamientos debido al poder de la oración.

- *David Brainerd*, el gran misionero a los indios pieles rojas al este del río Delaware, dijo: «Me regocijo en mi abnegación personal. Si tengo o no tengo. Por la mañana oré y por la tarde Dios nos dio un gran avivamiento».

- *Juan Knox*, el gran reformador escocés, decía en oración: «Dios, dame las almas de Escocia si no me muero».

- *Nicolás Zinzendorf*, el conde alemán, oraba: «A ti, Señor, te entrego mi vida, la de mi esposa y la de mis hijos. Solo quiero que me uses para tu gloria».

- *Guillermo Carey*, en intercesión, dijo: «Quiero gastarme para ti aquí en la India».

- *Hudson Taylor*, en China, dijo acerca de la oración: «El sol nunca se levantó detrás de las montañas antes de que yo estuviera de rodillas».

- *David Livingstone*, con gran agonía y amor, lloraba en oración por las almas en África diciendo: «Dios, este es el continente de mi amor, de las lenguas que no entiendo y del calor insoportable, pero desde aquí me encontraré contigo».

- *Henry Martyn*, misionero a la India, durante tiempos de pruebas y necesidades se deleitaba en orar por los demás para que se convirtieran por el poder de Dios y para ver el avivamiento. Su oración era: «Amado Señor, ¡heme aquí!».

Las vidas de estos grandes hombres nos muestran una vez más que las personas y las iglesias en oración tienen vidas victoriosas y llenas del Espíritu

Santo en todos los aspectos y en sus diferentes departamentos. Nosotros haríamos bien si los imitáramos e hiciéramos lo mismo.

Pablo, un guerrero en la oración

Pablo fue un gran hombre de oración durante toda su vida. Incluso, nos exhorta a que lo seamos también: «Orad sin cesar» (1 Ts 5:17). Basta leer el libro de Hechos y las cartas de Pablo para darnos cuenta de que la oración tenía un papel fundamental en su vida. La oración para él era algo normal y nunca procuró explicar lo necesario que era, pues para el apóstol era algo natural en el crecimiento de la vida cristiana.

Para muchos cristianos, a veces la oración es fría, seca y repetitiva. En Pablo, sin embargo, esto no era así, pues la oración era vital para él que postrado vivía una vida victoriosa debido a ella.

Entre otras cosas, su oración de intercesión era por otras personas, ciudades y su pueblo; oraba por las iglesias y sus convertidos; rogaba para saber la voluntad de Dios; hacía plegarias para obtener ánimo y fuerzas físicas; elevaba peticiones para recibir sabiduría, estrategia, guía y discernimiento espiritual; pedía por la unción del Espíritu; adoraba en sus rodillas con acción de gracias; reconocía sus debilidades y también les pedía oración a las demás iglesias; entraba en guerra espiritual en contra de las fuerzas de maldad (Ef 6:10-19); y todo lo soportaba por amor a Cristo.

Donde otros miraban dificultades, Pablo miraba oportunidades a través de la oración. Nada le era imposible, excepto si Dios no estaba en el asunto y la soberanía divina lo impedía, como sucedió en una ocasión: «Y cuando llegaron a Misia, intentaron ir a Bitinia, pero el Espíritu no se lo permitió» (Hch 16:7).

Debido a que Pablo vivió una vida de oración, tuvo a bien mantener su conciencia de acuerdo a la Palabra de Dios.

Pablo y su concienciación

Porque nuestra gloria es esta: el testimonio de nuestra
conciencia, que con sencillez y sinceridad de Dios, no con
sabiduría humana, sino con la gracia de Dios, nos hemos
conducido en el mundo, y mucho más con vosotros.

2 CORINTIOS 1:12

Existen leyes negociables y leyes no negociables. Las leyes de la física, las
leyes civiles y las leyes de Dios no son negociables. Las leyes de compra y
venta escrita en un contrato sí son negociables.

La ley moral de Dios establecida en su Palabra no es negociable, por eso
nuestra convicción no es negociable. Pablo siempre mantuvo sus convicciones sin negociarlas y su conciencia limpia en todo tiempo en cada aspecto de
su vida. Además, poseía convicciones que eran duraderas como el hierro y el
acero. Tenía convicciones inamovibles, profundas y poderosas, tanto en su
corazón como en su conciencia. Estos principios eran la marca de su vida y
más tarde de su ministerio.

La palabra «conciencia» en griego es **«suneidesis»,** que literalmente significa uno conociendo con **«sun»,** de oír, de conocer, esto es, un conocimiento de uno mismo, el testimonio que da la propia conducta por la conciencia,
la facultad por la que llegamos a saber la voluntad de Dios, como lo que está
dispuesto para gobernar nuestra vida; la sede del sentido de culpa delante de
Dios, el proceso de pensamiento que distingue lo que se considera bueno o
malo en lo moral, donde se alaba lo bueno, se condena lo malo, y de ese modo
se impulsa a hacer lo primero y se evita lo último; lo que da testimonio de la
ley de Dios; lo que actúa de una cierta manera debido a que la conciencia lo
exige; recomendándose uno mismo a la conciencia de cada hombre» (2 Co
4:2 y 5:11). En el caso de Pablo, su conciencia era intachable, recta e íntegra.

A.T. Robertson, en su libro *The Glory of the Ministry* [La gloria del mi-
nisterio], afirma: «La sabiduría del predicador no es lo que inspira vida a sus
oyentes, sino sus convicciones. La verdadera llama de fuego pone fuego y

levanta otra llama. A los hombres que hablan con convicción los escucharán y respetarán». Yo diría que no importa cuánto se estudie ni se sepa. Tampoco importa el conocimiento que tengamos, ni la brillantez de nuestra mente. Aunque esto sea muy importante y necesario en nuestras vidas y nuestros ministerios, nada quitará el lugar de la sinceridad y la convicción del corazón y de la conciencia del predicador.

Convicción y conciencia

¿Qué es una convicción? Una convicción es una creencia fuerte basada en alguna cosa. Es una evidencia satisfactoria aprobada por nuestra conciencia que no se compromete, ni se negocia, ni se cambia. En otras palabras, las opiniones solo cuestan el soplo del aire con el que hablamos, pero la convicción puede costar una vida entera de trabajo, sacrificio, esfuerzo, ministerio, etc. La convicción no es solo el producto de la mente y la razón. La convicción empieza en el corazón, en la sede de nuestros sentimientos y de nuestra conciencia, en nuestro espíritu, adentro de nosotros.

El Dr. Martin Luther King Jr. dijo: «A Dios le lleva años preparar y levantar a un hombre y a una mujer de Dios, pero al diablo le lleva segundos derrumbarlos».

Una conciencia condenadora no es un buen recurso en la mano de cualquier líder cristiano o creyente. Pablo enseña con claridad sobre la función de una conciencia victoriosa y equilibrada en lo emocional y lo espiritual. Pasar por alto este punto y desobedecer la voz de Dios por medio de nuestras conciencias es poner en desorden y peligro nuestra vida, familia y nuestro ministerio.

¿Qué es la conciencia? La conciencia se ha definido como el testimonio y juicio del alma que da su aprobación o desaprobación a algún pensamiento, palabra o hecho de nuestra parte. Es un trabajo y actividad entre la conciencia y las emociones, a fin de percibir la dirección moral del bien y del mal.

La conciencia en sí misma no tiene la facultad de ejercer la voluntad de nadie. Ni tiene poder para hacer que el hombre haga el bien o el mal. Dicta el veredicto, pero deja la decisión a la voluntad de la persona. No asume la responsabilidad por las acciones... Es como el termostato que solo indica la temperatura, pero no la puede cambiar.

Pablo y la conciencia

Por lo tanto, ¿qué nos dice Pablo acerca de la conciencia? Veamos sus respuestas a la luz de la Palabra:

1.   PABLO SIEMPRE BUSCABA TENER UNA CONCIENCIA SIN OFENSA
Hechos 24:16: «Y por esto procuro tener siempre una conciencia sin ofensa ante Dios y ante los hombres».

2. **PABLO SIEMPRE VIVÍA EN EL TEMOR DE DIOS Y DE SU CONCIENCIA TAMBIÉN**
2 Corintios 5:11: «Conociendo, pues, el temor del Señor, persuadimos a los hombres; pero a Dios le es manifiesto lo que somos; y espero que también lo sea a vuestras conciencias».

3. **PABLO NOS ADVIERTE QUE NO TENGAMOS UNA CONCIENCIA DÉBIL**
1 Corintios 8:7-9: «Pero no en todos hay este conocimiento; porque algunos, habituados hasta aquí a los ídolos, comen como sacrificado a ídolos, y su conciencia, siendo débil, se contamina. Si bien la vianda no nos hace más aceptos ante Dios; pues ni porque comamos, seremos más, ni porque no comamos, seremos menos. Pero mirad que esta libertad vuestra no venga a ser tropezadero para los débiles».

4. **PABLO NOS ADVIERTE QUE NO SEAMOS TROPEZADERO PARA LOS DEMÁS EN CUANTO A SUS CONCIENCIAS**
1 Corintios 8:10-12: «Porque si alguno te ve a ti, que tienes conocimiento, sentado a la mesa en un lugar de ídolos, la conciencia de aquel que es débil, ¿no será estimulada a comer de lo sacrificado a los ídolos? Y por el conocimiento tuyo, se perderá el hermano débil por quien Cristo murió. De esta manera, pues, pecando contra los hermanos e hiriendo su débil conciencia, contra Cristo pecáis».

Si nosotros persistimos en hacer lo malo después de las advertencias y de las protestas de nuestra conciencia, esta se volverá insensible y se cauterizará. Además, Dios no nos volverá a hablar por medio de su Espíritu. Si usted siempre limpia su reloj, funcionará bien por muchos años. En cambio, una partícula de polvo puede causar que un reloj deje de marcar bien la hora y, a la larga, puede dejar de funcionar. Lo mismo sucede con nuestras conciencias.

5. **PABLO NOS ACONSEJA QUE TENGAMOS UNA CONCIENCIA PURA**
Tito 1:15: «Todas las cosas son puras para los puros, mas para los corrompidos e incrédulos nada les es puro; pues hasta su mente y su conciencia están corrompidas». (Para muchos, lo malo es bueno y lo bueno es malo).

6. **PABLO NOS DICE QUE NUESTRAS CONCIENCIAS DEBEN SER BUENAS**
Hebreos 10:22: «Acerquémonos con corazón sincero, en plena certidumbre de fe, purificados los corazones de mala conciencia, y lavados los cuerpos con agua pura».

7. **PABLO NOS DICE QUE QUIENES PERSISTEN EN PECAR, VAN A CAUTERIZAR Y ACALLAR LA VOZ DE SUS CONCIENCIAS**
1 Timoteo 4:2: «Por la hipocresía de mentirosos que, teniendo cauterizada la conciencia». (La conciencia cauterizada es insensible por completo, pues deja de protestar).

8. **PABLO NOS DICE QUE MANTENGAMOS SENSIBLES LA FE Y LA CONCIENCIA**
1 Timoteo 1:19: «Manteniendo la fe y buena conciencia, desechando la cual naufragaron en cuanto a la fe algunos».

9. **PABLO NOS REDARGUYE A NOSOTROS LOS MINISTROS PARA QUE BUSQUEMOS UNA CONCIENCIA LIMPIA**
1 Timoteo 3:9: «Que guarden el misterio de la fe con limpia conciencia».

10. **PABLO NOS DICE A TODOS LOS CRISTIANOS QUE DEBEMOS SERVIR A DIOS CON UNA CONCIENCIA TRANSPARENTE, CLARA Y LIMPIA**
2 Timoteo 1:3: «Doy gracias a Dios, al cual sirvo desde mis mayores con limpia conciencia».

11. **PABLO NOS ADVIERTE QUE NO SEAMOS HIPÓCRITAS Y QUE MANTENGAMOS UNA CONCIENCIA LIMPIA**
1 Timoteo 1:5: «Pues el propósito de este mandamiento es el amor nacido de corazón limpio, y de buena conciencia, y de fe no fingida».

12. **PABLO NOS DICE QUE SOLO LA SANGRE DE CRISTO PUEDE LIMPIAR NUESTRAS CONCIENCIAS Y DARNOS LA VICTORIA**
Hebreos 9:14: «¿Cuánto más la sangre de Cristo, el cual mediante el Espíritu eterno se ofreció a sí mismo sin mancha a Dios, limpiará vuestras conciencias de obras muertas para que sirváis al Dios vivo?».
La conciencia no tiene cura para sí misma, solo la tiene la sangre de Cristo. Cuando el hombre pecó, se desequilibró (perdió el equilibrio) el mecanismo de la conciencia humana. Así que necesita reajustarse y solo Cristo la puede arreglar. Humanamente hablando, es imposible que lo pueda hacer la voluntad propia de alguien, ni algún esfuerzo personal, ni alguna resolución, etc. Solo la preciosa sangre de Cristo puede purificar la conciencia del hombre.

13. **PABLO DICE QUE NUESTRA CONCIENCIA DEBE ACTUAR BASADA EN LA CONVICCIÓN PERSONAL QUE TENGAMOS**
Romanos 14:23: «Pero el que duda sobre lo que come, es condenado, porque no lo hace con fe; y todo lo que no proviene de fe, es pecado».

Las leyes espirituales y las convicciones

En los círculos seculares de la intelectualidad, se aprecia mucho tener una mente abierta y una actitud tolerante en cuanto a diversas opiniones. Sin embargo, en las cuestiones espirituales de Dios, de las Escrituras y de su moralidad, esto no es posible. Es necesario que no comprometamos nuestras convicciones cristianas ni nuestras conciencias para agradar a nadie. No podemos tener una mente abierta y liberal en lo que concierne a las eternas e invariables leyes espirituales de Dios. Él es inmutable y también lo es su Palabra. Las opiniones solo se expresan, pero las convicciones pueden costarle la vida a alguien. Muchos cristianos en países socialistas e islámicos pagaron con sus vidas cuando no estuvieron dispuestos a negar a Cristo.

Nuestra vida y conciencia deben aceptar la Palabra de Dios como inspirada y autoridad final en asuntos morales y espirituales. Pablo lo tenía bien claro:

> Toda la Escritura es inspirada por Dios, y útil para enseñar, para redargüir, para corregir, para instruir en justicia.
>
> 2 TIMOTEO 3:16

Pablo dijo «toda», no solo algunos capítulos o páginas, sino «toda». Para Pablo, en este momento eran las Escrituras del AT, pero para nosotros hoy es tanto el Antiguo como el Nuevo Testamento. En sus cartas, Pablo mencionó el Antiguo Testamento ciento noventa y una veces.

El gran autor John Stott dijo: «Las Escrituras son la Palabra de Dios porque las inspiró Él. Se originó en su mente, se proclamó por su boca, pero a la vez la escribieron autores humanos sin que destruyeran su individualidad y sin tocar su autoridad divina en el proceso de expresarlas».

Cuanto más se destaque un cristiano en su trabajo para el Señor o el ministro crezca al desarrollar su labor ministerial, más estarán sujetos a la crítica y al cinismo de sus adversarios y rivales espirituales que irán a oponérseles a sus convicciones, palabras y acciones. De ahí que sea necesaria una conciencia madura y capaz de soportar toda crítica, a fin de seguir caminando con valentía.

Debemos tener una actitud como la de Pablo cuando afirmó: «Por tanto procuramos también, o ausentes o presentes, serle agradables» (2 Co 5:9). También dijo en Gálatas 1:10: «Pues, ¿busco ahora el favor de los hombres, o el de Dios? ¿O trato de agradar a los hombres? Pues si todavía agradara a los hombres, no sería siervo de Cristo».

Las opiniones de los adversarios de Pablo no lo molestaban. Por el contrario, dejó en claro que servía al Señor Jesús y no al hombre. Así que no se dejó juzgar por nadie ni por nada. Aunque ejercía gran influencia en la iglesia primitiva, Pablo no formó una organización privada para sí mismo al decir: «Solo respondo a Dios». Hoy en día, esto lo hacen muchos ministros al no tener a nadie como superior o alguien a quien rendirle cuenta de sus hechos, palabras, decisiones y ministerios. Pablo nunca fue individualista al trabajar solo para el Señor, sino que siempre dependió de la iglesia y de los demás hermanos, tanto por sus oraciones a su favor como al suplir sus necesidades físicas.

Nuestras convicciones, por lo tanto, deben estar en orden, de modo que todo lo que hagamos para Dios sea con una conciencia limpia. La conciencia muchas veces se define como el juicio del alma que da su aprobación o desaprobación a los hechos de la voluntad. Esto está ligado al intelecto y a las emociones que hacen que podamos apreciar la diferencia entre lo bueno y lo malo que nos permiten marcar la distinción moral en nuestras vidas. Por eso, todos debemos poner esta Palabra en nuestra mente, alma y espíritu:

> Amados, si nuestro corazón no nos reprende, confianza tenemos en Dios.
>
> 1 JUAN 3:21

Debido a que Pablo usó su conciencia de acuerdo a lo establecido en las Escrituras, tuvo en cuenta lo valioso que era el tiempo para su vida.

Pablo, su tiempo y remisión

Andad sabiamente para con los de afuera,
redimiendo el tiempo.

COLOSENSES 4:5

El tiempo es una de las cosas más importantes en la vida de un creyente, de un líder y de un ministro. De seguro que también lo fue para el apóstol Pablo. El tiempo no se da, sino que se compra, se redime.

En este pasaje, se nos dice que debemos redimir el tiempo. En cambio, las versiones en inglés de la Biblia King James y Weymouth lo dicen de esta manera: «Buy up your opportunities», que traducido es: «Compra tus oportunidades». Por otra parte, la versión de J.B. Phillips dice: «Make the best use of your time», lo cual se traduce como: «Haz el mejor uso de tu tiempo».

El tiempo solo lo debe cambiar por las cosas más valiosas de la vida: su cónyuge, sus hijos, su familia, el Señor, la vida cristiana, la oración, el ayuno, ganar almas y el ministerio en general. Y Pablo usaba el tiempo con sabiduría y precisión.

La palabra «tiempo» en hebreo es «et,» que es un «tiempo o período determinado, propicio o apropiado; una estación». El vocablo, que también se encuentra en fenicio, hebreo posbíblico y arábigo, constituyen un verbo cuyo significado es «aparecer». La palabra «et» se encuentra unas doscientas noventa veces en todos los períodos de la Biblia. En esencia, connota el «tiempo» como oportunidad o estación. El término significa un tiempo o período designado, fijo o determinado. En griego, por otra parte, es «kairos», que significa un tiempo predeterminado, un espacio programado, entre otras muchas definiciones que hay, como la de «una sucesión de lapsos cronológicos» que es «jronos» en el griego «para una oportunidad de tiempo». Pablo hablaba de *redimir el tiempo*, pues cada día es un regalo de Dios.

El buen uso del tiempo

El tiempo se puede perder o redimir. Como todos sabemos, el tiempo no se puede recuperar, juntar, ni ahorrar. Usted tiene que usarlo... ¡y usarlo con sabiduría! El tiempo hay que gastarlo cada día. No se puede posponer para otro día, pues pasará hoy, terminará hoy. Solo tenemos veinticuatro horas, ni más, ni menos, y lo que hagamos de ese tiempo repercutirá en la eternidad. Pablo era muy consciente de esto. Su vida fue un gran ejemplo de alguien que supo valorar, redimir y usar su tiempo con sabiduría. Por lo tanto...

1. **PABLO DIJO QUE DIOS NOS LLAMÓ DE ANTEMANO PARA QUE SUPIÉRAMOS EL VALOR DEL TIEMPO**
   Efesios 2:10: «Porque somos hechura suya, creados en Cristo Jesús para buenas obras, las cuales Dios preparó de antemano para que anduviésemos en ellas».

2. **PABLO DIJO QUE TENEMOS QUE ACTUAR CON SABIDURÍA EN TODO MOMENTO EN RELACIÓN CON EL TIEMPO**
   Hechos 20:18: «Cuando vinieron a él, les dijo: Vosotros sabéis cómo me he comportado entre vosotros todo el tiempo, desde el primer día que entré en Asia».

3. **PABLO DIJO QUE LAS PRUEBAS PRESENTES EN ESTE TIEMPO PASARÁN**
   Romanos 8:18: «Pues tengo por cierto que las aflicciones del tiempo presente no son comparables con la gloria venidera que en nosotros ha de manifestarse».

4. **PABLO NOS DICE QUE LO QUE SUCEDIÓ EN EL TIEMPO PASADO YA QUEDÓ EN EL OLVIDO**
   Romanos 11:30: «Pues como vosotros también en otro tiempo erais desobedientes a Dios, pero ahora habéis alcanzado misericordia por la desobediencia de ellos».

5. **PABLO DIJO QUE TENEMOS QUE CONOCER AHORA EL VALOR DEL TIEMPO Y VIVIRLO PARA EL SEÑOR**
   Romanos 13:11: «Y esto, conociendo el tiempo, que es ya hora de levantarnos del sueño; porque ahora está más cerca de nosotros nuestra salvación que cuando creímos».

6. **PABLO DIJO QUE DEBEMOS DISCERNIR EL TIEMPO Y DESECHAR LO QUE NO EDIFICA EN LA VIDA ESPIRITUAL**
   Romanos 13:12-13: «La noche está avanzada, y se acerca el día. Desechemos, pues, las obras de las tinieblas, y vistámonos las armas de la luz. Andemos como de día, honestamente; no en glotonerías y borracheras, no en lujurias y lascivias, no en contiendas y envidia».

7. **PABLO DIJO QUE EL TIEMPO ES POCO Y HAY QUE APROVECHARLO**
   1 Corintios 7:29: «Pero esto digo, hermanos: que el tiempo es corto».

8. **PABLO MISMO RECONOCÍA QUE EN OTRO TIEMPO ACTUÓ DE FORMA ERRÓNEA Y QUE ESTO NOS DEBÍA SERVIR DE EJEMPLO**
   Gálatas 1:13, 23: «Porque ya habéis oído acerca de mi conducta en otro tiempo en el judaísmo, que perseguía sobremanera a la iglesia de Dios, y la asolaba [...] solamente oían decir: Aquel que en otro tiempo nos perseguía, ahora predica la fe que en otro tiempo asolaba».

9. **PABLO DIJO QUE EN TIEMPOS PASADOS NO CONOCÍAMOS A DIOS, PERO QUE AHORA SERVIMOS AL VERDADERO DIOS Y SEÑOR**
Gálatas 4:8: «Ciertamente, en otro tiempo, no conociendo a Dios, servíais a los que por naturaleza no son dioses».

10. **PABLO DIJO QUE EN OTRO TIEMPO VIVÍAMOS EN LOS DESEOS DE LA CARNE Y QUE ESTÁBAMOS DESTINADOS A PERDICIÓN, PERO QUE AHORA, EN ESTE TIEMPO, HEMOS DEJADO ESTA MANERA DE VIVIR**
Efesios 2:2-3: «En los cuales anduvisteis en otro tiempo, siguiendo la corriente de este mundo, conforme al príncipe de la potestad del aire, el espíritu que ahora opera en los hijos de desobediencia, entre los cuales también todos nosotros vivimos en otro tiempo en los deseos de nuestra carne, haciendo la voluntad de la carne y de los pensamientos, y éramos por naturaleza hijos de ira, lo mismo que los demás».

11. **PABLO DIJO QUE DEBEMOS AYUDAR A LOS DEMÁS EN TODO TIEMPO Y EN CADA OPORTUNIDAD QUE TENGAMOS**
Gálatas 6:9-10: «No nos cansemos, pues, de hacer bien; porque a su tiempo segaremos, si no desmayamos. Así que, según tengamos oportunidad [tiempo], hagamos bien a todos, y mayormente a los de la familia de la fe».

12. **PABLO DIJO QUE TENEMOS QUE APROVECHAR AL MÁXIMO EL TIEMPO QUE NOS CONCEDE DIOS**
Efesios 5:16: «Aprovechando bien el tiempo, porque los días son malos».

13. **PABLO DIJO QUE HAY QUE PREDICAR A TIEMPO Y FUERA DE TIEMPO**
2 Timoteo 4:2: «Que prediques la palabra; que instes a tiempo y fuera de tiempo; redarguye, reprende, exhorta con toda paciencia y doctrina».

14. **PABLO DIJO QUE POR LOS AÑOS Y EL TIEMPO QUE LLEVAMOS EN EL SEÑOR DEBERÍAMOS SER MÁS MADUROS**
Hebreos 5:12: «Porque debiendo ser ya maestros, después de tanto tiempo, tenéis necesidad de que se os vuelva a enseñar cuáles son los primeros rudimentos de las palabras de Dios; y habéis llegado a ser tales que tenéis necesidad de leche, y no de alimento sólido».

Podemos ver la sabiduría que empleó Pablo en su tiempo y sus prioridades por la cantidad de cosas que hizo para el Señor en su ministerio, sus viajes misioneros y sus escritos. Esto nos deja deslumbrados. Seleccionó sus prioridades con cuidado y rechazó lo que no era importante. Así que priorizó y valoró las cosas que de veras tenían valor eterno. Pablo estaba convencido que su vida y su tiempo estaban planeados por Dios, y dio cada paso como una oportunidad y un desafío, a fin de hacer grandes cosas para el Señor.

Un buen uso del tiempo

Cuando Juan Bunyan de Bedford, Inglaterra, estuvo preso, escribió el famoso libro más vendido después de la Biblia, *El progreso del peregrino*. Bunyan no se intimidó por estar preso, sino que redimió su tiempo y escribió una de las obras literarias cristianas más extraordinarias después de la Biblia.

Yo también tomo el tiempo con mucha seriedad y aprovecho cada oportunidad para estar con mi familia, leer, estudiar, orar, ayunar, etc. Entre 2012 y 2013, leí muchos libros de varios temas y autores, hice más de quinientos sermones nuevos, escribí un libro sobre las finanzas, dos veces al día caminé en la máquina una hora diaria mientras leía la Biblia, hice una dieta balanceada y bajé de peso. Junto con Dámaris, viajé a muchos países para predicar en varios eventos y cruzadas. Dámaris y yo fuimos a Israel a celebrar nuestros veinticinco años de casados, junto con Kathryn y Joshua Jr. Tuvimos un tiempo familiar maravilloso.

En todo momento hago un buen uso del tiempo, ya sea para estar con Dios en la lectura de su Palabra, la oración y el ayuno, para estar con la familia o para el ministerio. Siempre estoy escribiendo sermones o un nuevo libro en los aviones, aeropuertos, hoteles y a veces, cuando puedo, en la casa. En realidad, el tiempo es muy corto y la vida pasa con mucha rapidez. Por eso hoy muchos lamentan el tiempo perdido en cosas frívolas y sin importancia, pues pudieron haberlo invertido con sabiduría en sus vidas para provecho, así como en sus vidas cristianas y ministerio.

Recuerde: «Cada día para vivir es un regalo de Dios para nosotros y lo que hacemos de ese día es un regalo de nosotros para Dios». El impacto espiritual que tendrá nuestra generación y la que vendrá depende del día que vivimos hoy y de cómo empleamos el tiempo. El tiempo determinado que usted usa resultará en la cantidad y la calidad de su trabajo hacia a Dios y hacia los demás. Por lo tanto, no debe desperdiciarse, sino que debe usarse de manera responsable, estratégica, sabia y productiva.

Es lógico que solo podamos hacer del tiempo y de los recursos que tenemos lo que está dentro de nuestras posibilidades y control, y que todo llamado de ayuda no es de parte de Dios. Sin duda, es imposible atender a cada persona que necesita ayuda financiera o espiritual en todos los continentes del mundo. Tampoco es posible responder a cada pedido. Así que esto no debe ser motivo para sentirnos culpables por no poder ayudar a todos, sino que está fuera de nuestro control y posibilidades, ya sean espirituales o financieras, debido a las diferentes circunstancias. Por eso, hay muchos otros ministerios que también pueden ayudar a los demás. En cuanto a nosotros, nos esforzamos al máximo, y a veces vamos más allá de nuestras posibilidades para ayudar al necesitado, pero no siempre es viable. También somos humanos y necesitamos descansar, reposar. En lo particular, tomo el avión todas las semanas del año, ¿usted puede imaginar cuánto he viajado para el Señor a fin de predicar su Palabra en más de setenta y cuatro países del mundo?

En estos momentos estamos ayudando a sostener financieramente a cuarenta y ocho misioneros en todos los continentes, más el Instituto Teológico J.Y. en la India. Y también ayudamos a otras organizaciones cristianas que alimentan a los pobres, ganan a los judíos para Cristo y otras que predican alrededor del mundo. Pagamos por nuestras cruzadas en África y en Asia como lo fue ahora en Bangkok, Tailandia. Enviamos miles y miles de Biblias y nuestros libros gratis a Cuba y a las prisiones de Estados Unidos. Tratamos de responder a la medida de nuestro tiempo cada correo electrónico, carta y llamada que podemos y que recibimos literalmente del mundo entero. Nos hemos gastado en cuanto al tiempo para el Señor y Él lo sabe.

Pablo, al igual que su Maestro el Señor Jesús, usó su tiempo con sabiduría y disciplina.

Consejos de Dios para la vida diaria

Es sabido que el gran hombre de Dios usado en avivamientos, Robert Murray M'Cheyne, estando en su cama antes de morir le dijo a un amigo estas palabras: «Dios me dio un mensaje y un caballo para entregar el mensaje. Yo maté el caballo [refiriéndose a su cuerpo por no haberlo cuidado], y ahora no tengo cómo entregar el mensaje». Murió con apenas veintinueve años.

Por lo tanto, debemos tener en cuenta las siguientes sugerencias, o consejos, y aplicarlos cada día a nuestra vida:

1. Dios sabe que le ha dado a cada persona la misma cantidad de tiempo cada día... Todos somos iguales en cuanto al tiempo, pero también somos diferentes en la manera de usarlo.
2. Dios sabe que tiene que dejarnos el tiempo suficiente cada día para realizar las tareas necesarias de ese día.
3. Dios sabe y espera que cumplamos lo que Él nos pidió para ese día.
4. Dios sabe que si seleccionamos con sabiduría nuestras prioridades cada día, habrá tiempo suficiente para todo.
5. Dios sabe que los conflictos que tenemos en cuanto al tiempo es por falta de organización, discernimiento y prioridades en nuestra vida.
6. Dios sabe que el tiempo es valioso y espera que no lo malgastemos en cosas frívolas, vanas y sin importancia.
7. Dios sabe que quien se excusa y dice: «Ah, es que no he tenido tiempo suficiente hoy», es la respuesta de una persona desorganizada que tomó las decisiones equivocadas y sus prioridades estuvieron fuera de orden durante el día.

Enseñanzas de Jesús sobre el tiempo

Ahora, demos un breve repaso a lo que Jesús enseñó sobre el tiempo:

1. **JESÚS SABÍA QUE ÉL DEPENDÍA CADA DÍA DE LA DIRECCIÓN DEL ESPÍRITU**
    Hablando sobre la dirección de Dios en su vida, expresó esta profunda enseñanza: «Las palabras que yo os hablo, no las hablo por mi propia cuenta, sino que el Padre que mora en mí, él hace las obras» (Jn 14:10). Es decir, Jesús arreglaba su agenda de acuerdo a la voluntad del Padre. Cada segundo, cada minuto, cada hora, cada semana, cada mes, cada año, cada milagro y cada ministración lo dirigió el Padre. ¿Se imagina la eficiencia que tendríamos si condujéramos nuestras vidas de esta manera?

2. **JESÚS SABÍA LA NECESIDAD DE HACER LAS COSAS ADECUADAS EN EL TIEMPO APROPIADO**
«Entonces Jesús les dijo: Mi tiempo aún no ha llegado, mas vuestro tiempo siempre está presto» (Jn 7:6).

3. **JESÚS SABÍA LA NECESIDAD DE HACER LA OBRA DE DIOS EN EL TIEMPO OPORTUNO**
«Me es necesario hacer las obras del que me envió, entre tanto que el día dura; la noche viene, cuando nadie puede trabajar» (Jn 9:4).

4. **JESÚS SABÍA LA NECESIDAD DEL TIEMPO PARA DESCANSAR**
«Él les dijo: Venid vosotros aparte a un lugar desierto, y descansad un poco. Porque eran muchos los que iban y venían, de manera que ni aun tenían tiempo para comer» (Mr 6:31).

5. **JESÚS SABÍA QUE CADA DÍA TRAERÍA SUS QUEHACERES**
Él nunca tuvo prisa y desarrolló su ministerio dentro de lo que determinó Dios en su plan divino: «Así que, no os afanéis por el día de mañana, porque el día de mañana traerá su afán. Basta a cada día su propio mal» (Mt 6:34).

Podemos concluir que Jesús tenía preparación física, pues caminaba todo el día, predicaba, ministraba y sanaba enfermos. Si no hubiera sido así, Él no hubiera podido hablar con la samaritana cuando se sentó en el pozo en pleno mediodía. Después de ministrar a la gente, Él se retiraba para descansar su cuerpo físico. Debemos hacer lo mismo, pues hay tiempo para todas las cosas bajo el cielo.

Enseñanzas del apóstol Pedro sobre el tiempo

También el apóstol Pedro nos da algunos consejos sobre el tiempo y cómo usarlo:

1. **PEDRO DIJO QUE HABRÁ MOMENTOS Y TIEMPOS DE PRUEBA QUE TENDREMOS QUE PASAR**
1 Pedro 1:6: «En lo cual vosotros os alegráis, aunque ahora por un poco de tiempo, si es necesario, tengáis que ser afligidos en diversas pruebas».

2. **PEDRO DIJO QUE DEBEMOS VIVIR EN ESTE TIEMPO CON EL TEMOR DE DIOS**
1 Pedro 1:17: «Y si invocáis por Padre a aquel que sin acepción de personas juzga según la obra de cada uno, conducíos en temor todo el tiempo de vuestra peregrinación».

3. **PEDRO DIJO QUE HAY QUE VIVIR EL TIEMPO QUE NOS RESTA PARA SERVIR Y AGRADAR A DIOS**
1 Pedro 4:1-3: «Puesto que Cristo ha padecido por nosotros en la carne, vosotros también armaos del mismo pensamiento; pues quien ha padecido en la carne, terminó con el pecado, para no vivir el tiempo que resta en la carne, conforme a las concupiscencias de los hombres, sino conforme a la voluntad de Dios. Baste ya el tiempo pasado para haber hecho lo que agrada a los gentiles, andando en lascivias, concupiscencias, embriagueces, orgías, disipación y abominables idolatrías».

4. PEDRO DIJO QUE DEBEMOS HUMILLARNOS PARA QUE DIOS NOS LEVANTE A SU DEBIDO TIEMPO

1 Pedro 5:6: «Humillaos, pues, bajo la poderosa mano de Dios, para que él os exalte cuando fuere tiempo».

El apóstol Juan también habló sobre el tiempo:

> Hijitos, ya es el último tiempo [...] por esto conocemos que es el último tiempo.
>
> **1 JUAN 2:18**

Si dos mil años atrás eran los últimos tiempos, en realidad ya estamos en esos últimos momentos. Al igual que Pablo, Jesús, Pedro y Juan que tenían opiniones muy similares en cuanto al tiempo, deberíamos aplicar estos principios a nuestra vida. Es más, deberíamos vivir con sabiduría sin perder el tiempo, y usarlo con inteligencia y discernimiento porque el tiempo no volverá jamás.

Debido a que Pablo supo valorar el tiempo, lo empleó de manera sabia al adorar a Dios con entendimiento en su vida.

CAPÍTULO 5

Pablo y su adoración

Por tanto, al Rey de los siglos, inmortal, invisible, al único y
sabio Dios, sea honor y gloria por los siglos
de los siglos. Amén.

1 TIMOTEO 1:17

En sus epístolas, Pablo exalta, alaba y glorifica a Dios en una doxología, en una adoración profunda, majestuosa y sublime. Basta leer sus cartas para entender y captar lo mucho que enfatizaba la adoración al Padre, al Hijo y al Espíritu Santo, a la Santísima Trinidad. Dios es uno, pero en tres personas distintas.

Pablo siempre decía que creía en el Padre, en el Hijo y en el Espíritu Santo. De seguro que la teología que escribió, su carácter y su fe se formaron por su gran conocimiento de las Escrituras del Antiguo Testamento y, después de su conversión, por las revelaciones que Dios le concediera en cuanto a la nueva dispensación de la gracia en Cristo. Pablo adoraba al Señor de una manera profunda y respetuosa.

La palabra «adorar» o «adoración» en hebreo es **«shajah»,** que es «adorar, postrarse, bajarse, inclinarse». Pablo reconocía, «adoraba» y se «inclinaba» delante de la soberanía de Dios, de su poder, de su autoridad y de su majestuosidad. Aun así, también era consciente que este mismo Dios, a pesar de su grandeza, tenía presente la necesidad humana al reconocer la debilidad del hombre. En realidad, la vida sin Dios es imposible en todos los aspectos.

La adoración en la vida de Pablo

Pablo no tenía ningún problema en creer lo sobrenatural, pues su enseñanza y teología se moldearon con el Antiguo Testamento, que está repleto de grandes milagros que hizo el Dios Todopoderoso de Israel. Por lo tanto, analicemos de manera más profunda la importancia que le da Pablo a la adoración.

1. **PABLO ADORABA A DIOS POR SER GRANDIOSO ESTE EVANGELIO**
   1 Timoteo 1:11: «Según el glorioso evangelio del Dios bendito, que a mí me ha sido encomendado».

2. **PABLO ADORABA LA GRANDEZA DE ESTE DIOS QUE SERVIMOS**
   1 Timoteo 1:17: «Por tanto, al Rey de los siglos, inmortal, invisible, al único y sabio Dios, sea honor y gloria por los siglos de los siglos. Amén».

   Pablo decía que Dios es:

   a. *Rey de los siglos*
   El hombre es criatura del tiempo. Está apegado al calendario, a los minutos, las horas, los días, las semanas, los meses, los años y las décadas. Dios no, pues Él es el que gobierna el tiempo. Él controla todos los acontecimientos de todas las épocas de la historia humana.

   b. *Inmortal*
   Solo Dios es incorruptible, no se termina, no se pone viejo por el proceso del tiempo, el cambio, la vejez y la muerte. La inmortalidad es la esencia de Dios. Él no pasa ni pasará nunca.

   c. *Invisible*
   Dios eligió mantenerse invisible. Ningún hombre lo puede ver. A Dios solo se puede ver por medio de Cristo: «A Dios nadie le vio jamás; el unigénito Hijo, que está en el seno del Padre, él le ha dado a conocer» (Jn 1:18). Más tarde Cristo diría: «¿Tanto tiempo hace que estoy con vosotros, y no me has conocido, Felipe? El que me ha visto a mí, ha visto al Padre; ¿cómo, pues, dices tú: Muéstranos el Padre?» (Jn 14:9).

   d. *Al único y sabio Dios*
   En la India hay más de trescientos millones de «dioses», pero solo hay un Dios verdadero. Así lo dice el profeta Isaías: «¿A qué, pues, haréis semejante a Dios, o qué imagen le compondréis? [...] ¿A qué, pues, me haréis semejante o me compararéis? dice el Santo [...] antes de mí no fue formado dios, ni lo será después de mí» (Is 40:18, 25; 43:10).

   e. *[A Él] sea honor y gloria por los siglos de los siglos. Amén.*
   Nadie más merece honra, sin importar su grandeza ni la posición que tenga, ya sea un presidente, un rey o un príncipe. Solo Dios mismo es digno de honor, gloria y alabanza. Y no nada más que ahora, sino por toda la eternidad, tal como dice este pasaje: «por los siglos de los siglos». ¡Aleluya! ¡Amén!

3. **PABLO ADORABA A DIOS PORQUE SABÍA QUE ÉL VIVE PARA SIEMPRE**
   1 Timoteo 3:15: «La iglesia del Dios viviente».
   Esta era la diferencia entre Israel y las demás naciones. Solo Dios vive, los demás dioses son de palo, madera, barro. Son ídolos muertos y sin vida como dice el Salmo 115. En Deuteronomio 5:26 se reafirma esta diferencia: «Porque ¿qué es el hombre, para que oiga la voz del Dios viviente que habla de en medio del fuego, como nosotros la oímos, y aún viva?».

4. **PABLO ADORABA A DIOS POR SUS GRANDES ATRIBUTOS**
   1 Timoteo 6:15-16: «La cual a su tiempo mostrará el bienaventurado y solo Soberano, Rey de reyes, y Señor de señores, el único que tiene inmortalidad, que habita en luz

inaccesible; a quien ninguno de los hombres ha visto ni puede ver, al cual sea la honra y el imperio sempiterno. Amén».

Pablo dijo que Cristo es:

a. *Solo soberano*
   Su autoridad es universal, la del hombre está limitada a su familia, sus hijos, su comunidad, su ciudad, su estado, su nación. Jesucristo, en cambio, es Soberano sobre todos y todo. Absolutamente todas las cosas están bajo Él.

b. *Rey de reyes, y Señor de señores*
   Alguien podrá ser rey por un tiempo, pero morirá y no será más. Sin embargo, Jesucristo permanecerá para siempre. Alguien podrá ser señor y tener una autoridad sobre algo, pero le espera el mismo fin. Solo Él es Señor de señores.

c. *El único que tiene inmortalidad, que habita en luz inaccesible*
   A Dios no se puede tener acceso, a menos que sea por medio de Cristo y su obra redentora en la cruz. Dios está más allá del entendimiento del hombre, es demasiado grande y poderoso. Por lo tanto, es inaccesible e inalcanzable por el hombre mediante sus propios esfuerzos, excepto por Cristo, por su sangre y por su Nombre.

   Al hombre le resulta imposible comprender la gloria, majestad y santidad de Dios. Así como no podemos mirar el sol, mucho menos podemos mirar al que creó el sol. ¡Qué grande es Él! ¡Alabado sea su Nombre para siempre! ¡Aleluya!

d. *Al cual sea la honra y el imperio sempiterno*
   Las naciones poderosas de hoy podrán gobernar, pero pronto pasarán, pues su reino y su imperio caerán. Solo Dios tendrá el gobierno y el imperio para siempre.

5. **PABLO ADORABA A DIOS PORQUE ÉL ES NUESTRO SALVADOR**
   Tito 2:10: «Para que en todo adornen la doctrina de Dios nuestro Salvador».
   1 Timoteo 4:10: «Porque esperamos en el Dios viviente, que es el Salvador de todos los hombres, mayormente de los que creen».
   Aquí la palabra «salvador» en griego es «**soter**», que es libertador. Se usaba para algún emperador que iría a salvar al pueblo de una calamidad o tragedia. Significaba que alguien le conquistara y recibiera liberación. Esto fue con exactitud lo que hizo Cristo en la cruz. Él nos salvó de la enfermedad, de la muerte y del infierno.
   Cuando Pablo dice que el Dios viviente es el Salvador de todos los hombres, se refiere a la posibilidad de la salvación de todos los hombres por medio de Cristo, pero no a la salvación de todo hombre, a los que no creen, porque esto implica la fe personal de alguien al recibir a Cristo. Pablo dice «mayormente de los que creen», o sea, solo de nosotros los cristianos, de los salvos, de los creyentes, Él es el Salvador.

6. **PABLO TAMBIÉN ADORABA A CRISTO Y RECONOCÍA QUE ÉL ES EL CENTRO DE TODAS LAS COSAS**
   2 Timoteo 2:8: «Acuérdate de Jesucristo, del linaje de David, resucitado de los muertos conforme a mi evangelio».
   Hechos 17:2-3: «Y Pablo, como acostumbraba, fue a ellos, y por tres días de reposo discutió con ellos, declarando y exponiendo por medio de las Escrituras, que era necesario que el Cristo padeciese, y resucitase de los muertos; y que Jesús, a quien yo os anuncio, decía él, es el Cristo».

7. **PABLO ADORABA Y RECONOCÍA EL SEÑORÍO ABSOLUTO DE CRISTO**

Romanos 14:9: «Porque Cristo para esto murió y resucitó, y volvió a vivir, para ser Señor así de los muertos como de los que viven».

Efesios 1:3: «Bendito sea el Dios y Padre de nuestro Señor Jesucristo, que nos bendijo con toda bendición espiritual en los lugares celestiales en Cristo».

8. **PABLO ADORABA A CRISTO POR SU GRAN ABNEGACIÓN, HUMILLACIÓN Y EXALTACIÓN**

Filipenses 2:6-11: «El cual, siendo en forma de Dios, no estimó el ser igual a Dios como cosa a que aferrarse, sino que se despojó a sí mismo, tomando forma de siervo, hecho semejante a los hombres; y estando en la condición de hombre, se humilló a sí mismo, haciéndose obediente hasta la muerte, y muerte de cruz. Por lo cual Dios también le exaltó hasta lo sumo, y le dio un nombre que es sobre todo nombre, para que en el nombre de Jesús se doble toda rodilla de los que están en los cielos, y en la tierra, y debajo de la tierra; y toda lengua confiese que Jesucristo es el Señor, para gloria de Dios Padre».

La adoración al Salvador

En África, se conoce la historia del hombre que en una tribu cayó en un pozo y nadie lo podía sacar. La persona que cayó estaba herida de gravedad. Buscaron al hombre más fuerte de la tribu, pero este no pudo levantarlo y sacarlo fuera. Entonces el jefe tribal vino al pozo. Se quitó su plumaje real de la cabeza, su lanza que lo identificaba como el rey de esta tribu y bajó hasta el fondo del pozo y levantó al hombre, lo puso sobre sus hombros, y paso a paso subió por los lados del pozo hasta sacar al hombre. Este cacique, jefe o rey de esta tribu no dejó de ser lo que era, solo que se despojó de su ropa, de su plumaje real que lo cataloga como el cabeza de esta tribu y bajó al pozo y rescató a este hombre.

Eso fue justo lo que hizo Cristo. Se despojó a sí mismo, se quitó su corona celestial, nació como hombre en Belén y descendió del cielo para buscar al hombre que cayó en el pozo de la perdición eterna por sus pecados y estaba herido de gravedad en lo espiritual. Tomó al hombre, lo puso sobre sus hombros al morir en la cruz y lo salvó mediante su sacrificio expiatorio sacándolo del pozo y resucitando con poder.

Cristo no dejó de ser Rey cuando nació en Belén. Solo que por ser hombre no se aferró a ser igual a Dios, pero no dejó de serlo tampoco. Él fue el Dios Hombre, el Hombre Dios. ¡Grande es este misterio! Alabado sea su nombre para siempre. ¡Amén!

La adoración al único que es digno

Pablo exalta a Dios, a Cristo y al Espíritu Santo por la grandiosidad y la majestuosidad del poder desplegado tanto en la naturaleza como en la vida espiritual del hombre. Este Dios desea que nosotros vivamos una vida plena y que lo podamos exaltar en la belleza de su santidad. Este Dios desea transmitirle su paz, alegría y felicidad a todo aquel que tiene a su Hijo Jesucristo y que a su vez, por ser cristiana, en esta persona habita su glorioso Espíritu Santo.

Pablo exaltaba a Dios por ser autosuficiente; o sea, no necesita de nada ni de nadie. Él es absolutamente perfecto en todos los sentidos. La suma de todas las virtudes y los atributos residen en Él. Pablo lo alaba y lo presenta como la fuente de todo lo bueno. Además, reconoce que su propósito se lleva a cabo, quiera el hombre o no. Pablo explica que solo Dios es incorruptible, no es perecedero, no termina, es por siempre. Lo alaba basado en los atributos sólidos establecidos en su Palabra. La inmortalidad es parte de la esencia divina. Es el único Dios, no solo en número, sino en sublimidad. Solo a Él se le conoce como el verdadero Dios, todos los demás dioses son falsos y creados por el hombre. Este atributo de ser el único Dios, el Dios de Israel, es lo que lo separaba de los «demás dioses» del Antiguo y del Nuevo Testamento, y aun de nuestros días y por siempre.

En una doxología admirable de sus cartas, Pablo exalta y alaba la grandeza de este Dios poderoso al cual servimos. Su soberanía es universal, autoritativa y única, pues es de Él mismo y no que se la haya delegado otra persona que estuviera sobre Él. No hay otro Dios. Su santidad es magnífica y su poder va más allá del entendimiento del hombre. En Job 36:26 ya se decía: «He aquí, Dios es grande, y nosotros no le conocemos, ni se puede seguir la huella de sus años».

La mente humana no lo puede entender porque a Dios no se le entiende con la mente, sino que se cree con el corazón. En Job 37:23 se menciona de nuevo: «Él es Todopoderoso, al cual no alcanzamos, grande en poder». Nadie podrá compararse a Dios ni podrá entenderlo con la mente. ¡Esto es imposible! Él es demasiado grande. El Salmo 48:1 lo dice todo: «Grande es Jehová, y digno de ser en gran manera alabado».

Tanto en Job como aquí en este salmo, «grande» significa «inalcanzable, inigualable, sublime, maravilloso, incomparable, único, magnífico, excelso, majestuoso, extraordinario, estupendo, excepcional, glorioso, eminente, elevado, noble, asombroso, inmenso, ilimitado, infinito, formidable, insuperable, excelente, ilustre, superior, sobresaliente, altísimo»... ¡y mucho más que esto! Alabado sea su Nombre.

Este es mi Dios, tu Dios, nuestro Dios. ¡Aleluya! Él está más allá de los cinco sentidos que tenemos como humanos y es imposible acercarse a Él, no hay manera. Solo podemos acercarnos a Él por la fe y por medio de Cristo. Como se destaca en la carta a los hebreos:

Acerquémonos, pues, confiadamente al trono de la gracia, para alcanzar misericordia y hallar gracia para el oportuno socorro.

HEBREOS 4:16

Aunque no hay palabras para expresarlo, alabemos, pues, a este Dios con todo nuestro corazón, alma y espíritu. Y puesto que Pablo tenía un corazón que podía alabarlo, Dios lo escogió para algo grandioso.

SEGUNDA PARTE

PABLO Y SU LLAMADO

CAPÍTULO 6

Pablo y su conversión

> Aunque yo tengo también de qué confiar en la carne. Si alguno piensa que tiene de qué confiar en la carne, yo más: circuncidado al octavo día, del linaje de Israel, de la tribu de Benjamín, hebreo de hebreos; en cuanto a la ley, fariseo; en cuanto a celo, perseguidor de la iglesia; en cuanto a la justicia que es en la ley, irreprensible.
>
> FILIPENSES 3:4-6

Antes de su conversión, Pablo podía gloriarse de su gran moral, de ser un ciudadano obediente, de proceder de una familia ejemplar, de tener una educación envidiable y de poseer un celo religioso excesivo al perseguir la iglesia cristiana. Era el mejor candidato a la imposibilidad de conversión al cristianismo debido a su entrega e integridad a la causa del judaísmo. Por lo tanto, aunque no se hubiera convertido, su poder intelectual le hubiera hecho una persona excepcional.

Más tarde, entre los apóstoles, era el único intelectual y poseedor de una gran preparación académica. Todos los demás eran hombres sencillos y pescadores, con la excepción de Leví (Mateo), que fue un cobrador de impuestos.

El cristianismo necesitaba de veras alguien del calibre de Pablo para que el evangelio de Cristo se conociera más allá de las fronteras de Israel, para influir en el gobierno romano y para explicar, predicar y exponer la vida, muerte y resurrección de Cristo a niveles superiores y en las altas esferas del gobierno. Su conversión fue radical.

La palabra «conversión» o «convertirse» en griego es «epístrofe», que es «dar un giro en derredor, conversión» (véase Hch 15:3). Esta palabra significa «volverse de y volverse hacia», donde ambos conceptos están implícitos en el arrepentimiento y la fe. La gracia divina es la razón eficiente, mientras que la diligencia humana es el efecto de la respuesta. Debido a que «epistrefo» es «volverse de y volverse hacia», también se traduce como «convertir», que es «hacer que una persona se vuelva» a Dios. Esto fue lo que sucedió con Pablo, quien dio un giro, se volvió a Cristo y se convirtió a la fe cristiana.

Perseguidor de la Iglesia

Era más o menos el año 33 d. C. cuando Pablo estuvo al lado de Esteban y aprobó su muerte al ser apedreado. Se dice que en ese entonces era joven, pues tendría alrededor de veinticinco a treinta y cinco años de edad.

> Y echándole fuera de la ciudad, le apedrearon; y los testigos pusieron sus ropas a los pies de un joven que se llamaba Saulo.
>
> **HECHOS 7:58**

En esa época, Pablo era miembro del prestigioso Sanedrín. Para ser parte de este cuerpo judicial supremo y de la más alta corte judía, se debía tener más de treinta años. Pablo mismo confirma que siendo uno de los jueces votó en favor del arresto y de la condenación de los cristianos:

> Lo cual también hice en Jerusalén. Yo encerré en cárceles a muchos de los santos, habiendo recibido poderes de los principales sacerdotes; y cuando los mataron, yo di mi voto.
>
> **HECHOS 26:10**

A fin de que lo eligieran para recibir el honor de ser parte del Sanedrín, la costumbre era que el hombre fuera casado desde una temprana edad y así tener un asiento de juez. La razón de esto era para que aprendiera a ser respetuoso con su esposa y misericordioso con sus hijos, y que fuera un esposo ejemplar. Esto calificaría a un hombre para esta posición más que un hombre soltero. El peso de esta evidencia y la calidad parece que favorecieron a Pablo como hombre casado. Sin embargo, la Escritura guarda silencio en cuanto a esto, y la tradición común y aceptada por la mayoría de los teólogos y eruditos es que era viudo y no se sabe si su esposa murió antes o después de su conversión.

Ya sabemos que antes de convertirse, Pablo fue perseguidor de la iglesia y aprobó la muerte de Esteban por apedreamiento:

> Y cuando se derramaba la sangre de Esteban tu testigo, yo mismo también estaba presente, y consentía en su muerte, y guardaba las ropas de los que le mataban.
>
> **HECHOS 22:20**

Algunos teólogos dicen que este celo en contra de la iglesia fue lo que aprobó su entrada al Sanedrín y que después le constituyó en perseguidor implacable contra el cristianismo. Pablo mismo testifica:

> Perseguía yo este Camino hasta la muerte, prendiendo y entregando en cárceles a hombres y mujeres; como el sumo sacerdote también me es testigo,

> y todos los ancianos, de quienes también recibí cartas para los hermanos, y fui a Damasco para traer presos a Jerusalén también a los que estuviesen allí, para que fuesen castigados
>
> HECHOS 22:4-5

Pablo fue aun más allá al forzar a los cristianos a maldecir y a blasfemar contra Dios. En Hechos 26:11, dice: «Y muchas veces, castigándolos en todas las sinagogas, los forcé a blasfemar; y enfurecido sobremanera contra ellos, los perseguí hasta en las ciudades extranjeras». No fue hasta su viaje camino a Damasco que el joven rabino tuvo un encuentro personal con Cristo que le cambió su vida para siempre.

Investigaciones sobre la conversión de Pablo

El relato de la conversión de Pablo solo pierde ante la muerte y resurrección de Cristo, tal es su importancia.

A propósito de la conversión de Pablo, en el siglo XVIII se realizó un estudio detallado acerca de este tema. El mismo lo llevó a cabo un hombre muy letrado e intelectual, Lord Lyttelton, miembro del parlamento británico y canciller junto con su amigo el abogado Gilbert West. Ambos intentaron ridiculizar la Biblia y se determinaron a exponer el fraude bíblico. Lyttelton escogió exponer el fraude de la conversión de Pablo y West el fraude de la resurrección de Cristo.

Los dos por separado se dieron a la tarea de realizar un estudio sincero durante un largo período, todo con el propósito de desacreditar la Biblia. Resultó que después los dos se convirtieron a Cristo y se convencieron de la integridad de las Escrituras. Cuando acudieron a su reunión para presentar los descubrimientos de sus estudios, en vez de ridiculizar la Biblia, acabaron felicitándose el uno al otro por haber encontrado a Cristo en sus vidas y haber reconocido que la Biblia es en verdad la Palabra de Dios.

En el párrafo inicial de su estudio, Lyttelton escribió: «La conversión y el apostolado de Pablo fueron en sí mismos una demostración suficiente para probar que el cristianismo es una revelación divina». Tan convincente era el escrito de Lyttelton, al referirse a la verdad de la conversión de Pablo, que incluso el famoso predicador inglés Samuel Johnson dijo: «Hasta hoy nadie ha podido refutar sus palabras ni fabricar alguna respuesta en contra de esta afirmación».

Proposiciones de Lyttelton

En su descubrimiento, Lyttelton estableció cuatro proposiciones y preguntas que trajeron como resultado que se derrumbara cualquier argumento en contra de la conversión de Pablo:

1. ¿Sería Pablo un impostor y él mismo sabía que era una falsedad?
2. ¿Sería Pablo un entusiasta que impuso ideas en sí mismo y forzó una imaginación de algo que nunca sucedió?

3. ¿Sería Pablo engañado por los demás?

4. ¿Sería Pablo realmente sincero en su relato y, si de veras sucedió su conversión a Cristo, no estaríamos entonces equivocados?

Lyttelton demostró por las Escrituras que Pablo no era un impostor. ¿Qué le hubiera motivado a que mientras viajaba hacia Damasco con su corazón lleno de odio por los cristianos lo hiciera dar la vuelta al volverse él mismo en seguidor de Cristo? ¡No había motivo! Pablo no deseaba buscar gratificación, riquezas ni reputación al asociarse con este grupo, mucho menos poder o reconocimiento. Antes de su conversión a Cristo, los líderes judíos en Jerusalén lo respetaban (Gl 1:14) como infatigable defensor de su fe y enemigo acérrimo del cristianismo (Hch 9:1-2). Además, ya era lo suficiente intelectual y poderoso para intentar buscar entre los esparcidos cristianos alguna gloria personal. Todo lo contario es verdad.

Al volverse cristiano, lo que le esperaba era el rechazo y estar expuesto al peligro y a la cárcel. ¿Será cierto que, como él mismo dijo, todas las cosas las había «estimado pérdida por amor de Cristo» (Flp 3:7)? ¿Será cierto que haría y sufriría todo esto sabiendo que era un fraude y un impostor? ¡Imposible! Lyttelton concluyó que todas estas teorías se derrumbarían al examinar en forma minuciosa la veracidad de las Escrituras que lo llevaron a convertirse al Señor Jesucristo.

Pablo y el rey Agripa

Teniendo en cuenta todo esto, y al explicarle el relato de su conversión al rey Agripa, el mismo Pablo dice:

> Cuando a mediodía, oh rey, yendo por el camino, vi una luz del cielo que sobrepasaba el resplandor del sol, la cual me rodeó a mí y a los que iban conmigo. Y habiendo caído todos nosotros en tierra, oí una voz que me hablaba, y decía en lengua hebrea: Saulo, Saulo, ¿por qué me persigues? Dura cosa te es dar coces contra el aguijón. Yo entonces dije: ¿Quién eres, Señor? Y el Señor dijo: Yo soy Jesús, a quien tú persigues.
>
> **HECHOS 26:13-15**

Es evidente que lo que transformó a Pablo fue que, a pesar de ser un perseguidor lleno de celo, odio y rencor contra los cristianos, Jesús se le presentó y le habló con una ternura y un amor incondicionales, y no en venganza e ira por lo que había hecho. Esto enterneció y ablandó el corazón endurecido de Pablo, y por la convicción del Espíritu Santo, se convirtió de verdad.

Pablo mismo apeló al sentido común del rey Agripa para que se diera cuenta de la verdad de su conversión mientras la relataba. En su defensa ante el procurador Festo y el rey Agripa, Pablo dijo:

> No estoy loco, excelentísimo Festo, sino que hablo palabras de verdad y de cordura. Pues el rey sabe estas cosas, delante de quien también hablo con

> toda confianza. Porque no pienso que ignora nada de esto; pues no se ha hecho esto en algún rincón.
>
> **HECHOS 26:25-26**

A tal extremo llegó el convencimiento respecto a la conversión de Pablo, que el mismo rey Agripa tuvo que reconocerlo con estas palabras:

> Entonces Agripa dijo a Pablo: Por poco me persuades a ser cristiano.
>
> **HECHOS 26:28**

Esto es algo muy marcado. Se trata de una prueba de la integridad de Pablo que exponía, tanto en privado como en público, la historia de su conversión. De ahí que le pidiera al mismo rey Agripa que le escuchara, a fin de defenderse de sus acusadores.

Argumentos irrefutables sobre la conversión de Pablo

Si la historia de Pablo y su conversión se hubieran fabricado, ¿por qué Dios envió a Ananías a encontrarse con este perseguidor recién convertido allá en Damasco?

> Había entonces en Damasco un discípulo llamado Ananías, a quien el Señor dijo en visión: Ananías. Y él respondió: Heme aquí, Señor. Y el Señor le dijo: Levántate, y ve a la calle que se llama Derecha, y busca en casa de Judas a uno llamado Saulo, de Tarso; porque he aquí, él ora, y ha visto en visión a un varón llamado Ananías, que entra y le pone las manos encima para que recobre la vista. Entonces Ananías respondió: Señor, he oído de muchos acerca de este hombre, cuántos males ha hecho a tus santos en Jerusalén; y aun aquí tiene autoridad de los principales sacerdotes para prender a todos los que invocan tu nombre. El Señor le dijo: Ve, porque instrumento escogido me es éste, para llevar mi nombre en presencia de los gentiles, y de reyes, y de los hijos de Israel; porque yo le mostraré cuánto le es necesario padecer por mi nombre. Fue entonces Ananías y entró en la casa, y poniendo sobre él las manos, dijo: Hermano Saulo, el Señor Jesús, que se te apareció en el camino por donde venías, me ha enviado para que recibas la vista y seas lleno del Espíritu Santo. Y al momento le cayeron de los ojos como escamas, y recibió al instante la vista; y levantándose, fue bautizado. Y habiendo tomado alimento, recobró fuerzas. Y estuvo Saulo por algunos días con los discípulos que estaban en Damasco.
>
> **HECHOS 9:10-19**

De estos y otros argumentos irrefutables de las Escrituras, Lyttelton sacó dos conclusiones finales:

1. Pablo no era un mentiroso y no inventó la historia de su conversión.

2. Si Pablo hubiera hecho esto, no hubiera triunfado jamás porque no hubiera tenido credibilidad ni para con Dios ni para con los hombres.

Si leemos el capítulo 9 de Hechos, nos daremos cuenta que su conversión fue a plena luz del mediodía. Dios se le pudo aparecer en secreto por la noche, pero escogió hacerlo en público delante de los que viajaban con él y al mediodía. Esto es muy interesante. De seguro que lo hizo así para no dejar ninguna sombra de dudas sobre su conversión y la manifestación de la presencia de Jesucristo y su revelación. Pablo mismo reconoce que por misericordia, el Señor se le apareció:

> [Cristo] apareció a Cefas, y después a los doce. Después apareció a más de quinientos hermanos a la vez, de los cuales muchos viven aún, y otros ya duermen. Después apareció a Jacobo; después a todos los apóstoles; y al último de todos, como a un abortivo, me apareció a mí. Porque yo soy el más pequeño de los apóstoles, que no soy digno de ser llamado apóstol, porque perseguí a la iglesia de Dios.
>
> 1 CORINTIOS 15:5-9

Esto no fue un simple éxtasis que tuvo Pablo, sino un encuentro real, con una aparición real, con una manifestación real, con una presencia real y una revelación real del Cristo glorificado. Todo lo cual causó la inmediata conversión de Pablo al darse cuenta que ni Cristo ni sus seguidores, los cristianos, eran impostores.

El joven rabino perseguidor de la iglesia encontró por fin al Señor que le cambió su vida y todo lo que tenía pensado hacer. El relato bíblico es impresionante de cómo Dios puede transformar la vida de un hombre que después predicó la verdad de la misma causa que tanto odiaba y refutaba:

> Saulo, respirando aún amenazas y muerte contra los discípulos del Señor, vino al sumo sacerdote, y le pidió cartas para las sinagogas de Damasco, a fin de que si hallase algunos hombres o mujeres de este Camino, los trajese presos a Jerusalén. Mas yendo por el camino, aconteció que al llegar cerca de Damasco, repentinamente le rodeó un resplandor de luz del cielo; y cayendo en tierra, oyó una voz que le decía: Saulo, Saulo, ¿por qué me persigues? El dijo: ¿Quién eres, Señor? Y le dijo: Yo soy Jesús, a quien tú persigues; dura cosa te es dar coces contra el aguijón. Él, temblando y temeroso, dijo: Señor, ¿qué quieres que yo haga? Y el Señor le dijo: Levántate y entra en la ciudad, y se te dirá lo que debes hacer. Y los hombres que iban con Saulo se pararon atónitos, oyendo a la verdad la voz, mas sin ver a nadie. Entonces Saulo se levantó de tierra, y abriendo los ojos, no veía a nadie; así que, llevándole por la mano, le metieron en Damasco, donde estuvo tres días sin ver, y no comió ni bebió.
>
> HECHOS 9:1-9

¡Qué entrada tan diferente a Damasco de lo que Pablo tenía planeado! Este es el Dios que cambia las circunstancias y el destino de los hombres cuando se empecinan en el camino de su propia destrucción. ¡Alabado sea su Nombre! De camino a Damasco, todo era tinieblas espirituales para Pablo, pero a la revelación de la presencia del Señor, ahora todo era luz. ¡Qué diferencia! En el momento que el Señor lo derrumbó a tierra, Pablo se dio cuenta que Jesús no era un farsante, sino el Mesías de los judíos. Por lo tanto, su vida se transformó.

A pesar de la esmerada preparación cultural y religiosa que le proveyó Dios a Pablo, le faltaba todavía la experiencia transformadora que haría de él un discípulo dedicado y apóstol fiel de Jesucristo. La importancia que para Lucas tuvo la conversión de este apóstol se ve en las tres veces que la menciona en Hechos 9:1-19; 22:5-16; y 26:12-20. Hata el mismo Pablo comenta su conversión varias veces en las epístolas (1 Co 15:5-9).

¿Hubo antecedentes que le prepararan para tal experiencia? Es posible que sus parientes cristianos le testificaran de Cristo (Ro 16:7); y sin duda el valor, mensaje y martirio de Esteban le causaron gran impresión (Hch 7:1-60; 8:1). Además, las palabras del Señor: «Dura cosa te es dar coces contra el aguijón» (Hch 9:5), sugieren que Pablo libraba una lucha interna. Su rendición instantánea y total se ve en sus dos preguntas: «¿Quién eres, Señor?» y «¿Qué quieres que yo haga?» (Hch 9:5-6).

A partir de ese momento, su corazón se le iluminó y aunque físicamente quedó ciego por un tiempo, lo guiaron a Damasco. En el camino dejó su orgullo, su odio y su ira en contra de los cristianos. Su conversión ocurrió entre los años 34 al 36 d. C. mientras iba de Jerusalén a Damasco, a unos doscientos diez kilómetros de distancia.

Clarence E. Macartney, al referirse a la conversión de Pablo, dijo lo siguiente:

> Ahora el rencoroso enemigo se había transformado en amigo. El blasfemo en un predicador de Cristo. La mano que pidió y recibió cartas para perseguir y poner a los cristianos en la prisión, ahora escribía las epístolas del amor redentor de Cristo. El corazón que se gozó con el apedreamiento de Esteban, ahora se regocijaba cuando le apedreaban por la misma causa. Después de la conversión de este enemigo, perseguidor y blasfemo, vino gran parte de la teología del Nuevo Testamento a través de sus escritos y de la demostración del dulce amor cristiano.

Su conversión al evangelio fue una prueba contundente de la veracidad del mensaje cristiano. Al iniciar su ministerio entre los gentiles, comenzó a usar el nombre grecorromano. Además, sus enseñanzas han contribuido en gran medida a la formación del pensamiento cristiano.

Después de pasar algunos días con los discípulos damascenos, Pablo se dirigió a Arabia (Hch 9:19; Gl 1:17). Al regresar a Damasco, predicó con tanta eficacia que los judíos se levantaron en su contra y los creyentes tuvieron que ayudarle a escapar de la ciudad (Hch 9:20-25; 2 Co 11:32-33). A los tres años de su conversión, fue a Jerusalén para entrevistarse con Pedro y Jacobo (Gl 1:18-19). Aquí los creyentes desconfiaron de Pablo, y para que lo aceptaran, fue necesario que Bernabé les confirmara la autenticidad de su conversión (Hch 9:26-27). Predicó con poder, pero volvió a surgir la oposición y los discípulos le encaminaron a Cesarea y Tarso, donde quizá estableciera iglesias (véanse Hch 9:29-30; 15:22-23, 41; Gl 1:21-24). Al cabo de varios años, Bernabé, enviado a ministrar en Antioquía de Siria, fue a Tarso en busca de Pablo y juntos regresaron para realizar después un fructífero ministerio en Siria (Hch 11:25-30). Luego, debido a una gran hambruna en Judea, viajaron a Jerusalén llevando ayuda de la iglesia de Antioquía.

Antes y después de su conversión

Al observar la vida del apóstol Pablo en general, comprobamos que se divide de manera bien marcada en dos partes.

1. *Antes de su conversión a Cristo:* En esta etapa vemos a un Saulo que se destacaba por ser un riguroso fariseo cumplidor de la Ley de Moisés y de las tradiciones paternas. Pensaba justificarse por las obras de la ley y el celo hacia la fe de sus padres, la cual llegaba hasta el fanatismo.

2. *Después de su conversión a Cristo:* Ahora vemos a Pablo transformado en apóstol de Cristo y dedicado por entero a la obra de la predicación evangélica. Era un hombre feliz de su llamado, pero consciente de su debilidad en el cumplimiento de tan alto servicio y atribuyéndole todas sus obras y méritos a la bendición divina.

La vida de Pablo antes de su conversión, según afirmaba el mismo apóstol con profunda convicción, era un error y vivía en el pecado, y esto no lo llevaba a la justificación, sino a la condenación. Solo la gracia divina lo sacó de esa profunda perdición. A partir de ese momento, el apóstol Pablo solo trataba de ser digno de la gracia divina y no faltar a su llamado. ¡Esto es lo que debemos hacer todos!

CAPÍTULO 7

Pablo y su comisión

Ministrando éstos al Señor, y ayunando, dijo el Espíritu Santo:
Apartadme a Bernabé y a Saulo
para la obra a que los he llamado.

HECHOS 13:2

Todos sabemos que los líderes de la iglesia primitiva tomaron decisiones importantes solo después de ayunar y orar. En Antioquía, los profetas y maestros ayunaron y oraron en busca de la dirección de Dios para la iglesia. Y mientras esperaban en Dios, el Espíritu Santo les instruyó que llamaran a Bernabé y a Pablo para el ministerio. Así fue que se inició la obra misionera, mediante la cual, el evangelio se ha ido predicando a todo el mundo.

Los líderes con madurez y experiencia esperan que Dios les instruya y dote sus vidas y ministerios con el poder del Espíritu Santo. La práctica disciplinada del ayuno y la oración constante son medios puestos ya a prueba con ese fin y, como tales, obligatorios en las vidas de los líderes de la iglesia (Mt 9:15). Y, en el caso de Pablo, Dios lo comisionó mientras «oraba y ayunaba».

La palabra «comisión» en griego es **«epítrope»,** y este término denota «darle a alguien, delegar en alguien» (**epi**, sobre; **trepo,** volver), de ahí que sea «comisionar con plenos poderes, dar una comisión» (Hch 26:12). También está la palabra **«oikonomia»,** que ante todo significa «dirigir una casa o los asuntos de una casa», así como «mayordomía, administración», lo cual se traduce como «comisión» (1 Co 9:17). Por lo tanto, a Pablo se le comisionó, se le delegó una comisión, una autoridad con poder, un llamado para administrar las cosas de Dios.

El llamamiento de Pablo

Pablo recibió el llamado de servir a Cristo de manera tan clara y específica que era *imposible* que existiera la *posibilidad* de equivocarse. Mientras estaba en Damasco, cegado por la luz celestial de la revelación que acababa de recibir de Cristo, un discípulo llamado Ananías fue a verlo y le entregó el mensaje que recibió de Dios:

> Y él dijo: El Dios de nuestros padres te ha escogido para que conozcas su voluntad, y veas al Justo, y oigas la voz de su boca. Porque serás testigo suyo a todos los hombres, de lo que has visto y oído.
>
> **HECHOS 22:14-15**

Más tarde, cuando Pablo regresó a Jerusalén, el Señor le muestra el nivel y la extensión de este llamado al decirle: «Ve, porque yo te enviaré lejos a los gentiles» (Hechos 22:21). Luego, en su defensa ante el rey Agripa, Pablo le relata su llamado:

> Pero levántate, y ponte sobre tus pies; porque para esto he aparecido a ti, para ponerte por ministro y testigo de las cosas que has visto, y de aquellas en que me apareceré a ti.
>
> **HECHOS 26:16**

Desde su conversión, Pablo supo con exactitud el llamado que tendría y que, en esencia, este se basaría en tres cosas:

1. Su ministerio le enviaría lejos de su casa.
2. Su ministerio sería en especial a los gentiles.
3. Su ministerio le llenaría de sufrimiento por su Señor.

Poco a poco, Pablo se fue dando cuenta que todo comenzó desde su nacimiento, pues su vida entera, así como su preparación religiosa y académica, culminaría en un ministerio exitoso y al final en su martirio por la causa de Aquel que lo llamó.

¿Por qué Dios levantó al apóstol Pablo?

La reaparición del Señor a Pablo para levantarlo como un nuevo apóstol, lo cual no se esperaba, es un asunto que intriga. ¿Por qué el Señor hizo esto? ¿Cuál era el propósito de llamar a un nuevo apóstol? ¿Por qué esta necesidad? Se han propuesto varias razones al respecto. Por ejemplo:

- **Un error de los apóstoles:** La más común es la que dice que hubo un error por parte de los apóstoles, pues algunos dicen que los once eran débiles. El Señor les dijo que llevaran a cabo su comisión de «ir a todo el mundo» y ellos se quedaron en Jerusalén cuando comenzó la persecución relacionada con el martirio de Esteban (Hch 8:1). Por esto, Dios levantó otro apóstol, a fin de que se moviera con velocidad para predicar el evangelio.

- **Se apresuraron:** Se dice a menudo que Pedro y los otros actuaron con prisa al sustituir a Judas y cometieron un error al ordenar a Matías.

¿Es posible que los once apóstoles estuvieran fuera de la voluntad de Dios en su comisión o cometieran un error al ordenar a Matías para que sustituyera a Judas? ¿Pudiera ser que una de estas dos razones fuera el motivo por el que Dios levantó al apóstol Pablo como un nuevo apóstol? Un examen del testimonio de la Palabra de Dios nos mostrará, en primer lugar, que los apóstoles no se equivocaron. Además, revelará que Dios, como explica Pablo, lo escogió como un nuevo apóstol para anunciar una nueva dispensación: «La dispensación de la gracia de Dios para los gentiles».

Los doce y su comisión original

El Señor llamó y comisionó a los doce apóstoles en conexión con el *programa* de Dios y sus *planes especiales* con la nación de Israel. Veamos el programa de Dios en este tiempo:

- El Señor Jesucristo vendría al mundo como el Mesías de Israel. Se levantaría en la casa del siervo de Dios, David, Él sería el «poderoso Salvador» a quien se le daría el trono de David y el reino restaurado a Israel.
- Él «reinará sobre la casa de Jacob para siempre, y su reino no tendrá fin» (Lc 1:33).
- Él salvará a Israel de sus enemigos y «para hacer misericordia con nuestros padres, y acordarse de su santo pacto» (Lc 1:74) prometido a Abraham (véase Lc 1:30-33, 67-74).

El evangelio que Dios le anunció a Israel era «el evangelio del reino». Las buenas nuevas para Israel era que «el reino de los cielos se había acercado» (véanse Mt 3:1-3; Mr 1:14-15).

Lo cierto es que a los doce apóstoles se les llamó y comisionó en relación con este programa. Jesús les dijo lo siguiente:

> Entonces llamando a sus doce discípulos, les dio autoridad sobre los espíritus inmundos, para que los echasen fuera, y para sanar toda enfermedad y toda dolencia [...] A estos doce envió Jesús, y les dio instrucciones, diciendo: Por camino de gentiles no vayáis, y en ciudad de samaritanos no entréis, sino id antes a las ovejas perdidas de la casa de Israel. Y yendo, predicad, diciendo: El reino de los cielos se ha acercado.
>
> MATEO 10:1, 5-7

Mientras Cristo estuvo con los discípulos, su ministerio se limitó a Israel. Sin embargo, esto pronto cambiaría, así que Dios necesitaría levantar a un hombre para predicarles el evangelio a los gentiles. Esto, en su turno, llevaría las buenas nuevas hasta lo último de la tierra.

Una nueva comisión a los doce

Después de los sufrimientos y la resurrección de Cristo de entre los muertos, la comisión del Señor a los apóstoles fue mayor. Él les enseñó que era necesario «que el Cristo padeciera estas cosas, y que entrara en su gloria» (Lc 24:26). Por eso, el Señor los comisionó a que fueran más allá para predicar el evangelio del reino al mundo entero. No obstante, tenían que hacer esto de acuerdo con la posición prioritaria de Israel. Así que el Señor los comisionó para «que se predicase en su nombre el arrepentimiento y el perdón de pecados en todas las naciones, comenzando desde Jerusalén» (Lc 24:47).

En los primeros capítulos del libro de Hechos vemos cómo los doce apóstoles (ahora con Matías sustituyendo a Judas) actuaban de acuerdo con la comisión dada. Limitaron bien su ministerio a los «varones judíos» cuando les predicaron la llegada de los «últimos días» a Israel, según lo anunciaron los profetas (Hch 2:14-40). Y los discípulos les decían:

> Vosotros sois los hijos de los profetas, y del pacto que Dios hizo con nuestros padres, diciendo a Abraham: En tu simiente serán benditas todas las familias de la tierra. A vosotros primeramente, Dios, habiendo levantado a su Hijo, lo envió para que os bendijese, a fin de que cada uno se convierta de su maldad.
>
> **HECHOS 3:25-26**

Además, como los doce apóstoles actuaban según su comisión y en pleno convencimiento de lo que hacía Dios, decidieron anunciarles también a los líderes de Israel:

> El Dios de nuestros padres levantó a Jesús, a quien vosotros matasteis colgándole en un madero. A éste, Dios ha exaltado con su diestra por Príncipe y Salvador, para dar a Israel arrepentimiento y perdón de pecados.
>
> **HECHOS 5:30-31**

Como esto era lo que hacía Dios, les hablaron a los «varones judíos» y continuaron siendo sus «testigos de estas cosas», tal y como se registra en los primeros capítulos del libro de los Hechos.

¿Estaban los doce equivocados en su ministerio?

De ninguna manera los doce apóstoles estuvieron inactivos ni fueron negligentes en su ministerio. Sus continuos testimonios muestran que estaban *llenos del Espíritu Santo*. Esto se reafirma de esta manera:

> Cuando hubieron orado, el lugar en que estaban congregados tembló; y todos fueron llenos del Espíritu Santo, y hablaban con denuedo la palabra de Dios [...] Y con gran poder los apóstoles daban testimonio de la resurrección del Señor Jesús, y abundante gracia era sobre todos ellos.
>
> **HECHOS 4:31, 33**

Insisto, los discípulos eran bien conscientes de su comisión y de lo que hacía Dios. Sabían que Israel recibía el trato de acuerdo con el programa y los pactos. Por lo tanto, según la comisión que se les dio, ministraron en Jerusalén y se quedaron allí a pesar de la persecución.

¿Estaban fuera de la voluntad de Dios cuando ordenaron a Matías?

Una mirada a lo que se registra en Hechos 1:15-26 nos demuestra que no era posible que Pedro y los demás estuvieran equivocados ni que actuaran por impulso al ordenar a Matías.

Pedro tenía conocimiento de lo que «el Espíritu Santo habló antes por boca de David acerca de Judas» (Hch 1:16). También sabía lo que David dijo en los Salmos sobre él, a fin de que «tome otro su oficio» (véanse Sal 109:8; Hch 1:20). Pedro sabía también lo que David dijo sobre Judas en el contexto de los Salmos y en la progresión de Dios para Israel. De acuerdo con los Salmos, sabía que la posición de Judas debía de llenarse en ese tiempo. Además, debo aclarar que las cualidades sentadas por el Señor para que se tomara «la parte de este ministerio y apostolado» (véase Hch 1:25), no permitía que alguien como Pablo lo pudiera hacer por el momento. Como Pedro declara:

> Es necesario, pues, que de estos hombres que han estado juntos con nosotros todo el tiempo que el Señor Jesús entraba y salía entre nosotros, comenzando desde el bautismo de Juan hasta el día en que de entre nosotros fue recibido arriba, uno sea hecho testigo con nosotros, de su resurrección.
>
> **HECHOS 1:21-22**

Así que Pedro y los otros apóstoles no cometieron un error al ordenar a Matías. Tampoco actuaron de forma impetuosa ni *corrieron delante* de Dios. Lo hicieron de acuerdo a la voluntad del Señor y de acuerdo a los Salmos.

¿Por qué entonces un nuevo apóstol?

Dios mismo contesta esta pregunta por el testimonio que nos da el propio apóstol Pablo:

> Por esta causa yo Pablo, prisionero de Cristo Jesús por vosotros los gentiles; si es que habéis oído de la administración de la gracia de Dios que me fue dada para con vosotros; que por revelación me fue declarado el misterio, como antes lo he escrito brevemente, leyendo lo cual podéis entender cuál sea mi conocimiento en el misterio de Cristo, misterio que en otras generaciones no se dio a conocer a los hijos de los hombres, como ahora es revelado a sus santos apóstoles y profetas por el Espíritu: que los gentiles son

> coherederos y miembros del mismo cuerpo, y copartícipes de la promesa en Cristo Jesús por medio del evangelio, del cual yo fui hecho ministro por el don de la gracia de Dios que me ha sido dado según la operación de su poder. A mí, que soy menos que el más pequeño de todos los santos, me fue dada esta gracia de anunciar entre los gentiles el evangelio de las inescrutables riquezas de Cristo.
>
> **EFESIOS 3:1-8**

Con el levantamiento de Pablo, Dios les anunció a los gentiles la actual dispensación o administración de la gracia en que vivimos. Le reveló a Pablo que por un tiempo puso a un lado a Israel y su programa (Romanos 11:1-25), y se volvió hacia los gentiles para cumplir el propósito que Él tenía en su Hijo, el cual era un «ministerio», un propósito, que mantuvo en secreto y en «oculto desde los siglos y edades» (Col 1:26).

Al apóstol Pablo es a quien Dios le reveló que anunciara este nuevo programa o administración. Se le reveló «el misterio de Cristo» (Col 4:3) y se le conoce como «instrumento escogido» (Hch 9:15). Por lo cual, Pablo dice en su carta a los romanos:

> Porque a vosotros hablo, gentiles. Por cuanto yo soy apóstol a los gentiles, honro mi ministerio.
>
> **ROMANOS 11:13**

Cuando el Señor estuvo en la tierra, el programa de Dios y sus relaciones eran con la nación de Israel. De modo que los doce apóstoles se escogieron y comisionaron a fin de que actuaran en conexión con este programa. Sin embargo, Dios interrumpió ese programa y anunció uno nuevo: La administración de Dios para los gentiles, y esto lo hizo por medio de un nuevo apóstol: ¡Pablo!

Como cristianos, debemos saber y llevar a cabo lo que mediante las epístolas del apóstol Pablo Dios puso en su Palabra de manera expresa para nosotros, y sobre nosotros, los gentiles de hoy en día. Y este fue el anhelo y la motivación de Pablo toda su vida: ganar a los gentiles para Cristo. De ahí que disciplinara su vida de acuerdo a su llamado y responsabilidad. Y en este llamado Dios también le dijo que sufriría por amor del Nombre de Cristo.

Pablo y su aguijón

Y para que la grandeza de las revelaciones no me exaltase
desmedidamente, me fue dado un aguijón en mi carne, un mensajero
de Satanás que me abofetee, para que no me enaltezca sobremanera;
respecto a lo cual tres veces he rogado al Señor, que lo quite de mí.
Y me ha dicho: Bástate mi gracia; porque mi poder se perfecciona
en la debilidad. Por tanto, de buena gana me gloriaré más bien en
mis debilidades, para que repose sobre mí el poder de Cristo. Por
lo cual, por amor a Cristo me gozo en las debilidades, en afrentas,
en necesidades, en persecuciones, en angustias; porque cuando soy
débil, entonces soy fuerte.

2 CORINTIOS 12:7-10

Nosotros debemos tener bien claras y firmes la teología, filosofía y creencia
sobre el problema del sufrimiento y de las aflicciones, pues estos nos
llegarán tarde o temprano. ¡Téngalo por seguro!

Las doctrinas erróneas de hoy en día enseñan que Dios no permite que
sus hijos pasen por pruebas, tribulaciones, angustias, sufrimientos, enfermedades, etc. Esto es falso por completo. Dios nunca dijo: *Las Escrituras están
llenas de ejemplos donde hombres piadosos de Dios y mujeres temerosas del Señor
sufrieron en gran medida, pero en todas las oportunidades Dios les concedió su
ayuda y victoria.* Basta que lea la historia de Job para que se dé cuenta de esta
falsedad. Y Pablo y su aguijón no fueron la excepción.

La palabra aguijón en griego es **«skolops»,** la cual denotaba original-
mente cualquier cosa aguzada, una estaca o una espina, como el «aguijón en
la carne» del apóstol. Al hacer referencia a este aguijón, da la impresión de
que se trataba de algo físico, doloroso, humillante. Incluso, que se trataba
también del efecto de un antagonismo satánico permitido por Dios.

Los verbos traducidos «no me *exaltase* desmedidamente» y «que me *abofetee*» se hallan en tiempo presente, significando una acción recurrente y un

ataque que se repite de manera constante. J.B. Lightfoot, erudito inglés, lo interpreta como «una estaca que se ensarta en la carne» y el profesor Ramsay está de acuerdo con esta interpretación. La mayor parte de los comentaristas se adhiere a la traducción de «espina». Por otra parte, Fields dice que, por lo que aquí se da a conocer acerca del uso de la palabra **«skolops»,** esta significa «espina» y que hay que rechazar el significado común de «estaca». Por lo tanto, lo que se destaca no es el tamaño en sentido metafórico, sino la intensidad del sufrimiento y sus efectos. El apóstol dijo que le *fue dado un aguijón* en su carne.

Pablo y el sufrimiento

En cuanto al llamado de Pablo, el Señor le dijo a Ananías que el apóstol sufriría por su Nombre:

> Ve, porque instrumento escogido me es éste, para llevar mi nombre en presencia de los gentiles, y de reyes, y de los hijos de Israel; porque yo le mostraré cuánto le es necesario padecer por mi nombre.
>
> HECHOS 9:15-16

Pablo mismo le aconsejó a Timoteo:

> Por tanto, no te avergüences de dar testimonio de nuestro Señor, ni de mí, preso suyo, sino participa de las aflicciones por el evangelio según el poder de Dios.
>
> 2 TIMOTEO 1:8

Alejandro el Grande les decía a sus soldados: «No hay una parte de mi cuerpo que no esté marcada por heridas del campo de batalla. Sé lo que es el dolor, el sufrimiento y la aflicción». Pablo podía decir lo mismo. Para comprobarlo, solo tiene que leer sus cartas y ver todo lo que padeció. Incluso, en Gálatas 6:17 dice: «Traigo en mi cuerpo las marcas del Señor».

En otra ocasión le aconsejó de nuevo a Timoteo: «Tú, pues, sufre penalidades como buen soldado de Jesucristo» (2 Ti 2:3). Pablo estaba acostumbrado al sufrimiento. Por lo tanto, analicemos la situación del apóstol:

1. **LA REVELACIÓN QUE PABLO RECIBIÓ CUANDO ESTUVO EN EL TERCER CIELO FUE GRANDÍSIMA Y LE PODRÍA LLEVAR A SENTIRSE ORGULLOSO**
    2 Corintios 12:1: «Ciertamente no me conviene gloriarme; pero vendré a las visiones y a las revelaciones del Señor».

2. **POR ESTA RAZÓN, DIOS PERMITIÓ UN AGUIJÓN EN PABLO PARA MANTENERLE HUMILDE Y EN DEPENDENCIA DE CRISTO**
    2 Corintios 12:7: «Y para que la grandeza de las revelaciones no me exaltase desmedidamente, me fue dado un aguijón en mi carne, un mensajero de Satanás que me abofetee, para que no me enaltezca sobremanera».

Concerniente a este aguijón, por más de dos mil años los teólogos y eruditos han intentado descifrar, saber, conocer y descubrir lo que era. Las opiniones son diversas:

a. Deseos sensuales
Algunos creen que eran deseos sensuales, porque Pablo dice: «¿No tenemos derecho de traer con nosotros una hermana por mujer como también los otros apóstoles, y los hermanos del Señor, y Cefas?» (1 Co 9:5).

b. Luchas en su mente
Algunos creen que sus problemas eran en su mente debido a que Pablo tenía dudas profundas del Señor y de su Palabra en momentos difíciles de sufrimiento, dolor y soledad.

c. Enfermedad
Algunos creen que quizá fuera un problema físico como la epilepsia, malaria o tal vez la vista, pues Pablo les dice a los gálatas: «Mirad con cuán grandes letras os escribo de mi propia mano» (Gl 6:11).

d. Problemas espirituales
Otros más creen que el aguijón era espiritual y que Pablo tuviera depresión en algunos momentos. Para esto, usan el pasaje de la carta a los filipenses donde dice: «Porque para mí el vivir es Cristo, y el morir es ganancia [...] de ambas cosas estoy puesto en estrecho, teniendo deseo de partir y estar con Cristo, lo cual es muchísimo mejor» (Flp 1:21, 23). De ahí que muchos teólogos digan que quizá Pablo tuviera pensamientos de depresión y suicidio. En lo particular, no lo creo, pues todos sabemos que Pablo decía que para él su vivir era Cristo.

Y la lista podría seguir, pero fuera lo que fuera, ese aguijón era molesto, pesado, y causaba aflicción, dolor y tormento.

3. **PABLO RECONOCÍA QUE DIOS NO LE IMPUSO EL AGUIJÓN A LA FUERZA, SINO QUE SE LE DIO COMO UN REGALO QUE SE DEBÍA APROVECHAR Y USAR EN BENEFICIO DE SU CRECIMIENTO ESPIRITUAL**
2 Corintios 12:7: «Y para que la grandeza de las revelaciones no me exaltase desmedidamente, me fue dado un aguijón en mi carne».
El aguijón no permaneció como un tormento para Pablo, sino que se transformó en un regalo de la gracia de Dios que le preparaba y maduraba para un gran ministerio.

4. **PABLO LE ROGÓ AL SEÑOR QUE LE LIBERARA DEL AGUIJÓN, PERO DIOS NO LE CONCEDIÓ SU PEDIDO**
2 Corintios 12:8: «Respecto a lo cual tres veces he rogado al Señor, que lo quite de mí».
Nuestras imposibilidades se convierten en poderosos recursos en las manos de Dios. Tal vez le esté pidiendo a Dios que le quite algo, pero Él sabe lo que es mejor para usted y para mí. Es más, Él nos tendrá bajo alguna lucha espiritual o tribulación para ayudarnos en determinado aspecto de nuestro carácter y personalidad.

5. **PABLO RECIBIÓ LA RESPUESTA DE DIOS QUE SU GRACIA LE ERA SUFICIENTE Y QUE SOMOS PERFECCIONADOS EN NUESTRAS DEBILIDADES**
2 Corintios 12:9: «Y me ha dicho: Bástate mi gracia; porque mi poder se perfecciona en la debilidad. Por tanto, de buena gana me gloriaré más bien en mis debilidades, para que repose sobre mí el poder de Cristo».
Todos somos parte de una generación que alaba el poder, ya sea militar, gubernamental, económico, intelectual, científico, etc. Hoy en día, todo es poder. Sin embargo,

para Dios el poder solo está en Él. Por eso es que Dios recibe la gloria cuando dependemos de Él y reconocemos nuestras debilidades como seres humanos dependientes de su poder.

El famoso predicador escocés James S. Stewart hizo una declaración que va en contra del orgullo y la soberbia en cuanto al concepto del poder: «Siempre es en la debilidad humana, y no en la fuerza, el poder y la autosuficiencia humana, que Dios escoge a hombres y mujeres para edificar su reino». Y yo diría que precisamente por ser débiles es que Dios nos escoge para que la gloria y la honra sean suyas y no nuestras.

6. **TAL VEZ PABLO NUNCA HUBIERA TENIDO TANTO ÉXITO Y CONQUISTAS EN SU LLAMADO, VIDA Y MINISTERIO SI DIOS NO HUBIERA PERMITIDO ESTA ENFERMEDAD, MOLESTIA O AGUIJÓN**

2 Corintios 12:10: «Por lo cual, por amor a Cristo me gozo en las debilidades, en afrentas, en necesidades, en persecuciones, en angustias».

Asimismo, no sabemos la naturaleza de este aguijón, solo hay opiniones, especulaciones y sugerencias. Hay algunos factores que serían de gran valor si los aprendemos. El aguijón de Pablo...

a. Continuó por un largo periodo, quizá por el resto de su vida después que recibió la revelación en el tercer cielo.

b. Fue objeto de repetidas oraciones que nunca recibieron respuesta.

c. Fue un instrumento para mantenerlo humilde.

d. Fue algo de parte del diablo que permitió el Señor para llevar a cabo el propósito de Él. Quizá la intención del diablo fuera usarlo para destruir al apóstol. En cambio, fue de bendición. Esto lo podemos asociar con lo que Jesús le dijo a Pedro respecto a que el diablo le pidió permiso para zarandearlo: «Dijo también el Señor: Simón, Simón, he aquí Satanás os ha pedido para zarandearos como a trigo» (Lc 22:31).

e. Fue un canal de la gracia de Dios. En otras palabras, Dios le dijo: «Mi gracia es suficiente para ti». En lugar de remediar el problema y eliminar el aguijón, Dios le dio a Pablo una gracia que le compensaba por el dolor. La respuesta no vino por quitar, sino por añadir. Debemos aprender que en el aumento de las tribulaciones Dios añadirá más de su gracia.

f. Proveyó una ocasión para que se regocijara en sus debilidades y que aprendiera de ellas a soportar lo que no impedía Dios.

g. Permitió que el poder de Cristo se manifestara en su vida. Tal como dijera el apóstol: «Para que repose sobre mí el poder de Cristo».

Pablo perfeccionó lo que permitió Dios, al transformar una debilidad, un impedimento, en lo que le llevó a un triunfo glorioso en Cristo durante su vida personal y ministerial. El camino hacia un ministerio glorioso es aceptar que a veces Dios permitirá el sufrimiento y la aflicción a fin de que se conviertan en armas poderosas para su gloria.

7. **PABLO ESTABA SEGURO DE QUE LA DEBILIDAD HUMANA Y LA DEPENDENCIA EN DIOS ERAN PARTE DE LA CALIDAD DEL LIDERAZGO ESPIRITUAL EXITOSO**

2 Corintios 12:10: «Porque cuando soy débil, entonces soy fuerte».

Dios es un Dios que se esconde. Por lo general, su poder es uno escondido y su omnipotencia casi siempre está bajo un manto de silencio. Esta es la manera en que trabaja Dios. Nosotros los humanos no somos así, pero Él sí. En cuanto a nosotros los cristianos, debilidad para Dios es poder, y poder sin Dios es debilidad. A.T. Robertson dijo: «Casi todos los discípulos que escogió Jesús junto al mar de Galilea fueron simples y semianalfabetos pescadores, menos Judas y Mateo. No buscó ni a una sola persona en los seminarios rabínicos». Yo siempre enfatizo que el estudio y la preparación son importantes, pero en el caso de Cristo, Él decidió escoger estos hombres de esta manera y de este nivel.

El verdadero poder

Todos sabemos que Dios no solo usa personas comunes y corrientes como nosotros. También escogió a Pablo, un hombre preparadísimo, para llevar el evangelio a reyes, príncipes y nobles. Aunque Pablo era poderoso en lo intelectual y lo espiritual, nunca se glorió ni se atribuyó a sí mismo todo lo que hizo. Sin embargo, como ya vimos, se gloriaba de sus debilidades porque entonces, decía él, es que era fuerte.

Pablo fue una de las personas más sabias, nobles y de gran influencia de su época. Aun así, sabía que solo Dios lo usaría después que renunciara a sus talentos y habilidades naturales al depender por completo de los dones espirituales concedidos por el Padre, el Hijo y el Espíritu Santo.

Todavía hoy, Dios llama a hombres y mujeres a prepararse en institutos, seminarios, colegios, escuelas bíblicas y universidades, a fin de servirle mejor. Antes, no teníamos toda la tecnología actual, como la internet, los CD, los DVD, los comentarios bíblicos, diccionarios, libros, etc. Abraham Lincoln dijo una vez: «Voy a prepararme, pues algún día va a llegar mi oportunidad, y cuando llegue, ya estaré preparado». ¡Y llegó! ¡Fue presidente de los Estados Unidos!

Cierta vez, el periódico de un reportero lo envió para hacer un informe donde se reflejara su investigación acerca del secreto del poder en la vida de D.L. Moody. De modo que viajó hasta Inglaterra para escucharlo. En una de sus reuniones, fueron a escucharlo muchos ricos y sabios de la aristocracia, así como gente común. Al reportero lo enviaron hasta allí, pues querían saber lo que atraía a las multitudes para escuchar a Moody.

Después de una considerable observación, el reportero dijo: «No puedo encontrar nada en lo que pueda basar el secreto de este predicador y su gran éxito». Cuando Moody leyó en el periódico este suceso, se rio y dijo: «El simple secreto del éxito de este mover de Dios es su poder y no yo, nada más y nada menos. La obra es de Dios y no mía, el poder es de Él y no mío».

El teólogo escocés James Denney, hablando sobre la vida de Pablo, dijo: «Nadie que podría mirar a Pablo pensaría quién era en realidad y nadie podría explicar el secreto de su poder. Un pequeño hombre judío, bajo de estatura, sin presencia imponente alguna, sin elocuencia, y débil al hablar y corregir a alguien en persona. Quién pudiera imaginar que este hombre fuera Pablo. El secreto es que el poder y la fuerza estaban en Dios y no en él».

La fuerza de la debilidad

En la lista de héroes de la fe que aparece en Hebreos 11, se dice que estos «apagaron fuegos impetuosos, evitaron filo de espada, sacaron fuerzas de debilidad, se hicieron fuertes en batallas, pusieron en fuga ejércitos extranjeros» (v. 34). En nuestro caso, debemos sacar fuerzas de nuestras debilidades y transformarlas en pérdidas para obtener ganancias en nuestra vida espiritual.

Como es natural, esto no debe ser una excusa para que dejemos de servir a Dios, sino para que Él nos use por el mismo motivo de ser débiles y dependientes de su poder. Por lo tanto, saque fuerzas de sus debilidades, sus aflicciones, sus pruebas, sus tribulaciones, su tristeza, su angustia, su dolor, sus experiencias, etc.

En el principio del trabajo misionero de Hudson Taylor en la China, en enero de 1866, dio a conocer su filosofía en cuanto a la debilidad y al sufrimiento:

> Iremos a adoptar el lenguaje del apóstol Pablo ante el enorme trabajo a realizar que tenemos por delante y la enorme responsabilidad para llevarlo a cabo. Creemos que la gracia de Dios es suficiente en nosotros porque su poder se perfecciona en la debilidad.

Hoy, casi ciento cincuenta años después, la obra misionera fundada por Hudson Taylor y su filosofía probaron la certeza de sus palabras en cuanto al sufrimiento y la debilidad, pues sigue avanzando.

Por las cartas de Pablo concluimos que estas no fueron discursos impersonales, sino que llevaron la señal de las muchas y ricas facetas de su personalidad. En cuanto a su apariencia física, el Nuevo Testamento nos da poca información. Sin embargo, en su segunda carta a los creyentes corintios, Pablo expresa lo siguiente:

> Porque a la verdad, dicen, las cartas son duras y fuertes; mas la presencia corporal débil, y la palabra menospreciable.
>
> **2 CORINTIOS 10:10**

Quizá por este versículo se pueda deducir que su presencia personal no era muy imponente. Hay una obra apócrifa del siglo segundo donde lo describen como pequeño de estatura, calvo y de sobrepeso, con cejas espesas, nariz aguileña y constitución física vigorosa.

Como ya vimos en 2 Corintios 12:7, Pablo habló de su «aguijón» y a los creyentes de Galacia les sugiere que padecía de una enfermedad debilitante (véase Gálatas 4:13). Su relato acerca de los sufrimientos físicos que experimentó nos lleva a creer que era un hombre de enorme resistencia, tanto física como espiritual (véanse 1 Co 4:10-12; 2 Co 11:24-29).

Pablo no solo era escritor y teólogo teórico, sino también un experimentado misionero que viajaba mucho y a quien probaron en gran medida a través de peligros, tribulaciones, aflicciones y persecuciones. Su aguijón era parte del plan de Dios para moldear su carácter y personalidad, a fin de cumplir el propósito divino en su vida. Tal vez Pablo nunca hubiera llegado tan lejos en su ministerio si Dios no hubiera permitido esto en su vida. El aguijón en su carne fue un instrumento de humildad que resultó en una oportunidad para que el apóstol se regocijara en Cristo en lugar de entristecerlo.

Las revelaciones que Pablo recibió en el tercer cielo no fueron algo ordinario, sino extraordinario. Por lo tanto, para que no sucumbiera ante el orgullo, Dios permitió algo en su vida que hasta hoy es un misterio y puras especulaciones. No obstante, ese aguijón le permitió vivir sin exaltarse y poder llegar a niveles gigantescos en su vida, llamado y ministerio.

La gracia es suficiente

Dios ha permitido que en cada uno de nosotros haya algo que nos mantiene como Él quiere. Así que la clásica respuesta divina, sea lo que sea que Él pusiera en nosotros, es:

> Bástate mi gracia; porque mi poder se perfecciona en la debilidad. Por tanto, de buena gana me gloriaré más bien en mis debilidades, para que repose sobre mí el poder de Cristo.
>
> 2 CORINTIOS 12:9

Aquí está asegurada nuestra victoria. Su gracia es suficiente para lo que sea que Él permita en nuestras vidas, ya sean pruebas, tribulaciones, enfermedades, tragedias, muerte de un ser querido, algún hijo o hija apartados del Señor o que estén en las drogas, el alcohol, el sexo ilícito, etc. Su gracia es más que suficiente para vivir en victoria.

Pablo aprendió el arte de transformar una debilidad, un aguijón, una prueba, en algo de victoria, de fortaleza y de glorioso triunfo. Desde un principio, se dio cuenta de que era algo que le molestaba, le traía dolor y sufrimiento, pero que en realidad era un instrumento divino que lo perfeccionaba para la obra que Dios tenía para él.

El camino para un ministerio glorioso se centra en el Señor. Por eso, cualquier debilidad se puede volver una poderosa arma a usar para la gloria del Señor, tanto en el campo personal como en el ministerial. Note que Pablo no dijo: «Me fue *impuesto* un aguijón en mi carne», sino: «Me fue *dado* un aguijón en mi carne». Lo cual significaba «un regalo de gracia». Como resultado, dejó de ser un tormento del diablo para convertirse en un regalo de la gracia divina que lo moldeaba y preparaba para lo que el Señor tenía para él. Lo mismo debemos hacer nosotros con nuestras debilidades: ¡Transformarlas en fortalezas! ¡Aleluya!

CAPÍTULO 9

Pablo y su elección

Y al último de todos, como a un abortivo, me apareció a mí.
Porque yo soy el más pequeño de los apóstoles, que no soy
digno de ser llamado apóstol, porque
perseguí a la iglesia de Dios.

1 CORINTIOS 15:8-9

Pablo era consciente de que su elección y llamado fueron el resultado de la misericordia de Dios cuando lo rescató de la ignorancia espiritual, así como de su celo, ira y persecución en contra de la Iglesia de Cristo. Aunque era un hombre muy preparado de manera intelectual en la ley, carecía por completo de la sensibilidad espiritual.

A Pablo, el Señor Jesús tuvo que derrumbarlo a tierra cuando iba de camino a Damasco para llamarlo y transformarlo. Desde la familia en que nació, su ciudad, todo lo que estudió y de la persona que aprendió, todo esto lo preparó para este momento de su conversión.

Dios lo escogió en el vientre de su madre para revelarle lo que estuvo escondido desde las edades pasadas, tal y como el mismo Pablo lo afirma:

> Por esta causa yo Pablo, prisionero de Cristo Jesús por vosotros los gentiles; si es que habéis oído de la administración de la gracia de Dios que me fue dada para con vosotros; que por revelación me fue declarado el misterio, como antes lo he escrito brevemente, leyendo lo cual podéis entender cuál sea mi conocimiento en el misterio de Cristo.
>
> **EFESIOS 3:1-4**

Dios lo escogió desde el principio, lo «eligió» para revelar los misterios del Señor Jesucristo.

La palabra «elección», o ser «elegido», en griego es **«ekloge»**, lo cual indica «sacar de entre, selección y elegido». Con respecto a la elección, Dios dice que Saulo de Tarso era un «instrumento escogido» (Hch 9:15). La frase literalmente significa «un vaso de elección». Esta palabra también se usa en Romanos 9:11 al hacer referencia a Esaú y Jacob, y donde la frase «el propósito [...] conforme a la elección» equivale prácticamente al «propósito del que elige».

Cuando en Romanos 11:5 se habla de «un remanente escogido por gracia», se hace alusión a los judíos creyentes y salvados que habitaban en la nación incrédula; lo mismo puede verse en los versículos 7 y 28, donde «la elección» puede significar el acto de elegir o los elegidos; según el contexto, con respecto a los padres, señala a lo primero, a la elección de la nación según el pacto de la promesa. En 1 Tesalonicenses 1:4, la frase «vuestra elección» no se refiere a la iglesia en general, sino a quienes la constituyen de forma individual; la certeza que tiene el apóstol de esta elección es motivo para su acción de gracias. Los creyentes deben ser muy diligentes a la hora de hacer realidad su llamamiento y elección.

En 2 Pedro 1:10 se usa el verbo **«eklegomai»**, que significa «ser escogido». El adjetivo **«eklektos»** indica «escogido y elegido». También **«suneklektos»** quiere decir «elegido juntamente con», tal y como lo vemos en 1 Pedro 5:13, donde el apóstol se refiere a la iglesia que estaba en Babilonia. Además, debemos señalar el verbo **«eklego»**, que significa «entresacar y seleccionar». Esto fue justo lo que sucedió con Pablo cuando fue «elegido, seleccionado, sacado fuera, escogido y entresacado entre muchos» con un propósito específico.

La elección por gracia

El apóstol tenía muy claro que Dios lo «eligió» por gracia o que su «elección» se debía a la misericordia, pues se sentía como lo dijo antes: «El más pequeño de los apóstoles». Siguiendo esta misma línea de pensamiento, dice lo siguiente:

> A mí, que soy menos que el más pequeño de todos los santos, me fue dada esta gracia de anunciar entre los gentiles el evangelio de las inescrutables riquezas de Cristo, y de aclarar a todos cuál sea la dispensación del misterio escondido desde los siglos en Dios, que creó todas las cosas.
>
> **EFESIOS 3:8-9**

Después de hablar de su propia elección y de reconocer con humildad lo que era él y lo que Dios hizo con él, Pablo habla de la elección general de la hermandad de la iglesia de Cristo al decir estas palabras:

> Porque lo insensato de Dios es más sabio que los hombres, y lo débil de Dios es más fuerte que los hombres. Pues mirad, hermanos, vuestra vocación, que no sois muchos sabios según la carne, ni muchos poderosos, ni muchos nobles; sino que lo necio del mundo escogió Dios, para avergonzar a los

> sabios; y lo débil del mundo escogió Dios, para avergonzar a lo fuerte; y lo vil del mundo y lo menospreciado escogió Dios, y lo que no es, para deshacer lo que es, a fin de que nadie se jacte en su presencia.
>
> 1 CORINTIOS 1:25-29

Pablo decía que nuestra vocación, o «elección», no es por nuestras habilidades ni capacidades, sino por el poder de Dios que nos eligió para su honra y gloria. Como vimos en el capítulo anterior, Dios usa nuestras debilidades e insuficiencias para que Él reciba siempre el reconocimiento y jamás lo recibamos nosotros. ¡A Él sea la gloria!

La persona que Dios usa

Es algo impresionante cómo Dios actúa de manera diferente a las opiniones de los hombres en cuanto a lo que elige Él. Su elección siempre sorprenderá a todos, porque el hombre mira lo externo y Dios mira lo interno del corazón. Basta que recordemos el día en que Samuel ungió a David como rey al escogerlo de entre sus hermanos. Hasta Samuel pensó que era otro por la apariencia, pero Dios le dijo que no.

En lugar de que los más capacitados, nobles, sabios y preparados se encuentren a la vanguardia en las trincheras de la obra de Dios, los débiles, los más despreciables, los que otros llaman «necios» y los que no son nadie a los ojos humanos son los que están al frente. Esto es para que la fuerza de Dios y su poder se perfeccionen en nuestras debilidades, a fin de que nadie se gloríe delante de la presencia del Señor y que la gloria sea solo suya.

Es lógico que Dios use también a los inteligentes, preparados, estudiados, universitarios y sabios. Sin embargo, esto solo sucede después que abandonan la dependencia de sí mismos, de sus talentos, habilidades humanas y de la autosuficiencia, para luego reconocer que aunque tengan todo esto, solo Dios puede usarlos en humildad y reconocimiento de su divino poder.

Dios tampoco dejará de usarnos porque seamos débiles. Por el contrario, Él nos usa debido a nuestras limitaciones y debilidades, ya que nuestra dependencia está en Él. Mis propios hijos son graduados de la universidad. Kathryn se graduó en Psicología en la Universidad de Biola y después hizo su maestría en la Universidad Pepperdine. Joshua estudió economía en la Universidad de California en Los Ángeles y ahora está en la Universidad Stanford estudiando abogacía. Son preparados y sirven al Señor. Por otra parte, nuestras debilidades no deben ser excusas para no prepararnos de manera intelectual y también espiritual. Sin embargo, nuestros estudios nunca deben estar por encima de la capacidad que solo Dios nos puede dar y de la forma en que quiera Él. Lo cierto es que siempre hay que tener cuidado de que el orgullo no penetre en nuestro corazón, por más preparación intelectual que tengamos.

Cuando Dios llama

Con respecto a la preparación de los misioneros, L.T. Lyall dijo: «Un énfasis exagerado en los estudios seculares o teológicos, el talento, las habilidades, la sabiduría y las calificaciones le han cerrado las puertas a muchos candidatos a las misiones porque han dependido de sí mismos y no de Dios». Yo diría que fueron el orgullo, la arrogancia y la soberbia lo que les han impedido a muchos, y a muy buenos candidatos para las misiones, quedarse sin el llamado y la aprobación de Dios al no renunciar, al no rendirse al señorío de Cristo, impidiendo así que Él actuara en sus vidas. Por lo tanto, al hablar del llamado de Dios, el apóstol decía:

1. **LA DEBILIDAD DE DIOS (NOSOTROS) ES MÁS FUERTE QUE EL PODER HUMANO**

    1 Corintios 1:25: «Porque lo insensato de Dios es más sabio que los hombres, y lo débil de Dios es más fuerte que los hombres».

    Henry Varley, amigo íntimo de Moody en los inicios de su obra, contaba que le dijo una vez a este: «El mundo aún no ha visto lo que Dios puede hacer con un hombre, para un hombre, en un hombre y por medio de un hombre que esté consagrado por completo a Él». Moody contestó: «Yo seré ese hombre. Yo haré lo que puedo y Dios hará lo que no puedo».

2. **AL LLAMARNOS, DIOS SE FIJÓ EN NUESTRAS LIMITACIONES Y NO EN NUESTRAS HABILIDADES**

    1 Corintios 1:26: «Pues mirad, hermanos, vuestra vocación, que no sois muchos sabios según la carne, ni muchos poderosos, ni muchos nobles».

    William Wilberforce, el gran reformador cristiano e impulsor de la campaña contra el esclavismo en el Imperio británico, era tan pequeño de estatura que parecía que un viento fuerte podría levantarlo del piso y llevarlo por el aire. Sin embargo, cuando el ensayista y abogado inglés James Boswell le escuchó hablar en público de su causa para liberar a los esclavos, dijo: «Al principio, vi lo que parecía un simple camarón encima de la mesa; pero a medida que lo iba escuchando, creció hasta que el camarón se convirtió en una ballena». Quizá no seamos impresionantes para los demás, pero con el poder de Dios podremos hacer grandes cosas.

3. **AL ESCOGERNOS, DIOS SE BASÓ EN NUESTRAS DEBILIDADES PARA USARNOS COMO INSTRUMENTOS PARA CONFUNDIR A LOS SABIOS**

    1 Corintios 1:27: «Sino que lo necio del mundo escogió Dios, para avergonzar a los sabios; y lo débil del mundo escogió Dios, para avergonzar a lo fuerte».

    James S. Stewart, ministro y maestro escocés, dijo: «Es un maravilloso descubrimiento saber que es siempre por la debilidad y la humildad humanas, no por su fuerza y su confianza, que Dios decide edificar su reino, y que Él no solo nos puede usar a pesar de nuestra ordinariez, impotencia y flaquezas, sino precisamente por ellas».

    Yo diría también que nada puede derrotar a una iglesia que reconoce su debilidad y se ofrece a Dios como un instrumento para que Él la perfeccione y la use. Esta fue la victoria del apóstol Pablo, de David Brainerd, de Hudson Taylor, de David Livingstone, de William Carey y de muchos otros que dijeron: «Señor, aquí está mi debilidad humana, tómala para tu gloria y úsala de la manera que quieras».

4. **DIOS NOS LLAMÓ Y ESCOGIÓ COMO LO QUE NO ES PARA CONFUNDIR LO QUE ES**

   1 Corintios 1:28: «Y lo vil del mundo y lo menospreciado escogió Dios, y lo que no es, para deshacer lo que es».

   Todos sabemos que D.L. Moody no tuvo una educación formal y escolar. Sus cartas, que muchas se han preservado, están llenas de errores gramaticales. Su apariencia física no era de impresionar. Su voz tenía problemas y su vocabulario estaba lleno de errores de dicción y gramática. Sin embargo, esto no lo detuvo para que hiciera temblar dos continentes. Basta con leer su biografía y se dará cuenta de esto. Deje que Dios use sus debilidades y limitaciones para su gloria.

5. **EL PROPÓSITO DE DIOS AL LLAMARNOS DE ESTA MANERA ES QUE SE RECONOZCA QUE LA HONRA Y GLORIA SON SUYAS Y QUE NO ES POR NOSOTROS QUE NOS USA**

   1 Corintios 1:29: «A fin de que nadie se jacte en su presencia».

Dios usa a sabios y no sabios

Toda la gloria es para Dios. Sin embargo, el Señor no solo usa a las personas comunes y sin instrucción formal escolar. Piense en el gran apóstol Pablo. Está clasificado entre las mentes más brillantes del mundo, entre los sabios de los sabios y el noble entre los nobles. Lo tuvo todo: poder intelectual, influencia política, una lógica incomparable, ardor, celo por su llamado, pero en ninguna de estas cosas depositó su confianza. Renunció a todas sus habilidades humanas y carisma, y dependió solo de Dios, como vemos cuando expresó estas palabras con gran humildad:

> Así que, hermanos, cuando fui a vosotros para anunciaros el testimonio de Dios, no fui con excelencia de palabras o de sabiduría. Pues me propuse no saber entre vosotros cosa alguna sino a Jesucristo, y a éste crucificado. Y estuve entre vosotros con debilidad, y mucho temor y temblor; y ni mi palabra ni mi predicación fue con palabras persuasivas de humana sabiduría, sino con demostración del Espíritu y de poder, para que vuestra fe no esté fundada en la sabiduría de los hombres, sino en el poder de Dios.
>
> **1 CORINTIOS 2:1-5**

Esta es la grandeza del carácter y la personalidad de un hombre que sabe que Dios no lo usa por sus habilidades, sino por los dones del Espíritu y del poder divino.

La historia de Gedeón corrobora este concepto, pues él reconoció su insuficiencia para librar a Israel:

> Entonces le respondió: Ah, señor mío, ¿con qué salvaré yo a Israel? He aquí que mi familia es pobre en Manasés, y yo el menor en la casa de mi padre.
>
> **JUECES 6:15**

No obstante, después de la promesa de Dios que estaría a su lado, más de treinta y dos mil hombres vinieron a ayudarle, pero eran demasiados. De esta cantidad, Dios eliminó veintidós mil y quedaron diez mil. Luego, Dios volvió a probarlos y se fueron nueve mil setecientos y Gedeón solo se quedó con trescientos soldados para pelear contra un ejército de ciento treinta y cinco mil madianitas.

La diferencia era de cuatrocientos cincuenta madianitas por cada uno de los trescientos soldados de Gedeón. Es decir, cuatrocientos cincuenta soldados madianitas para cada soldado de Israel, pues cuatrocientos cincuenta por trescientos es igual a ciento treinta y cinco mil personas... Una tarea imposible sin Dios, pero con Dios era diferente.

Trate de imaginar en su mente este escenario. Ciento treinta y cinco mil soldados de Madián contra trescientos de Israel. Imagine lo que es una multitud tan grande contra un puñado de hombres. ¿Y cuál fue la estrategia de Gedeón? ¿Qué le dijo Dios y cómo le ordenó que peleara? Pelearon con un cántaro, una trompeta y una antorcha.

¿Alguna vez ha visto una estrategia militar más ridícula y absurda que esta? ¡Estoy seguro que no! La debilidad y la incapacidad de Gedeón y de sus trescientos hombres en completa obediencia y humildad se transformaron en instrumentos de victoria. Esta es la estrategia de Dios: «Él nos toma a usted y a mí con nuestras debilidades e insuficiencias y nos usa por medio de su poder». Hasta hoy, esta ha sido la victoria del cristianismo, y de todos los hombres y mujeres que Dios usa, pues se trata del poder sobrenatural de Dios y no de nosotros mismos.

Cuando le entregamos nuestra vida a Dios

Frederick Booth-Tucker, un brillante oficial del servicio civil de la India, recibió a Cristo como su Salvador. De inmediato, se dio cuenta que sus compatriotas de la India necesitaban ayuda espiritual y física, así que se unió al Ejército de Salvación. Se fue a Inglaterra, a fin de prepararse para ser misionero y volver a la India. Al cabo de un tiempo, regresó y trabajó con ahínco para ayudar a los suyos en la India. Sin embargo, de alguna manera, esto no tuvo éxito.

Después de mucha oración, decidió ponerse la ropa nativa, comer lo que comía la gente común y vivir de veras como uno que se identifica con el pueblo que ministra. Con un compañero, salió por las calles de la India y no demoró mucho para que sus pies estuvieran llenos de heridas y golpes debido al calor y a las piedras del camino, de modo que cada paso que daba era una agonía.

En cierta ocasión, al llegar a una aldea durante el fuerte calor del mediodía, esperaron que al menos les dieran agua y algo de comer. En cambio, la gente de allí les negó la entrada. Se fueron, y de tan cansados que estaban, se refugiaron debajo de un árbol y se quedaron dormidos. Mientras dormían, algunos hombres de la aldea fueron a verlos. Uno de ellos, al observar las heridas que sangraban en sus pies, les dijo a los demás: «¡Cuánto han sufrido estos hombres para traernos su mensaje y los echamos fuera! Hicimos mal. Deben ser buenos hombres y les tratamos mal».

Cuando los dos misioneros despertaron, los invitaron para que regresaran a la aldea, donde les curaron los pies y les dieron agua y comida. Aprovechando esta oportunidad, les predicaron el evangelio. El resultado fue que allí empezó un mover de Dios que con el tiempo salvó a veinticinco mil personas para su Reino.

Dios no necesitaba la sabiduría de Tucker, sino su debilidad e insuficiencia, todo lo cual les abrió las puertas con el pueblo para predicarles. Entonces, Dios movió su poder y comenzó un gran avivamiento.

Ponga en las manos de Dios su vida y lo que es, con sus debilidades e incapacidades, y nunca trate de impresionar a nadie. Dios le usará independientemente de ser hombre o mujer, su familia, nacionalidad, raza o color. ¡Usted es importante para Dios! El Señor lo quiere usar, pero prepárese lo mejor que pueda. Lea la Palabra, ore, ayune, estudie libros que le edifiquen su vida espiritual, escuche mensajes de buenos predicadores todo el tiempo.

Si le es posible, haga el esfuerzo y asista a una escuela bíblica, a una universidad teológica, a una escuela misionera, en el caso de que este sea su llamado. Aprenda de los que tienen más experiencia que usted. Prepárese para que cuando llegue su oportunidad, esté listo y apto para lo que Dios tiene para usted. Empiece, por ejemplo, con «Juventud Con Una Misión» (JuCUM). Son apenas cinco meses de preparación misionera. Tres meses de teórico, estudio y clases, y dos meses viajando hacia alguna parte del mundo. Yo empecé allí cuando era muy joven.

Después, vaya a un Instituto Bíblico de las Asambleas de Dios, de su denominación o de cualquier otro que Dios le indique y que esté a su alcance. Haga su parte y Dios hará la suya. Recuerde: Para resucitar a Lázaro, Jesús les dijo a los hombres que estaban allí: «Quitad la piedra» (véase Jn 11:38-44). Él no quitó la piedra. Pudo haberlo hecho, pero no lo hizo. Solo Él podía resucitarlo, pero el problema era la piedra. En obediencia, los hombres la quitaron y sucedió el milagro.

Usted debe quitar la piedra. Usted debe hacer algo. Dios no hará en su lugar lo que puede hacer usted. Y cuando quite la piedra, lo que le impide prepararse mejor para servirlo, Él hará el milagro de suplir sus necesidades y de bendecirlo. En pocas palabras, tal como escribí en mi libro *Heme aquí, Señor, envíame a mí*: Dios llama, Dios capacita, Dios envía, Dios suple y Dios respalda. ¡Este es el llamado de Dios!

CAPÍTULO 10

Pablo y su misión

Porque no osaría hablar sino de lo que Cristo ha hecho por
medio de mí para la obediencia de los gentiles, con la palabra y
con las obras, con potencia de señales y prodigios, en el poder
del Espíritu de Dios; de manera que desde Jerusalén,
y por los alrededores hasta Ilírico, todo lo he
llenado del evangelio de Cristo.

ROMANOS 15:18-19

El llamado de Pablo a predicar el evangelio, su misión, su tarea, su responsabilidad, su obra o su ministerio, de seguro que incluía las misiones, tanto locales, nacionales como foráneas. En esencia, estas misiones abarcarían dos esferas específicas: Se llevarían a cabo en lugares distantes, y se desarrollarían entre los gentiles.

El libro de los Hechos y las epístolas paulinas son, en realidad, el manual y la filosofía por excelencia para las misiones. Su método es bíblico y poderoso. Desde su llamado, la misión de Pablo quedó definida. Sería el apóstol de los gentiles, el hombre que Dios escogió para llevar su Palabra hasta lo último de la tierra. Esto se lograría a través de sus viajes misioneros y, más tarde, mediante sus escritos que llevarían el cristianismo a todo el mundo.

La palabra «obrero», el que trabaja en una determinada misión o que es misionero, viene de la palabra griega **«ergates»**, la cual se relaciona con las palabras **«ergazomai»**, que significa «trabajar», y **«ergon»**, que quiere decir «trabajo» en el campo, esto se relaciona con la comisión que Jesús les dio a sus discípulos:

Entonces dijo a sus discípulos: A la verdad la mies es mucha, mas los obreros pocos. Rogad, pues, al Señor de la mies, que envíe obreros a su mies.
MATEO 9:37-38

Este pasaje nos muestra un campo listo para la siega, al igual que muchas personas están listas para entregarle sus vidas a Jesús, pero no saben el camino. Por eso, se necesitan *obreros* que les indiquen ese camino que les lleve a la salvación y la vida eterna.

Pablo y las misiones

Pablo fue llamado al ministerio con una misión concreta y llegó a ser un gran misionero que el Señor usó en gran medida. Una misión no necesariamente se trata de ir a las misiones o ser misionero. Puede ser una labor en cualquier otro ministerio al que nos llame Cristo. A fin de llevar a cabo esta tarea y cumplir con su misión, papel y responsabilidad, Dios es el que determina dicho ministerio para una persona específica, en un lugar específico y en un tiempo específico. Como vimos en el capítulo anterior, el apóstol fue llamado y «elegido, escogido y separado» para desarrollar una obra misionera. Por lo tanto, veamos algunas de las características presentes en el llamado y la elección del apóstol.

1. **PABLO FUE LLAMADO Y ENVIADO COMO MISIONERO A TIERRAS LEJANAS**
   Hechos 22:21: «Pero me dijo: Ve, porque yo te enviaré lejos».

2. **PABLO FUE LLAMADO COMO MISIONERO A LOS GENTILES**
   Hechos 13:46: «Entonces Pablo y Bernabé, hablando con denuedo, dijeron: A vosotros a la verdad era necesario que se os hablase primero la palabra de Dios; mas puesto que la desecháis, y no os juzgáis dignos de la vida eterna, he aquí, nos volvemos a los gentiles».
   Pablo mismo dijo: «Desde ahora me iré a los gentiles» (Hch 18:6). Usted y yo tenemos un llamado específico que llevar a cabo, en algún lugar que Dios de antemano ya lo ha determinado y separado para que lo pudiéramos cumplir. Usted y yo hemos nacido con un propósito.

3. **PABLO FUE LLAMADO COMO UN MISIONERO PIONERO Y DE NUEVAS OBRAS**
   Romanos 15:20: «Y de esta manera me esforcé a predicar el evangelio, no donde Cristo ya hubiese sido nombrado, para no edificar sobre fundamento ajeno».

4. **PABLO NUNCA TOMÓ EL CRÉDITO DEL TRABAJO DE OTRA PERSONA PARA SÍ MISMO**
   2 Corintios 10:16: «Y que anunciaremos el evangelio en los lugares más allá de vosotros, sin entrar en la obra de otro para gloriarnos en lo que ya estaba preparado».

5. **PABLO SABÍA QUE LAS MISIONES TENÍAN SUS DIFERENCIAS NACIONALES, CULTURALES Y SOCIALES, ASÍ QUE TRATÓ DE IDENTIFICARSE CON CADA SITUACIÓN Y CON CADA PUEBLO AL MINISTRAR**
   1 Corintios 9:16-23: «Pues si anuncio el evangelio, no tengo por qué gloriarme; porque me es impuesta necesidad; y ¡ay de mí si no anunciare el evangelio! Por lo cual, si lo hago de buena voluntad, recompensa tendré; pero si de mala voluntad, la comisión me ha sido encomendada. ¿Cuál, pues, es mi galardón? Que predicando el evangelio, presente gratuitamente el evangelio de Cristo, para no abusar de mi derecho en el evangelio. Por lo cual, siendo libre de todos, me he hecho siervo de todos para ganar a mayor número. Me he hecho a los judíos como judío, para ganar a los judíos; a los que están sujetos a la ley (aunque yo no esté sujeto a la ley) como sujeto a la ley, para ganar

71

a los que están sujetos a la ley; a los que están sin ley, como si yo estuviera sin ley (no estando yo sin ley de Dios, sino bajo la ley de Cristo), para ganar a los que están sin ley. Me he hecho débil a los débiles, para ganar a los débiles; a todos me he hecho de todo, para que de todos modos salve a algunos. Y esto hago por causa del evangelio, para hacerme copartícipe de él».

6. **PABLO SIEMPRE PENSABA QUE PUDO HABER HECHO MÁS PARA EL SEÑOR**
Romanos 1:14-15: «A griegos y a no griegos, a sabios y a no sabios soy deudor. Así que, en cuanto a mí, pronto estoy a anunciaros el evangelio también a vosotros que estáis en Roma».

7. **PABLO RECONOCÍA QUE CADA IGLESIA CON POTENCIAL PODRÍA TRANSFORMARSE EN UNA BASE PARA ENVIAR OTROS MISIONEROS**
1 Tesalonicenses 1:7-8: «De tal manera que habéis sido ejemplo a todos los de Macedonia y de Acaya que han creído. Porque partiendo de vosotros ha sido divulgada la palabra del Señor, no sólo en Macedonia y Acaya, sino que también en todo lugar vuestra fe en Dios se ha extendido, de modo que nosotros no tenemos necesidad de hablar nada».

8. **PABLO RECONOCÍA EL VALOR DE UNA OBRA ESTABLE, Y SIEMPRE QUE PODÍA, REGRESABA PARA VISITAR A QUIENES MINISTRÓ**
Hechos 15:36: «Después de algunos días, Pablo dijo a Bernabé: Volvamos a visitar a los hermanos en todas las ciudades en que hemos anunciado la palabra del Señor, para ver cómo están».

9. **PABLO SABÍA QUE AHORA EN CRISTO TODOS ÉRAMOS IGUALES Y FUE UN ANTILEGALISTA**
Gálatas 3:28: «Ya no hay judío ni griego; no hay esclavo ni libre; no hay varón ni mujer; porque todos vosotros sois uno en Cristo Jesús».

10. **PABLO TRABAJABA ARDUAMENTE CON GRAN ESFUERZO Y DEDICACIÓN**
Colosenses 1:29: «Para lo cual también trabajo, luchando según la potencia de él, la cual actúa poderosamente en mí».

11. **PABLO ANUNCIÓ TODO EL EVANGELIO DE CRISTO, YA SEA SOBRE LA UNIVERSALIDAD DEL PECADO, LA CERTEZA DEL JUICIO, ASÍ COMO HABLÓ DE LA CRUZ, LA RESURRECCIÓN DE CRISTO Y SU VENIDA**
Hechos 20:27: «Porque no he rehuido anunciaros todo el consejo de Dios».

12. **PABLO LES ENSEÑÓ A LAS IGLESIAS QUE QUIENES PREDICAN EL EVANGELIO SON DIGNOS DE RECIBIR AYUDA FINANCIERA**
1 Corintios 9:13-14: «¿No sabéis que los que trabajan en las cosas sagradas, comen del templo, y que los que sirven al altar, del altar participan? Así también ordenó el Señor a los que anuncian el evangelio, que vivan del evangelio».

13. **PABLO TAMBIÉN LES ENSEÑÓ A LAS IGLESIAS QUE FUERAN GENEROSAS EN SUS CONTRIBUCIONES PARA LOS PREDICADORES Y LOS DEMÁS LÍDERES**
Gálatas 6:6: «El que es enseñado en la palabra, haga partícipe de toda cosa buena al que lo instruye».

14. **PABLO INSTRUYÓ A LAS IGLESIAS PARA QUE SEMBRARAN EN SUS OFRENDAS, A FIN DE COSECHAR EN ABUNDANCIA**
2 Corintios 9:6-8, 10, 12: «Pero esto digo: El que siembra escasamente, también segará escasamente; y el que siembra generosamente, generosamente también segará. Cada

uno dé como propuso en su corazón: no con tristeza, ni por necesidad, porque Dios ama al dador alegre. Y poderoso es Dios para hacer que abunde en vosotros toda gracia, a fin de que, teniendo siempre en todas las cosas todo lo suficiente, abundéis para toda buena obra [...] Y el que da semilla al que siembra, y pan al que come, proveerá y multiplicará vuestra sementera, y aumentará los frutos de vuestra justicia [...] Porque la ministración de este servicio no solamente suple lo que a los santos falta, sino que también abunda en muchas acciones de gracias a Dios».

15. **PABLO FUE UN GRAN EJEMPLO PARA TODOS EN SU ÉPOCA Y DIGNO DE SER IMITADO**
1 Corintios 11:1: «Sed imitadores de mí, así como yo de Cristo».
Filipenses 4:9: «Lo que aprendisteis y recibisteis y oísteis y visteis en mí, esto haced; y el Dios de paz estará con vosotros».

16. **PABLO VIO LAS CUALIDADES Y POTENCIALES DE LOS LÍDERES JÓVENES PARA LA OBRA DE DIOS**
2 Timoteo 2:15: «Procura con diligencia presentarte a Dios aprobado, como obrero que no tiene de qué avergonzarse, que usa bien la palabra de verdad».

17. **PABLO SABÍA QUE SI DIOS CERRABA UNA PUERTA, ABRIRÍA OTRA MÁS EFICAZ**
Hechos 16:7-10: «Y cuando llegaron a Misia, intentaron ir a Bitinia, pero el Espíritu no se lo permitió. Y pasando junto a Misia, descendieron a Troas. Y se le mostró a Pablo una visión de noche: un varón macedonio estaba en pie, rogándole y diciendo: Pasa a Macedonia y ayúdanos. Cuando vio la visión, en seguida procuramos partir para Macedonia, dando por cierto que Dios nos llamaba para que les anunciásemos el evangelio».
Para Pablo, las puertas cerradas no eran un obstáculo, sino un desafío y una oportunidad. Lo mismo debe ser para nosotros. En mi caso, como evangelista y por las invitaciones que recibo, cuando una puerta se cierra, doy por sentado que Dios siempre va a abrir otra puerta. Dicho y hecho. Él siempre lo hace. Además, es otra puerta mejor que la anterior. ¡Él es fiel!

18. **PABLO JAMÁS SE AVERGONZÓ DEL EVANGELIO**
Romanos 1:16: «Porque no me avergüenzo del evangelio, porque es poder de Dios para salvación a todo aquel que cree; al judío primeramente, y también al griego».

Lo que Dios comienza, lo termina

El pastor, maestro y autor Frederic Dean Farrar, al referirse a las cualidades del gran apóstol, dijo:

Pablo, lleno de energía como Pedro, sensible y amoroso como Juan, jamás fue egoísta. Sin embargo, fue el gran héroe y campeón de la libertad religiosa, un predicador mejor que Crisóstomo, mayor misionero que Francisco Javier, más grande reformador que Lutero y mucho mejor teólogo que Tomás de Aquino; en fin, Pablo, el gran apóstol de los gentiles y esclavo del Señor Jesucristo.

El apóstol dejó tras sí un sinnúmero de iglesias llenas de la vida del Espíritu que estableció durante su trabajo misionero. Todos sabemos que las estrategias en cuanto a misiones de las grandes agencias misioneras que copiaron el modelo de Pablo han sido muy exitosas y bendecidas. R.E. Speer, él mismo un gran misionero, al escribir acerca de Pablo dijo: «Él fue el primer modelo misionero de todos los tiempos que estableció los principios exitosos del trabajo misionero».

Como Cristo vino «a las ovejas perdidas de la casa de Israel» (Mt 15:24), ahora el Señor necesitaba que alguien llevara su evangelio y lo expandiera a tierras lejanas hacia los gentiles. Y Pablo se convirtió en un misionero como el mundo jamás ha visto otro igual. En él, Cristo vio un instrumento con calificaciones únicas y extraordinarias, y con una personalidad y un carácter incomparables, para llevar a cabo su gran propósito. Otros misioneros, como el Dr. David Livingston, abrieron continentes para el evangelio, pero Pablo abrió el mundo entero.

Hoy en día, es muy conocido entre los círculos misioneros que el llamado de una persona concreta a las misiones no es un nuevo propósito de Dios para su vida. Aun así, solo esta descubre su llamado específico por el que Dios la trajo al mundo, debido a que es una culminación de una preparación divina que empezó antes de su nacimiento. Eso fue exactamente lo que sucedió con el llamado de Pablo a su vida en el camino de Damasco. Fue la culminación de una preparación de Dios que comenzó en Tarso de Cilicia desde la concepción de Saulo. Después, en un período que duró unos treinta y tres años, es increíble ver lo que Dios puede hacer en una vida de obediencia, sumisión y entrega como fue la vida del apóstol Pablo.

TERCERA PARTE

PABLO Y SU MINISTERIO

Pablo y su devoción

Doy gracias al que me fortaleció, a Cristo Jesús nuestro Señor,
porque me tuvo por fiel, poniéndome en el ministerio.

1 TIMOTEO 1:12

A través de los tiempos, todos los cristianos y ministros han quedado impresionados con la devoción de Pablo en su ministerio. En cuanto a la exactitud del tiempo de su trabajo y la tarea que realizó con tanto esmero y devoción, son pocas las fechas relativas al ministerio de Pablo que pueden determinarse con precisión. Sin embargo, ciertos datos nos proporcionan una cronología aproximada del inicio y del fin de su gran ministerio.

La fecha más segura es la del inicio del proconsulado de Galión de Acaya en julio de 51 o 52 d. C., de acuerdo a Hechos 18:12: «Pero siendo Galión procónsul de Acaya, los judíos se levantaron de común acuerdo contra Pablo, y le llevaron al tribunal». Así pues, Pablo tuvo que haber salido de Corinto antes que terminara el año 52. Otras fechas confirmadas son la de la muerte de Herodes Agripa I, en 44 (Hch 12:20-25) y la de la promoción de Festo (Hch 24:27) en 50 o 60 d. C. Eusebio afirma en sus escritos que a Pablo lo decapitaron durante los últimos años de Nerón en Roma, 67 o 68 d. C.

En griego, la palabra «devoción», o «devoto», es **«euprosedros»,** donde la otra alternativa sería **«euparedros»,** que se traduce como «asidua devoción». Además, tenemos la palabra **«eusebes»,** de **«eu»** que es «bien» y **«sebomai»** que es «reverenciar», la cual procede de la raíz **«seb»** que significa «sagrada reverencia» que está llena de admiración y que se manifiesta sobre todo en las acciones. Es decir, cuando hablamos de la palabra **«eusebes»,** nos referimos a una maravillada reverencia y contemplación bien dirigidas.

Pablo fue un hombre con una gran «devoción» por su llamado y ministerio, así que fue un hombre «devoto» en todo lo que hizo. También fue «reverente» y admiró siempre el hecho que Dios lo escogiera para tal fin, donde todas sus «acciones fueron maravillosas» y todo lo que hizo para su Señor fue con una entrega y devoción admirables.

Trasfondo histórico del mundo grecorromano

Antes de adentrarnos en el ministerio y devoción de Pablo, deseo hacer un alto para analizar el mundo grecorromano de la época en que vivió el apóstol. De esa manera, entenderemos mejor lo que abarca este capítulo. Cuando podemos comprender el contexto histórico, esto nos da un mejor entendimiento, claridad y conocimiento. Así que, veamos la religión, la filosofía, el grupo familiar y la moralidad social de la cultura helenista, y después consideraremos los conflictos que enfrentaban los cristianos ante esto.

Religión

Comencemos con la religión del primer siglo. Hay dos episodios en el libro de Hechos que nos dan una comprensión de las creencias y prácticas religiosas de este tiempo. En Hechos 19 leemos acerca de los problemas que enfrentó Pablo por su ministerio en Éfeso. Los artesanos que hacían altares en miniatura de Artemisa, la deidad local, se oponían a las enseñanzas de Pablo porque había «apartado a muchas gentes con persuasión, diciendo que no son dioses los que se hacen con las manos» (Hch 19:26).

En el mundo de Pablo, la religión era una parte integral de la vida. Los cultos auspiciados por el Estado eran una expresión religiosa en la que participaban todos. El historiador Everett Ferguson señala que «las creencias y prácticas religiosas más arraigadas, tanto en Grecia como en Roma, estaban asociadas con el culto cívico tradicional». Así que el Estado financiaba y se beneficiaba, al mismo tiempo, de estos cultos.

Cada ciudad tenía sus dioses. La ciudad de Éfeso honraba a Artemisa (o Diana), la diosa de la naturaleza y del nacimiento. La estatua de Artemisa estaba en un templo magnífico, cuatro veces el tamaño del Partenón de Atenas. Las deidades como Artemisa se honraban con festivales, oraciones y sacrificios. Las festividades anuales incluían banquetes, entretenimientos, sacrificios, procesiones, competencias de atletismo y la realización de ritos de misterio. Las oraciones incluían invocaciones, adoración y peticiones, con el objetivo de recibir el favor de la diosa. Los sacrificios se ofrecían para adoración, agradecimiento o súplica.

Los disturbios en Éfeso que resultaron de la enseñanza de Pablo se debieron en parte a preocupaciones monetarias, pues los artesanos temían perder su negocio. Sin embargo, los gritos de «¡Grande es Diana de los efesios!», que se prolongaron por dos horas, los manifestaron personas que ni siquiera sabían cuál era el problema en específico, lo que demuestra que el dinero no era el único problema. La fuerza de la devoción religiosa a los cultos cívicos era tan grande que los emperadores romanos vieron la ventaja de identificarse con ellos en vez de combatirlos.

Éfeso también fue un centro importante de la magia, otro aspecto de la práctica religiosa del primer siglo. En Hechos 19 leemos que los que practicaban la magia o la hechicería abandonaron sus prácticas y quemaron sus rollos mientras declaraban en público su nueva fe mediante la predicación del evangelio.

Los manuales escritos de los efesios contenían palabras y fórmulas secretas que se usaban para forzar a los dioses a cumplir los deseos propios. La fórmula precisa era crítica. Los practicantes buscaban riqueza, sanidad o poder. Incluso, usaban la magia para intentar conseguir el amor de otra persona. Como también se creía que conocer el verdadero nombre de una persona significaba tener poder sobre esa persona, los nombres y las fórmulas se mezclaban para producir una magia fuerte.

Pablo llevó su mensaje a un mundo que tenía un sinnúmero de creencias religiosas, y el mensaje que proclamó mostró su poder sobre ellos. Cuando miramos a nuestra cultura con su espectro religioso cada vez más pluralista, debemos recordar que nosotros también llevamos el mismo evangelio con el mismo poder que lo hizo el apóstol.

Filosofía

Cuando el apóstol Pablo visitó Atenas, llevó el mensaje de Cristo a la plaza, donde se podía encontrar una amplia variedad de personas. Entre las personas con las que habló estaban los filósofos epicúreos y estoicos. En Hechos 17 leemos de su encuentro con ellos.

¿Quiénes eran estos epicúreos y estoicos? Quisiera dar un sencillo bosquejo de sus ideas acerca de Dios, del hombre y del mundo, de modo que nos ayude a entender por qué Pablo hizo lo que hizo. El estoicismo y el epicureísmo eran filosofías que se desarrollaron para liberar a las personas de las preocupaciones de la vida actual.

El estoicismo era materialista y panteísta. Es decir, los estoicos creían que todo estaba compuesto por materia y que la totalidad del universo es el único Dios. De ahí que creyeran que la forma más elevada de la materia era de naturaleza divina y que permeaba el universo. La llamaban de diferentes formas: fuego, Zeus o aun Dios. Creían que este «fuego» divino, o Dios, generó el universo y un día tomaría de nuevo el universo para sí mediante un gran incendio. Este ciclo de creación e incendio se repetía eternamente para ellos. El estoicismo era, entonces, determinista. Las cosas son como son y no pueden cambiarse. Para encontrar la verdadera felicidad, creían que uno debía entender el curso de la naturaleza mediante la razón, y solo aceptar las cosas tal como eran.

En contraste con los estoicos, Pablo enseñaba que Dios es personal y no una parte del universo. También enseñaba que habría un juicio venidero, y no un incendio gigantesco que llevaría a otro ciclo.

Los epicúreos eran también materialistas, pero no panteístas. Creían que el universo se formó a partir de átomos que caían del espacio y que de vez en cuando chocaban entre sí por accidente, y que con el tiempo formaron las estrellas, los planetas y nosotros. Cuando morimos, solo nos disolvemos convirtiéndonos en átomos de nuevo. Los epicúreos creían en dioses, pero pensaban que eran como los hombres, solo que de un orden superior. Los dioses residían en alguna parte del espacio, disfrutando una vida de placer tranquilo como la de los epicúreos. No tenían nada que ver con los hombres.

Aunque los epicúreos también se centraban en la felicidad del individuo, tomaban una dirección distinta por completo a los estoicos. Creían que el camino a la felicidad era a través de la maximización del placer y la minimización del dolor. La tranquilidad se buscaba a través de una vida quieta y contemplativa entre una comunidad de amigos. Aparte de la participación en sacrificios y rituales religiosos para propósitos estéticos, los epicúreos creían que los humanos no tenían que preocuparse por los dioses.

Contrario a los epicúreos, Pablo enseñaba que Dios se involucra en los asuntos de su creación y nos creó de forma específica para buscarlo a Él. Por supuesto, la doctrina de Pablo sobre un juicio futuro no encajaba en su pensamiento tampoco.

Cuando Pablo evangelizaba al mundo griego, a veces usaba su terminología y sus conceptos, y hasta citaba a sus poetas. Sin embargo, predicaba un mensaje muy diferente. Tal vez nosotros también podamos encontrar un terreno común con nuestra cultura sabiendo lo que cree la gente y presentando el evangelio de maneras que puedan entender. Sin modificar el mensaje mismo, debemos expresarlo de tal que modo que pueda comprenderse. Si no lo hacemos, nos costará mucho lograr que la gente escuche.

El grupo familiar

Hemos dedicado alguna atención a la religión y a la filosofía del tiempo de Pablo. Entonces, ¿qué me dice de las estructuras sociales del mundo grecorromano? De forma más específica, ¿cómo era la familia en el primer siglo?

El matrimonio: En el primer siglo d. C., el matrimonio era sobre todo por mutuo consentimiento. El historiador Everett Ferguson describe el matrimonio así: «El consentimiento para vivir juntos constituía el matrimonio en todas las sociedades, y la procreación de hijos era su objetivo explícito. Los matrimonios se registraban para que los hijos fueran legítimos». Si bien los matrimonios eran monógamos en general, el adulterio era frecuente. El divorcio solo requería una notificación oral o escrita.

El hombre: El papel dominante en la familia lo tenía el hombre. Su autoridad sobre sus hijos y esclavos era absoluta. Los hombres ocupaban su tiempo en intereses de negocios y salidas sociales como banquetes y los gimnasios que incluían instalaciones para ejercicios, piscinas y salas de conferencias. Estos funcionaban como centros comunitarios.

La mujer: Cuando faltaba el esposo, la esposa podía dirigir sus negocios en su lugar. Sin embargo, la administración del hogar era la principal responsabilidad de la esposa. Ferguson cita al escritor griego Apolodoro, quien dijo:

«Tenemos cortesanos para el placer, criadas para la atención cotidiana del cuerpo, esposas para tener hijos legítimos y para ser guardianas confiables de las cosas en el hogar». Aun así, las mujeres no estaban necesariamente confinadas al hogar. Algunas se ocupaban de cosas tan diversas como la música, la medicina y el comercio. Muchas ocupaban cargos públicos, y algunas tenían posiciones de liderazgo en los cultos religiosos.

Los hijos: Hasta que el padre no los reconocía, los hijos no se consideraban parte de la familia. Podían venderse o abandonarse si no eran queridos. Los padres debían encontrar una educación adecuada para sus hijos por su cuenta. Las niñas podían ir a las escuelas elementales, pero no era frecuente. Por lo general, aprendían las habilidades hogareñas en casa. Si bien casi todos los varones aprendían un oficio en casa o como aprendices, podían pasar por una educación primaria, secundaria o avanzada, dependiendo de su posición social. La memorización mecánica era un elemento clave en la educación primaria. La retórica era el tema más importante en la educación avanzada.

Los esclavos: En el Imperio romano, los esclavos formaban parte de la familia. Podían conseguirse por diversos medios, incluyendo la guerra, el abandono infantil y la venta de personas para pagar sus deudas. Los esclavos podían trabajar en minas, en templos, en hogares como maestros o en la industria; hasta tenían posiciones elevadas como administradores en la burocracia civil. Los esclavos a menudo ganaban suficiente dinero como para comprar su libertad, si bien tenían que seguir trabajando para sus dueños anteriores.

Los apóstoles trajeron a esta sociedad nuevas ideas acerca del valor del individuo y las relaciones familiares. Los esposos debían serles fieles a sus esposas y debían amarlas como si fueran sus propios cuerpos. Los hijos debían considerarse como mucho más que activos o pasivos económicos. A los amos se les dijo que trataran a sus esclavos con justicia y equidad. Es probable que las personas que denigren hoy al cristianismo por «opresivo» no tengan idea de cuánto elevó al ser humano en el mundo helenista.

La moralidad social

La instrucción moral en el mundo helenista se fundaba más en la filosofía y las costumbres que en la religión. La religión era casi siempre externa; es decir, era una cuestión de rituales más que una transformación interna. La filosofía buscaba enseñar a las personas cómo vivir. Los filósofos les prestaban mucha atención a cuestiones como la virtud, la amistad y la responsabilidad cívica.

El historiador Everett Ferguson señala que la evidencia de la era grecorromana indica que muchas personas vivían vidas bastante virtuosas. Las inscripciones en las tumbas, por ejemplo, incluyen elogios a esposos y esposas por su bondad y fidelidad.

A pesar de todo esto, la historia revela una cultura moralmente depravada en el primer siglo. Un ejemplo es la inmoralidad sexual. Ferguson dice: «La gran cantidad de palabras en el idioma griego para las relaciones sexuales sugiere una preocupación con este aspecto de la vida». Como señalé antes, el adulterio era frecuente. Los hombres solían tener meretrices para el placer físico. La homosexualidad entre jóvenes o entre un hombre mayor y uno menor se aceptaba sin disimulo. La prostitución en los templos formaba parte de algunos cultos religiosos. El mundo helenista tenía en baja estima el valor humano. Antes mencioné el abandono infantil como una forma de quitarse de encima a los niños. Los bebés no deseados, con más frecuencia las niñas, se dejaban sobre un montón de basura o se abandonaban en alguna parte retirada para que murieran. A las niñas podían tomarlas para usarlas, venderlas como esclavas o para que sirvieran como prostitutas.

La brutalidad de ese tiempo se puede ver con mayor claridad en los juegos de los anfiteatros romanos. Ferguson señala que «los anfiteatros de occidente testifican del deseo de sangre bajo el Imperio. Los espectáculos de combates entre gladiadores, hombre contra hombre, hombre contra animal y animal contra animal, atraían multitudes enormes, y sustituían al drama griego y al atletismo en popularidad». Las ejecuciones se consideraban menos emocionantes que los combates mortales. Por consiguiente, cuando se incluían ejecuciones en el programa del día, era típico que se llevaran a cabo durante el receso del almuerzo. Una de las formas de eliminar a los criminales era vistiéndolos con pieles de animales y arrojarlos a los animales salvajes.

Los conflictos de los cristianos

Esta crueldad se extendió a los cristianos en los tiempos de persecución. *El libro de los mártires*, de John Foxe, registra que Nerón mandaba a arrojar cristianos a los animales salvajes. También ordenaba que los sumergieran en cera, que los empalaran y los quemaran como antorchas gigantescas en sus jardines.

A este mundo de inmoralidad y brutalidad llegó el mensaje de amor y justicia que se encuentran en Jesús. Como ocurrió antes con el judaísmo, el cristianismo juntó la religión con la moralidad. Reveló la norma de bondad de Dios y el amor sacrificial de Cristo, y brindó el poder de lograr esa norma mediante la obra de regeneración del Espíritu basada en la obra de Cristo en la cruz. De allí surgió el conflicto de los cristianos con la cultura grecorromana. En la iglesia primitiva, el carácter de los cristianos era muy importante para que los pudieran escuchar y para ganar conversos mientras testificaban con valentía de su nueva fe.

¿Cómo eran los cristianos? El escritor de la epístola *A Diogneto*, quizá escrita a principios del siglo segundo, decía esto: «Se casan como todos; tienen hijos, pero no destruyen a su descendencia. Tienen una mesa en común, pero no una cama en común. Están en la carne, pero no viven según la carne. Pasan sus días sobre la tierra, pero son ciudadanos del cielo. Obedecen la ley requerida, y al mismo tiempo sobrepasan las leyes en sus vidas. Aman a todos los hombres, y son perseguidos por todos».

Si sus vidas eran de una naturaleza tan ejemplar, ¿qué hacía que los cristianos se metieran en tantos problemas? Dos de los factores más importantes eran su falta de disposición para participar en los rituales religiosos y su rechazo a inclinarse ante las imágenes de los emperadores. La gente creía que los dioses exigían sus sacrificios y otras ceremonias porque en caso contrario se enojarían y descargarían su ira sobre el pueblo como un todo. El rechazo de los cristianos a participar en esto significaba arriesgarse a hacer enojar a los dioses.

El otro factor era la cuestión del culto al emperador. Cuando Roma conquistó el mundo occidental, los gobernantes vieron lo importante que era la religión para la gente. En vez de combatirla, se aprovecharon de esto poniendo imágenes de emperadores romanos junto con las demás deidades en los lugares de culto. Esto no era un gran problema para los griegos. Aparte de que los romanos eran sus gobernantes, los griegos no eran exclusivistas en su culto. Adorar a una deidad no impedía adorar a otras también.

Sin embargo, para los cristianos Jesús era el Señor; no podía haber ningún otro dios fuera de Él, y no podían inclinarse ante nadie que se atribuyera autoridad divina, incluyendo al emperador. Entonces, dado que en las mentes de los romanos el emperador representaba al Estado, negarse a inclinarse ante su imagen era ser un enemigo del Estado.

Por lo tanto, debido a su rechazo a participar en estas actividades, a los cristianos se les llamaba ateos y enemigos del Estado. Su comportamiento era desconcertante para sus vecinos. ¿Por qué no simulaban? Como ya señalé, la religión no era excluyente. De todos modos, la gente no creía necesariamente en los dioses a quienes hacían sacrificios. Y dado que no había ninguna conexión entre la religión y la ética, las actividades religiosas de uno no afectaban casi nunca la vida moral. Entonces, ¿por qué los cristianos no seguían el juego? La razón por la que no podían inclinarse ante los emperadores y los dioses era que el pecado fundamental en la iglesia primitiva era la idolatría.

Los cristianos en la iglesia primitiva tenían que decidir dónde podían conformarse a la sociedad y dónde no. Había una diferencia de opinión entre lo que era apropiado y lo que no era apropiado. No obstante, era evidente que todo el que se identificaba como cristiano tenía que trazar la raya en este punto: Jesús es el Señor y no hay otro. A partir de este punto de vista, se originaban las persecuciones a los apóstoles y a Pablo también.

Espero que este trasfondo histórico les haya ayudado, pero demos inicio a los tres viajes misioneros del apóstol.

Los tres viajes misioneros de Pablo

Sin entrar en muchos detalles, deseo hacer un resumen de los tres viajes misioneros de Pablo y de su gran «devoción» hacia los mismos. De esa manera tendremos una idea de la labor en su ministerio, así como de los encarcelamientos en Cesarea y Roma y un período de libertad y ministerio entre estos encarcelamientos. Como ya vimos, la iglesia en Antioquía apartó a Pablo y Bernabé para el ministerio cuando estos recibieron el llamado (véase Hch 13:1-4). A partir de ese momento, empiezan los viajes.

Primer viaje misionero

En el primer viaje misionero, acompañados por Juan Marcos, salieron del puerto de Seleucia hacia Chipre, patria de Bernabé, donde ya se habían fundado iglesias (Hch 4:36; 13:4). Luego, navegaron a Perge de Panfilia. Fue aquí donde Marcos regresó a Jerusalén (Hch 13:13; 15:36-41). Haciendo una gira por el sur de Galacia, establecieron iglesias en Antioquía de Pisidia, Iconio, Listra y Derbe (Hch 13:14-52). Regresaron por las ciudades de Asia y volvieron a Antioquía de Siria, donde le informaron a la iglesia (Hch 14:21-28).

Su estrategia durante esta misión en Asia fue predicar primero en la sinagoga de cada ciudad. Los judíos que aceptaban el evangelio iniciaban una iglesia. Cuando los judíos inconversos se oponían con violencia, les anunciaban el evangelio a los gentiles, y así se añadían a la iglesia muchos miembros más.

Por esta misma época se planteó la cuestión de la actitud que debían adoptar los creyentes gentiles respecto a las leyes y costumbres judías. Algunos creyentes judíos opinaban que los gentiles tenían que circuncidarse y guardar la Ley Mosaica para ser salvos. Viendo que esta doctrina iba en contra del evangelio de la gracia, Pablo se opuso a los judaizantes y hasta le reprochó en público a Pedro por haberse separado del compañerismo de mesa con los cristianos incircuncisos (Hch 15:1-2; Gl 2:11-14). Algunos teólogos creen que en esa época fue cuando Pablo escribió Gálatas a las iglesias recién establecidas en la provincia política de Galacia.

Para resolver esta cuestión que hacía peligrar la unidad de la iglesia, un grupo de apóstoles y ancianos se reunió en Jerusalén, lo que se conoce como el «Concilio de Jerusalén». De acuerdo con Hechos 15:23-29, en dicho concilio se decidió apoyar la doctrina paulina que excluía a los gentiles de observar la Ley de Moisés. Su primer viaje apostólico duró desde el año 45 hasta el año 51 d. C.

Segundo viaje misionero

En el segundo viaje misionero, Pablo lo realizó acompañado de Silas y visitó de nuevo las iglesias de Asia. En Listra invitaron a Timoteo a que se les uniera (Hch 15:36—16:1-5). Después de predicar en Frigia y el norte de Galacia, llegaron a Troas, donde Pablo tuvo la visión del varón macedonio (Hch 16:6-10). Atravesaron Macedonia y fundaron iglesias en Filipos, Tesalónica, Berea, Atenas y Corinto (Hch 16:11-18—17). Desde Corinto, Pablo escribió 1 y 2 de Tesalonicenses a la joven iglesia donde tuvieron un breve pero eficaz ministerio hacía pocos meses (1 Ts 1:2—2:20). Al cabo de un año y medio en Corinto, regresó a Antioquía de Siria pasando por Éfeso y Cesarea (Hch 18:18-22). Su segundo viaje apostólico fue desde el año 51 hasta el año 54 d. C.

Tercer viaje misionero

Pablo comenzó el tercer viaje misionero después de permanecer un cierto tiempo en Antioquía para volver a las regiones de Galacia y Frigia, donde confirmó a los discípulos y les instruyó respecto a la ofrenda (Hch 18:23; 1 Co 16:1). Este tercer viaje misionero tiene especial interés por el prolongado ministerio del apóstol en Éfeso, donde dice: «Todos los que habitaban en Asia, judíos y griegos, oyeron la palabra del Señor Jesús» (Hch 19:10; véase también Hch 19—20:31).

Sin duda, el alcance del ministerio de Pablo se extendió a través de los que se convirtieron en este importante centro comercial y cultural de la provincia de Asia. Aunque en Hechos no consta que Pablo estuviera preso en Éfeso, hay eruditos y teólogos que opinan que sí lo estuvo basándose en las cartas a los corintios (1 Co 15:32; 2 Co 1:8; 6:5; 11:23) y otros textos, así como que allí se escribió Filipenses y tal vez otras epístolas de la prisión.

Es evidente que, durante su ministerio en Éfeso, Pablo se escribió con los cristianos en Corinto, comenzando con una carta que se ha perdido (1 Co 5:9). Cuando llegó a Éfeso la noticia de la discordia en la congregación de Corinto, Pablo escribió la carta de 1 Corintios para tratar este problema y contestar las preguntas que una comisión de dicha ciudad le trajo por carta (1 Co 7:1). De acuerdo a 1 Corintios 16:5, Pablo pensaba pasar por Macedonia rumbo a Corinto y dirigirse después a Jerusalén. Sin embargo, parece que cambió de idea (2 Co 1:15-16; Hch 19:21), y optó por hacer un viaje directo y breve a Corinto movido por los problemas que aquejaban a la iglesia de dicha ciudad (2 Co 5:9; 13:1). Esta visita fue infructuosa (2 Co 2:1; 12:13; 13:2), por lo que al regresar a Éfeso, envió con Tito una carta muy severa que no se conserva (2 Co 2:3, 9; 7:8-12).

Pablo esperaba encontrarse con Tito en Troas para saber de la reacción de los corintios, pero continuó hasta Macedonia (Hch 20:1), donde es probable que se reuniera con Tito en Filipos (2 Co 2:12-13). Una vez que Pablo recibió el informe de Tito, escribió la carta de 2 Corintios y la envió con él y otros dos hermanos (2 Co 8:16-24). Después se dirigió a Corinto, donde ministró durante tres meses (Hch 20:1-3). Gálatas quizá se escribiera en Corinto; al menos, el énfasis de esta epístola respecto a la salvación por gracia hace creer a muchos que se escribiera poco antes de Romanos, epístola que trata de temas similares. La epístola que sí se escribió en Corinto fue Romanos (Ro 16:1, 23; 1 Co 1:14).

Luego, Pablo volvió a Macedonia donde se reunió con Lucas, quien evidentemente se quedó en Filipos en el segundo viaje (Hch 20:5). A continuación, pasaron por Troas, Mileto, Tiro, Tolemaida y Cesarea. Todo esto fue antes de llegar a Jerusalén (Hch 20:6). Su tercer viaje apostólico transcurrió en los años 56-58 d. C.

De Jerusalén a Roma

En Jerusalén, Pablo quiso identificarse con los judíos (Hch 21:21-27). Algunos judíos de Asia alborotaron a los de Jerusalén, y quienes, acto seguido, procuraron matarlo (Hch 21:28-31). Las tropas romanas intervinieron para salvarlo, y Pablo se defendió ante la multitud y ante el concilio judío (Hch 21:37—23:10).

Al descubrirse que se tramaba una conspiración en contra de Pablo, se le trasladó a Cesarea donde estuvo preso. Allí presentó su defensa ante el gobernador Félix, ante su sucesor Festo y ante el rey Agripa (Hch 24:2—26:32). Al final, Pablo apela al emperador romano (Hch 25:10-12).

Después de un viaje muy difícil en el que naufragó la nave en que viajaba (Hch 27—28:13), llegó a la capital del Imperio romano y permaneció prisionero por dos años en una casa alquilada (Hch 28:14-31). Durante esta reclusión recibió visitas, pudiendo así continuar su ministerio. Es probable que en este lapso escribiera Efesios, Colosenses, Filemón y Filipenses.

Le recomendamos al lector que, si desea leer de manera más profunda sobre los tres viajes misioneros de Pablo, busque en su librería cristiana más cercana otros libros sobre los mismos. Hay muchas y muy buenas obras sobre este tema, pues aquí solo hice un breve resumen por cuestión de tiempo y espacio.

Su entrega

En todos estos largos viajes misioneros, la entrega de Pablo a Cristo fue excepcional. También demostró siempre en su ministerio una resistencia física increíble, aunque sufrió en gran medida y padeció persecución. Incluso, soportó acusaciones de muchos de sus oponentes que decían lo contrario. Por ejemplo, en su carta a los creyentes corintios dice lo siguiente:

> Porque a la verdad, dicen, las cartas son duras y fuertes; mas la presencia corporal débil, y la palabra menospreciable.
>
> **2 CORINTIOS 10:10**

Los falsos maestros y los legalistas trataron de desviarlo de su propósito y ministerio, por lo que cuestionaron su apostolado y autoridad. Como resultado, Pablo tuvo que defenderse a sí mismo, su ministerio y su llamado divino varias veces. Basta con que lea el capítulo 9 de 1 Corintios para que se dé cuenta.

Pablo también sufrió muchas desilusiones de sus compañeros, como la discusión que tuvo con Bernabé y Marcos, así como con todos los que le abandonaron. Esto causaba dolor en el corazón del apóstol:

> Ya sabes esto, que me abandonaron todos los que están en Asia, de los cuales son Figelo y Hermógenes.
>
> **2 TIMOTEO 1:15**

> Porque Demas me ha desamparado, amando este mundo, y se ha ido a Tesalónica. Crescente fue a Galacia, y Tito a Dalmacia.
>
> **2 TIMOTEO 4:10**

También muchos de sus convertidos no eran perseverantes y no crecían en la fe, lo que hacía que a las persecuciones físicas se le añadiera su preocupación espiritual por las iglesias, por lo que estas cosas se convertían en cargas aun más pesadas de llevar. Incluso, muchos de sus oponentes predicaban a Cristo para hacerle daño, como dice Filipenses 1:15-16:

Algunos, a la verdad, predican a Cristo por envidia y contienda; pero otros de buena voluntad. Los unos anuncian a Cristo por contención, no sinceramente, pensando añadir aflicción a mis prisiones.

Muchas de sus aflicciones se ponen de manifiesto en este resumen que realiza en su segunda carta a los creyentes corintios:

En trabajos más abundante; en azotes sin número; en cárceles más; en peligros de muerte muchas veces. De los judíos cinco veces he recibido cuarenta azotes menos uno. Tres veces he sido azotado con varas; una vez apedreado; tres veces he padecido naufragio; una noche y un día he estado como náufrago en alta mar; en caminos muchas veces; en peligros de ríos, peligros de ladrones, peligros de los de mi nación, peligros de los gentiles, peligros en la ciudad, peligros en el desierto, peligros en el mar, peligros entre falsos hermanos; en trabajo y fatiga, en muchos desvelos, en hambre y sed, en muchos ayunos, en frío y en desnudez; y además de otras cosas, lo que sobre mí se agolpa cada día, la preocupación por todas las iglesias.

2 CORINTIOS 11:23-28

Este gran hombre de Dios trabajó bajo una gran presión física y preocupación espiritual por todos los que ministraba. En 2 Corintios 7:5 menciona de nuevo: «Porque de cierto, cuando vinimos a Macedonia, ningún reposo tuvo nuestro cuerpo, sino que en todo fuimos atribulados; de fuera, conflictos; de dentro, temores». Su entrega, pasión y dedicación por la obra de Dios eran inigualables en relación con sus compañeros. Esto demostraba una completa rendición y compromiso que iba más allá de sus fuerzas naturales:

Porque hermanos, no queremos que ignoréis acerca de nuestra tribulación que nos sobrevino en Asia; pues fuimos abrumados sobremanera más allá de nuestras fuerzas, de tal modo que aun perdimos la esperanza de conservar la vida.

2 CORINTIOS 1:8

Sin embargo, Pablo sabía que el secreto de su victoria ministerial estaba en descansar en el Señor al entregarle todas sus cargas y tribulaciones, y al depender por completo de la gracia de Dios para sobrellevarlas. Así lo reconoció en 2 Corintios 1:9: «Pero tuvimos en nosotros mismos sentencia de muerte, para que no confiásemos en nosotros mismos, sino en Dios que resucita a los muertos».

Aunque muchas veces fue librado de la muerte física, Pablo también hace un paralelo al hablar de su renuncia personal y de su abnegación a lo que constituye la muerte al «yo». Al hablar de su trabajo ministerial, expresa lo siguiente:

Porque según pienso, Dios nos ha exhibido a nosotros los apóstoles como postreros, como a sentenciados a muerte; pues hemos llegado a ser espectáculo al mundo, a los ángeles y a los hombres. Nosotros somos insensatos por amor de Cristo, mas vosotros prudentes en Cristo; nosotros débiles, mas vosotros fuertes; vosotros honorables, mas nosotros despreciados. Hasta esta hora padecemos hambre, tenemos sed, estamos desnudos, somos abofeteados, y no tenemos morada fija. Nos fatigamos trabajando con nuestras propias manos; nos maldicen, y bendecimos; padecemos persecución, y la soportamos. Nos difaman, y rogamos; hemos venido a ser hasta ahora como la escoria del mundo, el desecho de todos.

1 CORINTIOS 4:9-13

Estas palabras son profundas y nacidas del corazón de alguien que aprendió a sujetarse a todo por amor de Aquel que lo llamó al ministerio. ¡Qué lástima deberían sentir de sí mismos algunos ministros de hoy que quieren llamarse o compararse a un nivel igual que este gran apóstol! Les pregunto: «¿Ustedes han sufrido y pagado el precio como Pablo?». ¡Es obvio que no! Entonces, ¿por qué llamarse como él? De seguro que por orgullo, arrogancia, prepotencia y soberbia. ¡No hay otra explicación!

Pablo anduvo un largo camino de humildad hasta alcanzar la madurez espiritual y recorrió una gran distancia ministerial para poder decir:

Por lo cual, por amor a Cristo me gozo en las debilidades, en afrentas, en necesidades, en persecuciones, en angustias; porque cuando soy débil, entonces soy fuerte.

2 CORINTIOS 12:10

Esta es la marca de un verdadero hombre de Dios: Humildad, sencillez y dependencia absoluta de su Dios, no de títulos, aplausos o conquistas personales. Pablo alcanzó el nivel de una renuncia y abnegación incomparable al decir estas palabras:

Con Cristo estoy juntamente crucificado, y ya no vivo yo, mas vive Cristo en mí; y lo que ahora vivo en la carne, lo vivo en la fe del Hijo de Dios, el cual me amó y se entregó a sí mismo por mí.

GÁLATAS 2:20

Pablo no vivía para que los demás lo admiraran, exaltaran y reconocieran. Vivía para su Señor que le entregó el ministerio.

Su ambición

Pablo siempre fue ambicioso aun antes de su conversión, en su celo de ir a perseguir a la iglesia del Señor. Después de su encuentro con Cristo y de su llamado al ministerio, no perdió su ambición. Solo que ahora la tendría de una manera adecuada y no errónea como antes. En esencia, dos ambiciones marcaban la vida y el ministerio de Pablo:

Primera ambición

La primera ambición era ganar la sonrisa de su Señor. Así lo expresa en 2 Corintios 5:9: «Por tanto procuramos [ambicionamos] también, o ausentes o presentes, serle agradables». Para Pablo, una aprobación personal de Cristo era suficiente recompensa para que sirviera a Cristo y sufriera por su Nombre.

Segunda ambición

La segunda ambición del apóstol era anunciar a Cristo en lugares remotos, tal como lo dice en Romanos 15:20: «Y de esta manera me esforcé [ambicioné] a predicar el evangelio, no donde Cristo ya hubiese sido nombrado, para no edificar sobre fundamento nombrado». Este fue el celo misionero de Henry Martyn que, al imitar a Pablo, dijo: «Quiero quemarme para Cristo, no por reconocimiento, sino por ambición de anunciarlo, de morir a mí mismo al presentarme como sacrificio en el altar de Dios para su servicio». Ambiciones similares han tenido los grandes misioneros en cada época de la Iglesia en cuanto a sus llamados.

No hay necesidad de mencionarlo, pues todos sabemos que la ambición de Pablo era su abnegación propia y se centraba en Cristo para la gloria y exaltación de Él. Las dos preguntas de Pablo en Hechos 9 después de su conversión definieron su ministerio: «¿Quién eres, Señor?» y «¿Qué quieres que yo haga?». La primera lo definió para presentar a Cristo como Señor, Salvador y el Mesías de Israel a judíos y a gentiles. La segunda definió y determinó su ministerio y servicio.

Su motivación

De igual manera, había cuatro motivaciones que impulsaban a Pablo y su ministerio: El amor de Cristo, un sentido de obligación, el temor del Señor y la esperanza del regreso de Jesucristo.

Primera motivación: El amor de Cristo

La primera motivación la encontramos en 2 Corintios 5:14-15: «Porque el amor de Cristo nos constriñe, pensando esto: que si uno murió por todos, luego todos murieron; y por todos murió, para que los que viven, ya no vivan para sí, sino para aquel que murió y resucitó por ellos». El amor que cambió este corazón duro, rebelde y perseguidor hacía que lo sirviera hasta volverlo a encontrar de nuevo en la gloria.

Segunda motivación: Un sentido de obligación

La segunda motivación la encontramos en Romanos 1:14: «A griegos y a no griegos, a sabios y a no sabios soy deudor». Para él no había barreras sociales, culturales ni intelectuales. Tampoco había desigualdades en las posiciones sociales y económicas, ya sea que fueran ricos o pobres, pues a todos les deseaba anunciar el evangelio.

Tercera motivación: El temor del Señor

La tercera motivación se manifiesta en 2 Corintios 5:11: «Conociendo, pues, el temor del Señor, persuadimos a los hombres; pero a Dios le es manifiesto lo que somos; y espero que también lo sea a vuestras conciencias». Pablo sabía que había una ira de Dios en contra de los impíos, así que trataba de predicar y de llevar a la conversión a todo hombre para que fuera libre de la perdición.

Cuarta motivación: La esperanza del regreso de Jesucristo

Y la cuarta motivación la vemos en Filipenses 3:20: «Mas nuestra ciudadanía está en los cielos, de donde también esperamos al Salvador, al Señor Jesucristo». Saber que Cristo regresaría algún día era una fuente de gran entusiasmo para el apóstol.

Estas cuatro motivaciones inspiraban en gran medida a Pablo para seguir en su llamado y ministerio en medio de pruebas, luchas y tribulaciones.

Su disciplina personal

Si quien recibe un llamado al ministerio no quiere tener disciplina en su vida personal, no podrá vencer en ningún aspecto espiritual ni personal de su vida, mucho menos podrá ser exitoso en el servicio al Señor. Pablo disciplinaba su vida de manera rigurosa en dos aspectos principales:

Primer aspecto: Disciplina de su cuerpo

Pablo mantenía en disciplina a su cuerpo. Aquí lo deja bien claro:

> Sino que golpeo [disciplino] mi cuerpo, y lo pongo en servidumbre [servidumbre], no sea que habiendo sido heraldo para otros, yo mismo venga a ser eliminado.
>
> **1 CORINTIOS 9:27**

Pablo expresaba un sentimiento de temor y posibilidad real de quedar descalificado después de predicarles a los demás. Todavía no había terminado su carrera. Aun con su vasta experiencia veterana en su vida cristiana y ministerial, su gran éxito no lo hacía inmune a las tentaciones y a quedarse sin terminar su carrera en algún momento.

Todo cristiano y ministro corre el peligro de sucumbir a las indulgencias del cuerpo o solo dejar de disciplinar su vida personal por pereza. Delante de esta posibilidad de quedar en medio del camino, se necesita la disciplina personal del cuerpo, tanto en la salud física como la espiritual.

Una vida saludable es importante para desarrollar el llamado que recibimos. La fatiga y el agotamiento total han dejado a muchos ministros enfermos e imposibilitados de terminar su carrera. Entonces, tenemos que ser sabios en nuestra dieta alimenticia y no incurrir con necedad en el desgaste del cuerpo que nos impedirá llevar a cabo lo que se nos encomendó.

Segundo aspecto: Disciplina de sus pensamientos

Pablo mantenía en disciplina sus pensamientos, por eso nos instruye:

> Las armas de nuestra milicia no son carnales, sino poderosas en Dios para la destrucción de fortalezas, derribando argumentos y toda altivez que se levanta contra el conocimiento de Dios, y llevando cautivo todo pensamiento a la obediencia a Cristo.
>
> **2 CORINTIOS 10:4-5**

Pablo sabía que el pecado tiene sus inicios en los pensamientos, por eso hizo todo lo posible para mantenerlos en disciplina, obediencia y control a Cristo. En este pasaje lo aclara muy bien:

> Y la paz de Dios, que sobrepasa todo entendimiento, guardará vuestros corazones y vuestros pensamientos en Cristo Jesús. Por lo demás, hermanos, todo lo que es verdadero, todo lo honesto, todo lo justo, todo lo puro, todo lo amable, todo lo que es de buen nombre; si hay virtud alguna, si algo digno de alabanza, en esto pensad.
>
> **FILIPENSES 4:7-8**

Debemos saber que la vida de los pensamientos domina el corazón de cada persona. Por lo tanto, esto demanda una disciplina personal en nosotros, de ahí que nos advirtiera lo siguiente: «Así que, el que piensa estar firme, mire que no caiga» (1 Co 10:12). Estas palabras se refieren a la humildad de reconocer que todos podemos ser víctimas de nuestra propia ignorancia al pensar que eso no nos va a suceder a nosotros. ¡Mentira! De seguro que nos puede suceder. Es cuestión de ser sinceros con nosotros mismos, probarnos y ver si de veras estamos en la fe. De ahí que sea necesaria la madurez espiritual.

Por esto Pablo dice en 1 Corintios 14:20: «Hermanos, no seáis niños en el modo de pensar, sino sed niños en la malicia, pero maduros en el modo de pensar». Es imperativo que tengamos madurez para no sucumbir en las trampas del diablo. Son incontables los cristianos y ministros que han descuidado este aspecto del pensamiento en sus vidas y han pagado un precio muy alto por su indisciplina. Como resultado, hoy se lamentan por haber dejado la Palabra, la oración y el ayuno como armas importantes de una vida de intimidad con Cristo. Antes de recibir el llamado a un ministerio específico, tenemos el llamado a disciplinar nuestras vidas y vencer en las esferas de nuestro cuerpo, alma y espíritu.

Las siete facetas de Pablo

En su ministerio, Pablo presentó siete facetas específicas y maneras diferentes al dirigirse a los demás, al escribir, evangelizar, enseñar y ministrar. Es decir, se expresaba de muchas formas.

Primera faceta

A veces era paternal y amoroso: «Antes fuimos tiernos entre vosotros, como la nodriza que cuida con ternura a sus propios hijos [...] así como también sabéis de qué modo, como el padre a sus hijos, exhortábamos y consolábamos a cada uno de vosotros» (1 Ts 2:7, 11).

Segunda faceta

En otras ocasiones, era necesario que fuera firme y rígido, y que sin titubear hablara con dureza: «He dicho antes, y ahora digo otra vez como si estuviera presente, y ahora ausente lo escribo a los que antes pecaron, y a todos los demás, que si voy otra vez, no seré indulgente» (2 Co 13:2).

Tercera faceta

Otras veces, hablaba de una manera fraternal, como lo haría un hermano: «Pero nosotros, hermanos, separados de vosotros por un poco de tiempo, de vista pero no de corazón, tanto más procuramos con mucho deseo ver vuestro rostro» (1 Ts 2:17).

Cuarta faceta

En algunas oportunidades, usaba el sarcasmo como forma de expresarse y explicar su punto: «Ya estáis saciados, ya estáis ricos, sin nosotros reináis. ¡Y ojalá reinaseis, para que nosotros reinásemos también juntamente con vosotros!» (1 Co 4:8).

Quinta faceta

A veces, jugaba y usaba palabras clave para expresarse: «Pero admitiendo esto, que yo no os he sido carga, sino que como soy astuto, os prendí por engaño» (2 Co 12:16).

Sexta faceta

A menudo, alababa a las iglesias y era muy generoso al transmitirles palabras de aprobación por su conducta en la persecución: «Porque vosotros, hermanos, vinisteis a ser imitadores de las iglesias de Dios en Cristo Jesús que están en Judea; pues habéis padecido de los de vuestra propia nación las mismas cosas que ellas padecieron de los judíos» (1 Ts 2:14).

Séptima faceta

En esta última faceta vemos su reconocimiento a las iglesias que por la fe permanecían fieles y servían de ejemplo a los demás a través de su dedicación y devoción a Cristo: «Acordándonos sin cesar delante del Dios y Padre nuestro de la obra de vuestra fe, del trabajo de vuestro amor y de vuestra constancia en la esperanza en nuestro Señor Jesucristo [...] de tal manera que habéis sido ejemplo a todos los de Macedonia y de Acaya que han creído. Porque partiendo de vosotros ha sido divulgada la palabra del Señor, no sólo en Macedonia y Acaya, sino que también en todo lugar vuestra fe en Dios se ha extendido, de modo que nosotros no tenemos necesidad de hablar nada; porque ellos mismos cuentan de nosotros la manera en que nos recibisteis, y cómo os convertisteis de los ídolos a Dios, para servir al Dios vivo y verdadero» (1 Ts 1:3, 7-9).

Su influencia

De manera acertada escribió el autor Reginald E. O. White sobre Pablo, su ministerio y sus cartas: «Su influencia fue más allá de su propia imaginación y el entendimiento de sus contemporáneos de su tiempo. Grabó de manera muy profunda su nombre en la historia de la humanidad, en la transformación de Europa y en todo el mundo de su época, debido a las cosas que escribió y a las convicciones que mantuvo. Sus escritos influyeron en gran medida en el mundo medieval y, en esencia, fue el fundamento de la civilización del mundo occidental».

La influencia de Pablo también se demostró en su valentía y fe en todo lo que hacía y nunca actuó con dudas. Jamás dio muestras de cobardía, vacilación ni indecisión. Cuando estaba seguro de los datos y hechos, actuaba con gran determinación y tomaba la decisión que creía conveniente.

El mariscal de campo Bernard L. Montgomery decía sobre un gran líder: «Debe tener el poder de tomar una decisión rápida y clara». De esto daba muestra el gran apóstol, pues tomó decisiones en todo lo que hizo. Lo cierto es que dejar de tomar una decisión es una decisión en realidad. Por eso es mejor tomarla y de vez en cuando equivocarse, como le pasó a Pablo en el caso de Marcos y Bernabé, que no tomarla. Esto le sucedió cuando no quiso llevar a Marcos con él y por eso discutió con Bernabé. Sin embargo, al final de su vida dijo: «Toma a Marcos y tráele contigo, porque me es útil para el ministerio» (2 Ti 4:11). Todos nos equivocamos, pero hay quienes por temor a errar no toman decisiones y después se lamentan por las oportunidades que perdieron si lo hubieran hecho.

Pablo vivía por la fe y trataba de hacer lo mejor para Dios y su obra. Es más, siempre corrió riegos en los que involucró la seguridad de su vida y por la fe no dudó nunca de su llamado y ministerio. En 2 Corintios 5:7, dijo: «Porque por fe andamos, no por vista».

Sin duda, Pablo tuvo una fe absoluta, firme y real, y la desplegó en todos los momentos y en todas las circunstancias adversas por las que pasó. Alguien dijo que la «adversidad es la universidad de Dios», y esto fue cierto en la vida, llamado y ministerio de Pablo. Su absoluta confianza, dependencia y fe en Dios lo llevó a hacer cosas extraordinarias para su Señor que no hubiera realizado si su mirada la hubiera puesto en él mismo y en el hombre.

Cuando hablaba del crecimiento en la fe, Pablo se lo atribuía a la Palabra. Así lo explica en su carta a los creyentes romanos:

Así que la fe es por el oír, y el oír, por la palabra de Dios.

ROMANOS 10:17

Como cristianos y ministros, debemos estar arraigados en la Palabra y profundizar en ella cada día. De esa manera, creceremos en todos los aspectos de nuestras vidas.

Otra cosa que debo destacar es que donde otros veían dificultades, Pablo veía oportunidades. En 1 Corintios 16:9 declaró: «Porque se me ha abierto puerta grande y eficaz, y muchos son los adversarios». Pudo haber dicho: «Muchos son los adversarios. Por lo tanto, no entraré por esas puertas». Sin embargo, hizo lo contrario. No miró la dificultad, sino que vio la oportunidad y la posibilidad. Las dificultades para el apóstol servían de aliento, empuje y estímulo. Esto es lo que tenemos que hacer nosotros por la fe si queremos influir en los demás. Pablo jamás fue un pesimista, sino un gran optimista y realista al caminar en la realidad de que, en Dios, todo lo podía si esta era su perfecta voluntad y el momento apropiado de hacer las cosas.

Su reconocimiento hacia los demás

Pablo era un especialista en reconocer a los demás trabajadores que, al igual que él, laboraban en la viña del Señor. Sin envidia de nadie por sus éxitos, dones o talentos, Pablo era el que delegaba autoridad y se gozaba al ver a sus discípulos crecer en la fe, madurez y en el conocimiento de Cristo. Tanto es así, que comentó lo siguiente:

Porque nosotros somos colaboradores de Dios, y vosotros sois labranza de Dios, edificio de Dios.

1 CORINTIOS 3:9

Fíjese que no dijo «yo», sino «nosotros». Con esto se refería a todos lo que trabajaban con él. Ahora, veamos algunos ejemplos específicos:

Timoteo

Hablando de Timoteo, acertó de esta manera: «Y si llega Timoteo, mirad que esté con vosotros con tranquilidad, porque él hace la obra del Señor así como yo» (1 Corintios 16:10). Con sus palabras de «así como yo», enfatizaba que

Timoteo hacía la obra de la misma manera, dedicación y devoción que él. Aquí habla de igualdad y de reconocimiento del trabajo de los demás.

Tíquico

También reconoció a Tíquico, diciendo que era un fiel hermano en Cristo, ministro y consiervo: «Todo lo que a mí se refiere, os lo hará saber Tíquico, amado hermano y fiel ministro y consiervo en el Señor» (Col 4:7).

Onésimo

Pablo también habló de Onésimo al reconocerlo con estas palabras: «Onésimo, amado y fiel hermano, que es uno de vosotros» (Col 4:9).

Aristarco y Marcos

Repite de nuevo palabras de reconocimiento de esta manera: «Aristarco, mi compañero de prisiones, os saluda, y Marcos el sobrino de Bernabé, acerca del cual habéis recibido mandamientos; si fuere a vosotros, recibidle» (Col 4:10).

Jesús, llamado Justo

También hizo lo mismo con Jesús, llamado Justo: «Y Jesús, llamado Justo; que son los únicos de la circuncisión que me ayudan en el reino de Dios, y han sido para mí un consuelo» (Col 4:11). Con este pasaje vemos que tanto Tíquico, Onésimo, Aristarco, Marcos como Justo fueron un consuelo para Pablo en sus tribulaciones durante las prisiones.

Epafras

Mencionó también a Epafras como un gran trabajador en la obra del Señor: «Os saluda Epafras, el cual es uno de vosotros, siervo de Cristo, siempre rogando encarecidamente por vosotros en sus oraciones, para que estéis firmes, perfectos y completos en todo lo que Dios quiere» (Col 4:12). Por lo tanto, Pablo lo reconoció como un intercesor y colaborador en el ministerio.

Lucas y Demas

Destacó a Lucas, el médico y su compañero de viajes, y de igual manera a Demas: «Os saluda Lucas el médico amado, y Demas» (Col 4:14).

Tito

También reconoció la labor de Tito al decir: «En cuanto a Tito, es mi compañero y colaborador para con vosotros; y en cuanto a nuestros hermanos, son mensajeros de las iglesias, y gloria de Cristo» (2 Co 8:23). Analizando sus palabras, vemos que dice que Tito era su «compañero», su «colaborador», y los hermanos eran «mensajeros», o «predicadores», y la «gloria de Cristo», con el mismo reconocimiento del Señor que él, donde todos eran apenas colaboradores del Reino de Dios.

¡Aleluya! ¡Qué humildad! Qué diferencia hoy en día de «esos que son señores sobre los demás en las iglesias», de muchos «que no son siervos», sino «dictadores» detrás de los púlpitos. Me refiero a quienes nunca reconocen a los que trabajan mano a mano y lado a lado con ellos, días tras días, meses tras meses, años tras años y, algunos, décadas tras décadas.

Harían bien los pastores si de vez en cuando reconocieran con toda humildad a estas personas que trabajan a su lado, dándoles un pequeño certificado o algún recuerdo delante de toda la iglesia, al igual que Pablo lo hizo en público a través de sus cartas.

La humildad no está en los libros de liderazgo secular, sino que lo común es que los líderes se *enseñoreen sobre los demás*. La preeminencia, publicidad y la búsqueda del reconocimiento y del aplauso es el plato diario de los «grandes hombres de Dios» de hoy. Jesús dijo:

> Pero no será así entre vosotros, sino que el que quiera hacerse grande entre vosotros será vuestro servidor, y el que de vosotros quiera ser el primero, será siervo de todos.
>
> **MARCOS 10:43-44**

Pablo siguió muy de cerca esta amonestación de Cristo. Nunca se olvidó que fue un perseguidor de la iglesia antes de su conversión. Así lo reconoce: «Porque yo soy el más pequeño de los apóstoles, que no soy digno de ser llamado apóstol, porque perseguí a la iglesia de Dios» (1 Co 15:9). Es más, nunca quiso intentar demostrar siquiera una reputación más allá de lo que era en realidad, y lo aclara con palabras como estas: «Para que nadie piense de mí más de lo que en mí ve, u oye de mí» (2 Co 12:6). En su carta a los creyentes efesios, declara de nuevo:

> A mí, que soy menos que el más pequeño de todos los santos, me fue dada esta gracia de anunciar entre los gentiles el evangelio de las inescrutables riquezas de Cristo.
>
> **EFESIOS 3:8**

En 1 Timoteo 1:15 dijo con mucho acierto: «Palabra fiel y digna de ser recibida por todos: que Cristo Jesús vino al mundo para salvar a los pecadores, de los cuales yo soy el primero». ¿Cuándo fue la última vez que su pastor o el ministro de su iglesia dijo esto de sí mismo en el púlpito?

Pablo reconocía su propia posición en Cristo y a su vez agradecía el trabajo de sus compañeros que a su lado trabajaban por el evangelio. En ninguna de sus cartas escribió para ganar una discusión, sino que siempre lo hizo para resolver un problema espiritual. También lo hizo para exhortar, librar del error, consolar con sus lágrimas y edificar a alguien en su caminar con Cristo. Lo vemos bien claro cuando al escribir 1 Corintios, y después 2 Corintios, estaba preocupado si había usado demasiada fuerza en sus palabras y temía haber entristecido a alguien. Este era un corazón de un padre hacia sus hijos espirituales, un tierno corazón pastoral teniendo siempre en mente la edificación de sus pupilos, sin dejar de decirles la verdad cuando era necesario, como en esta ocasión:

> ¿Me he hecho, pues, vuestro enemigo, por deciros la verdad? [...] Hijitos míos, por quienes vuelvo a sufrir dolores de parto, hasta que Cristo sea formado en vosotros, quisiera estar con vosotros ahora mismo y cambiar de tono, pues estoy perplejo en cuanto a vosotros.
>
> GÁLATAS 4:16, 19-20

Pablo reconocía el trabajo de sus compañeros, pero nunca dejó de corregir a la iglesia cuando era necesario.

Su sabiduría

Una de las grandes cosas que debemos poseer como cristianos y ministros es sabiduría. Esto era algo distintivo en la iglesia primitiva, según lo vemos en Hechos 6:3:

> Buscad, pues, hermanos, de entre vosotros a siete varones de buen testimonio, llenos del Espíritu Santo y de sabiduría, a quienes encarguemos de este trabajo.

La verdadera sabiduría es más que conocimiento. Viene de arriba, del Señor. La sabiduría espiritual involucra el conocimiento de Dios y del corazón humano. Esto requiere saber las aplicaciones adecuadas de las cosas morales y espirituales en el confuso mundo de las relaciones personales con los demás y con uno mismo. El lugar tan destacado en el que Pablo pone a la sabiduría espiritual se ve en el contraste que hace con la sabiduría del mundo:

> Nadie se engañe a sí mismo; si alguno entre vosotros se cree sabio en este siglo, hágase ignorante, para que llegue a ser sabio. Porque la sabiduría de este mundo es insensatez para con Dios; pues escrito está: Él prende a los sabios en la astucia de ellos. Y otra vez: El Señor conoce los pensamientos de los sabios, que son vanos.
>
> 1 CORINTIOS 3:18-20

Hay una gran diferencia entre la sabiduría espiritual y el conocimiento secular y humanista. Una persona puede ser inteligente, pero es necia si no tiene a Cristo. Y el mundo puede juzgar a una persona creyente como necia por no poseer títulos universitarios, pero es sabia al ser cristiana y estar salva por Cristo. La sabiduría era una petición urgente en el corazón de Pablo para las iglesias:

> Por lo cual también nosotros, desde el día que lo oímos, no cesamos de orar por vosotros, y de pedir que seáis llenos del conocimiento de su voluntad en toda sabiduría e inteligencia espiritual.
>
> COLOSENSES 1:9

Fíjese que dice «conocimiento», «sabiduría» e «inteligencia», pues debemos tener todo esto. En específico, «conocimiento» de la Palabra de Dios, «sabiduría» en cómo aplicar el conocimiento de esta Palabra, e «inteligencia» al tomar buenas decisiones después de tener el «conocimiento» de esta Palabra. Una vez más le dice a la iglesia:

> A quien anunciamos, amonestando a todo hombre, y enseñando a todo hombre en toda sabiduría, a fin de presentar perfecto en Cristo Jesús a todo hombre.
>
> COLOSENSES 1:28

Así que se debe enseñar en «toda sabiduría», no lo que dice la «sabiduría» de la tradición legalista pentecostal, ni lo que la denominación, concilio o iglesia cree en lo personal, sino en lo que dice, enseña y exhorta la Palabra de Dios. Como dijera Martín Lutero, el gran reformador, en latín: «Sola Scriptura»; es decir, «solo la Escritura». ¡Aleluya!

Sus escritos

Pablo siguió el estilo epistolar de los griegos: comienza con el nombre del autor, el nombre del destinatario y un saludo. A menudo le agrega a los nombres una descripción de la condición cristiana, tal como «siervo de Jesucristo», «apóstol», «amados de Dios» (véase Ro 1:1, 7). Incluso, a veces menciona a otros con él en el saludo, sin insinuar que sean coautores, lo cual es evidente por el carácter personal de las cartas. Los griegos acostumbraban a expresar también acciones de gracias, adulaciones y peticiones por la salud de los destinatarios.

Es posible que el apóstol le dictara sus cartas a un secretario o ayudante (véase Ro 16:22), pues cuando lo hacía personalmente incluía una referencia especial cuando escribía una frase de su propia mano (véanse Gl 6:11; Col 4:18; 2 Ts 3:17). Como autor, solo lo supera Lucas en la extensión de su contribución al Nuevo Testamento. Durante sus tres viajes misioneros fundó iglesias en el Asia Menor, Macedonia y Grecia. También les escribió muy a menudo a estas iglesias con el propósito de discipular a sus convertidos, de modo que crecieran en la fe de Jesucristo.

Sus amistades

Ninguna otra persona en el Nuevo Testamento, excepto el mismo Cristo, tuvo tantos enemigos encarnizados como el apóstol Pablo. Sin embargo, tampoco ninguna otra persona tuvo tantos amigos que arriesgaron sus vidas al estar a su lado por la causa del evangelio. Esta es una de las grandes facetas de su personalidad: la habilidad y capacidad para entablar y mantener amistades. La lista de veintisiete nombres en Romanos 16 revela una pequeña parte de su círculo de amigos íntimos que mantuvo durante su vida y ministerio. Alguien dijo: «Usted conoce a un hombre por las amistades que tiene».

En el ministerio es muy importante desarrollar amistades duraderas y profundas. Desde mis inicios en 1981, he tenido amistades con pastores, ministros, líderes, misioneros, cristianos y con personas que se extienden a todos los continentes. A veces los llamo por teléfono, les escribo un correo electrónico o les envío una tarjeta de apreciación por correo regular. En ocasiones, les envío mis nuevos libros o algún regalito que traigo de países importantes como Israel. Los llamo en sus cumpleaños, les comunico peticiones de oración por alguna cruzada o, cuando estuve enfermo, para que oraran por mí. Con otros nos comunicamos por textos que enviamos y recibimos al momento para disfrutar juntos de algún deporte. Incluso, salgo a comer o a pescar con otros, etc. Dámaris y yo tenemos amistades que visitamos en sus casas y que ellos vienen a visitarnos a la nuestra.

He notado que la vida de muchos ministros es muy solitaria, a veces por razones de malas experiencias del pasado. Así que no abren su corazón para desarrollar este punto tan importante. Quizá si sus amistades les traicionaran en alguna situación, es de suponer que no quieran establecer relaciones personales, solo ministeriales. Muchos ni siquiera pueden llamar a algún otro ministro en caso de emergencia. Este no es mi caso. Gracias a Dios, Él me ha concedido grandes amistades (y en realidad tengo muchísimas) dondequiera que he estado. Son tesoros muy especiales para Dámaris y para mí. No hay nada más grande, desde el punto de vista personal, que llamar a un amigo, un colega, un compañero ministerial y recordar memorias inolvidables que tuvimos juntos en alguna campaña o evento.

Establezca amistades. Esto será muy bueno para usted, su vida personal, ministerial y para su familia. No hay nada mejor que contar con alguien en algún momento de aprieto y también para disfrutar de su amistad, humor, sabiduría, consejos, etc. Hasta Jesús, los discípulos, Pablo y todos los demás tuvieron amistades. ¿Por qué usted no debería tenerlas?

En resumen, todo lo que Pablo hizo en su vida, llamado y ministerio mostró su devoción. Esta era la marca de su personalidad. Se comprometía en cuerpo, alma y espíritu por la causa de Cristo. Sus viajes, su entrega, su ambición, su motivación, su disciplina personal, las siete facetas de su ministerio, su influencia, su reconocimiento hacia los demás, su sabiduría, sus escritos y sus amistades, todo lo hizo con devoción, como también lo veremos más adelante. Así era su carácter. Así era su vida y su ministerio. ¡Único! ¡Nadie jamás lo podrá imitar! ¡Ayúdanos, Señor!

CAPÍTULO 12

Pablo y su predicación

Y de esta manera me esforcé a predicar el evangelio.

ROMANOS 15:20

Pablo fue un excelente comunicador y heraldo del evangelio. Dios le dio una habilidad increíble para exponer su Palabra con una oratoria incomparable, una sabiduría profunda y un carisma sin precedentes. Algunos estudiosos y eruditos dicen que el apóstol tuvo los nueve dones del Espíritu que aparecen en 1 Corintios 12:3-12.

Los dos libros que escribí y que titulé *Espíritu Santo, necesito conocerte más*, volumen I y volumen II, los hice por la gracia y la misericordia de Dios. En la actualidad, son libros de textos que están en el currículo de varias escuelas bíblicas, seminarios e institutos teológicos, tanto aquí en Estados Unidos como en muchos otros países. En estos libros, hablo de manera extensa, desde Génesis hasta el Apocalipsis, de la obra del Espíritu. En particular me refiero a la predicación y la unción al ministrar. También señalo las diversidades, operaciones y los diferentes ministerios, y destaco que todos provienen del Espíritu.

Debido a su instrucción y preparación, Pablo poseía una capacidad extraordinaria al predicar la Palabra. Tenía un conocimiento sin igual del Antiguo Testamento, pues antes de su conversión se preparó con Gamaliel, quien era un rabino y miembro del Sanedrín. Todos los líderes religiosos de su tiempo lo estimaban y respetaban, y llegó a ser un perseguidor de la iglesia hasta que Cristo lo transformó y le llamó al ministerio de la predicación de su evangelio.

Pablo, «predicador» y «heraldo»

Las palabras «predicador» y «predicar» en griego es **«kerux,»** que es «heraldo» y que está relacionada con **«kerusso»,** que significa «predicar, divulgar, ser heraldo, pregonar y publicar», y con **«kerugma»,** que se utiliza como «predicador del evangelio». Pablo mismo lo dice así: «Para esto yo fui constituido predicador y apóstol (digo verdad en Cristo, no miento), y maestro de los gentiles en fe y verdad» (1 Ti 2:7). Y lo repite de nuevo cuando dice: «Del cual yo fui constituido predicador, apóstol y maestro de los gentiles» (2 Ti 1:11).

Entonces, la palabra **«kerux»** señala al predicador que hace una proclamación y la palabra **«euangelistes»** apunta a su mensaje como buenas nuevas. También la palabra **«katangeleus»** significa «proclamador», un «heraldo», y se relaciona con **«katangelo»** que es «proclamar». Casi siempre se utiliza al referirse a las buenas nuevas acerca de la «predicación» sobre el Hijo de Dios y su evangelio, como en este pasaje:

> Y algunos filósofos de los epicúreos y de los estoicos disputaban con él; y unos decían: ¿Qué querrá decir este palabrero? Y otros: Parece que es predicador de nuevos dioses; porque les predicaba el evangelio de Jesús, y de la resurrección.
>
> **HECHOS 17:18**

También encontramos la palabra **«prokerusso»** que literalmente significa «proclamar como heraldo y anunciar». Otra palabra importante es **«laleo»,** la cual significa «hablar», que en Marcos 2:2 se traduce como «predicaba», donde se dice de Cristo: «E inmediatamente se juntaron muchos, de manera que ya no cabían ni aun a la puerta; y les predicaba la palabra». En Hechos 14:25 aparece de nuevo la palabra donde se dice que Pablo «habiendo predicado», lo cual es lo mismo que «anunciar, conocer, contar, dar a conocer, decir, emitir y hablar».

Además, el nombre **«kerugma»** es la proclamación hecha por un heraldo. Revela un mensaje, una predicación, la esencia de lo que se predica en contraste con el acto en sí de la predicación. Otra traducción es **«logos»,** «palabra», como predicación. Por ejemplo:

> Y cuando Silas y Timoteo vinieron de Macedonia, Pablo estaba entregado por entero a la predicación de la palabra, testificando a los judíos que Jesús era el Cristo.
>
> **HECHOS 18:5**

Aquí se refiere a la comunicación que se le confió a Pablo para su divulgación; es decir, todo lo que Dios le dio a conocer para que lo proclamara.

Así que Pablo era todo esto: «Un predicador, un heraldo, un divulgador que publicaba, hacía saber, disertaba». Lo que es más, era un misionero, un evangelista con un corazón de pastor, un maestro. En fin, Dios le dio a Pablo una capacidad increíble para predicar el evangelio y un conocimiento muy profundo del «arte de la predicación».

La hermenéutica y la homilética de Pablo

Pablo tenía lo que llamamos «hermenéutica» que le permitía realizar una interpretación incomparable de las Escrituras. Todos sabemos que la hermenéutica es la ciencia de interpretar la Biblia de tal manera que se sea fiel a su significado original y que a la vez sea relevante respecto a las cuestiones actuales. De modo que tiene que ver con las leyes y los principios de la interpretación y explicación de la Biblia. En Teología, el concepto se aplica al estudio de los principios por los que se define el significado de las Escrituras.

Por otra parte, la hermenéutica precede a la exégesis, que es la interpretación en sí de pasajes particulares. La hermenéutica requiere el conocimiento de las lenguas originales de las Escrituras.

Pablo tenía este conocimiento del texto original en hebreo y la habilidad de su interpretación. También tenía lo que llamamos «homilética», que es la habilidad profunda de exponer su mensaje. Y todos sabemos también lo que es la homilética. Esta palabra viene del griego **«homileo»**, que es «conversar», «charlar» y «predicar». Se trata de esa rama de la Teología relacionada con el arte y la ciencia de la predicación cristiana, y tiene que ver con la naturaleza, clasificación, análisis, construcción y composición de un sermón. Pablo era un experto tanto en la hermenéutica como en la homilética, y predicaba de una manera increíble y asombrosa.

El glorioso llamado de predicar

Cuando tenía veinte años de edad, me enviaron a España como misionero desde Brasil a la base de «Juventud con una misión» en Torrejón de Ardoz, Madrid. Desde allí fui después a la Conferencia Internacional de los Evangelistas Itinerantes de Billy Graham en Ámsterdam, Holanda. Allá escuché a los predicadores que Dios más usaba en ese momento en el mundo. Fue una experiencia inolvidable y la primera que tuve a nivel internacional.

Uno de los predicadores que me impactó mucho fue el Dr. E.V. Hill, ya fallecido y que fuera el pastor de la Iglesia Bautista Monte de Sión en Los Ángeles, California. Años más tarde, tuve el honor de conocerlo personalmente en su iglesia, de estrecharle la mano y abrazarlo, cuando estuvimos juntos con el presidente George H. Bush, padre, en 1992. En esa ocasión, el pastor E.V. Hill terminó su mensaje con una unción increíble. Los cuatro mil evangelistas presentes de todo el mundo nos pusimos de pie y le aplaudimos. Con estas palabras, que impactaron mi vida para siempre, concluyó su exposición:

> Predique, predique y predique la Palabra. En cualquier lugar, en todo tiempo, en todo momento, en toda ocasión, a cualquier persona, en el avión, en las plazas, en la calle, en el autobús, en el campo, en la ciudad. En fin, a tiempo y fuera de tiempo, predique, predique y predique la Palabra.

¡Fue algo maravilloso estar allí! Todavía conservo la traducción al portugués de este mensaje en los antiguos casetes y lo escucho de vez en cuando. Este es el llamado más glorioso: predicar la Palabra de Dios. Entonces, ¿qué nos dice el apóstol acerca de la predicación?

1. **PABLO DIJO QUE PREDICÁRAMOS LA PALABRA EN TODO TIEMPO**
   2 Timoteo 4:2: «Que prediques la palabra; que instes a tiempo y fuera de tiempo; redarguye, reprende, exhorta con toda paciencia y doctrina».

2. **PABLO PREDICABA CON VEHEMENCIA, ENTREGA Y PASIÓN**
   Hechos 9:22: «Pero Saulo mucho más se esforzaba, y confundía a los judíos que moraban en Damasco, demostrando que Jesús era el Cristo».

3. **PABLO PREDICABA CON SABIDURÍA**
   Hechos 17:17: «Así que discutía en la sinagoga con los judíos y piadosos, y en la plaza cada día con los que concurrían».

4. **PABLO PREDICABA CON PERSUASIÓN**
   Hechos 18:4: «Y discutía en la sinagoga todos los días de reposo, y persuadía a judíos y a griegos».
   2 Corintios 5:11: «Conociendo, pues, el temor del Señor, persuadimos a los hombres».

5. **PABLO PREDICABA CON DESTREZA E INTELECTO**
   Hechos 19:9-10: «Pero endureciéndose algunos y no creyendo, maldiciendo el Camino delante de la multitud, se apartó Pablo de ellos y separó a los discípulos, discutiendo cada día en la escuela de uno llamado Tiranno. Así continuó por espacio de dos años, de manera que todos los que habitaban en Asia, judíos y griegos, oyeron la palabra del Señor Jesús».
   Ya sea que Pablo predicara en una escuela, a los judíos en sus congregaciones o sinagogas, a los filósofos griegos en la Acrópolis de Atenas o a las comunes multitudes paganas en Listra, hacía lo mismo con gobernadores, oficiales de gobierno, reyes, líderes religiosos y teólogos de su tiempo.

6. **PABLO PREDICABA Y ENSEÑABA**
   Hechos 18:11: «Y se detuvo allí un año y seis meses, enseñándoles la palabra de Dios».

7. **PABLO PREDICABA CON SUS LÁGRIMAS**
   Hechos 20:31: «Por tanto, velad, acordándoos que por tres años, de noche y de día, no he cesado de amonestar con lágrimas a cada uno».
   Filipenses 3:18: «Porque por ahí andan muchos, de los cuales os dije muchas veces, y aun ahora lo digo llorando, que son enemigos de la cruz de Cristo».
   El predicador que llora en el púlpito vive y siente su mensaje y predicación con el corazón. No solo predica con la oratoria de su mente e intelecto la estructura de su sermón, mediante su introducción, cuerpo y conclusión, su hermenéutica y homilética, sino con su alma y espíritu lleno de la unción del poder de Dios en su vida por el Espíritu Santo. Hoy muchos predicadores están secos, vacíos y sin vida. Es necesario que no solo volvamos a ministrar al pueblo con el corazón, sino a sentir y vivir nuestro propio mensaje también.

8. **PABLO PREDICABA UN MENSAJE EJEMPLAR Y SABIO COMO EL QUE LES PREDICÓ A LOS GRIEGOS, FILÓSOFOS E INTELECTUALES EN ATENAS**
   Hechos 17:22: «Entonces Pablo, puesto en pie en medio del Areópago, dijo: Varones atenienses».

Algunos teólogos dicen que este mensaje de Pablo fue un gran fracaso y un monumental error de parte del apóstol. Que en lugar de que predicara a Cristo y a este crucificado, se perdió en palabrerías y discusiones. No obstante, si lo analizamos con cuidado, veremos que fue una gran táctica que usó en el nivel intelectual de ellos para atraerlos a Cristo. Si leemos su sermón en Hechos 17:22-31, descubriremos a qué se debían las distintas actitudes que asumieron los atenienses:

a. Algunos se burlaron: «¿Qué querrá decir este palabrero?» (Hch 17:18).

b. Otros fueron cínicos: «Parece que es predicador de nuevos dioses» (Hch 17:18).

c. Otros se interesaron: «Ya te oiremos acerca de esto otra vez» (Hch 17:32).

d. En cambio, otros creyeron: «Mas algunos creyeron, juntándose con él; entre los cuales estaba Dionisio el areopagita, una mujer llamada Dámaris, y otros con ellos» (Hch 17:34).

El tribunal del Areópago de Atenas se componía de doce jueces. A Dionisio lo podríamos comparar con un juez del actual Tribunal Supremo de Estados Unidos, mientras que Dámaris sería una mujer aristocrática, importante e intelectual. ¿Usted considera un fracaso que un jurista intelectual y una mujer aristocrática y también intelectual se convirtieran junto con otros más? ¿Qué harían después de sus conversiones? ¡De seguro que predicarles a Cristo a los demás! ¿A qué predicador no le hubiera gustado tener en su trayectoria que un juez del Tribunal Supremo se convirtiera bajo su ministerio? ¿Con qué frecuencia se convierte un juez del Tribunal Supremo de algún país a Cristo? Sin embargo, los críticos de Pablo y su mensaje en Atenas dicen que fue un fracaso. Esto no pudiera estar más lejos de la verdad. Muy por el contrario. ¡Fue un éxito total! La tradición nos dice que más tarde este Dionisio llegó a ser el obispo de la iglesia en Corinto. ¿A esto se le puede llamar fracaso?

Propósito de su mensaje: La salvación

Pablo era un expositor experto en la comunicación y predicación del evangelio. Se adaptaba constantemente al nivel intelectual y cultural de la audiencia a la que le predicaba. Sin duda alguna, su propósito era la salvación de sus oyentes: «A todos me he hecho de todo, para que de todos modos salve a algunos» (1 Co 9:22). En otras palabras, siempre predicaba al nivel del pueblo que ministraba en ese momento, al nivel particular de cada audiencia. Por ejemplo:

- Cuando le habló al pueblo de Antioquía de Pisidia, Pablo uso la mayoría de las Escrituras del Antiguo Testamento con la que estaban familiarizados debido a que las conocían (Hch 13:14-44).

- Cuando le habló a la gente común en Listra, Pablo expresó su misma predicación, pero sin usar las Escrituras del AT porque no la conocía. Se trataba de personas humildes sin intelectualidad y profundidad de conocimiento. Por eso les habló acerca de los beneficios de Dios (Hch 14:15-18).

Según la audiencia que tuviera delante, Pablo cambiaba de estrategia aunque el mensaje era el mismo: ¡La salvación en Cristo!

Un desafío sin precedentes

En Atenas, Pablo presentó su mensaje con cortesía, respeto y sabiduría al nivel de sus oyentes. De ahí que citara a sus poetas y filósofos intelectuales que conocían bien. Además, les habló de su historia, religión y sus altares. A continuación les habló de la naturaleza divina y les presentó al Dios «desconocido» o invisible que no conocían, pero que tenían una idea de su existencia. Así que no empezó combatiendo su idolatría, ni citando referencias judías de las Escrituras porque las desconocían, sino que primero se ganó su atención e interés, y después les predicó. ¡Qué maestría! Después, combatió la idolatría y logró su objetivo cuando dijo: «AL DIOS NO CONOCIDO. Al que vosotros adoráis, pues, sin conocerle, es a quien yo os anuncio» (Hch 17:23). En esencia, Pablo desafió a los griegos en cinco puntos que fueron:

1. **LOS GRIEGOS SE CREÍAN QUE ERAN UNA RAZA ÚNICA**
   Pablo dice que Dios fue el que creó todas las cosas: «El Dios que hizo el mundo y todas las cosas que en él hay, siendo Señor del cielo y de la tierra» (Hch 17:24).

2. **LOS GRIEGOS, EN ESPECIAL LOS ATENIENSES, APUNTABAN A LA ACRÓPOLIS Y SU BELLEZA ARQUITECTÓNICA**
   Pablo dice que Dios «no habita en templos hechos por manos humanas» (Hch 17:24).

3. **LOS GRIEGOS SE SENTÍAN SUPERIORES A LOS BÁRBAROS E IGNORANTES DE LA ÉPOCA, SEGÚN SU PUNTO DE VISTA**
   Pablo dice que Dios creó la humanidad de un solo hombre: «Y de una sangre ha hecho todo el linaje de los hombres, para que habiten sobre toda la faz de la tierra» (Hch 17:26).

4. **LOS GRIEGOS SE GLORIABAN DE SU PASADO, DE SUS CONQUISTAS**
   Pablo dice que fue Dios el que lo determina todo: «Y les ha prefijado el orden de los tiempos, y los límites de su habitación» (Hch 17:26).

5. **LOS GRIEGOS SE ENORGULLECÍAN DE SU HISTORIA Y DE LA EDAD DORADA DEL INTELECTUALISMO DE LOS EPICÚREOS, LOS ESTOICOS Y DE LA SABIDURÍA HUMANA**
   Pablo dice que vivían en ignorancia espiritual: «Pero Dios, habiendo pasado por alto los tiempos de esta ignorancia, ahora manda a todos los hombres en todo lugar, que se arrepientan» (Hch 17:30). Al llegar a ese punto, en el final de su discurso, Pablo les dice que tenían que arrepentirse.

Ante el desafío de considerar lo que Dios dice en su Palabra, nosotros los predicadores tenemos que predicarle a la gente simple, humilde y sencilla, pero también respetar y considerar la intelectualidad de los considerados letrados, inteligentes y estudiados, a fin de ganarles con sabiduría al depender del Espíritu Santo. Además, debemos estar preparados para hablarle a toda clase de personas: desde el más pequeño y humilde trabajador hasta el presidente, desde el más sencillo hasta al rey.

Importancia de la predicación de Pablo

Pablo llevó a cabo este significativo discurso ante los paganos en el Areópago de Atenas. El alcance de este acontecimiento está en que el apóstol predicó en el centro de la cultura helenística que, ante todo, se encontraba muy alejada en su concepción del mundo de las categorías y tradiciones de la cultura judía. Por tanto, Pablo se encontraba en la obligación de presentar una predicación sensiblemente distinta a la ofrecida en las sinagogas judías o a los gentiles familiarizados con la religión y las tradiciones hebreas. De esta manera, la estructura del discurso en el Areópago es distinta a la estructura de los discursos paulinos anteriores:

- El apóstol comienza el discurso con un afán conciliador hacia la cultura y la religiosidad paganas, aprovechando la inscripción «AL DIOS DESCONOCIDO» como punto de partida en su argumentación.
- Plantea la comunicación de Dios a través de la creación.
- Afirma que esta revelación de Dios mediante la creación hace que los paganos tengan un conocimiento imperfecto de la divinidad.
- Nombra a un poeta griego con la intención clara de fundamentar su argumento en una afirmación procedente de la propia cultura helenística y sacada de su contexto original.
- Establece el tiempo del anuncio inequívoco de la Palabra de Dios a los paganos.
- Finaliza con la afirmación Cristológica fundamental de la resurrección de Jesús.

Como es lógico, los griegos tenían enormes dificultades para conciliar esta afirmación desde el punto de vista epicúreo que constituía la visión del mundo dominante en la cultura helenística. A pesar de todo, unos pocos se convierten a la fe, como ya vimos antes.

Respecto al sermón de Pablo en Atenas, el Dr. S.M. Zwemer, reconocido misionero, dijo: «Una maravilla de táctica y de predicación poderosa». F.B. Myer, pastor y evangelista inglés, también comentó: «Llena de gracia e intelectualidad, de palabras elocuentes y de un alcance enorme». Y yo diría que es un gran ejemplo para cada estudiante de las Escrituras y para todo aquel que desea un ministerio público.

Lo que aprendemos de otros

La lectura de sermones, como los de Spurgeon, Moody, Smith Wigglesworth, Juan Wesley, Oswald Chambers, Jonathan Edwards, Evan Roberts, George Whitefield, Adoniram Judson, Billy Sunday, Oswald Smith y Billy Graham, solo por citar algunos, y de otros predicadores, evangelistas, pastores y misioneros que hablaron a las multitudes de Cristo, nos va a ayudar muchísimo en el ministerio. También nos ayudará bastante escuchar los sermones de muchos de ellos.

Siempre tenemos algo que aprender, tanto de los de ayer que estudiaron, supieron y usaron «el arte de la predicación», como los de hoy que estudian, saben y usan «el arma de la palabra hablada». Nosotros haríamos bien en aprender de ellos en cuanto a la vigencia del ministerio que tuvieron y tienen a través de la predicación eficiente y eficaz. Como resultado, Dios nos puede usar con poder y de una manera especial, a fin de que seamos predicadores que anuncien al mundo su Palabra.

El discurso público y una excelente oratoria siempre dominaron las escenas de los grandes ministros oradores y también de los grandes políticos, ya sea para bien o para mal. Basta con leer las biografías de los grandes predicadores y también de los grandes políticos de la historia de las naciones y nos daremos cuenta de la importancia de este asunto.

Durante la Segunda Guerra Mundial, Hitler dijo que el discurso es «la magia del poder de la palabra hablada». Y este llevó al mundo a una guerra mundial donde murieron más de veinte millones de personas. Por otro lado, Winston Churchill, el gran primer ministro de Inglaterra, en sus poderosos discursos alentó al pueblo a nunca desistir y siempre resistir al enemigo y vencerlo. ¡Y lo hizo!

En el caso de Pablo, podemos afirmar que fue un expositor increíble, intrépido, osado y valiente, así como un gran orador, predicador y maestro de la Palabra. ¡Dios permita que podamos imitarle!

CAPÍTULO 13

Pablo y su unción

Antes bien sed llenos del Espíritu.

EFESIOS 5:18

Desde el principio de su conversión, Pablo tuvo la unción divina en todas las esferas de su vida. Sabía que sin ella no sería posible llevar a cabo el ministerio que le encomendó Dios. Ya que en el capítulo anterior hablamos de la predicación de Pablo, les contaré esta historia verídica y la aplicaremos en cuanto a la unción.

Cierta vez, un joven cristiano recién graduado de la escuela bíblica llegó a la iglesia vestido de manera impecable para predicar su primer sermón. Se mostraba muy seguro de sí mismo y un tanto orgulloso.

Después de saludar a la congregación, empezó a predicar su primer mensaje, pero las palabras no salían de su boca. Le faltaba la unción y el respaldo del Espíritu. El pobre joven estaba seco, vacío y sin poder alguno para predicar la Palabra de Dios. Se acababa de graduar de una buena escuela bíblica y alcanzó una buena preparación teológica, pero esto no era suficiente para llevar a cabo un ministerio fructífero. Aunque el estudio es de gran importancia, el joven no valoró la búsqueda de la unción en su vida a través de la oración y del ayuno.

Después de algunos momentos, y ya sintiendo vergüenza y derramando lágrimas de tristeza, el jovencito bajó del púlpito donde hizo el intento de predicar. Dos hermanas ya ancianas que estaban sentadas en la primera fila de la iglesia comentaron el hecho y dijeron: «Si hubiera entrado como salió, habría salido como entró». Si el joven hubiera entrado con humildad, en unción y derramando lágrimas de dependencia hacia Dios en oración antes de ministrar, habría predicado con poder y autoridad. Es más, habría salido del púlpito con el orgullo de que Dios lo usara y con la seguridad de su ministerio y llamado. Sin embargo, fue todo lo contrario. Pablo, en cambio, siempre buscó y tuvo la unción del Espíritu en su vida.

La palabra «unción» en la Biblia

La palabra «ungir» o «unción» en griego es **«aleifo»,** la cual se usa en el Nuevo Testamento con diversas aplicaciones. Sin embargo, la palabra «ungir» en el Antiguo Testamento, en hebreo **«mashaj»,** la vemos de manera particular cuando se refiere al sentido sagrado de «ungir a los sacerdotes»:

> Y los ungirás, como ungiste a su padre, y serán mis sacerdotes, y su unción les servirá por sacerdocio perpetuo, por sus generaciones.
>
> **ÉXODO 40:15**

> Estos son los nombres de los hijos de Aarón, sacerdotes ungidos, a los cuales consagró para ejercer el sacerdocio.
>
> **NÚMEROS 3:3**

Por otra parte, en el Nuevo Testamento la palabra griega **«crio»** tiene un sentido más limitado y se reduce a unciones sagradas y simbólicas. Por ejemplo:

- De Cristo, como el Ungido de Dios, se dice:

> El Espíritu del Señor está sobre mí, por cuanto me ha ungido para dar buenas nuevas a los pobres; me ha enviado a sanar a los quebrantados de corazón; a pregonar libertad a los cautivos, y vista a los ciegos; a poner en libertad a los oprimidos.
>
> **LUCAS 4:18**

> Porque verdaderamente se unieron en esta ciudad contra tu santo Hijo Jesús, a quien ungiste.
>
> **HECHOS 4:27**

> Cómo Dios ungió con el Espíritu Santo y con poder a Jesús de Nazaret, y cómo éste anduvo haciendo bienes y sanando a todos los oprimidos por el diablo, porque Dios estaba con él.
>
> **HECHOS 10:38**

> Has amado la justicia, y aborrecido la maldad, por lo cual te ungió Dios, el Dios tuyo, con óleo de alegría más que a tus compañeros.
>
> **HEBREOS 1:9**
>
> [En este pasaje, la palabra se emplea en sentido metafórico en relación con el «óleo de alegría»].

- De los creyentes se dice en una ocasión:

> Y el que nos confirma con vosotros en Cristo, y el que nos ungió, es Dios.
>
> 2 CORINTIOS 1:21

El significado del título «Cristo» es «El Ungido». En Hechos 4:26, la palabra griega **«Cristos»** se traduce como «su Ungido»: «Se reunieron los reyes de la tierra, y los príncipes se juntaron en uno contra el Señor, y contra su Cristo». También encontramos la palabra griega **«crisma»**, la cual se traduce «unción».

Predicación con unción contra predicación que mata

Sin duda, Pablo poseía en su vida y ministerio esta «unción», este «poder» divino, porque como ya vimos antes, «el que nos ungió es Dios» (2 Co 1:21). Por lo tanto, estaba ungido y lleno de la autoridad que le delegó el Señor.

> El cual asimismo nos hizo ministros competentes de un nuevo pacto, no de la letra, sino del espíritu; porque la letra mata, mas el espíritu vivifica.
>
> 2 CORINTIOS 3:6

Como dijimos en el capítulo anterior, todos los ministros sabemos que la preparación teológica es necesaria para predicar la Palabra. No se puede hablar de lo que no se sabe. Es imposible calcular el perjuicio causado por obreros sin preparación y sin instrucción que han salido a predicar la Palabra de Dios sin conocer al Dios de la Palabra. De ahí que sea muy importante estudiar, prepararse en una escuela teológica, un seminario, un colegio bíblico, una escuela de misiones, una universidad teológica, etc. Nosotros mismos tenemos en la India el Instituto Teológico Josué Yrion, el cual está preparando a muchos para el ministerio. Además, muy pronto será una universidad teológica donde seguiremos preparando a ministros para la India.

Sin embargo, la preparación no es excusa para que se sustituya el poder de la unción de Dios. Tenemos que tener los dos: la unción y el conocimiento. Lo lamentable es que hoy tenemos muchos ministros intelectuales que se volvieron soberbios, orgullosos y prepotentes con sus maestrías y doctorados, pero están secos, vacíos, sin vida, sin poder y sin unción de Dios. Tienen el reconocimiento y la aprobación del hombre, pero es triste que NO tengan la aprobación divina ni el respaldo del Espíritu. Como resultado, sus sermones «matan» a los oyentes y los reducen a palabrerías teológicas muertas y llenas de retóricas intelectuales. Están sin vida, sin gracia, sin poder, sin gozo. Sus palabras y oratorias no transforman a nadie, pues sus oyentes vienen enfermos y salen muertos de sus iglesias, concilios y denominaciones. Pablo sabía que la letra solo trae muerte. En cambio, cuando se predica la letra con la unción del Espíritu, trae vida, salva, restaura, sana, liberta, etc. En el Evangelio de Juan, Cristo aclara muy bien este concepto:

El espíritu es el que da vida; la carne para nada aprovecha; las palabras que yo os he hablado son espíritu y son vida.

JUAN 6:63

Si lo analizamos, las predicaciones de muchos son en la carne, en pecado, en infidelidades, en inmoralidad, y se nota, se ve, se palpa, cuando quiere por la fuerza de sus gritos demostrar algo que no está en él, que no habita en su persona. Con esto me refiero a que carecen de la unción y el poder de Dios. La predicación que mata al oyente no es espiritual. No proviene de Dios, sino de la carne del predicador que no está en sintonía ni en bien con Dios. La manifestación divina no está en él ni en su mensaje. Podrá parecerse a la unción, pero no lo es. Se trata de algo falsificado, solo una sombra, hecho con palabras escogidas para agradar a sus oyentes, pero no basadas en el poder del Espíritu. Puede parecer que tiene vida, pero no es la vida de Dios, sino una imitación barata, adulterada y de engaño para quienes la escuchan.

La predicación que mata es la que solo tiene letra sin unción. En el caso de que tuviera la letra, o el conocimiento, junto con la unción, sería la gloria de Dios, pero no es así. La predicación solo de la letra puede tener una forma bella y un orden temático envidiable: una introducción, un cuerpo y una conclusión impecables del sermón, pero es solo letra vacía... ¡y la letra mata y sepulta a sus oyentes!

La predicación con unción, en cambio, trae vida, levanta al enfermo y convierte al pecador. El predicador que no posee esto se encuentra en derrota y va rumbo a la destrucción. Ha abandonado sus convicciones y predica nada más que por profesión y salario, pero no de alma y corazón. Podrá tener las credenciales de su organización, pero no tiene el respaldo ni la aprobación de Dios. ¡Qué lástima!

Dámaris, mi querida esposa, me dijo estas palabras después de oírme predicar en la cruzada en Bogotá, Colombia, junto con nuestros hijos Kathryn y Joshua, donde hubo más de doscientas mil personas:

Todo lo que Dios te ha dado, Josué, tus experiencias alrededor del mundo, tu conocimiento y tus estudios, los libros que escribiste hasta ahora, todo esto está muy bien. Sin embargo, lo más grande que tienes después de oírte hoy es el poder de la unción de Dios sobre ti. No la pierdas nunca. ¡Esto es lo más importante que tienes como predicador!

Mi querida Dámaris tiene toda la razón. Perder la unción es perder la vida del Espíritu, es quitar la vacuna y dejar la enfermedad, es quitar la luz y dejar las tinieblas, es quitar la visión y dejar la ceguera, es quitar la audición y dejar la sordera. En fin, es quitar la sangre del cuerpo y dejar la muerte. ¡Que Dios nos libre!

¿De dónde viene la unción?

La unción viene del ayuno, la oración y de una vida íntegra, recta y de intimidad y comunión diarias con Dios. Y Pablo sabía de esto. Era consciente que sin esta unción sería imposible desarrollar su ministerio apostólico, no solo en la predicación, sino en todas las esferas de la vida. Sabiendo la necesidad del poder, Dios unge a Pablo para que llevara a cabo su llamado, ministerio y predicación.

1. **JUSTO DESPUÉS DE SU CONVERSIÓN, PABLO FUE LLENO DE LA UNCIÓN DEL ESPÍRITU SANTO**
   Hechos 9:17: «Fue entonces Ananías y entró en la casa, y poniendo sobre él las manos, dijo: Hermano Saulo, el Señor Jesús, que se te apareció en el camino por donde venías, me ha enviado para que recibas la vista y seas lleno del Espíritu Santo».
   Le pregunto: ¿Qué fue lo primero que Dios hizo en la vida de Pablo al convertirlo? ¡Llenarlo con la unción! Dios mismo sabía que para enfrentar todos los obstáculos, pruebas, luchas y tribulaciones en su vida y todo lo demás que pasó, Pablo necesitaría la unción divina. Y eso que era Pablo... ¡imagínese nosotros!

2. **DESPUÉS, PABLO FUE LLAMADO Y ENVIADO AL MINISTERIO POR LA UNCIÓN DEL ESPÍRITU SANTO**
   Hechos 13:1-2: «Había entonces en la iglesia que estaba en Antioquía, profetas y maestros [...] Ministrando éstos al Señor, y ayunando, dijo el Espíritu Santo: Apartadme a Bernabé y a Saulo para la obra a que los he llamado».

3. **PABLO FUE DIRIGIDO A DONDE DEBÍA IR POR LA VOLUNTAD DE LA UNCIÓN DEL ESPÍRITU SANTO**
   Hechos 16:6-7: «Y atravesando Frigia y la provincia de Galacia, les fue prohibido por el Espíritu Santo hablar la palabra en Asia; y cuando llegaron a Misia, intentaron ir a Bitinia, pero el Espíritu no se lo permitió».
   Esto significa que la unción guía. Pablo no forzó la puerta, sino que fue sensible a la dirección y la voluntad de Dios que en ese momento le dirigía a otro lugar. Yo siempre trato de hacer lo mismo. Cuando una puerta se cierra, oramos y ayunamos y se abre otra. Así de sencillo.

4. **PABLO Y SU MENSAJE SE BASARON EN LA UNCIÓN DEL ESPÍRITU SANTO**
   1 Corintios 2:4-5: «Y ni mi palabra ni mi predicación fue con palabras persuasivas de humana sabiduría, sino con demostración del Espíritu y de poder, para que vuestra fe no esté fundada en la sabiduría de los hombres, sino en el poder de Dios».

5. **PABLO RECIBÍA EL AVISO DE PELIGROS INMINENTES POR LA UNCIÓN DEL ESPÍRITU SANTO**
   Hechos 21:4: «Y hallados los discípulos, nos quedamos allí siete días; y ellos decían a Pablo por el Espíritu, que no subiese a Jerusalén».

6. **PABLO SABÍA QUE EL LIDERAZGO DE LA IGLESIA TENÍA QUE ESTABLECERSE SOLO BAJO LA UNCIÓN DEL ESPÍRITU SANTO**
   Hechos 20:28: «Por tanto, mirad por vosotros, y por todo el rebaño en que el Espíritu Santo os ha puesto por obispos, para apacentar la iglesia del Señor, la cual él ganó por su propia sangre».

7. **PABLO ERA CONSCIENTE DE QUE LA UNCIÓN DEL ESPÍRITU SANTO ESTUVO PRESENTE Y GUIO TODAS LAS DECISIONES EN EL PRIMER CONCILIO DE LA IGLESIA**
   Hechos 15:28: «Porque ha parecido bien al Espíritu Santo, y a nosotros, no imponeros ninguna carga más que estas cosas necesarias».

8. PABLO, AL ENCONTRARSE CON UN GRUPO DE DISCÍPULOS, SUPO QUE NECESITABAN LA UNCIÓN DEL ESPÍRITU SANTO

Hechos 19:1-2: «Aconteció que entre tanto que Apolos estaba en Corinto, Pablo, después de recorrer las regiones superiores, vino a Éfeso, y hallando a ciertos discípulos, les dijo: ¿Recibisteis el Espíritu Santo cuando creísteis? Y ellos le dijeron: Ni siquiera hemos oído si hay Espíritu Santo».

9. PABLO SABÍA QUE LA JUSTIFICACIÓN Y LA SANTIFICACIÓN VENÍAN POR CRISTO Y POR LA UNCIÓN DEL ESPÍRITU SANTO

1 Corintios 6:11: «Y esto erais algunos; mas ya habéis sido lavados, ya habéis sido santificados, ya habéis sido justificados en el nombre del Señor Jesús, y por el Espíritu de nuestro Dios».

10. PABLO DECÍA QUE LA UNCIÓN DEL ESPÍRITU SANTO VIVE EN NOSOTROS

1 Corintios 3:16: «¿No sabéis que sois templo de Dios, y que el Espíritu de Dios mora en vosotros?».

11. PABLO RECONOCÍA QUE LA UNCIÓN DEL ESPÍRITU SANTO ES LA QUE NOS AYUDA EN LA ORACIÓN

Romanos 8:26-27: «Y de igual manera el Espíritu nos ayuda en nuestra debilidad; pues qué hemos de pedir como conviene, no lo sabemos, pero el Espíritu mismo intercede por nosotros con gemidos indecibles. Mas el que escudriña los corazones sabe cuál es la intención del Espíritu, porque conforme a la voluntad de Dios intercede por los santos».

12. PABLO NOS DICE QUE LA UNCIÓN DEL ESPÍRITU SANTO TRAE EL GOZO A NOSOTROS

1 Tesalonicenses 1:6: «Y vosotros vinisteis a ser imitadores de nosotros y del Señor, recibiendo la palabra en medio de gran tribulación, con gozo del Espíritu Santo».

13. PABLO SABÍA QUE LA UNCIÓN DEL ESPÍRITU SANTO MANTIENE LA UNIDAD EN EL CUERPO DE CRISTO QUE ES LA IGLESIA

Efesios 4:3-4: «Solícitos en guardar la unidad del Espíritu en el vínculo de la paz; un cuerpo, y un Espíritu, como fuisteis también llamados en una misma esperanza de vuestra vocación».

14. PABLO ERA CONSCIENTE DE QUE LA UNCIÓN DEL ESPÍRITU SANTO NOS DA LA VICTORIA EN CONTRA DE LOS DESEOS DE LA CARNE

Romanos 8:13: «Porque si vivís conforme a la carne, moriréis; mas si por el Espíritu hacéis morir las obras de la carne, viviréis».

15. PABLO NOS DICE QUE LA UNCIÓN DEL ESPÍRITU SANTO PRODUCE SU FRUTO EN NOSOTROS

Gálatas 5:22-23: «Mas el fruto del Espíritu es amor, gozo, paz, paciencia, benignidad, bondad, fe, mansedumbre, templanza; contra tales cosas no hay ley».

16. PABLO NOS ACONSEJA QUE VIVAMOS CADA DÍA BAJO LA UNCIÓN DEL ESPÍRITU SANTO

Gálatas 5:25: «Si vivimos por el Espíritu, andemos también por el Espíritu».

17. PABLO NOS DICE QUE LOS DONES ESPIRITUALES SE CONCEDEN POR LA UNCIÓN DEL ESPÍRITU SANTO

1 Corintios 12:1, 4, 7: «No quiero, hermanos, que ignoréis acerca de los dones espirituales [...] Ahora bien, hay diversidad de dones, pero el Espíritu es el mismo [...] Pero a cada uno le es dada la manifestación del Espíritu para provecho».

Debido a que batallamos en una lucha sobrenatural en contra de las tinieblas espirituales y en contra de un enemigo espiritual, necesitamos «armas», dones sobrenaturales, para poder vencer al maligno. Necesitamos los dones espirituales que nos equipen para el servicio de Dios.

Los dones del Espíritu sirven para edificar, exhortar y consolar al pueblo de Dios, a fin de llevarlo a la madurez espiritual (Ef 4:11-13). Veamos dónde se encuentran en la Biblia:

a. Los dones del Padre son siete y están en Romanos 12.

b. Los dones del Hijo son cinco y están en Efesios 4.

c. Los dones del Espíritu Santo son nueve y están en 1 Corintios 12.

Además, hay muchos otros dones generales para la administración y mayordomía personal y de la iglesia. En total, hay más de veintiún dones y otros más. Usted tiene al menos uno.

1 Pedro 4:10: «Cada uno según el don que ha recibido, minístrelo a los otros, como buenos administradores de la multiforme gracia de Dios».

18. PABLO LE DIO VARIOS NOMBRES A LA UNCIÓN DEL ESPÍRITU SANTO

- Espíritu de sabiduría y de revelación (Ef 1:17)
- Espíritu de santidad (Ro 1:4)
- Espíritu de adopción (Ro 8:15)
- Espíritu de vida (Ro 8:2)

El respaldo de la unción

En sus cartas, Pablo habló mucho sobre el papel del Espíritu Santo en la vida del creyente, del ministro y del lugar que ocupa la unción en nuestras vidas. Aquí solo hablamos de la unción. Sin embargo, él escribió ampliamente sobre la necesidad que tiene la iglesia de entender que necesita de veras este respaldo divino:

- Por medio del Espíritu Santo se obtiene la justificación y santificación por la fe en Cristo (1 Co 6:11).
- El Espíritu inspira la alabanza (Col 3:16).
- Vive en nuestros corazones (1 Co 3:16).
- Nos ayuda en la oración (Ro 8:26-27).
- Nos trae gozo en las tribulaciones (1 Ts 1:6).
- Mantiene la unidad de la iglesia (Ef 4:3-4).

Para terminar este capítulo sobre Pablo y su unción en cuanto al poder del Espíritu Santo en su vida y en la nuestra, le contaré una historia que se encuentra en 2 Reyes. Lea cómo se narra en las Escrituras:

Los hijos de los profetas dijeron a Eliseo: He aquí, el lugar en que moramos contigo nos es estrecho. Vamos ahora al Jordán, y tomemos de allí cada uno una viga, y hagamos allí lugar en que habitemos. Y él dijo: Andad. Y dijo uno: Te rogamos que vengas con tus siervos. Y él respondió: Yo iré. Se fue, pues, con ellos; y cuando llegaron al Jordán, cortaron la madera. Y aconteció que mientras uno derribaba un árbol, se le cayó el hacha en el agua; y gritó diciendo: ¡Ah, señor mío, era prestada! El varón de Dios preguntó: ¿Dónde cayó? Y él le mostró el lugar. Entonces cortó él un palo, y lo echó allí; e hizo flotar el hierro. Y dijo: Tómalo. Y él extendió la mano, y lo tomó.

2 REYES 6:1-7

Como vemos, la Biblia dice que los hijos de los profetas se fueron a cortar árboles y en cierto momento el hierro del hacha cayó en el río. El joven no continuó cortando el árbol con el MANGO del hacha, sino que fue hasta Eliseo y le dijo que había perdido el hierro del hacha. Entonces, Eliseo cortó un palo, lo echó en el agua y el hierro flotó.

¿Sabe los motivos de que tantos cristianos no posean la unción del Espíritu? Ya hace mucho tiempo que perdieron el hierro del hacha en sus vidas, perdieron el filo cortante de la unción del Espíritu y, de cualquier manera, siguen intentando cortar los árboles solo con el mango. El mango representa el esfuerzo humano, la carne, el yo. Lo cierto es que muchos cristianos intentan ganar almas, vivir la vida cristiana en victoria, producir los frutos del Espíritu, operar en los dones, predicar, ministrar, pero solo tienen el mango en la mano porque hace tiempo que perdieron el hierro del hacha.

Hay ministros en esta situación: no ven crecer a la iglesia, han perdido la unción, dejaron de sentir gozo y alegría al ministrar, están insatisfechos, derrotados, amargados en sus vidas personales y ministerios. ¿La razón? Están con el mango del hacha en la mano, pues perdieron el filo cortante de la unción del Espíritu. Si ese es su caso, mi oración es que el hierro del hacha vuelva a unirse de nuevo al mango y que vuelva a disfrutar la presencia del Espíritu y experimente cada día esta unción poderosa del respaldo del Espíritu Santo.

Ahora bien, recuerde que el joven gritó diciendo: «¡Ah, señor mío, era prestada!». LA UNCIÓN ES PRESTADA, no es nuestra, PERTENECE A DIOS. Tenga CUIDADO DE NO PERDERLA, pues Dios nos la PRESTÓ para que la usemos para su honra y gloria. No se olvide de esto: La unción es de Dios, los dones son de Dios, el poder es de Dios, la habilidad es de Dios. Entonces, el llamar está en Dios, el capacitar está en Dios, el enviar está en Dios, el suplir está en Dios y el respaldar está en Dios. Todo es de Él, por Él y para Él.

Repito: LA UNCIÓN ES PRESTADA, no es para que la tengamos para nuestro uso personal como una plataforma de exaltación, exhibición, aplauso o reconocimiento de los demás. La realidad es que, debido a esto, muchos ministros e iglesias están llenos de orgullo, soberbia y prepotencia. La unción NO es para que reconozcan y alaben nuestro ministerio, denominación o concilio. Muchos han perdido el hacha por pecar, desobedecer a Dios, abusar de su misericordia y perdón. Así que hoy se lamentan porque ya no tienen la maravillosa unción que sentían cuando predicaban, ya no experimentan la presencia de Dios en sus vidas y ministerios.

Una infinidad de ministros le han fallado a Dios en lo moral, han adulterado y pecado muy en serio. Incluso, hay quienes se han visto involucrados en escándalos financieros. Por esta razón, han perdido la unción. Lo cierto es que les será muy difícil volver a tener la unción. Una vez que caen de la gracia, el Señor puede restaurarles, pero la unción ya no es la misma. Hasta hoy, no he visto que regresa a las vidas de ministros que le fallaron al Señor. Tomemos esto como un doble aviso, para usted y para mí mismo, pues todos tendemos a pecar y a perder este poder. ¡Cuidado, la unción es prestada!

He conocido y hablado con cristianos, y hasta con ministros, que en un momento de debilidad pecaron y, por consiguiente, perdieron todo el respeto, su buen nombre, sus esposas, sus hijos, sus familias, sus ministerios, sus cargos, sus iglesias, sus invitaciones, sus credenciales y, lo más triste de todo, su unción. Le digo esto por lo que he visto alrededor del mundo: No vale la pena pecar. Acuérdese de que el pecado siempre le llevará más lejos de donde quiere llegar, y el pecado le costará mucho más caro de lo que puede pagar. Además, le mantendrá más tiempo atrapado del que usted quiere estar. Piense en la Escritura donde dice:

> Mas si así no lo hacéis, he aquí habréis pecado ante Jehová; y sabed que vuestro pecado os alcanzará.
>
> **NÚMEROS 32:23**

Cuando se peca, se afecta nuestra relación con Dios, nuestra vida personal, nuestra familia, nuestro ministerio y todo el que nos rodea. Así como en este caso bíblico de perder el hacha, hay algunas razones de por qué muchos cristianos no tienen la unción del Espíritu en sus vidas.

Si la Palabra de Dios le habla a usted en algunos de estos aspectos a seguir, solo cambie, reconozca con humildad, en arrepentimiento y confesión, y el Señor le perdonará y le restaurará antes que suceda algo peor. Vaya a Él... ¡y de seguro que le llenará de su unción y poder cuando se vuelva a Él de todo corazón, alma y entendimiento! Conserve, como Pablo, la unción en su vida. Esta le dará convicción de algún error o pecado, le mantendrá en integridad y le usará para la honra y gloria del Dios Todopoderoso. ¡El Señor permita que vivamos siempre en esta unción! ¡Aleluya!

Pablo y su convicción

Y de igual manera el Espíritu nos ayuda en nuestra debilidad;
pues qué hemos de pedir como conviene, no lo sabemos, pero el
Espíritu mismo intercede por nosotros con gemidos indecibles.
Mas el que escudriña los corazones sabe cuál es la intención
del Espíritu, porque conforme a la voluntad de Dios intercede
por los santos. Más que vencedores Y sabemos que a los que
aman a Dios, todas las cosas les ayudan a bien, esto es, a los que
conforme a su propósito son llamados.

R O M A N O S   8 : 2 6 - 2 8

Amado lector, usted podrá leer de manera más profunda sobre el Espíritu
Santo y la oración en el capítulo 14 de mi libro *Espíritu Santo, necesito
conocerte más* (volumen 1). Aquí, en cambio, deseo hablarle de la convicción
y la dependencia del apóstol Pablo con respecto al Espíritu Santo y al propósito de Dios para nosotros.

Pablo dice «pues qué hemos de pedir como conviene, no lo sabemos».
¡Su convicción de la dependencia del Espíritu es increíble! Si el apóstol dice
esto, ¿qué diremos nosotros? Como señalamos en el capítulo anterior, se necesita la unción del Espíritu Santo en nuestras vidas. Además de la unción,
aquí Pablo se refiere a la ayuda del Espíritu en la oración.

La convicción y la dependencia del Espíritu

Ahora, deseo concentrarme en la convicción del apóstol y del propósito que
Dios tiene con cada uno de nosotros que lo amamos, pues como dice la
Palabra, *todas las cosas nos ayudan a bien*.

La palabra «convicción» en griego es «**elencos**», y se traduce de esa manera cuando se trata de la fe, tal y como se cita en la carta del apóstol Pablo
a los hebreos:

> Es, pues, la fe la certeza de lo que se espera, la convicción de lo que no se ve.
>
> **HEBREOS 11:1**

Pablo tenía una convicción increíble, y una fe arraigada y profunda en las Escrituras, en Dios y en el Señor Jesucristo de quienes recibió el llamado al ministerio.

Como ya vimos antes, Pablo fue un gran predicador, pero nunca confió en sí mismo ni en sus habilidades. Por el contrario, era lo suficiente humilde como para reconocer y depender del poder del Espíritu Santo en su vida, pues esta era su convicción, tal y como lo explica en 1 Corintios 2:1-5:

Versículo 1: «Así que, hermanos, cuando fui a vosotros para anunciaros el testimonio de Dios, no fui con excelencia de palabras o de sabiduría».

Pablo sabía que no era por sus palabras, habilidades o sabiduría de lo que sabía que tendría éxito en su visita a los corintios. ¡Esto es convicción!

Versículo 2: «Pues me propuse no saber entre vosotros cosa alguna sino a Jesucristo, y a éste crucificado».

Una vez más reconoce que solo el mensaje de Jesucristo podría cambiar a sus oyentes ¡Esto es convicción!

Versículo 3: «Y estuve entre vosotros con debilidad, y mucho temor y temblor».

De nuevo es claro al decir que fue a ellos con debilidad; esto es, fue a visitarlos «con dependencia del Espíritu». ¡Esto es convicción!

Versículo 4: «Y ni mi palabra ni mi predicación fue con palabras persuasivas de humana sabiduría, sino con demostración del Espíritu y de poder».

Otra vez el apóstol tiene la certeza de que su unción venía de lo alto, como ya vimos antes, que su sabiduría estaba en las Escrituras y que su secreto se encontraba en el poder del Espíritu. ¡Esto es convicción!

Versículo 5: «Para que vuestra fe no esté fundada en la sabiduría de los hombres, sino en el poder de Dios».

Por último, note esta frase: «poder de Dios». Daba por sentado, sabía, reconocía, se daba cuenta, era consciente, etc., que solo el poder de Dios podía salvar, convencer de pecado y traer un cambio en la vida del pueblo en Corinto. ¡Esto es convicción!

A pesar del gran predicador que era Pablo, dependía del Señor en todo. Creo que lo principal para una comunicación cristiana convincente se encuentra en los mismos comunicadores y en la clase de personas que son como lo fue Pablo. Sobre todo, se destaca la necesidad de la convicción. Esto es imperativo en la vida de cualquier creyente o ministro, la convicción.

Pablo reconocía el problema que provocaban las diferentes culturas, y en lugar de evitarlas, se adaptaba con facilidad, pues dijo bien claro que a los judíos se había hecho judío, a los griegos, griego, etc. Lo mismo hacía con su dependencia del Espíritu y su humildad en reconocer que no sabía lo que «*hemos de pedir como conviene*». ¡Y esto es convicción!

Pablo siempre empezaba la comunicación a partir del punto donde se encontraba la gente y no de donde a él le gustaría que estuviera. Confiaba y dependía del Espíritu Santo de Dios, que es siempre el comunicador principal del evangelio. Asimismo, creía en la comunicación del Espíritu hacia nosotros. El Espíritu empieza con nosotros donde estamos y no donde deberíamos estar. Con humildad, el apóstol reconoce su dependencia y necesidad de la ayuda del Espíritu, y se esfuerza en obtenerla estando convencido que solo la ayuda divina podría hacerlo triunfar.

La seguridad que viene de la convicción

Pablo estaba seguro que Dios controla todas y cada una de las circunstancias y experiencias. Aun si son adversas y contrarias, Él las transforma para nosotros en algo bueno, provechoso y para lo mejor en su grandiosa soberanía y propósito, aunque no lo podamos ver en el momento. Pablo estaba convencido que, para el creyente, Dios ha planeado o permitido lo que sucede en su vida, y que nada es por coincidencia ni suerte, como dicen algunos. Su convicción era tal que nos dice lo siguiente:

> Dad gracias en todo, porque esta es la voluntad de Dios para con vosotros en Cristo Jesús.
>
> **1 TESALONICENSES 5:18**

Ahora bien, en cuanto al propósito de Dios y sus promesas, la declaración que hace el apóstol en Romanos 8:28, cuando se interpreta en su contexto, puede traer confortación ilimitada a todo cristiano en tiempos de pruebas:

> Y sabemos que a los que aman a Dios, todas las cosas les ayudan a bien, esto es, a los que conforme a su propósito son llamados.

Por lo tanto, hagamos un análisis más detallado de este pasaje:

«Y sabemos que a los que aman a Dios»

Los que aman a Dios solo pueden ser los cristianos. Se trata de los hombres y las mujeres que aceptan a Cristo en sus corazones y se vuelven creyentes en la fe cristiana. La Palabra lo aclara muy bien:

> Mas a todos los que le recibieron, a los que creen en su nombre, les dio potestad de ser hechos hijos de Dios.
>
> **JUAN 1:12**

¿A quiénes se refiere el apóstol Juan con la palabra «todos»? ¡A los cristianos! ¿Quiénes son los que «creen en su nombre»? ¡Los creyentes en Cristo! En otras palabras, no es a *todas* las personas que *todas* las cosas les contribuyen y les ayudan para el bien, sino solo a los cristianos. Este versículo no se aplica a los impíos, a los no creyentes, a los que no conocen a Cristo. Es evidente que hay dos principios y cláusulas que determinan su aplicación y bendición nada más que para los creyentes y no para quienes no conocen al Señor.

Por lo tanto, ¿cuáles son los requisitos? La clave para la interpretación de Romanos 8:28 y de su declaración no puede estar aislada de dos principios básicos estipulados aquí:

- *Primero:* «A los que aman a Dios». Hay que tener una relación con Dios; es decir, tener el privilegio de pertenecer a la familia de Dios, así como disfrutar y recibir su amor y bendición, sabiendo que quien no escatimó (no se aferró) a su propio Hijo, no permitirá nada que no podamos soportar.

- *Segundo:* «A los que conforme a su propósito [al de Dios] son llamados». Con esto, me refiero a que se debe tener la asociación que se logra cuando nuestros planes forman parte del plan de Dios y el plan de Dios forma parte de nuestros planes.

Con Dios no hay coincidencias, pues todo lo permite a su tiempo y con un propósito. Para los no creyentes en el Señor Jesucristo que no tienen relación con Dios ni tampoco tienen siquiera alguna asociación con Él, que no viven según sus propósitos para sus vidas, este versículo no se les aplica de ninguna forma, excepto si Dios usa alguna circunstancia y experiencia en sus vidas para que vengan a Cristo.

Entonces, las preguntas que caben son estas: ¿Puede Dios permitir una tragedia a los suyos? ¿Será que Él permite una enfermedad, una frustración, una adversidad, un dolor, ya sea físico o mental? ¿Permite la muerte de algún cristiano en algún accidente? ¡Yo diría que sí! Dios permitió, permite y permitirá todo esto, pues no estamos exentos de ninguna de estas cosas. Jesús mismo lo dijo:

En el mundo tendréis aflicción; pero confiad, yo he vencido al mundo.

JUAN 16:33

Aun así, la actitud del cristiano no es de resignación, indiferencia ni desafío hacia Dios, pues el cristiano maduro debe regocijarse en todo esto sabiendo que Dios tiene el control. Quizá usted se encuentre experimentando algo negativo, pero tenga la seguridad de que Dios sacará algo bueno y, mediante su propósito, hará que más tarde entienda por qué hizo tal cosa.

Mi padre partió a la presencia del Señor en el año 2001 mientras estábamos en Ghana, África, predicando en una cruzada. Jamás podré saber mientras viva por qué sucedió en ese momento. Solo lo sabré en la eternidad. Mi madre también partió a la presencia de Cristo en el año 2014 mientras yo estaba en la ciudad de Valdosta, cerca de Atlanta. En las dos experiencias no pude llegar a sus funerales por la distancia. Y solo en la presencia de Dios Él me dirá algún día por qué tuve que pasar por esto... ¡dos veces! ¡Es muy doloroso! Con todo, estoy seguro que me dará una buena respuesta, y si no lo hace, está bien también, pues solo Él sabe por qué no pude estar en los funerales de mis padres.

«Todas las cosas»

La otra frase, «todas las cosas», quiere decir justo eso: ¡todas! ¡Sin excepción! Todo está bajo el control poderoso de Dios. Tenga la seguridad de que si algo no le salió bien, Él tiene algo mejor para usted. Jesús dijo que ni un pajarito cae del cielo sin su permiso. Las circunstancias de la vida de un cristiano están bajo la dirección, el control y el propósito soberano del Dios Todopoderoso. Él lo permite «todo» con una sabiduría infinita para un propósito mucho mejor al final. Dios no cesará de supervisarnos a usted y a mí ni en un solo momento.

Las enfermedades físicas y su dolor nos pueden llevar a reconocer lo débiles que somos ante Dios sin su salud. La pérdida del trabajo nos puede llevar a confiar en Él por algún tiempo en que suplirá nuestras necesidades aun sin trabajar. Los errores y las fallas nos pueden llevar a la humildad y al reconocimiento de que en algún aspecto de nuestra vida nos hemos enorgullecido. Todo esto nos conduce al buen propósito de Dios para transformarnos.

Basta con leer la historia de José en Egipto y nos daremos cuenta de esto. Envidiado por sus hermanos, lo echaron en una cisterna vacía. Luego, se lo vendieron a unos mercaderes. Allá en Egipto fue esclavo de Potifar y la mujer de este lo acusó falsamente de acoso sexual. Fue a la prisión de manera injusta por más de doce años. Quizá José se preguntara muchas veces en la cárcel: «Dios, ¿por qué me ha sucedido todo esto?». Sin embargo, algo interesante es que Dios nos dejara escritas algunas palabras muy específicas, a fin de que supiéramos que Él tenía el control. Cuando se refiere a José, la Biblia dice varias veces:

> Mas Jehová estaba con José, y fue varón próspero [...] Pero Jehová estaba con José y le extendió su misericordia
>
> **GÉNESIS 39:2, 21**

Dios lo estaba preparando y madurando para que fuera el primer ministro de Egipto. En un solo día, fue de la cárcel a ser segundo después de Faraón sobre toda la nación egipcia al revelarle a este los sueños. Más tarde, al final del drama con sus hermanos, les dice estas palabras:

> Vosotros pensasteis mal contra mí, mas Dios lo encaminó a bien, para hacer lo que vemos hoy, para mantener en vida a mucho pueblo.
>
> **GÉNESIS 50:20**

¿Puede ver el propósito de Dios escondido en todo el sufrimiento de José? Dios lo puede ver en tu vida y en la mía, pero por el momento nosotros no lo podemos ver.

Pablo aclara muy bien que Dios está presente en todas las cosas. Tal vez usted esté pasando por una situación difícil ahora mismo y me diga: «Ah, hermano Yrion, ¡si usted supiera!». Yo no necesito saber, Dios ya lo sabe, y esto es suficiente. Sin duda, Él le sacará adelante.

Hace ya un tiempo, una hermana nos llamó para pedirnos que oráramos con ella, pues había perdido su trabajo y le preocupaban las deudas, así que oramos con ella. Algún tiempo después, nos llama para decir que Dios le había dado un trabajo mucho mejor, con menos horas laborales y con un sueldo más alto. ¿Ya ve? ¡Dios no falla!

«Les ayudan»

El corazón que ama a Dios lo ve obrando por medio de su Espíritu. En todas las circunstancias de la vida, aun en las más dolorosas, incomprensibles o difíciles de entender, Dios nos ayuda y somos capaces de transformar una tragedia en triunfo. Claro, la mayoría de las veces no entendemos lo que Dios hace y hasta nos parece que no está haciendo nada. Recuerde, a Dios no se le entiende con la mente, sino que se le cree con el corazón.

Le aseguro que Dios está más activo ayudándonos cuando parece que no hace nada. Él trabaja así y es una manera de obrar muy eficaz. El que controla el universo, los planetas, las constelaciones, los tres cielos, el sol, la luna, las estrellas, el mar, la tierra, los animales y el invisible mundo espiritual sabe que nada acontece por casualidad y que nadie puede hacer nada sin su permiso.

La realidad es que una medicina que se administra sola y por equivocación le hará daño a quien la toma. En cambio, cuando el médico basado en su experiencia y sabiduría prescribe una medicina y la combina con otras para tomarse a diferentes horas del día, solo le hará bien a aquel que las toma. Como es lógico, le hará bien si esta persona sigue con exactitud las indicaciones del médico, pues las recetó una persona que sabe lo que hace.

Dios es nuestro médico por excelencia. Él nunca se equivoca. Cuando vivimos nuestras experiencias de forma aislada, parecen dolorosas y difíciles de entender. No obstante, después de un tiempo, al ponerlo todo junto y armar el rompecabezas, todo tiene sentido y vemos que Dios tenía razón.

Siempre que esté pasando por una situación que no entiende y se pregunta: «¿Cómo esto puede resultar en algo bueno?», le diré que solo espere hasta que el Gran Médico termine de darle la prescripción. A la larga, lo entenderá. Recuerde que Dios siempre ve el final antes del inicio. Ya sea que esté enfrentando una enorme montaña de problemas o un valle triste de sombra de muerte, Él está a su lado aunque no lo crea. ¿Por qué? Porque Él no puede violar su Palabra ni ir en su contra. ¡Imposible! Pablo dice que el Espíritu nos ayuda. ¡Está escrito! Y eso es todo lo que necesitamos saber. Además, Dios dice en su Palabra estas palabras que son para su seguridad y la mía:

> Sean vuestras costumbres sin avaricia, contentos con lo que tenéis ahora; porque él dijo: No te desampararé, ni te dejaré.
>
> **HEBREOS 13:5**

Recuerde lo que dije antes: «Dios siempre ve el final antes del inicio». En Pasadena, California, se celebra cada primero de enero el Desfile de las Rosas. Las carrozas se adornan con mucho estilo, belleza y elegancia para desfilar delante de los presentes. Luego, se escoge la más bonita que ganará un premio. Si está sentado en algún lugar apreciando el desfile, tendrá que esperar y ver pasar delante de usted carroza por carroza, una por una, hasta terminar el desfile. En cambio, si vive en algún edificio alto y su apartamento está en los pisos superiores, podrá tener una vista general, un panorama completo, de todas las carrozas, desde la primera hasta la última, antes de que estas desfilen delante de las demás personas. ¿Por qué podrá verlas antes? Solo porque está en un lugar alto y con una visión mucho más ampliada porque las ve desde arriba hacia abajo.

Con Dios es lo mismo. Él está sentado muy alto y muy arriba. Así que tiene una visión general, completa y ampliada de todas las situaciones de nuestra vida. Además, Él no solo las conoce todas aun antes de empezar, sino que desde el principio también sabe en qué terminarán. ¿Es necesaria alguna otra explicación? ¿Hay alguna base bíblica de lo que acabo de decir? Les daré dos:

> Así dice Jehová, el Santo de Israel, y su Formador: Preguntadme de las cosas por venir; mandadme acerca de mis hijos, y acerca de la obra de mis manos.
>
> **ISAÍAS 45:11**

¡Está claro! Él sabe todas las circunstancias de su vida y la mía antes que sucedan, pues tiene el control de cada una de ellas. Usted no necesita preocuparse. Debido a que es su hijo y obra de sus manos, Él le cuidará. Su Espíritu está con usted y conmigo.

El otro ejemplo con base bíblica es el siguiente:

> Que anuncio lo por venir desde el principio, y desde la antigüedad lo que aún no era hecho; que digo: Mi consejo permanecerá, y haré todo lo que quiero.
>
> **ISAÍAS 46:10**

Tal y como se lo dije: Dios sabe el fin desde el principio. No hay nada en su vida que suceda por coincidencia ni nada puede ocurrirle que le dañe. Dios no lo permitirá, excepto cuando usted toma malas decisiones fuera de su voluntad, pues esto sí le acarrea consecuencias negativas a su vida. Sin embargo, lo que está fuera de su control, se encuentra en las manos de Dios... ¡Tranquilo! ¿Por qué? Porque Él mismo dijo: «Mi consejo permanecerá, y haré todo lo que quiero». El propósito que Dios tiene para usted y para mí permanecerá. ¡Aleluya! Él actuará y nadie lo podrá impedir. ¡Alabanzas sean a su Nombre!

Dios es como un artista o un pintor profesional de cuadros. Entonces, si lo observa mezclar y juntar las pinturas de diversos colores al mismo tiempo, no logra entender nada. La realidad es que todo lo que ve es un reguero de pinturas. Aun así, solo espere a que termine el pintor para ver el cuadro tan hermoso en que lo convierte. Dios es nuestro pintor por excelencia que jamás ha cometido un error. ¡Sus cuadros ganan siempre en todas las exposiciones de la vida! ¡Aleluya!

¿Quién no podrá mirar hacia atrás en la vida y ver que si Dios no hubiera permitido determinada cosa no estaría donde está o quizá no estaría vivo siquiera? ¿De cuántas cosas nos ha librado Dios a usted y a mí?

Esto también lo podríamos comparar a alguien que observa cómo se hace una alfombra. El que no sabe, lo que ve es una confusión de muchos hilos de varios colores a la vez. En cambio, la persona con experiencia y experta en este trabajo, va haciendo la alfombra poco a poco, línea por línea, color por color. Cuando termina, se ve una hermosa y muy bonita alfombra de varios colores. Dios sabe trabajar en los hilos de la vida. Recuerde, Él creo la vida. Además, el Espíritu nos ayuda a entender, esperar y tener paciencia hasta ver terminada la obra de sus manos en nuestras vidas.

«A bien»

Todo lo que vimos hasta ahora se resume en estas dos palabras: «a bien». Dios nunca irá a hacer nada de lo que dirá: «Les ayuda a mal». ¡Imposible! Siempre será para bien. Casi siempre, el bien de Dios no parece ser bueno porque se mira desde nuestro punto de vista humano, limitado, temporal, materialista y egoísta. Lo bueno que Dios nos promete es más espiritual que material, porque lo espiritual permanecerá para siempre, mientras que lo material se terminará y es solo por un corto tiempo.

A Job le llevó años entender lo que le vino a su vida. Sus aflicciones empezaron en la mente del diablo, pero Job nunca se lo atribuyó al maligno ni a Dios. En su lugar, expresó estas nobles palabras:

> Desnudo salí del vientre de mi madre, y desnudo volveré allá. Jehová dio, y Jehová quitó; sea el nombre de Jehová bendito.
>
> JOB 1:21

Ante tantos desastres, la actitud de la esposa fue muy diferente a la de Job:

> Entonces le dijo su mujer: ¿Aún retienes tu integridad? Maldice a Dios, y muérete. Y él le dijo: Como suele hablar cualquiera de las mujeres fatuas, has hablado. ¿Qué? ¿Recibiremos de Dios el bien, y el mal no lo recibiremos? En todo esto no pecó Job con sus labios.
>
> JOB 2:9-10

Después, Job se levantó de su dolor, ceniza y tristeza mucho más bendecido y próspero que antes. Como resultado, entendió que la permisión divina tenía un propósito en su vida, a fin de que retuviera su integridad y una fe inconmovible ante Dios. Con la cooperación de Job, Dios eliminó las operaciones malignas del diablo y las usó para el beneficio espiritual y hasta material de Job. Aunque perdió sus tierras, sus casas, sus hijos, su salud y todas sus posesiones, al final Dios le restauró todas las cosas y le dio todo en doble porción.

Una de las mayores tragedias de la obra misionera le ocurrió a Guillermo Carey el 12 de marzo de 1812 en la India. En pocos minutos, se perdió el trabajo sacrificial de Carey y sus colegas para traducir las Escrituras. La destrucción de papeles para la impresión de las Biblias fue inmensa. Las placas de metal en los idiomas tamil y chino fueron una pérdida total. Porciones enteras de manuscritos, diccionarios bíblicos y diccionarios de gramática quedaron envueltos en llamas. Más tarde, Carey escribió:

> Nada se salvó, excepto solo algunos equipos de la imprenta y esto fue una pérdida terrible, pues detendrá por un largo tiempo la impresión de las Escrituras. El trabajo que hicimos duró más de doce meses, sin hablar de todo lo que perdimos en solo unos momentos, pero nos llevará muchísimo tiempo recuperarlo.

La pérdida a la que se refería Carey incluía porciones de la Biblia en las lenguas indias (telugu, tamil e hindi), la pérdida del Nuevo Testamento ya traducido, dos grandes libros del Antiguo Testamento en sánscrito, muchas páginas del diccionario en bengalí, todo el diccionario de gramática en telugu y gran parte de su diccionario en punjabí.

No obstante, en medio de esta tragedia, Carey dijo: «Dios sin sombras de dudas irá a traer algo bueno de todo este mal y tragedia e irá a promover nuestro trabajo». Antes que las cenizas se tornaran frías, el colega de Carey, el hermano Joshua Marshman, dijo:

> Esta calamidad será otra demostración de la providencia de Dios al hacer que nuestra fe en Él esté firme, así como lo están los pilares del cielo, pues su Palabra dice «que a los que aman a Dios, todas las cosas les ayudan a bien». Así que seamos fuertes en el Señor, pues Él nunca abandonará el trabajo de sus manos [...] Esto me llevó a una tranquilidad de corazón a la entera sumisión a Dios y a entender su voluntad.

Carey también dijo más tarde: «Como nunca fueron muy reales las palabras del Salmo 46:10 que dice: "Estad quietos y conoced que yo soy Dios"». Usted y yo podemos preguntarnos: «Entonces, ¿cómo es posible que Dios sacara algo bueno de esta tragedia que Él mismo permitió en contra de su propio interés y trabajo?».

No demoró mucho tiempo para que saliera a flote la estrategia de Dios. La catástrofe llegó a oídos del pueblo cristiano de Inglaterra al ver que, en medio de las llamas, estos héroes misioneros se mantuvieron firmes en su resolución de creer que Dios haría algo bueno de todo este infortunio. Así que empezaron a llegar cartas a la India donde se multiplicaron los amigos de la misión de Guillermo Carey. De no ser por las llamas, los cristianos europeos no le hubieran dado a Carey y sus colegas fama, reconocimiento y celebridad como nunca antes. El evangelista Fuller escribió: «Mucho, pero mucho dinero se ha donado a la misión para recuperar lo perdido y para continuar las traducciones de la Biblia».

Más tarde, muchísimos se apuntaron para ser candidatos a la India a fin de ayudar en la traducción, y Dios levantó un ejército de colaboradores financieros y misioneros que promovieron la causa de Cristo en la India que se extiende hasta el día de hoy. Es inimaginable la colaboración de los cristianos europeos que supieron del desastre y que ayudaron a la obra de Carey y sus colegas. Así que, a pesar de la tragedia, el dolor y la pérdida, Dios les ayudó para bien. Recuerde: ¡Dios nunca pierde!

Vernon Grounds, teólogo y educador cristiano, escribió:

> La mayoría de los cristianos cree que la bendición y la prosperidad física, material y espiritual es cuando tenemos los mejores trabajos, cuando nuestros cuerpos están sanos y sin dolor, cuando tenemos dinero y reservas en el banco, cuando vivimos en nuestras casas confortables, cuando tenemos los mejores autos, cuando tenemos las mejores ropas, cuando nuestros hijos van a las mejores escuelas y tomamos las mejores vacaciones. Sin embargo, la verdadera bendición y prosperidad reside en aceptar lo que Dios tiene reservado para nosotros, ya sea lo bueno de Él o las adversidades, pruebas y tribulaciones de Él y permitidas por Él.

«A los que conforme a su propósito son llamados»

Sea lo que sea que Dios permita en su vida, como les sucedió a Guillermo Carey y sus colegas, tómelo como su perfecta voluntad, siga adelante y no se desanime. Dios transformará su infortunio del momento en algo para su beneficio y bendición. Él siempre nos ayudará a usted y a mí a salir victoriosos de las circunstancias más adversas, tristes y dolorosas. ¿Y por qué lo hará? ¡Porque conforme a su propósito somos llamados! ¿Qué propósito? ¡La salvación en Cristo! ¿Y llamados a qué? ¡Llamados para servirle! Pablo mismo lo dice y lo confirma:

> Bendito sea el Dios y Padre de nuestro Señor Jesucristo, que nos bendijo con toda bendición espiritual en los lugares celestiales en Cristo, según nos escogió en él antes de la fundación del mundo, para que fuésemos santos y sin mancha delante de él, en amor habiéndonos predestinado para ser adoptados hijos suyos por medio de Jesucristo, según el puro afecto de su voluntad.
>
> EFESIOS 1:3-5

El apóstol dice que Dios nos «escogió [...] según el puro afecto de su voluntad». En otras palabras, «conforme a su propósito somos llamados». Entonces, como somos salvos, debemos servirle según su propósito y su voluntad.

Nosotros no sabemos todas las cosas, no entendemos todas las circunstancias y no sabemos lo que nos deparará el mañana. Lo cierto es que estamos muy limitados y desconocemos el futuro, con la excepción de lo que está escrito en la Palabra de Dios. A pesar de eso, debemos tener presente que Dios ya está allí en el mañana. Él ya conoce el futuro de nuestras vidas, como dijo de manera tan acertada el Dr. Martin Luther King Jr.:

No conozco muy bien el camino por donde voy, pero conozco muy bien a Él que me lleva por el camino.

Todo lo que necesitamos saber es que Dios estuvo, está y estará siempre con nosotros, y nos llevará por el camino hasta el final, incluso en el más allá. Así lo dijo con claridad y seguridad el salmista:

> Porque este Dios es Dios nuestro eternamente y para siempre; él nos guiará aun más allá de la muerte.
>
> **SALMO 48:14**

¡Aleluya! Dios cumplirá su propósito en la vida de usted y en la mía, téngalo por seguro, pues Él mismo lo dice en su Palabra cuando afirma: «Jehová cumplirá su propósito en mí» (Sal 138:8). ¡Alabado sea su Nombre para siempre!

Así que levántese de dondequiera que esté, de la situación que esté enfrentando, de la prueba o tribulación que esté pasando y diga en fe aplicándolo a su vida:

> Y sabemos [y yo también lo sé] que a los que aman [como yo] a Dios, todas las cosas les ayudan a bien, esto es, a los que conforme a su propósito son llamados [al igual que lo soy yo].
>
> **ROMANOS 8:28**

¡Aleluya!

CAPÍTULO 15

Pablo y su tribulación

Porque hermanos, no queremos que ignoréis acerca de nuestra
tribulación que nos sobrevino en Asia; pues fuimos abrumados
sobremanera más allá de nuestras fuerzas, de tal modo que aun
perdimos la esperanza de conservar la vida.

2 CORINTIOS 1:8

Pablo dependía por completo de la ayuda y del poder del Espíritu para
que le diera la victoria en cada aspecto de su vida, y la tribulación no era
la excepción. También su convicción lo hacía resistir las grandes *tribulaciones*
que enfrentó y nos quedamos abrumados por la capacidad que Dios le concedió para que las soportara. Padeció gran tribulación por Cristo como nadie
en la iglesia primitiva y fue un ejemplo de perseverancia y paciencia. Además,
a todos nos dejó un gran legado de inspiración y entrega en cuanto a padecer
tribulaciones en todo, incluso más allá de nuestra capacidad de soportarlas,
como nos lo dijo en el pasaje anterior: «Más allá de nuestras fuerzas».

La palabra en griego para «tribulación», «tribulaciones» o «ser atribulado» es **«thlipsis».** Esta palabra también aparece en voz pasiva con el verbo
«thlibo», tal y como vemos en esta frase: «íbamos a pasar tribulaciones» (1 Ts
3:4). En realidad, todos los cristianos y ministros del Señor «iremos a pasar o
enfrentar tribulaciones».

Algunas de las tribulaciones de Pablo

Hay varios pasajes de las Escrituras que se refieren a las tribulaciones del apóstol. Aquí seremos breves y solo citaremos algunas:

- **Hechos 14:19:** «Entonces vinieron unos judíos de Antioquía y de Iconio, que
  persuadieron a la multitud, y habiendo apedreado a Pablo, le arrastraron fuera de la
  ciudad, pensando que estaba muerto».

A Pablo lo apedrearon, azotaron y encarcelaron varias veces, como veremos más adelante. Sus tribulaciones fueron muchas, pero también sus victorias.

Los hermanos en Latinoamérica nos dicen que en algunos de sus países los apedrean por predicar la Palabra. También lo hacen con cristianos en África y Asia. En la India, casi nos sucede a nosotros, pues poco faltó para que nos apedrearan durante nuestra cruzada en Madrás, hoy Chennai, en 1999. ¿Alguna vez a usted lo apedrearon por la causa de Cristo?

2 Corintios 4:7-12: «Pero tenemos este tesoro en vasos de barro, para que la excelencia del poder sea de Dios, y no de nosotros, que estamos atribulados en todo, mas no angustiados; en apuros, mas no desesperados; perseguidos, mas no desamparados; derribados, pero no destruidos; llevando en el cuerpo siempre por todas partes la muerte de Jesús, para que también la vida de Jesús se manifieste en nuestros cuerpos. Porque nosotros que vivimos, siempre estamos entregados a muerte por causa de Jesús, para que también la vida de Jesús se manifieste en nuestra carne mortal. De manera que la muerte actúa en nosotros, y en vosotros la vida».

En estos versículos, Pablo dijo seis veces lo que fue, era y cómo estaba: Vaso de barro, atribulado, en apuros, perseguido, derribado y que llevaba siempre la muerte de Cristo, o sea, la muerte del «yo».

¿Alguna vez ha experimentado alguna de estas seis cosas por Cristo? Pablo mismo exhortó a los cristianos a mantenernos firmes, ya que pasaríamos y enfrentaríamos tribulaciones.

- **Hechos 14:22:** «Confirmando los ánimos de los discípulos, exhortándoles a que permaneciesen en la fe, y diciéndoles: Es necesario que a través de muchas tribulaciones entremos en el reino de Dios».

  Pablo dijo que es «necesario», es «imperativo», pasar «no solo por tribulaciones», sino por «muchas» tribulaciones. Esta fue y es la marca del cristianismo desde sus inicios.

- **Hechos 20:23:** «Salvo que el Espíritu Santo por todas las ciudades me da testimonio, diciendo que me esperan prisiones y tribulaciones».

  El Espíritu le avisaba a Pablo lo que le iría a pasar. De seguro que, al igual que el apóstol, en alguna etapa de nuestras vidas nos espera tribulaciones. En el caso de Dámaris y el mío, hemos pasado, estamos pasando y pasaremos por tribulaciones. Nadie podrá escapar.

- **Romanos 5:3-5:** «Y no sólo esto, sino que también nos gloriamos en las tribulaciones, sabiendo que la tribulación produce paciencia; y la paciencia, prueba; y la prueba, esperanza; y la esperanza no avergüenza; porque el amor de Dios ha sido derramado en nuestros corazones por el Espíritu Santo que nos fue dado».

  Pablo dice que las tribulaciones nos hacen madurar y crecer en lo espiritual. Producen paciencia y esperanza, a medida que el Espíritu nos moldea y transforma. Esto solo puede suceder en la escuela divina. Ponga esta palabra en su corazón: «La adversidad es la universidad de Dios». A través de las tribulaciones en nuestra vida es que Él nos cambia cada día.

- **Romanos 8:35:** «¿Quién nos separará del amor de Cristo? ¿Tribulación, o angustia, o persecución, o hambre, o desnudez, o peligro, o espada?».

  Pablo estaba convencido de que nada ni nadie nos podrá apartar de Cristo, ni siquiera las tribulaciones, por muy difíciles que sean.

- **Romanos 12:12:** «Gozosos en la esperanza; sufridos en la tribulación; constantes en la oración».

  En este pasaje, el apóstol destaca que debemos soportar la tribulación y ser constantes en la búsqueda de Dios. Cuando esté atribulado, ore a Dios y Él le dará las fuerzas necesarias para seguir adelante.

- **2 Corintios 1:4:** «El cual nos consuela en todas nuestras tribulaciones, para que podamos también nosotros consolar a los que están en cualquier tribulación, por medio de la consolación con que nosotros somos consolados por Dios».

  Téngalo por seguro, Dios le consolará y ayudará siempre. Cuando Él permite alguna tribulación en su vida, sabe que usted la puede pasar porque de lo contrario nunca permitiría tal cosa. Como resultado, tal y como Pablo menciona aquí, Dios nos consuela para que, al mismo tiempo, podamos consolar a los demás cuando enfrenten tribulaciones iguales o peores que nosotros.

- **2 Corintios 4:17:** «Porque esta leve tribulación momentánea produce en nosotros un cada vez más excelente y eterno peso de gloria».

  Aquí Pablo menciona estas palabras clásicas que conocemos muy bien, pues todas las pruebas y tribulaciones que enfrentó las llama «leves». Así que las nuestras no son nada en comparación con las que enfrentó el apóstol. ¿Será que usted o yo podemos compararnos con Pablo? ¡Imposible!

- **2 Corintios 6:4:** «Antes bien, nos recomendamos en todo como ministros de Dios, en mucha paciencia, en tribulaciones, en necesidades, en angustias».

  Pablo nos recomienda que los ministros seamos pacientes en las tribulaciones.

- **2 Corintios 7:5:** «Porque de cierto, cuando vinimos a Macedonia, ningún reposo tuvo nuestro cuerpo, sino que en todo fuimos atribulados; de fuera, conflictos; de dentro, temores».

  Pablo dice que su cansancio era enorme y que había sufrido tribulaciones en todo. Por lo tanto, era sincero y decía que hasta tenía temores internos en medio de las tribulaciones. ¿Alguien se identifica con él? ¡Todos!

- **2 Corintios 8:1-2:** «Asimismo, hermanos, os hacemos saber la gracia de Dios que se ha dado a las iglesias de Macedonia; que en grande prueba de tribulación, la abundancia de su gozo y su profunda pobreza abundaron en riquezas de su generosidad».

  Pablo felicita a la iglesia en Macedonia por su generosidad y por ser madura en las tribulaciones a pesar de su pobreza. Esta iglesia dio desde lo más profundo de su corazón para la obra de Dios, a pesar de que estaba en medio de necesidades, pobreza y gran tribulación. ¡Qué corazón!

- **Efesios 3:13:** «Por lo cual pido que no desmayéis a causa de mis tribulaciones por vosotros, las cuales son vuestra gloria».

  Con estas palabras, Pablo le explica a la iglesia en Éfeso que no permitiera que sus tribulaciones les afectaran a tal punto que flaquearan. Así que los insta a que sea lo que sea que les sucediera, siguieran adelante.

- **Filipenses 4:14:** «Sin embargo, bien hicisteis en participar conmigo en mi tribulación».

  Pablo le agradece a la iglesia de los filipenses por ayudarle a suplir sus necesidades económicas y aliviarle su tribulación. Cuando usted colabora de manera financiera con la obra de Dios, como algún ministro o ministerio, está ayudando a aliviar la tribulación de esta persona o ministerio sin que quizá se dé cuenta siquiera.

- **1 Tesalonicenses 1:6:** «Y vosotros vinisteis a ser imitadores de nosotros y del Señor, recibiendo la palabra en medio de gran tribulación, con gozo del Espíritu Santo».
  Aquí alaba a la iglesia de Tesalónica por haber recibido la Palabra en medio de las pruebas.

- **1 Tesalonicenses 3:3-4:** «A fin de que nadie se inquiete por estas tribulaciones; porque vosotros mismos sabéis que para esto estamos puestos. Porque también estando con vosotros, os predecíamos que íbamos a pasar tribulaciones, como ha acontecido y sabéis».
  Una vez más, Pablo confirma que estamos puestos para ser atribulados. Las tribulaciones son parte de la vida de todo creyente. Mejor es que se acostumbre a esto, porque sucederá durante toda su peregrinación y la mía.

- **2 Tesalonicenses 1:4:** «Tanto, que nosotros mismos nos gloriamos de vosotros en las iglesias de Dios, por vuestra paciencia y fe en todas vuestras persecuciones y tribulaciones que soportáis».
  Pablo anima a las iglesias cristianas y las felicita por sus tribulaciones. Al igual que el apóstol, los demás cristianos de la iglesia primitiva y sus líderes, pastores y ministros sufrieron tribulaciones y vencieron, así que nosotros estamos puestos para esto e iremos a vencer de igual manera. ¡Manténgase firme!

Dios tiene el control

Hace muchos años, una hermana perdió a su hijo en un trágico accidente donde un autobús atropelló al niño de apenas ocho años de edad. Durante mucho tiempo, le preguntó al Señor por qué sucedió esto, y pasaron muchísimos años sin respuesta. Ya se puede imaginar la gran tribulación por la que pasaba esta hermana y el gran dolor de su corazón.

Una noche, tuvo un sueño en el que caminaba por algunas calles y escuchó una voz que le dijo: «Yo soy el Señor Jesucristo y te voy a contestar por qué me llevé a tu hijo tan temprano». A continuación, le indicó que doblara por una calle, entrara en un callejón sin salida y fuera hasta el final.

Mientras caminaba, vio a muchos jóvenes en bares, discotecas, bebiendo y fumando, tanto dentro de estos lugares como fuera. Cuando llegó al final del callejón, el Señor le dijo: «Ve hasta esa persona que está cubierta con una sábana y levántala». Ella obedeció. Cuando lo hizo, vio a un joven que acababa de morir después de inyectarse una sobredosis de drogas en sus venas. Una vez que lo miró bien, se dio cuenta de que era el rostro de su hijo.

Entonces, el Señor le dijo: «Por muchos años me has preguntado por qué pasó el accidente. Me llevé a tu hijo antes que sucediera esto y que él perdiera su alma. Lo que viste es lo que le hubiera sucedido después de sus ocho años. Ahora, estaría perdido para siempre. Sin embargo, por amor a ti, me lo llevé a tiempo. Sé que estos años han sido muy dolorosos para ti y sé lo atribulada que has estado por eso. Yo conozco todas las cosas, y aunque no lo tengas aquí y ahora, lo verás en la eternidad». Al despertar del sueño, se levantó de su cama, se arrodilló, oró postrada pidiéndole perdón al Señor por haberle reclamado tantos años y le dio gracias por su gran misericordia.

Amado lector, por más grande que sea la tribulación que esté enfrentando, Dios sabe lo que es mejor para usted y para mí. Tal vez las tribulaciones se deban a problemas matrimoniales, divorcios, separación, una enfermedad suya o de algún familiar o amigo, la muerte de un ser querido, alguna injusticia de que le acusaran falsamente, hijos descarriados en las drogas o la prostitución, dificultades financieras, etc. Algún día lo entenderemos, por muy doloroso y difícil que sea comprenderlo ahora. Solo nos resta orar y descansar en Dios sabiendo que Él tiene el control de todas las cosas. Además, descanse en esta palabra de Pablo:

No os ha sobrevenido ninguna tentación [tribulación] que no sea humana; pero fiel es Dios, que no os dejará ser tentados [atribulados] más de lo que podéis resistir, sino que dará también juntamente con la tentación [tribulación] la salida, para que podáis soportar.

1 CORINTIOS 10:13

Si Cristo, Pablo y todos los demás cristianos experimentaron tribulaciones y vencieron, anímese... ¡usted vencerá también! ¡Aleluya!

Pablo y su persecución

Persecuciones, padecimientos, como los que me sobrevinieron en
Antioquía, en Iconio, en Listra; persecuciones que he sufrido, y de
todas me ha librado el Señor. Y también todos los que quieren vivir
piadosamente en Cristo Jesús padecerán persecución.

2 TIMOTEO 3:11-12

Como ya vimos en al capítulo anterior, Pablo padeció grandes tribulaciones, y en cuanto a las persecuciones, también fueron muchas. Solo lea
sus cartas y sabrá cuánto lo persiguieron por la causa de su Señor. Así que
fue un hombre experimentado en dolor y quebranto. Esto no lo tomó por
sorpresa, pues Dios le avisó con antelación que iba a padecer tribulaciones y
persecuciones.

La palabra «persecución» en griego es **«diogmos»,** la cual está relacionada con el verbo **«dioko»,** que significa «perseguir», y que se traduce con la
frase verbal «padecer persecución»:

> Bienaventurados **los que padecen persecución** por causa de la justicia,
> porque de ellos es el reino de los cielos.
>
> MATEO 5:10, ÉNFASIS AÑADIDO

También encontramos la palabra **«thlipsis»,** que aunque es en sí «tribulación», se traduce también como «persecución» en este pasaje:

> Ahora bien, los que habían sido esparcidos a causa de la **persecución** que
> hubo con motivo de Esteban, pasaron hasta Fenicia, Chipre y Antioquía, no
> hablando a nadie la palabra, sino sólo a los judíos.
>
> HECHOS 11:19, ÉNFASIS AÑADIDO

Algunas de las persecuciones que sufrió Pablo

Hay varios pasajes de las Escrituras que se refieren a las persecuciones del apóstol. Debido a que deseamos ser breves, solo citaremos algunas:

- **1 Corintios 4:9-13:** «Porque según pienso, Dios nos ha exhibido a nosotros los apóstoles como postreros, como a sentenciados a muerte; pues hemos llegado a ser espectáculo al mundo, a los ángeles y a los hombres. Nosotros somos insensatos por amor de Cristo, mas vosotros prudentes en Cristo; nosotros débiles, mas vosotros fuertes; vosotros honorables, mas nosotros despreciados. Hasta esta hora padecemos hambre, tenemos sed, estamos desnudos, somos abofeteados, y no tenemos morada fija. Nos fatigamos trabajando con nuestras propias manos; nos maldicen, y bendecimos; padecemos **persecución,** y la soportamos. Nos difaman, y rogamos; hemos venido a ser hasta ahora como la escoria del mundo, el desecho de todos» (énfasis añadido).

Aquí en estos versículos Pablo dijo diecisiete veces lo que fue, era y cómo estaba:

1.	Sentenciado a muerte	9.	Lo abofetearon, lo golpearon
2.	Puesto como espectáculo; o sea, avergonzado ante el mundo	10.	No tenía morada fija
		11.	Trabajaba con sus propias manos
3.	Lo tenían por insensato	12.	Lo maldecían
4.	Era débil	13.	Lo perseguían
5.	Lo despreciaban	14.	Sufría
6.	Padeció hambre	15.	Lo difamaban
7.	Tuvo sed	16.	Era como la escoria
8.	Estuvo desnudo	17.	Era como desecho, lo que no sirve

¿Alguna vez ha experimentado una de estas diecisiete cosas por Cristo?

- **2 Corintios 12:9-10:** «Y me ha dicho: Bástate mi gracia; porque mi poder se perfecciona en la debilidad. Por tanto, de buena gana me gloriaré más bien en mis debilidades, para que repose sobre mí el poder de Cristo. Por lo cual, por amor a Cristo me gozo en las debilidades, en afrentas, en necesidades, en persecuciones, en angustias; porque cuando soy débil, entonces soy fuerte».

Aquí en estos versículos Pablo dijo seis veces lo que fue, era y cómo estaba:

1. De buena gana se gozaba y se gloriaba en sus debilidades
2. Se gozaba en las afrentas que recibía
3. Se gozaba en las necesidades que tenía
4. Se gozaba en las persecuciones que recibía
5. Se gozaba en las angustias que padecía
6. Y todo lo hacía por amor a Cristo

¿Alguna vez ha vivido alguna de estas seis cosas por Cristo?

- **Hechos 16:22-34:** En este pasaje encontramos la historia de Pablo y Silas cuando lo persiguieron y encarcelaron.

Las tribulaciones de Pablo y Silas en Filipos

En su segundo viaje misionero, Pablo y Silas enfrentaron una serie de dificultades para predicar. Veamos lo que nos dice la Palabra al respecto.

1. **HABÍA OPOSICIÓN Y PERSECUCIÓN EN CONTRA DE PABLO Y SILAS**
   Hechos 16:22: «Y se agolpó el pueblo contra ellos; y los magistrados, rasgándoles las ropas, ordenaron azotarles con varas».
   Siempre que se predica la verdadera Palabra habrá resistencia. Por eso, vemos que: Les rasgaron las ropas, ordenaron que los azotaran y les dieron con varas.

2. **LOS AZOTARON MUCHO Y LOS METIERON EN LA CÁRCEL**
   Hechos 16:23: «Después de haberles azotado mucho, los echaron en la cárcel, mandando al carcelero que los guardase con seguridad».

3. **LOS METIERON EN EL CALABOZO Y LES PUSIERON CADENAS**
   Hechos 16:24: «El cual, recibido este mandato, los metió en el calabozo de más adentro, y les aseguró los pies en el cepo».
   En otras palabras, los pusieron en lo peor de la cárcel y los encadenaron.

4. **EN ESAS TRIBULACIONES ORABAN AL SEÑOR**
   Hechos 16:25: «Pero a medianoche, orando Pablo y Silas».
   En medio del dolor, Pablo y Silas no reclamaban, sino que oraban. Puedo decir que muchas iglesias tienen numerosos organizadores, pero muy pocos gimen en el Espíritu. Muchos dan sus ofrendas, pero muy pocos oran. Muchos descansan, pero muy pocos luchan. Muchos están muy ocupados, pero muy pocos interceden. El ministerio de predicar es para unos pocos, pero el llamado a orar es para todos.
   No confunda unción con emoción, ni conmoción con el verdadero avivamiento. El cristiano carnal dejará de orar, pero el cristiano que aborrece al mundo orará más. Los diezmos y las ofrendas podrán edificar en el material a una iglesia, pero las lágrimas le darán vida y poder espiritual. Esta es la diferencia de la iglesia primitiva con la moderna. Nuestro énfasis hoy está en dar, el de ellos era orar, pues cuando la iglesia primitiva oraba, el lugar temblaba.

5. **ALABAN A DIOS EN MEDIO DE SU DOLOR Y PERSECUCIÓN**
   Hechos 16:25 «Cantaban himnos a Dios; y los presos los oían».
   Pablo y Silas, con sus espaldas laceradas debido a que recibieron «muchos azotes», cantaban, alababan, adoraban y se regocijaban delante de Dios. ¡Esto es increíble! El Salmo 95:1-2 dice: «Venid, aclamemos alegremente a Jehová; cantemos con júbilo a la roca de nuestra salvación. Lleguemos ante su presencia con alabanza; aclamémosle con cánticos». Esto es exactamente lo que hicieron Pablo y Silas.
   En medio de la persecución, lo que dieron a Pablo y a Silas tranquilidad y gozo fue el cosuelo y la certeza de saber que Dios tenía el control a pesar de que ellos estaban en la cárcel. Aunque estaban doloridos después que los castigaran con latigazos y los hirieran, los dos podían cantar a la media noche en la cárcel de Filipos como si estuvieran en un culto. Para ellos, el dolor físico era lo menos que les importaba, pues estaban convencidos que Dios les amaba y estaban en el centro de su voluntad. Así que no tenían en cuenta las pruebas, tribulaciones, persecuciones y tragedias del momento.

Cuando resumimos las tribulaciones de Pablo y Silas en Filipos debido a la persecución, podríamos ver, entre otras cosas, lo que sucedió en realidad:

1. Les rasgaron sus ropas
2. Los azotaron
3. Les dieron con varas
4. Los azotaron mucho
5. Los metieron en la cárcel
6. Los pusieron en el calabozo, en lo peor de la cárcel
7. Los encadenaron
8. Oraban
9. Alababan
10. No reclamaban

¿Alguna vez ha pasado por una de estas diez cosas por Cristo?

La persecución antes y ahora

Lo que he visto alrededor del mundo es que la persecución es real. Por eso, siempre que los verdaderos predicadores anuncian el reino de Dios en cualquier parte, habrá persecuciones verbales, políticas o físicas. Nosotros las hemos enfrentado en países restringidos y cerrados al evangelio. También están presentes en países de línea dura y con poca libertad a manos de socialistas, musulmanes, hinduistas, budistas, etc. Incluso aquí, en un país libre como los Estados Unidos, no estamos exentos de la persecución.

Antes, les sucedió a los primeros cristianos. Un ejemplo de esto lo tenemos en Pablo y Bernabé:

> Pero los judíos instigaron a mujeres piadosas y distinguidas, y a los principales de la ciudad, y levantaron persecución contra Pablo y Bernabé, y los expulsaron de sus límites.
>
> HECHOS 13:50

Como ve, debido a la instigación de los judíos, la gente la emprendió contra Pablo y Bernabé. A ellos los persiguieron, a mí me han perseguido y a usted, tarde o temprano, lo perseguirán también. Pablo lo dijo bien claro:

> Y también todos los que quieren vivir piadosamente en Cristo Jesús padecerán persecución.
>
> 2 TIMOTEO 3:12

¿A quiénes se refiere Pablo con la palabra «todos»? Sin duda, ¡a todos los cristianos! ¡Usted y yo!

Ahora en 2015, las persecuciones en contra de los cristianos han aumentado en un trescientos por ciento en todo el mundo. Organizaciones como Puertas Abiertas y La Voz de los Mártires informan acerca de las grandes persecuciones en diversos países, así como de las muchas atrocidades en contra del pueblo de Dios. Esto se ha intensificado con lo que hace a diario el Estado Islámico (la sigla en inglés es ISIS, por *Islamic State of Irak and Syria*), grupo islamista y terrorista, en contra de los creyentes en Irak y Siria. ¡Es monstruoso! El diablo odia a Israel porque de allí vino el Mesías que lo destruyó, y también odia a los cristianos porque llevan el mensaje de salvación en Cristo y de la destrucción final de las huestes del mal, de todo principado, potestad y del diablo mismo.

Los ateos, satanistas, brujos, hechiceros y políticos a favor del aborto y de la relación homosexual lo perseguirán a usted por la causa de Cristo, ya sea en su trabajo, en su escuela o en su vecindario. Cada día se acortan los derechos de los cristianos. Jesús mismo dijo que nos odiarían por causa de su Nombre. Ese día está llegando aquí a los Estados Unidos. Incluso, en varios sectores ya llegó, pues son muchas las personas que ridiculizan a los cristianos.

Ante tal panorama de persecución en el mundo entero, Pablo nos da palabras de aliento para este tiempo y nos asegura la victoria:

> ¿Quién nos separará del amor de Cristo? ¿Tribulación, o angustia, o persecución, o hambre, o desnudez, o peligro, o espada? [...] Antes, en todas estas cosas somos más que vencedores por medio de aquel que nos amó. Por lo cual estoy seguro de que ni la muerte, ni la vida, ni ángeles, ni principados, ni potestades, ni lo presente, ni lo por venir, ni lo alto, ni lo profundo, ni ninguna otra cosa creada nos podrá separar del amor de Dios, que es en Cristo Jesús Señor nuestro.
>
> ROMANOS 8:35, 37-39

Aunque a los cristianos de la iglesia primitiva los echaban a los leones, los quemaban vivos y los cerraban al medio, en todo esto nunca negaron al Señor, así que hoy disfrutan del gozo eterno en las mansiones celestiales. Pablo mismo felicita a los cristianos de Tesalónica por esto:

> Debemos siempre dar gracias a Dios por vosotros [...] tanto, que nosotros mismos nos gloriamos de vosotros en las iglesias de Dios, por vuestra paciencia y fe en todas vuestras persecuciones y tribulaciones que soportáis.
>
> 2 TESALONICENSES 1:3-4

Yo era un niño de nueve años de edad cuando leí el libro de Richard Wumbrand titulado *Torturado por la causa de Cristo*. Wumbrand estuvo preso en Rumanía durante muchísimos años por no negar su fe en Cristo y más tarde fundó el ministerio «La Voz de los Mártires». Estuvo preso ocho años y medio en su primer arresto, cinco de los cuales fue en un calabozo que tenía tres metros y medio de largo, muy poca altura, sin ventanas y sin luz. Después lo liberaron y le dijeron que no predicara más. A pesar de las amenazas, siguió predicándole a la iglesia perseguida, así que lo arrestaron por segunda vez y lo sentenciaron a veinticinco años de prisión, de los cuales cumplió catorce años por su fe y amor a Cristo.

Cuenta que una vez lo torturaron tanto que le desgarraron la piel de sus pies que se quedaron en carne viva. Al otro día, le pegaron más en sus pies y llegaron hasta el hueso. No podía caminar y se arrastraba en su celda. El Señor lo visitó en la prisión con sus ángeles para confortarlo. Al sumar todos los años de prisión, vemos que Wumbrand padeció una larga condena. Su esposa, Sabina, una gran mujer de Dios, también estuvo presa por tres años en Rumanía en un campo de trabajo forzado.

Cuando leí este libro siendo apenas un niño, jamás pensé que en 1985 visitaría Rumanía y todos los países socialistas que se encontraban tras la Cortina de Hierro. En 1993, nuestro ministerio llevó dieciséis mil Biblias a la antigua Unión Soviética, en lo que ahora es Rusia y Kíev, capital de Ucrania.

Le recomiendo que lea los libros *Locos por Jesús* (volúmenes I y II) y se dará cuenta de lo mucho que la iglesia fue, es y será perseguida por su fe. Esto comenzó hace más de dos mil años y lo será hasta que Cristo venga. Por lo tanto, manténgase firme en Cristo y en la persecución que esté pasando, pues yo lo estoy. Además, ¡no olvide que el Señor está a las puertas! ¡Maranata! «Amén; sí, ven, Señor Jesús» (Ap 22:20). ¡Aleluya!

CAPÍTULO 17

Pablo y su aflicción

Porque de la manera que abundan en nosotros las aflicciones de Cristo, así abunda también por el mismo Cristo nuestra consolación. Pero si somos atribulados, es para vuestra consolación y salvación; o si somos consolados, es para vuestra consolación y salvación, la cual se opera en el sufrir las mismas aflicciones que nosotros también padecemos. Y nuestra esperanza respecto de vosotros es firme, pues sabemos que así como sois compañeros en las aflicciones, también lo sois en la consolación.

2 CORINTIOS 1:5-7

Como ya vimos en los capítulos anteriores, Pablo padeció grandes tribulaciones y en cuanto a las persecuciones no fueron pocas. Todo esto le acarreó enorme aflicción a su cuerpo, alma y espíritu. Como ya dijimos, fue un hombre experimentado en dolor y quebranto, y como Cristo lo alertó antes de iniciar su ministerio lo que sufriría por su Nombre, también era consciente de que padecería tribulación, persecución y aflicción. Esto era inevitable.

Los verdaderos siervos de Dios y cristianos sufrirán tribulaciones, persecuciones y aflicciones por Cristo debido a su fe. Esto es parte de nuestro caminar con Cristo. El mismo Pablo sufrió mucho por su Señor.

La «aflicción» y la Biblia

La palabra «aflicción» en hebreo es «**tsarah**», que también se traduce como «angustia» y «aprietos». Los setenta casos de «**tsarah**» aparecen a lo largo de todos los períodos de la literatura bíblica. Sin embargo, casi siempre se usa en la literatura poética, profética y sapiencial.

Como vimos, «**tsarah**» significa también «aprietos» o «aflicción», lo cual tiene un sentido psicológico o espiritual, y este es su significado para la primera vez que aparece en la Biblia:

> Y decían el uno al otro: Verdaderamente hemos pecado contra nuestro hermano, pues vimos la **angustia** de su alma cuando nos rogaba, y no le escuchamos.
>
> **GÉNESIS 42:21, ÉNFASIS AÑADIDO**

La palabra «**tsar**» se traduce «angustia». Este vocablo también aparece a menudo en los textos poéticos. Otro de sus significados es «escasez» o la «angustia» que esta ocasiona, tal y como lo vemos reflejado en Proverbios 24:10. En el caso de Pablo, sabemos que experimentó escasez, aunque fue humilde al no tenerla como tal:

> No lo digo porque tenga escasez, pues he aprendido a contentarme, cualquiera que sea mi situación. Sé vivir humildemente, y sé tener abundancia; en todo y por todo estoy enseñado, así para estar saciado como para tener hambre, así para tener abundancia como para padecer necesidad.
>
> **FILIPENSES 4:11-12**

El verbo «**tsarar**» expresa «envolver, atar, estrecho, estar afligido y sentir dolores de parto». La palabra «aflicción» (que guarda relación con la palabra «angustia», en griego «**thlipsis**»), Pablo la usa para hacer alusión a su carga y aflicción por el crecimiento espiritual de la iglesia de Galacia cuando escribe:

> Hijitos míos, por quienes vuelvo a sufrir dolores de parto, hasta que Cristo sea formado en vosotros.
>
> **GÁLATAS 4:19**

En relación con el Antiguo Testamento, este verbo aparece cincuenta y cuatro veces aquí y tiene cognados o parentescos en arameo, siríaco y arábigo. El vocablo también significa «estar en una situación angustiosa», tal y como nos lo muestra Jueces 11:7.

Algunas de las aflicciones que sufrió Pablo

Hay varios pasajes de las Escrituras que nos hablan de las aflicciones del apóstol, y como deseamos ser breves, solo citaremos algunas:

* **2 Corintios 6:3-10:** «No damos a nadie ninguna ocasión de tropiezo, para que nuestro ministerio no sea vituperado; antes bien, nos recomendamos en todo como ministros de Dios, en mucha paciencia, en tribulaciones, en necesidades, en angustias; en azotes, en cárceles, en tumultos, en trabajos, en desvelos, en ayunos; en pureza, en ciencia, en longanimidad, en bondad, en el Espíritu Santo, en amor sincero, en palabra de verdad, en poder de Dios, con armas de justicia a diestra y a siniestra; por honra y por deshonra, por mala fama y por buena fama; como engañadores, pero veraces; como desconocidos,

pero bien conocidos; como moribundos, mas he aquí vivimos; como castigados, mas no muertos; como entristecidos, mas siempre gozosos; como pobres, mas enriqueciendo a muchos; como no teniendo nada, mas poseyéndolo todo».

En estos versículos, Pablo dijo veintiséis veces lo que fue, era y cómo estaba:

1.	No le servía de tropiezo a nadie	14.	Era bondadoso
2.	Era paciente	15.	No fingía su amor
3.	Sufría tribulaciones	16.	Practicaba la palabra de verdad
4.	Tenía necesidades	17.	Tenía el poder de Dios
5.	Estaba en angustias	18.	Sufría la deshonra
6.	Recibió azotes	19.	Soportaba la mala fama
7.	Estuvo en desvelos	20.	Lo tenían como engañador
8.	Se enfrentó a tumultos	21.	Lo tenían por desconocido
9.	Trabajó sin descanso	22.	Lo dejaban moribundo
10.	Estuvo en vigilias	23.	Lo castigaban
11.	Realizó ayunos	24.	Lo entristecían
12.	Era sincero, honesto, íntegro y puro	25.	Era pobre
13.	Tenía longanimidad	26.	No tenía nada

¿Alguna vez ha vivido una de estas veintiséis cosas por Cristo?

- **2 Corintios 11:23-28:** «¿Son ministros de Cristo? (Como si estuviera loco hablo.) Yo más; en trabajos más abundante; en azotes sin número; en cárceles más; en peligros de muerte muchas veces. De los judíos cinco veces he recibido cuarenta azotes menos uno. Tres veces he sido azotado con varas; una vez apedreado; tres veces he padecido naufragio; una noche y un día he estado como náufrago en alta mar; en caminos muchas veces; en peligros de ríos, peligros de ladrones, peligros de los de mi nación, peligros de los gentiles, peligros en la ciudad, peligros en el desierto, peligros en el mar, peligros entre falsos hermanos; en trabajo y fatiga, en muchos desvelos, en hambre y sed, en muchos ayunos, en frío y en desnudez; y además de otras cosas, lo que sobre mí se agolpa cada día, la preocupación por todas las iglesias».

En estos versículos, Pablo dijo veintisiete veces lo que fue, era y cómo estaba:

1.	Trabajaba como nadie	8.	Tres veces padeció naufragio
2.	Lo azotaron sin medida	9.	Estuvo perdido en el mar o «en las profundidades»
3.	Estuvo en cárceles		
4.	Muchas veces se enfrentó a peligros de muerte	10.	Era un viajero constante
5.	Lo azotaron con varas y cinco veces le dieron cuarenta azotes menos uno	11.	Enfrentó peligros en los ríos
		12.	Enfrentó peligros de ladrones
6.	Lo azotaron de nuevo tres veces con varas	13.	Enfrentó peligros de los de su nación
7.	Lo apedrearon	14.	Enfrentó peligros entre los gentiles

15. Enfrentó peligros en la ciudad
16. Enfrentó peligros en el desierto
17. Enfrentó peligros en el mar
18. Enfrentó peligros entre falsos hermanos
19. Estuvo en trabajos
20. Sintió fatigas
21. Estuvo en vigilias

22. Sintió hambre
23. Sintió sed
24. Ayunó mucho
25. Sintió frío
26. Estuvo en desnudez
27. Asumió las responsabilidades de las iglesias cada día

¿Alguna vez ha vivido una de estas veintisiete cosas por Cristo?

- **Romanos 8:18:** «Pues tengo por cierto que las aflicciones del tiempo presente no son comparables con la gloria venidera que en nosotros ha de manifestarse».

  Pablo decía que sus aflicciones eran ligeras, fáciles y soportables en Cristo. Aunque era consciente de que las aflicciones eran algo real, sabía que Dios las permitía y lo ayudaría a enfrentarlas.

- **Filipenses 1:16:** «Los unos anuncian a Cristo por contención, no sinceramente, pensando añadir aflicción a mis prisiones».

  En este pasaje habla de los que querían perjudicarlo al predicar a Cristo por interés propio, contienda, competencia y envidia. Incluso, algunos predicaban para hacerle daño al apóstol y añadirle a sus aflicciones.

- **Colosenses 1:24:** «Ahora me gozo en lo que padezco por vosotros, y cumplo en mi carne lo que falta de las aflicciones de Cristo por su cuerpo, que es la iglesia».

  Pablo menciona que su privilegio, gozo y felicidad era que por la causa de Cristo les afligieran la iglesia y los demás. Cuando usted sufre por el evangelio, padece al lado de alguien cristiano y siente sus dolores y llora con los que lloran, cumple al morir a su «yo», su carne, a través de la abnegación y entrega personal al Señor.

- **1 Tesalonicenses 3:7:** «Por ello, hermanos, en medio de toda nuestra necesidad y aflicción fuimos consolados de vosotros por medio de vuestra fe».

  Pablo le dice que cuando consuela al afligido, también le consolarán en sus aflicciones cuando lleguen a su vida. ¿Se da cuenta? Cuando llora con los demás en sus aflicciones, también cuando llegue su momento de aflicción y necesidad ellos llorarán con usted. Para eso está la iglesia, para ayudarnos los unos a los otros. Al igual que tenemos un cuerpo físico que al enfermarse todo el cuerpo sufre, tenemos también un cuerpo espiritual que cuando alguna de sus partes sufre, todos los miembros sufren juntos.

- **2 Timoteo 1:8:** «Por tanto, no te avergüences de dar testimonio de nuestro Señor, ni de mí, preso suyo, sino participa de las aflicciones por el evangelio según el poder de Dios».

  El apóstol menciona que debemos sufrir por el evangelio de Cristo. Entonces, al participar de los sufrimientos cuando nos injurian, atribulan, persiguen, afligen y muchas veces ofenden por la causa del evangelio, el Espíritu del Señor reposa sobre nosotros. Esto es grandioso. ¡Aleluya!

- **2 Timoteo 4:5:** «Pero tú sé sobrio en todo, soporta las aflicciones, haz obra de evangelista, cumple tu ministerio».

Aquí, al hablarles a los ministros y en particular a su hijo en la fe, Timoteo, Pablo aconseja con sabiduría. Además, enfatiza que como siervos y ministros, sin importar que seamos evangelistas, pastores, maestros, misioneros y predicadores laicos u ordenados, todos vamos a tener que sufrir, soportar las aflicciones, y actuar con sabiduría y sobriedad al cumplir con nuestro llamado y ministerio.

La aflicción no es solo para unos cuantos

Pablo sufrió en gran medida por su Señor. Por lo tanto, si hay cristianos y ministros que creen que esto no sucederá en sus vidas, es porque en realidad no son cristianos nacidos de nuevo y tales ministros no son ministros, pues nunca los han llamado al ministerio. Las aflicciones son parte del proceso que Dios usa para moldear nuestra personalidad y nuestro carácter.

Policarpo, el obispo de Esmirna, sufrió muchísimo durante la persecución de la iglesia en el gobierno romano. Fue el último eslabón entre los apóstoles, la iglesia primitiva y lo que vino después. Al final de su vida, el procónsul lo llevó hasta una arena romana y le dijo:

—O niegas a Cristo o soltaré los leones.

—¿He servido a Cristo por mucho tiempo en mi vida y ahora a mis ochenta y seis años voy a negar al Hijo de Dios? —contestó Policarpo con esta pregunta.

—¡Suelten los leones! —gritó el procónsul.

Los leones daban vueltas y vueltas alrededor de Policarpo, pero no se le acercaban. Tal era el poder y la santidad de este gran hombre de Dios.

—Niega a Cristo. De lo contrario, ¡te quemaré vivo! —le dijo de nuevo el agresor.

—¡No lo haré! —le contestó otra vez Policarpo.

Entonces, lo ataron a una estaca, pusieron leña debajo y le prendieron fuego. Las llamas no le quemaban. Enloquecido, el romano gritó mucho más fuerte:

—¡No es posible! Los leones no te comen y las llamas no te queman. ¿Qué tienes?

—¡Tengo a Cristo, y Él es suficiente para mí! —le dijo Policarpo.

Ya lleno de rabia, el procónsul vociferó y les dio órdenes a los soldados diciendo:

—¡Córtenle la cabeza!

Y dice la tradición que cuando le cortaron la cabeza, su sangre apagó la hoguera.

En medio de grandes aflicciones, muchos cristianos y líderes de la iglesia murieron siempre que renunciaban a negar a Cristo. Su fortaleza estaba en que cambiaban un momento de dolor por una eternidad de gozo, regocijo y felicidad al lado del Señor y su Majestad. ¡Aleluya!

CAPÍTULO 18

Pablo y su dedicación

Porque esta noche ha estado conmigo el ángel del Dios de quien soy y a quien sirvo.

HECHOS 27:23

En su ministerio, Pablo sirvió a Cristo de una manera increíble y con una dedicación impresionante. Lo hizo en cuerpo, alma y espíritu, y con un corazón devoto como lo vimos antes. Fue un hombre decidido, osado, valiente e intrépido. Una vez que se convirtió, hizo de Cristo su Causa, su bandera y el propósito de su vida. Hablando a los ancianos de la iglesia en Éfeso, les dijo:

> Vosotros sabéis cómo me he comportado entre vosotros todo el tiempo, desde el primer día que entré en Asia, sirviendo al Señor con toda humildad, y con muchas lágrimas, y pruebas que me han venido por las asechanzas de los judíos.
>
> **HECHOS 20:18-19**

Sin duda, Pablo servía a Jesucristo con humildad y lágrimas en medio de las pruebas. Fue un gran ejemplo para todos nosotros de lo que significa servir con dedicación en el ministerio.

La palabra en griego para «dedicación», o ser «dedicado», viene del verbo **«tasso»**, que quiere decir «disponer, señalar y establecer». En 1 Corintios 16:15 se traduce como «han dedicado», refiriéndose a la familia de Estéfanas que se entregaba al servicio de los santos. También está la palabra **«enkainia»**, que es similar a **«enkainizo»**, la cual se usa para referirse a «la dedicación y la purificación». Por otra parte, la palabra «servir» es **«diakonos»**, que se traduce «servidor»; mientras que en 1 Tesalonicenses 3:2 es «siervo». **«Jiperetes»** es otra palabra que se traduce como «servidor», un ministro de Cristo. Además, está la palabra **«therapon»,** relacionada con **«therapeuo»**, que se traduce como «servir, sanar, asistente, siervo»; este es un término de dignidad y libertad, y se utiliza en Hebreos 3:5 cuando se hace alusión a Moisés. Por último, tenemos la palabra **«douloo»**, que en Romanos 6:18 se traduce como «siervo de Dios o siervo de justicia».

Enseñanzas de Pablo sobre el servicio y la dedicación

Pablo fue un gran servidor de Cristo con dedicación, pasión y entrega, por eso nos enseña la manera en que debemos servir al Señor, tal y como lo veremos a continuación.

1. **DEBEMOS SERVIR AL SEÑOR, Y SOLO A ÉL, CON DEDICACIÓN, COMO LO HIZO PABLO**
   Efesios 6:7: «Sirviendo de buena voluntad, como al Señor y no a los hombres».
   Esta debe ser nuestra meta: servir a Cristo y no hacer nada para ser visto por los hombres.

2. **DEBEMOS SERVIR AL SEÑOR CON DEDICACIÓN Y VALENTÍA, COMO LO HIZO PABLO**
   2 Timoteo 1:7: «Porque no nos ha dado Dios espíritu de cobardía, sino de poder, de amor y de dominio propio».
   No hay razón para que temamos, sino que debemos servir a Dios con intrepidez y osadía.

3. **DEBEMOS SERVIR AL SEÑOR CON DEDICACIÓN Y EN SANTIDAD, COMO LO HIZO PABLO**
   2 Timoteo 1:9: «Quien nos salvó y llamó con llamamiento santo, no conforme a nuestras obras, sino según el propósito suyo y la gracia».
   La santidad es un estado. Como iglesia nos hicieron y llamaron como «santos» porque Cristo es santo. La santificación es un proceso diario en todas las esferas de nuestra vida.

4. **DEBEMOS SERVIR AL SEÑOR CON DEDICACIÓN Y CON EL TEMOR DE DIOS Y REVERENCIA, COMO LO HIZO PABLO**
   1 Corintios 2:1-3: «Así que, hermanos, cuando fui a vosotros para anunciaros el testimonio de Dios, no fui con excelencia de palabras o de sabiduría. Pues me propuse no saber entre vosotros cosa alguna sino a Jesucristo, y a éste crucificado. Y estuve entre vosotros con debilidad, y mucho temor y temblor».
   En nuestros días, muchos cristianos, y hasta ministros, han perdido el sentido del temor al Señor, así que es necesario volver a esta convicción hoy.

5. **DEBEMOS SERVIR AL SEÑOR CON DEDICACIÓN DELANTE DE SU PRESENCIA, COMO LO HIZO PABLO**
   2 Corintios 12:2-4: «Conozco a un hombre en Cristo, que hace catorce años (si en el cuerpo, no lo sé; si fuera del cuerpo, no lo sé; Dios lo sabe) fue arrebatado hasta el tercer cielo. Y conozco al tal hombre (si en el cuerpo, o fuera del cuerpo, no lo sé; Dios lo sabe), que fue arrebatado al paraíso, donde oyó palabras inefables que no le es dado al hombre expresar».
   Pablo tuvo una experiencia única donde estuvo literalmente en la presencia de Dios. Esto fue un privilegio increíble. Después de eso, lo sirvió por medio del Espíritu

Santo hasta el fin. Nosotros también podemos vivir cada día en la presencia de Dios, pues el mismo Espíritu Santo vive en nosotros.

6. **DEBEMOS SERVIR AL SEÑOR CON DEDICACIÓN Y ALEGRÍA, COMO LO HIZO PABLO**
   Filipenses 4:4: «Regocijaos en el Señor siempre. Otra vez digo: ¡Regocijaos!»
   No hay nada más extraordinario que el gozo del Señor en nuestra vida, pues esto es nuestra fortaleza.

7. **DEBEMOS SERVIR AL SEÑOR CON DEDICACIÓN E INTEGRIDAD, COMO LO HIZO PABLO**
   2 Timoteo 1:3: «Doy gracias a Dios, al cual sirvo desde mis mayores con limpia conciencia».
   La integridad debe ser la marca de nuestras vidas como cristianos y ministros que somos en todos y cada uno de los aspectos de nuestra existencia.

8. **DEBEMOS SERVIR AL SEÑOR CON DEDICACIÓN Y PODER, COMO LO HIZO PABLO**
   1 Corintios 2:4-5: «Y ni mi palabra ni mi predicación fue con palabras persuasivas de humana sabiduría, sino con demostración del Espíritu y de poder, para que vuestra fe no esté fundada en la sabiduría de los hombres, sino en el poder de Dios».
   El poder de Dios en nuestras vidas es lo que marca la diferencia, todo lo demás es añadidura. Hoy en día, las iglesias están llenas de cristianos secos y muchos púlpitos están invadidos de ministros que predican mensajes sin vida y unción. La intelectualidad y la preparación tienen su lugar. Aunque la preparación académica es muy importante, debemos recordar que sin el poder de Dios la letra nos matará, de ahí que debamos buscar al Espíritu que es quien nos vivifica o da vida.

9. **DEBEMOS SERVIR AL SEÑOR CON DEDICACIÓN, ENTREGA, PASIÓN Y CORAZÓN, COMO LO HIZO PABLO**
   Colosenses 3:23-24: «Y todo lo que hagáis, hacedlo de corazón, como para el Señor y no para los hombres; sabiendo que del Señor recibiréis la recompensa de la herencia, porque a Cristo el Señor servís».
   Nuestro ministerio ayuda a sostener financieramente a cuarenta y ocho misioneros, más el Instituto Teológico J.Y. en la India. Regalamos miles y miles de libros y Biblias a las prisiones, a Cuba y a todo aquel que los necesite en cualquier parte del mundo. Pagamos por las cruzadas en África y en Asia. Ayudamos a los necesitados y a las organizaciones que dan de comer a los desamparados. Tenemos orfanatos atendidos por nuestros misioneros y muchísimo más. Y todo lo que hacemos es para la honra y gloria del Señor. Por lo tanto, todo lo que usted emprenda, hágalo para Dios y nadie más.

10. **DEBEMOS SERVIR AL SEÑOR CON DEDICACIÓN Y EN ORACIÓN POR OTROS, COMO LO HIZO PABLO**
    Romanos 1:9: «Porque testigo me es Dios, a quien sirvo en mi espíritu en el evangelio de su Hijo, de que sin cesar hago mención de vosotros siempre en mis oraciones».
    Al orar los unos por los otros cumplimos la Palabra del Señor.

11. **DEBEMOS SERVIR AL SEÑOR CON DEDICACIÓN EN LOS DONES QUE DIOS NOS DA, COMO LO HIZO PABLO**
    Romanos 12:7: «O si de servicio, en servir».
    Sirva al Señor con el don o los dones que le concediera y hágalo con excelencia.

12. **DEBEMOS SERVIR AL SEÑOR CON DEDICACIÓN Y FERVOR, COMO LO HIZO PABLO**
Romanos 12:11: «En lo que requiere diligencia, no perezosos; fervientes en espíritu, sirviendo al Señor».
Sirva al Señor con fervor y diligencia en el Espíritu, y Él le usará en gran medida.

13. **DEBEMOS SERVIR AL SEÑOR CON DEDICACIÓN, A FIN DE AGRADAR A DIOS Y TENER SU APROBACIÓN, COMO LO HIZO PABLO**
Romanos 14:18: «Porque el que en esto sirve a Cristo, agrada a Dios, y es aprobado por los hombres».
Cuando sirve al Señor, lo agrada y recibe la aprobación de Dios y de los demás.

14. **DEBEMOS SERVIR AL SEÑOR CON DEDICACIÓN Y EN ESPÍRITU, COMO LO HIZO PABLO**
Filipenses 3:3: «Porque nosotros somos la circuncisión, los que en espíritu servimos a Dios y nos gloriamos en Cristo Jesús, no teniendo confianza en la carne».

15. **DEBEMOS SERVIR AL SEÑOR CON DEDICACIÓN HASTA EL FIN Y TERMINAR EN VICTORIA, COMO LO HIZO PABLO**
2 Timoteo 4:7: «He peleado la buena batalla, he acabado la carrera, he guardado la fe».
Termine y acabe lo que empezó. Y termine bien y con categoría, al igual que Cristo, Pablo y muchos cristianos y ministros lo han hecho en todo el mundo. Guarde su vida, honre el Nombre de Cristo y no le haga daño a su causa al avergonzar el evangelio por escándalos, ya sean morales, financieros o de cualquier otra índole. Manténgase puro y servirá a Cristo con excelencia. Además, tendrá una recompensa eterna y gloriosa en los cielos.

Una realidad que debe recordar

El misionero Morrison regresaba a Nueva York desde el África. Venía en tercera clase del barco después de servir por muchísimos años al Señor en este continente. Mientras se acercaba al puerto, notó una gran multitud, un gran letrero que decía «Bienvenido» y una banda que tocaba. Se emocionó mucho y dijo: «Señor, no necesitaba todo esto para mí, soy apenas un siervo».

Después de salir la gente que venía en las clases primera y segunda, Morrison sale y no ve a nadie más. La multitud se había ido, el letrero no estaba y la banda se había marchado. Con humildad, se sienta en el banco del puerto y con lágrimas en sus ojos le dice al Señor: «Yo te he servido muchísimos años con integridad, entrega y pasión. Mi esposa murió allá en África y estoy solo. Llegué a casa y nadie me vino a buscar, ni siquiera mis hijos y mis nietos». De momento, el Señor le dice: «¡Mi siervo, mira hacia arriba!». Cuando Morrison levanta sus ojos, el Señor le dijo: «Tú estás triste porque llegaste a casa y nadie te vino a buscar, pero en realidad no has llegado a casa. Cuando llegues aquí arriba, a tu verdadera casa, yo mismo me levantaré de mi trono y te recibiré personalmente».

¡Alabado sea el Señor! Debemos servirlo con dedicación, al igual que lo hicieron Pablo y otros grandes hombres y mujeres de Dios. ¡Nuestra recompensa está arriba! ¡Ánimo y adelante!

CAPÍTULO 19

Pablo y su consagración

Y cuando Silas y Timoteo vinieron de Macedonia,
Pablo estaba entregado por entero a la predicación de la palabra,
testificando a los judíos que Jesús era el Cristo.

HECHOS 18:5

Pablo fue un hombre que consagró su vida por entero al Señor después de su conversión. A decir verdad, se entregó de todo corazón al servicio de Cristo. Cuando analizamos todo lo que hizo, dijo o escribió, nos damos cuenta de su gran pasión y entrega a la obra de Dios.

Relación entre la consagración y la santidad

La palabra «consagración» se compara con la palabra «santificación». Es más, una persona consagrada, separada y puesta aparte para la obra de Dios, es alguien que se ha santificado y se ha apartado del pecado para consagrar su vida por completo al Dios que le llamó.

El verbo hebreo **«qadash»** significa «santificar», «ser santo», y aparece en el fenicio y el arameo bíblico y etíope. La raíz principal de este verbo indica un acto o estado por el que las personas o cosas se apartan para el culto a Dios; es decir, se consagran o se «hacen sagradas» para el culto o servicio a Dios. Esta acción o estado significa que la persona está «consagrada» a Él. Por lo tanto, la persona consagrada no debe emplearse en trabajos ordinarios ni de uso profano, sino que debe tratarse con especial cuidado porque le pertenece a Dios.

El primer uso de **«qadash»** en esta raíz indica una acción: «Y con la sangre que estará sobre el altar, y el aceite de la unción, rociarás sobre Aarón, sobre sus vestiduras, sobre sus hijos, y sobre las vestiduras de éstos; y él será santificado, y sus vestiduras, y sus hijos, y las vestiduras de sus hijos con él» (Éx 29:21). Además, aquí encontramos matices de santidad ético-moral y espiritual, ya que la sangre propiciatoria se rociaba también sobre el pueblo presente.

En otro pasaje, tal parece que el énfasis vuelve a caer en la condición de «consagrado o santificado»: «Durante siete días harás expiación por el altar, y lo santificarás, y será un altar santísimo: cualquiera cosa que tocare el altar, será santificado» (Éx 29:37). Como resultado, todo lo que entraba en contacto con el altar pasaba a una condición diferente, pues ahora era «santo» o «consagrado».

En definitiva, esta raíz puede usarse como la voz pasiva de la raíz principal del verbo con el sentido de «ser consagrado o separado para el uso de Dios»: «Allí me reuniré con los hijos de Israel; y el lugar será santificado con mi gloria» (Éx 29:43).

Impacto de la consagración de Pablo

Pablo fue «santificado», puesto «aparte», a fin de que fuera «consagrado» para el servicio del Señor. En otras palabras, en cuanto a Dios, Él lo santificó; y en cuanto a Pablo, él se consagró como persona para la obra de Dios.

Analizando a personajes que vencieron a través de la historia, tanto en lo secular como lo espiritual, muy pocas personas han ejercido un impacto tan grande como el apóstol Pablo por su consagración, de cuya vida leemos en Hechos y en sus escritos. Debido a su consagración y entrega, la fe cristiana se esparció por todo el Imperio romano de la época. Además, gracias a la manera en que viajaba y se movía, y como resultado de su consagración, logró alcanzar niveles inimaginables, a pesar de todas sus limitaciones:

> Pero endureciéndose algunos y no creyendo, maldiciendo el Camino delante de la multitud, se apartó Pablo de ellos y separó a los discípulos, discutiendo cada día en la escuela de uno llamado Tiranno. Así continuó por espacio de dos años, de manera que todos los que habitaban en Asia, judíos y griegos, oyeron la palabra del Señor Jesús.
>
> HECHOS 19:9-10

Tal era la consagración y entrega de Pablo, que en solo dos años todos los del Asia Menor escucharon del Señor. Y esto fue en una época donde había muchas dificultades para viajar y predicar. ¿Se imagina lo que hubiera logrado de tener todos los avances del mundo moderno? Hubiera sido impresionante si hubiera contado con aviones, teléfonos inteligentes o móviles, computadoras portátiles o de mesa, internet, Skype, Facebook, Twitter, YouTube, tableta, radio, periódicos, libros, bibliotecas electrónicas, DVD, CD, televisión, satélites, facilidades bancarias y transferencias nacionales e internacionales de moneda, tarjetas de crédito, correos electrónicos, mensajes de textos, Google, etc. ¡Alguien dijo que si Pablo hubiera tenido estos adelantos, él solo hubiera alcanzado el mundo entero para Cristo! Creo que todos estamos de acuerdo, ¿verdad? Fue un hombre excepcional, único, consagrado y entregado a la obra del Señor.

Características de la consagración de Pablo

Aunque muchas personas nos dedicamos y nos consagramos para alcanzar nuestros objetivos con éxito, tanto en la esfera personal, ministerial, profesional como la secular, creo que la vida del apóstol Pablo nos ofrece lecciones importantes que la podemos aplicar a nuestra vida. Creo también que estos principios son clave para una vida bien realizada, consagrada y exitosa. Por lo tanto, veamos ahora algunas de las cualidades notables que poseía el apóstol debido a su consagración y entrega:

1. **POR SU CONSAGRACIÓN, PABLO TENÍA SUS METAS MUY CLARAS Y ESTABLECIDAS**
   Filipenses 3:13: «Hermanos, yo mismo no pretendo haberlo ya alcanzado; pero una cosa hago: olvidando ciertamente lo que queda atrás, y extendiéndome a lo que está delante».
   Para que obtenga éxito y excelencia en todo lo que hace, es importante que mediante su consagración establezca metas para alcanzar sus planes.

2. **POR SU CONSAGRACIÓN, PABLO TENÍA SENTIDO DE DIRECCIÓN**
   Filipenses 3:14: «Prosigo a la meta, al premio del supremo llamamiento de Dios en Cristo Jesús».
   A través de su consagración, obtendrá el sentido de dirección, sabrá hacia dónde va y cuál es el objetivo de su vida. Prosiga adelante mediante su consagración.

3. **POR SU CONSAGRACIÓN, PABLO TENÍA CONTENTAMIENTO EN TODO**
   Filipenses 4:12: «Sé vivir humildemente, y sé tener abundancia; en todo y por todo estoy enseñado, así para estar saciado como para tener hambre, así para tener abundancia como para padecer necesidad».
   Mediante su consagración, usted sabrá lidiar con las circunstancias inesperadas y mantenerse por encima de sus adversidades momentáneas.

4. **POR SU CONSAGRACIÓN, PABLO TENÍA COMPROMETIMIENTO Y ENTREGA**
   Hechos 20:24: «Pero de ninguna cosa hago caso, ni estimo preciosa mi vida para mí mismo, con tal que acabe mi carrera con gozo, y el ministerio que recibí del Señor Jesús, para dar testimonio del evangelio de la gracia de Dios».
   Lo importante es que con su consagración pueda comprometerse y entregarse a la Causa de Cristo y hacer cosas grandiosas para Dios.

5. **POR SU CONSAGRACIÓN, PABLO TENÍA COMPASIÓN Y AMOR**
   1 Corintios 13:2-3: «Y si tuviese profecía, y entendiese todos los misterios y toda ciencia, y si tuviese toda la fe, de tal manera que trasladase los montes, y no tengo amor, nada soy. Y si repartiese todos mis bienes para dar de comer a los pobres, y si entregase mi cuerpo para ser quemado, y no tengo amor, de nada me sirve».
   Cuando esté consagrado por completo a Cristo, lo hará todo con amor y no por interés propio.

6. **POR SU CONSAGRACIÓN, PABLO TENÍA UNA FE Y DETERMINACIÓN INCREÍBLES EN QUE PODÍA ALCANZARLO TODO**
   Filipenses 4:13: «Todo lo puedo en Cristo que me fortalece».
   Mediante su consagración, puede tener una fe poderosa en su misión a tal grado que contagiará con su entusiasmo a quienes están a su lado, pues sabe que todo es posible en Cristo.

7. **POR SU CONSAGRACIÓN, PABLO TENÍA EN SU VIDA UNA MARCA DE SERVIR A LOS DEMÁS**

   2 Corintios 12:15: «Y yo con el mayor placer gastaré lo mío, y aun yo mismo me gastaré del todo por amor de vuestras almas, aunque amándoos más, sea amado menos».

   Los cristianos egocéntricos, o centrados en sí mismos, tienen muy poco tiempo de duración, pues su emoción termina rápido. Entréguese a servir a los demás teniendo a Cristo como su ejemplo supremo y será feliz en gran medida.

8. **POR SU CONSAGRACIÓN, PABLO TENÍA PERSEVERANCIA Y RESISTENCIA**

   2 Corintios 4:8-9: «Que estamos atribulados en todo, mas no angustiados; en apuros, mas no desesperados; perseguidos, mas no desamparados; derribados, pero no destruidos».

   A través de la consagración, usted vencerá con su perseverancia y resistencia todas las dificultades y los desafíos que se le presenten en el camino.

9. **POR SU CONSAGRACIÓN, PABLO TENÍA UN CORAZÓN DISPUESTO EN TODO LO QUE HACÍA**

   Colosenses 3:23-24: «Y todo lo que hagáis, hacedlo de corazón, como para el Señor y no para los hombres; sabiendo que del Señor recibiréis la recompensa de la herencia, porque a Cristo el Señor servís».

   Haga todo de corazón, sin medir esfuerzos, y hágalo con pasión, deseos, entusiasmo, fervor y consagración, con lo cual obtendrá el favor de Dios.

10. **POR SU CONSAGRACIÓN, PABLO TENÍA VALENTÍA Y LOGRABA LA VICTORIA EN TODO LO QUE HACÍA, Y FUE ASÍ HASTA EL FINAL**

    2 Timoteo 4:6-8: «Porque yo ya estoy para ser sacrificado, y el tiempo de mi partida está cercano. He peleado la buena batalla, he acabado la carrera, he guardado la fe. Por lo demás, me está guardada la corona de justicia, la cual me dará el Señor, juez justo, en aquel día; y no sólo a mí, sino también a todos los que aman su venida».

    Camine en fe, vaya hasta el final y termine su carrera con valentía y en victoria, pues como todos sabemos, lo importante no es cómo se empieza, sino cómo se termina.

Resumamos...

Pablo tuvo toda una serie de características que lo distinguieron y las puso en práctica debido a su consagración. En conclusión, contó con todo lo que necesitamos cada uno de nosotros para triunfar:

1. Tuvo metas muy claras y establecidas
2. Gozó de un tremendo sentido de dirección
3. Disfrutó de contentamiento en todo
4. Mostró comprometimiento y entrega
5. Manifestó compasión y amor
6. Contó con una fe y una determinación increíbles
7. Marcó su vida con el servicio a los demás
8. Perseveró y resistió
9. Lo hacía todo con un corazón dispuesto
10. Tuvo la valentía para obtener la victoria en todo lo que hacía, incluso hasta en su muerte

Sin duda, nosotros también necesitamos todas estas cualidades del apóstol, así como de su misma osadía e intrepidez para triunfar y salir victoriosos hasta el final de nuestras vidas. ¡Aleluya!

Cierta vez una compañía de vender zapatos envió a uno de sus mejores vendedores a una isla para ver si podía vender sus productos. Al llegar el vendedor, vio que nadie en la isla usaba zapatos. Llamó por teléfono a su oficina y dijo: «Envíenme de vuelta a casa, aquí nadie usa zapatos y nadie va a comprar zapatos». Después de un tiempo, otra fábrica envió a su vendedor a la misma isla. Al llegar, se quedó sorprendido de que nadie usara zapatos. De modo que vio la «gran oportunidad» y llamó de inmediato por teléfono a su compañía y dijo: «Envíenme mil pares de zapatos para empezar. Aquí nadie usa zapatos y todos necesitan zapatos, así que yo les venderé los pares de zapatos».

¿Se da cuenta de la diferencia? El primero no vio ninguna oportunidad y no demostró interés alguno en vender su producto. El segundo vendedor, en cambio, por su «determinación», «entrega», y podríamos decir «consagración» (desde el punto de vista secular y no ministerial) a su trabajo, creyó que podría vender los zapatos. ¡Y en verdad lo hizo! Vendió miles y miles de pares de zapatos y tuvo un gran éxito por su visión, determinación y «consagración» a su oficio de vendedor.

Ya sea en la vida espiritual, secular, ministerial, familiar, laboral, escolar o en cualquier otro campo, si hace todo con «consagración», obtendrá éxito y bendición. Así lo afirma la Palabra de Dios:

> Todo lo que te viniere a la mano para hacer, hazlo según tus fuerzas; porque en el Seol, adonde vas, no hay obra, ni trabajo, ni ciencia, ni sabiduría.
>
> **ECLESIASTÉS 9:10**

En todo lo que emprendamos debemos buscar la oportunidad y aprovecharla. Además, si hacemos uso de la «consagración» y nos proponemos trabajar con excelencia, seremos victoriosos y bendecidos. ¡Imitemos a Pablo y hagamos todo con consagración y entrega!

CAPÍTULO 20

Pablo y su santificación

Y el mismo Dios de paz os santifique por completo; y todo
vuestro ser, espíritu, alma y cuerpo, sea guardado irreprensible
para la venida de nuestro Señor Jesucristo.

1 TESALONICENSES 5:23

Pablo vivió una vida en la que su espíritu, alma y cuerpo estaban «santificados» para servir al Señor. De esta manera, desarrolló su ministerio
de forma irreprensible y sin mancha hasta el fin. Además, vivió una vida
consagrada al Señor, de ahí que buscara siempre la santidad. Si queremos
vivir también en santidad, debemos tener en cuenta estos dos conceptos tan
importantes:

1. La santidad es un estado: Dios es santo y nosotros somos la
iglesia llamada «santa» por los méritos de Cristo.
2. La santificación es un proceso: Cada día nuestra vida espiritual
vamos creciendo en la madurez de nuestra vida espiritual y
vamos «santificando» todos los aspectos de nuestra vida.

Por lo tanto, somos «santos» porque Cristo nos lavó con su sangre y
con esto logró que nuestros nombres se escribieran en el Libro de la Vida.
Sin embargo, cada día nos vamos «santificando» por el proceso de la «santificación», a medida que Dios nos lleva a un nivel mayor de conocimiento,
entendimiento y discernimiento espiritual. Y esto no es algo momentáneo,
sino que deben transcurrir muchos años. En realidad, toma toda una vida.
La santificación debe ser la búsqueda anhelada de todo cristiano y ministro,
porque esta es la marca de la gran diferencia entre nosotros y los demás que
viven en el mundo sin Cristo.

La santificación según la Biblia

El adjetivo hebreo **«qadôsh»** equivale a «santo». Las lenguas semíticas tienen
dos formas originales en su raíz que son distintas. Una significa «puro» y

«consagrado», como en el acadio **«qadistu»** y en el hebreo **«qadesh»**. En ambos casos su significado es el mismo: «santo». También esta palabra describe algo o alguien. La otra forma original quiere decir «santidad», como una circunstancia o como un abstracto, al igual que en el arábigo **«al-qaddus»**, lo cual expresa «lo más santo o puro». En hebreo, el verbo **«qadash»** y la palabra **«qadesh»** combinan ambos elementos: «santidad» y «pureza». La palabra **«qadôsh»** es muy importante en los escritos bíblicos del Pentateuco, así como en los poéticos y proféticos. El primero de los ciento dieciséis casos se encuentra en este pasaje:

> Y vosotros me seréis un reino de sacerdotes, y gente santa.
>
> **ÉXODO 19:6**

Dios dedicó a Israel para que fuera su pueblo, por eso es «santo» por su relación con el Dios «santo». Del mismo modo, a nosotros como iglesia nos llaman «santos» porque servimos a un Dios «santo» y estamos en el proceso de la «santificación» cada día. En cuanto a Israel, Dios se propuso que esta nación «santa» tuviera un real sacerdocio «santo» entre las naciones. Basado en una íntima relación con su pueblo, Dios esperaba que este cumpliera con sus elevadas expectativas y demostrara que era una nación «santa». La Escritura lo dice de esta manera:

> Habéis, pues, de serme santos, porque yo Jehová soy santo, y os he apartado de los pueblos para que seáis míos.
>
> **LEVÍTICO 20:26**

Entre paréntesis, a nosotros los cristianos y ministros, de igual manera nos separaron del mundo y como Iglesia nos llaman «nación santa»:

> Mas vosotros sois linaje escogido, real sacerdocio, nación santa, pueblo adquirido por Dios, para que anunciéis las virtudes de aquel que os llamó de las tinieblas a su luz admirable.
>
> **1 PEDRO 2:9**

También Dios escogió a los sacerdotes para que sirvieran en el Lugar Santo del tabernáculo o templo:

> Santos serán a su Dios, y no profanarán el nombre de su Dios, porque las ofrendas encendidas para Jehová y el pan de su Dios ofrecen; por tanto, serán santos.
>
> **LEVÍTICO 21:6**

Por su función de mediadores entre Dios e Israel, y por su cercanía con el templo, Dios escogió a parte de su pueblo para el oficio sacerdotal. Incluso,

Aarón, el sumo sacerdote, era «el santo del Señor» (Sal 106:16). De igual manera, Pablo fue santificado para servir al Señor y nosotros como ministros cristianos somos «santos», apartados para servir a Dios, así como lo fueron Aarón y los demás sacerdotes.

En la Septuaginta, el término **«hagios»** en griego, «santo», representa el vocablo hebreo **«qadôsh».** La palabra «santificación» en hebreo es **«qodesh»**, que significa «cosa santa». Este sustantivo se encuentra unas cuatrocientas setenta veces en el hebreo bíblico. Es más, durante todos los períodos del hebreo bíblico, refleja varios de los significados verbales que vimos.

En primer lugar, **«qodesh»** se aplica a objetos y personas que pertenecen a Dios. Todo Israel es «santo», apartado para el servicio de Dios, con el deber de demostrar esta separación al mantener la distinción entre lo que es santo, lo permitido por Dios, y lo que es impuro, no permitido por Dios, como se declara de manera enfática en el libro de Levítico:

> Tú, y tus hijos contigo, no beberéis vino ni sidra cuando entréis en el tabernáculo de reunión, para que no muráis; estatuto perpetuo será para vuestras generaciones, para poder discernir entre lo santo y lo profano, y entre lo inmundo y lo limpio.
>
> **LEVÍTICO 10:9-10**

Por otra parte, también nosotros, «toda la iglesia de Cristo», es «santa», así como lo era Israel. Pablo reitera este concepto en el saludo de una de sus cartas:

> A la iglesia de Dios que está en Corinto, a los santificados en Cristo Jesús, llamados a ser santos con todos los que en cualquier lugar invocan el nombre de nuestro Señor Jesucristo, Señor de ellos y nuestro.
>
> **1 CORINTIOS 1:2**

¿Se da cuenta? El Señor nos santifica y nos llama a ser santos y a santificar nuestras vidas de tal manera que vivamos en santidad. ¡Aleluya!

Y, por último, tenemos la palabra hebrea **«qodesh»**, que puede ser el resultado de una acción divina. De ahí que designe a una persona, lugar o cosa como suyo, según se menciona en este pasaje:

> Y dijo: No te acerques; quita tu calzado de tus pies, porque el lugar en que tú estás, tierra santa es.
>
> **ÉXODO 3:5**

Además, debemos señalar que Dios designó su santuario como un Lugar Santo. La parte exterior del santuario era el Lugar Santo y la interior era el Lugar Santísimo, y el altar era un lugar muy santo: «Y aquel velo os hará separación entre el lugar santo y el santísimo» (Éx 26:33). Todo esto indica que, en diversos grados, estos lugares se identificaban con el Dios santo.

Hoy en día, ya no más en el Antiguo Testamento sino en el Nuevo y en la nueva alianza, nosotros somos el «lugar santo de Dios en nuestros corazones», somos su «santuario» y por la sangre de Cristo podemos aproximarnos al «lugar santísimo», al «altar interior», e ir hasta el trono de Dios:

> Acerquémonos, pues, confiadamente al trono de la gracia, para alcanzar misericordia y hallar gracia para el oportuno socorro.
>
> **HEBREOS 4:16**

Consejos de Pablo acerca de la santificación

El apóstol mismo vivía en santidad, así que nos hace un llamado para que nosotros vivamos de igual manera. Entonces, ¿qué debemos hacer?

1. **PABLO DICE QUE DEBEMOS OFRECER NUESTRO CUERPO AL SEÑOR Y BUSCAR LA SANTIFICACIÓN**
   Romanos 12:1: «Así que, hermanos, os ruego por las misericordias de Dios, que presentéis vuestros cuerpos en sacrificio vivo, santo, agradable a Dios, que es vuestro culto racional».
   Al igual que lo hizo el apóstol mismo, también nosotros debemos ofrecerle al Señor nuestros cuerpos en santidad.

2. **PABLO DICE QUE HAY QUE VENCER EL PECADO DE LA CARNE POR MEDIO DEL SEÑOR Y BUSCAR LA SANTIFICACIÓN**
   Romanos 6:19: «Hablo como humano, por vuestra humana debilidad; que así como para iniquidad presentasteis vuestros miembros para servir a la inmundicia y a la iniquidad, así ahora para santificación presentad vuestros miembros para servir a la justicia».
   Antes de conocer a Cristo, vivíamos en pecado, pero ahora siendo nuevas criaturas en Él, tenemos el llamado a vivir en santidad.

3. **PABLO DICE QUE COMO SOMOS LIBRES, DEBEMOS SERVIR AL SEÑOR Y BUSCAR LA SANTIFICACIÓN**
   Romanos 6:22: «Más ahora que habéis sido libertados del pecado y hechos siervos de Dios, tenéis por vuestro fruto la santificación, y como fin, la vida eterna».
   Debido a que somos hijos de Dios, debemos servirlo en abnegación y santidad.

4. **PABLO DICE QUE AHORA QUE ESTAMOS EN EL SEÑOR NECESITAMOS BUSCAR LA SANTIFICACIÓN**
   1 Corintios 1:30: «Mas por él estáis vosotros en Cristo Jesús, el cual nos ha sido hecho por Dios sabiduría, justificación, santificación y redención».
   Como Dios ha hecho que Cristo sea nuestra santificación, por eso debemos procurar vivir en santidad.

5. **PABLO DICE QUE LA VOLUNTAD DEL SEÑOR EN NOSOTROS ES BUSCAR LA SANTIFICACIÓN**
   1 Tesalonicenses 4:3: «Pues la voluntad de Dios es vuestra santificación; que os apartéis de fornicación».
   El deseo del Señor es el de bendecir siempre nuestras vidas y una de las maneras es que busquemos la santidad.

6. **PABLO DICE QUE TENEMOS EL LLAMADO DEL SEÑOR PARA BUSCAR LA SANTIFICACIÓN**

1 Tesalonicenses 4:7: «Pues no nos ha llamado Dios a inmundicia, sino a santificación».

Nos sacaron del mundo, nos apartaron, y ahora tenemos el llamado a vivir en santidad.

7. **PABLO DICE QUE EL SEÑOR NOS ESCOGIÓ PARA BUSCAR LA SANTIFICACIÓN**

2 Tesalonicenses 2:13: «Pero nosotros debemos dar siempre gracias a Dios respecto a vosotros, hermanos amados por el Señor, de que Dios os haya escogido desde el principio para salvación, mediante la santificación por el Espíritu y la fe en la verdad».

Qué bendición es que Dios nos escogiera al santificarnos. Por eso debemos vivir en santidad.

8. **PABLO DICE QUE SON MUCHAS LAS PROMESAS Y BENDICIONES DEL SEÑOR Y QUE POR ESO HAY QUE BUSCAR LA SANTIFICACIÓN**

2 Corintios 7:1: «Así que, amados, puesto que tenemos tales promesas, limpiémonos de toda contaminación de carne y de espíritu, perfeccionando la santidad en el temor de Dios».

Tenemos que aferrarnos a sus promesas y recibirlas al vivir en santidad.

9. **PABLO DICE QUE DEBEMOS VESTIRNOS COMO NUEVAS CRIATURAS EN EL SEÑOR Y BUSCAR LA SANTIFICACIÓN**

Efesios 4:24: «Y vestíos del nuevo hombre, creado según Dios en la justicia y santidad de la verdad».

Como nacidos de nuevo, nuestra meta es buscar la santidad y vivirla.

10. **PABLO DICE QUE NECESITAMOS AFIRMARNOS EN EL SEÑOR Y BUSCAR LA SANTIFICACIÓN**

1 Tesalonicenses 3:13: «Para que sean afirmados vuestros corazones, irreprensibles en santidad delante de Dios nuestro Padre, en la venida de nuestro Señor Jesucristo con todos sus santos».

Ser «afirmados» es buscar a Dios en oración, leer su Palabra, ayunar cuando es posible, vivir en integridad y, por supuesto, procurar la santidad.

11. **PABLO DICE QUE TENEMOS HERENCIA EN EL SEÑOR Y POR ESO NECESITAMOS BUSCAR LA SANTIFICACIÓN**

Hechos 20:32: «Y ahora, hermanos, os encomiendo a Dios, y a la palabra de su gracia, que tiene poder para sobreedificaros y daros herencia con todos los santificados».

La herencia de la vida eterna solo se puede adquirir mediante la santidad.

12. **PABLO DICE QUE SOMOS OFRENDA DE AGRADO AL SEÑOR Y POR ESO HAY QUE BUSCAR LA SANTIFICACIÓN POR MEDIO DEL ESPÍRITU**

Romanos 15:16: «Para ser ministro de Jesucristo a los gentiles, ministrando el evangelio de Dios, para que los gentiles le sean ofrenda agradable, santificada por el Espíritu Santo».

El Espíritu Santo nos dará el poder para tener una vida de victoria y vivir en santidad.

13. **PABLO DICE QUE COMO SOMOS SALVOS EN EL SEÑOR, AHORA HAY QUE BUSCAR CADA DÍA LA SANTIFICACIÓN**

1 Corintios 6:11: «Y esto erais algunos; mas ya habéis sido lavados, ya habéis sido santificados, ya habéis sido justificados en el nombre del Señor Jesús, y por el Espíritu de nuestro Dios».

Fuimos santificados al ser salvos, somos santificados hoy al guardar la Palabra y seremos santificados mañana si vivimos en integridad.

14. **PABLO DICE QUE, COMO IGLESIA QUE SOMOS EN EL SEÑOR, HAY QUE BUSCAR LA SANTIFICACIÓN**

Efesios 5:26: «Para santificarla, habiéndola purificado en el lavamiento del agua por la palabra».

Jesús con su sangre santificó y purificó su Iglesia; por lo tanto, ahora debemos vivir en santidad.

15. **PABLO DICE QUE SOMOS INSTRUMENTOS PARA QUE EL SEÑOR NOS USE Y QUE POR ESO HAY QUE BUSCAR LA SANTIFICACIÓN**

2 Timoteo 2:21: «Así que, si alguno se limpia de estas cosas, será instrumento para honra, santificado, útil al Señor, y dispuesto para toda buena obra».

Si santificamos nuestras vidas, Dios nos usará en gran medida como instrumentos para su gloria y honra, y esto solo podemos lograrlo al vivir en santidad.

Busquemos la santidad

Pablo fue un hombre que vivió una vida santa, íntegra y recta delante de Dios, de la iglesia y de todos los demás, ya fueran judíos o gentiles. Su ejemplo fue una marca de su ministerio, su vida intachable y su carácter digno de imitarse. Nosotros haríamos bien en caminar en sus pasos.

Un hermano en cierta iglesia siempre oraba antes del culto en el altar y decía en voz alta: «Señor, quita la araña. Señor, quita la araña. Señor, quita la araña». Por mucho tiempo hizo esto y todos ya sabían que cuando llegara al templo haría lo mismo. Todo siguió así hasta que un día el pastor, ya sentado en la plataforma antes de que empezara el servicio, no pudo escuchar más tal cosa. Se levantó, dio la vuelta y se puso detrás del hermano. Poniendo su mano sobre el hombro del hermano, el pastor dijo en voz alta: «Señor, mata la araña. Señor, mata la araña. Señor, mata la araña». ¡Se terminó el problema!

Usted quizá tenga aspectos en su vida espiritual que sean telas de araña en su vida que le impiden vivir en santidad. No le pida al Señor que las quite, pues Él no lo hará hasta tanto usted no tome la decisión de quitarla, matarla, eliminarla y arrancarla de su vida de una vez y para siempre. Esto se llama la búsqueda de la santidad.

Antes de terminar, quiero dejarle la conclusión que encontramos en la Palabra:

> Seguid la paz con todos, y la santidad, sin la cual nadie verá al Señor.
>
> **HEBREOS 12:14**

¡Así es! Sin la santidad, nadie irá al cielo. ¡Está escrito! ¡Que Dios nos ayude!

Pablo y su ministración

Cuanto a la ministración para los santos, es por demás que yo os escriba [...] Porque la ministración de este servicio no solamente suple lo que a los santos falta, sino que también abunda en muchas acciones de gracias a Dios; pues por la experiencia de esta ministración glorifican a Dios por la obediencia que profesáis al evangelio de Cristo, y por la liberalidad de vuestra contribución para ellos y para todos.

2 CORINTIOS 9:1, 12-13

Pablo fue un gran ministro del Señor que ministró con una pasión incomparable a judíos, gentiles y a la Iglesia de Cristo. Además, ministró con un corazón paternal que daba lo mejor de sí en todas las oportunidades que se le presentaron. ¡Fue un hombre único! También fue un ministro de un calibre extraordinario, capaz, apto, estudiado, consagrado, santificado, íntegro y, sobre todo, con una unción poderosa del Espíritu Santo.

La Biblia y el servicio

La palabra para servir o ministrar en hebreo es «**sharat**». El término se traduce a menudo como «ministro» y otras veces como «ayudante» o «servidor»:

> Aconteció después de la muerte de Moisés siervo [«**ebed**»] de Jehová, que Jehová habló a Josué hijo de Nun, servidor [«**sharat**», «ayudante» y «ministro»] de Moisés.
>
> JOSUÉ 1:1

Por tanto, «**sharat**» es «servir, ministrar», así como «sirviente y ministro». Este vocablo se encuentra al menos cien veces en el Antiguo Testamento. En el Nuevo Testamento, en referencia a las funciones eclesiásticas, el trabajo en la iglesia, como ministros que somos, se dice lo siguiente:

> Cada uno según el don que ha recibido, minístrelo a los otros, como buenos administradores de la multiforme gracia de Dios. Si alguno habla, hable conforme a las palabras de Dios; si alguno ministra, ministre conforme al poder que Dios da, para que en todo sea Dios glorificado por Jesucristo, a quien pertenecen la gloria y el imperio por los siglos de los siglos. Amén.
>
> 1 PEDRO 4:10-11

También encontramos que la palabra «**douleuo**» significa «servir a Dios», mientras que «**doulos**» se utiliza para referirse al «servicio de Dios». En griego, por otra parte, la palabra «**jupereteo**» es «hacer el servicio», y «**juperetes**» es «servidor», como un remero que sirve en una nave. La palabra «**jupereteo**» tiene varios usos. Por ejemplo, se utiliza en relación con:

- David, quien sirvió a los de su generación conforme al propósito de Dios («habiendo servido», Hch 13:36). Esto indica un contraste entre el servicio de David que duró solo una generación y el carácter eterno del ministerio de Cristo como aquel que, sin ver corrupción, Dios le levantó de los muertos.
- El esfuerzo de Pablo al trabajar con sus propias manos, y la buena disposición que tuvo, a fin de evitar cualquier indicio de superioridad eclesiástica («estas manos me han servido», Hch 20:34).
- El servicio que en la prisión le prestaron a Pablo sus amigos, una vez que tuvieron el permiso de las autoridades pertinentes («no impidiese a ninguno de los suyos servirle», Hch 24:23).

Asimismo, debemos resaltar la palabra «**leitourgeo**», que se traduce «servirles» y «ministrar» (véase Ro 15:27).

Características de la ministración de Pablo

Pablo fue un fiel «ministro» que «sirvió», así como un «servidor» y un «siervo» de Cristo llamado a predicar a judíos y gentiles. Ante esto, le agradece al Señor por llamarle al ministerio:

> Doy gracias al que me fortaleció, a Cristo Jesús nuestro Señor, porque me tuvo por fiel, poniéndome en el ministerio.
>
> 1 TIMOTEO 1:12

Todo esto nos enseña que debemos ser ministros ejemplares en nuestra manera de vivir y en cada aspecto de nuestra vida personal, familiar y ministerial. Por lo tanto, si analizamos lo que nos dice la Escritura al respecto en Hechos 20:18-38, tendremos una idea de un verdadero ministro como lo fue el gran apóstol Pablo.

1. **PABLO MINISTRÓ CON SU CONDUCTA, EJEMPLO Y TESTIMONIO**

   Hechos 20:18: «Cuando vinieron a él, les dijo: Vosotros sabéis cómo me he comportado entre vosotros todo el tiempo, desde el primer día que entré en Asia».

   Si usted es ministro y pierde su dinero, perdió poco; si perdió su salud, perdió mucho. En cambio, si perdió su credibilidad, su carácter y testimonio, lo perdió todo.

2. **PABLO MINISTRÓ CON SU SERVICIO, HUMILDAD Y SUS TRIBULACIONES**

   Hechos 20:19: «Sirviendo al Señor con toda humildad, y con muchas lágrimas, y pruebas que me han venido por las asechanzas de los judíos».

   El ministro es un trabajador en el servicio, es un soldado en las pruebas y luchas, y es un siervo de su familia, de la iglesia y de los demás en la humildad.

3. **PABLO MINISTRÓ CON SU PREDICACIÓN Y DOCTRINA**

   Hechos 20:18, 20-21: «Vosotros sabéis cómo me he comportado entre vosotros [...] y cómo nada que fuese útil he rehuido de anunciaros y enseñaros, públicamente y por las casas, testificando a judíos y a gentiles acerca del arrepentimiento para con Dios, y de la fe en nuestro Señor Jesucristo».

   El ministro es un fiel predicador y comunicador de la Palabra de Dios, como lo fueron en el pasado Charles Spurgeon, D.L. Moody, Charles Finney, Juan Wesley, Smith Wigglesworth, David Livingstone, Jonathan Edwards, Hudson Taylor, Guillermo Carey, Evan Roberts, T.L. Osborn, David Wilkerson, Oral Roberts, Yiye Ávila, solo por citar algunos. Y hoy, entre otros, Alberto Mottesi, Luis Palau, John Hagee, Reinhard Bonnke, Billy Graham y muchísimos más.

4. **PABLO MINISTRÓ CON SU PERSEVERANCIA Y PACIENCIA POR LA CAUSA DE CRISTO**

   Hechos 20:22-23: «Ahora, he aquí, ligado yo en espíritu, voy a Jerusalén, sin saber lo que allá me ha de acontecer; salvo que el Espíritu Santo por todas las ciudades me da testimonio, diciendo que me esperan prisiones y tribulaciones».

   El ministro debe perseverar, y la paciencia debe marcar su carácter.

5. **PABLO MINISTRÓ CON GOZO Y DETERMINACIÓN EN EL MINISTERIO**

   Hechos 20:24: «Pero de ninguna cosa hago caso, ni estimo preciosa mi vida para mí mismo, con tal que acabe mi carrera con gozo, y el ministerio que recibí del Señor Jesús, para dar testimonio del evangelio de la gracia de Dios».

   Para el ministro, el gozo es su fortaleza en medio de tantas pruebas. Me gusta mucho la traducción inglesa de este versículo que dice: «Nothing moves me», que significa «Nada me mueve». Por lo tanto, nada debe movernos... ni tribulación, angustia, ni aflicción.

6. **PABLO MINISTRÓ CON SU CONCIENCIA, INTEGRIDAD Y PUREZA**

   Hechos 20:25-26: «Y ahora, he aquí, yo sé que ninguno de todos vosotros, entre quienes he pasado predicando el reino de Dios, verá más mi rostro. Por tanto, yo os protesto en el día de hoy, que estoy limpio de la sangre de todos».

   Para el ministro, la integridad en todo debe ser su tarjeta de presentación y su credencial, no sus talentos o habilidades. Jesús NO dijo: *Por sus dones los conoceréis*. Lo que dijo en realidad fue: «Por sus frutos los conoceréis» (Mt 7:16).

7. **PABLO MINISTRÓ CON SU FIDELIDAD A DIOS**

   Hechos 20:27: «Porque no he rehuido anunciaros todo el consejo de Dios».

   Todo ministro tiene el llamado a ser fiel en cada aspecto de su vida.

8. **PABLO MINISTRÓ CON SU AMONESTACIÓN Y EXHORTACIÓN**

Hechos 20:28: «Por tanto, mirad por vosotros, y por todo el rebaño en que el Espíritu Santo os ha puesto por obispos, para apacentar la iglesia del Señor, la cual él ganó por su propia sangre».

Como ministros, siempre nos criticarán. A Dámaris y a mí nos han criticado alrededor del mundo y por la internet. Basta que lo vea por YouTube y se dará cuenta. Sin embargo, recuerde que solo la gente le tira piedras al árbol que tiene frutos. Así que siga adelante.

9. **PABLO MINISTRÓ CON SU CUIDADO Y PREOCUPACIÓN POR LA IGLESIA**

Hechos 20:29-30: «Porque yo sé que después de mi partida entrarán en medio de vosotros lobos rapaces, que no perdonarán al rebaño. Y de vosotros mismos se levantarán hombres que hablen cosas perversas para arrastrar tras sí a los discípulos».

Como ministros, debemos exhortar a los creyentes para que desechen las falsas doctrinas y enseñanzas de ciertos «ministros» que tenemos hoy en día, y a que permanezcan en la sana doctrina.

10. **PABLO MINISTRÓ CON DILIGENCIA, CELO Y AFECTO**

Hechos 20:31 «Por tanto, velad, acordándoos que por tres años, de noche y de día, no he cesado de amonestar con lágrimas a cada uno».

Como ministro, tiene que hacer lo que es mejor. Entre los años 2011 y 2013, Dámaris escribió su libro, *Mujer, Dios te ha llamado*, impartió clases en el Centro de Capacitación Misionera de las Asambleas de Dios en California sobre «Guerra Espiritual y Misiones Transculturales» y viajó conmigo todo el año 2013 a fin de ministrar a nivel nacional e internacional. En mi caso, hice más de quinientos sermones nuevos, leí todo el NT y escribí mi último libro, *«Dad, y se os dará»*. Fuimos a Israel, además de predicar en Belice, Canadá, Puerto Rico, Chile, El Salvador, Guatemala, Panamá, Colombia y Bangkok, Tailandia. Y ahora estoy escribiendo este nuevo libro en 2015.

Al igual que Pablo, usted tiene que esforzarse de día y de noche y hacer su parte, pues Dios hará la suya. El tiempo pasa muy rápido. Úselo lo mejor que pueda, ya que no volverá nunca jamás.

11. **PABLO MINISTRÓ CON SU ORACIÓN PARA QUE LOS HERMANOS CRECIERAN Y MADURARAN**

Hechos 20:32: «Y ahora, hermanos, os encomiendo a Dios, y a la palabra de su gracia, que tiene poder para sobreedificaros y daros herencia con todos los santificados».

La prioridad diaria del ministro es la oración. Juan Wesley decía que Dios no haría nada a no ser por la oración del creyente. Cuando le preguntaron a Robert Murray M'Cheyne por qué el avivamiento llegó a la ciudad de Dundee, Escocia, respondió sin dudar: «¡Fue la oración!».

12. **PABLO MINISTRÓ CON SU TRABAJO, NEGACIÓN Y ABNEGACIÓN POR EL EVANGELIO**

Hechos 20:33-35: «Ni plata ni oro ni vestido de nadie he codiciado. Antes vosotros sabéis que para lo que me ha sido necesario a mí y a los que están conmigo, estas manos me han servido. En todo os he enseñado que, trabajando así, se debe ayudar a los necesitados, y recordar las palabras del Señor Jesús, que dijo: Más bienaventurado es dar que recibir».

Como ministros, nuestros ojos deben estar en los beneficios espirituales de la salvación de las almas y su edificación espiritual, y no en las cosas materiales, pasajeras y efímeras de este mundo, donde muchos ministros han dañado el Nombre de Cristo por escándalos financieros.

13. PABLO MINISTRÓ CON LA RENUNCIA DE SU PROPIA VIDA

Hechos 20:36-38: «Cuando hubo dicho estas cosas, se puso de rodillas, y oró con todos ellos. Entonces hubo gran llanto de todos; y echándose al cuello de Pablo, le besaban, doliéndose en gran manera por la palabra que dijo, de que no verían más su rostro. Y le acompañaron al barco».

Renunciar a todo, incluso a la vida, parece muy fuerte. Sin embargo, Pablo nos enseña que debemos tenerlo todo «por basura» por amor a Cristo (véase Flp 3:8)

Un buen ministro del evangelio

El propio Dios llamó a Pablo para que fuera su ministro (Hch 26:16). Entonces, si resumiéramos el resultado de este llamamiento, podríamos decir, entre otras cosas, que Pablo...

- Fue ministro a los gentiles y ministró el evangelio de Dios (Ro 15:16).
- Les ministró a los santos; es decir, a la iglesia (Ro 15:25).
- Fue un ministro competente (2 Co 3:6).
- Al ministrar, sufrió tribulaciones (2 Co 6:4).
- Fue ministro por la gracia y el poder de Dios (Ef 3:7).
- Fue ministrador de la Palabra de Dios (Col 1:25).
- En su ministerio entre los gentiles, Dios lo usó en gran medida (Hch 21:19).
- Honró este gran privilegio de ser apóstol y ministro (Ro 11:13).
- Nunca desmayó ni desistió de su ministerio (2 Co 4:1).
- Jamás sirvió de tropiezo ni dio mal testimonio en su ministerio (2 Co 6:3).

Y para terminar, esta palabra de Colosenses 1:23 es para usted y para mí que somos ministros: «Si en verdad permanecéis fundados y firmes en la fe, y sin moveros de la esperanza del evangelio que habéis oído, el cual se predica en toda la creación que está debajo del cielo; del cual yo Pablo fui hecho ministro» (Col 1:23).

James Calvert fue también un gran ministro que trabajó como misionero en Islas Fiji, el Reino de Tonga y otros lugares. De camino a Papúa Nueva Guinea para alcanzar a los caníbales para Cristo, y ya estando en el barco, el capitán le preguntó: «Sr. Calvert, ¿usted no tiene miedo de que le coman los caníbales?». A lo que el gran misionero contestó: «Sr. Capitán, usted y yo algún día moriremos, y nos dará igual que nos coman los gusanos o que nos coman los caníbales, ¿no cree?». Calvert también ministró al renunciar a su propia vida, y esta fue la misma ministración que empleó Pablo hasta el fin de sus días. Dios permita que podamos imitarle y ministrar con esa pasión tan profunda y de gran convicción.

¡Ayúdanos, Señor!

Pablo y su confrontación

Vestíos de toda la armadura de Dios, para que podáis estar
firmes contra las asechanzas del diablo. Porque no tenemos
lucha contra sangre y carne, sino contra principados, contra
potestades, contra los gobernadores de las tinieblas de este siglo,
contra huestes espirituales de maldad en las regiones celestes.
Por tanto, tomad toda la armadura de Dios, para que podáis
resistir en el día malo, y habiendo acabado todo, estar firmes.
Estad, pues, firmes, ceñidos vuestros lomos con la verdad, y
vestidos con la coraza de justicia, y calzados los pies con el
apresto del evangelio de la paz. Sobre todo, tomad el escudo
de la fe, con que podáis apagar todos los dardos de fuego del
maligno. Y tomad el yelmo de la salvación, y la espada del
Espíritu, que es la palabra de Dios; orando en todo tiempo con
toda oración y súplica en el Espíritu, y velando en ello con toda
perseverancia y súplica por todos los santos; y por mí, a fin de
que al abrir mi boca me sea dada palabra para dar a conocer con
denuedo el misterio del evangelio.

EFESIOS 6:11-19

La guerra espiritual en contra del diablo, los demonios, los espíritus malignos, los principados, las potestades y los ángeles caídos es real. Quien
no crea en la guerra espiritual, no cree en la Biblia, pues como vimos en el
pasaje bíblico anterior, el mundo espiritual es más real que el mundo físico.

La realidad de la guerra espiritual

Pablo pudo experimentar de primera mano lo que era enfrentarse a las fuerzas
de maldad, la resistencia y la oposición satánica. El cristiano, ministro o cualquier ministerio que no tenga un entendimiento claro, un discernimiento

profundo, ni una autoridad bíblica y personal sobre las fuerzas del mal y sus ejércitos en la guerra espiritual, no irá muy lejos y lo engañarán con facilidad. El diablo ha hecho destrozos en la iglesia en cuanto a esto, porque mientras más ignorancia espiritual tenga un creyente o ministro, más ventaja tendrá el enemigo. La Escritura lo dice con claridad:

Mi pueblo fue destruido, porque le faltó conocimiento.

OSEAS 4:6

Winston Churchill, ex Primer Ministro del Reino Unido y uno de los grandes líderes de tiempos de guerra, dijo: «Para vencer a su enemigo, debe estudiarlo, conocerlo y vencerlo». Y esto es verdad, pues el servicio de inteligencia del ejército es tan necesario como la infantería, la marina o la aviación. Son los encargados de informar todo lo concerniente acerca del enemigo: Su ubicación, sus capacidades, su flanco débil, su armamento, etc. Si no tomamos en serio esa información, vamos a pasar muchos malos ratos tratando de derrotar al enemigo. En cambio, si sabemos quién es y cómo actúa nuestro enemigo, nunca nos podrá tomar por sorpresa.

Sin embargo, por falta de entendimiento, las iglesias enfrentan pecados muy graves. Así vemos que se producen escándalos morales, financieros y personales de los ministros, y la inmoralidad rampante entre los creyentes y la confusión doctrinal son el resultado visible de que muy pocos permanecen de rodillas en ayuno y oración para discernir y poder vencer al adversario y devorador. ¿Es cierto o no?

Alrededor del mundo he visto muchas iglesias débiles, sin poder, cristianos carnales, ministros secos y vacíos sin la unción de Dios. ¿Por qué? Porque no se dan cuenta que el enemigo está a la caza de sus vidas y de sus almas, debilitando el poder de Cristo a través de engaños y asechanzas disfrazadas de autenticidad. ¿Cuantas doctrinas y enseñanzas falsas tenemos hoy de muchos predicadores? ¡Y millones de personas los siguen! ¿A qué se debe esto? A que no conocen la naturaleza de la guerra espiritual. Jesús mismo nos aclara a qué vino el diablo al mundo:

El ladrón [el diablo] no viene sino para hurtar y matar y destruir; yo he venido para que tengan vida, y para que la tengan en abundancia.

JUAN 10:10

De modo que el diablo vino para destruir vidas, familias, iglesias y ministerios. Sin embargo, Jesús enfrentó al diablo. También lo hicieron los discípulos, la iglesia primitiva, Pablo y, desde entonces, lo han enfrentado cristianos de todas las edades. ¿No lo hará usted? Ponga esta palabra en su corazón: Usted tiene un enemigo real, con un poder real, con un reino real, con un ejército real y con una misión real: Destruirlo a usted, a su casa, su familia, sus hijos, sus finanzas, su salud y su ministerio. ¡Que el Señor lo reprenda!

Lo que enseña la Biblia

Pablo conoció de cerca la guerra espiritual y supo cómo enfrentarla. La palabra hebrea para «guerra, batalla y combate» es **«miljamah»**. El vocablo significa «guerra» o una confrontación total entre dos fuerzas. Puede referirse a una agresión armada de un pueblo, ejército o tropa que, de forma más concreta, es una «batalla». El término no solo involucra el objetivo general de la batalla, sino también la furia de una lucha cuerpo a cuerpo: «Alarido de pelea hay en el campamento» (Éx 32:17).

La palabra **«miljamah»** se refiere al «combate», pues «Jehová es varón de guerra» (Éx 15:3). En la Biblia también se usa el verbo hebreo **«lajam»**, que significa «librar batalla», «batallar», «pelear», «luchar» y «guerrear». Este verbo aparece ciento setenta y una veces en el hebreo bíblico, y se menciona por primera vez en el libro de Éxodo:

> Ahora, pues, seamos sabios para con él, para que no se multiplique, y acontezca que viniendo guerra, él también se una a nuestros enemigos y pelee contra nosotros, y se vaya de la tierra.
>
> ÉXODO 1:10

En el Nuevo Testamento, se utiliza la palabra griega **«agon»**, que significa «batalla» o «conflicto». Este término se relaciona con **«ago»**, que es «conducir», ante todo una congregación, y también un «lugar de reunión». De ahí que se produzca un «conflicto espiritual».

La palabra **«polemos»** y el verbo **«polemeo»** significan «guerrear», «pelear», «hacer guerra», como cuando los héroes de la fe «apagaron fuegos impetuosos, evitaron filo de espada, sacaron fuerzas de debilidad, se hicieron fuertes en batallas, pusieron en fuga ejércitos extranjeros» (Heb 11:34).

La penúltima palabra griega es el verbo **«agonizomai»** (de **«agon»**), el cual indica:

- Luchar en juegos públicos: «Todo aquel que lucha, de todo se abstiene; ellos, a la verdad, para recibir una corona corruptible, pero nosotros, una incorruptible» (1 Co 9:25).

- Pelear en un conflicto: «Mi reino no es de este mundo; si mi reino fuera de este mundo, mis servidores pelearían para que yo no fuera entregado a los judíos» (Jn 18:36).

- Batallar, la cual Pablo usa en sentido figurado al aconsejar a Timoteo: «Pelea la buena batalla de la fe, echa mano de la vida eterna, a la cual asimismo fuiste llamado» (1 Ti 6:12); «He peleado la buena batalla, he acabado la carrera, he guardado la fe» (2 Ti 4:7).

Y la última palabra griega es **«pukteuo»** (que viene de **«puktes»**, que es pugilista) y significa «boxear» en una de las competiciones de los juegos olímpicos. En 1 Corintios 9:26 se traduce «peleo»: «Así que, yo de esta manera corro, no como a la ventura; de esta manera peleo, no como quien golpea el aire».

Una vez que establecemos lo que enseña la Biblia respecto a la guerra espiritual, podemos decir que Pablo «peleó», «hizo guerra», «guerreó», «batalló», «luchó», «estuvo bajo conflicto» o «guerra espiritual», todo en contra de las fuerzas del mal.

La guerra espiritual en el mundo actual

Nosotros también como cristianos en la fe tenemos el llamado a hacer que las fuerzas del mal huyan en el poder del nombre, de la sangre y de la Palabra de Cristo mediante el ayuno y la oración perseverante. Pablo lo hizo y nosotros debemos hacerlo.

En la iglesia de hoy, durante estos días «cruciales» en que vivimos, un sinnúmero de cristianos profesantes desconocen casi por completo, o les resulta indiferente, estas verdades de la guerra espiritual. Otros la critican sin rodeos y se le oponen. La iglesia actual está cada vez más lejos de la puerta angosta y del camino estrecho que nos muestra la Biblia. Nuevas ideas y doctrinas se están filtrando en la mayoría de las iglesias, pues esto lo vemos cada vez con mayor frecuencia. Las personas andan a la deriva debido a que algunos «predicadores» hablan de «cosas «extrañas» y disertan de todo tipo de doctrinas engañosas arrastrando a muchos «creyentes» con los vientos de mentira.

Por otra parte, el temor de Dios en los cristianos nacidos de nuevo y que están llenos de amor son los que dan fruto, son obedientes y leen la Escritura. Me refiero a los pocos que tienen «discernimiento», entienden la guerra espiritual, demuestran su amor por Dios, obedecen sus mandamientos, revelan su fe por servirlo, adoptan una posición por la verdad, y están alertas y listos para la venida del Señor. Sin embargo, tal parece que hoy en día está generación de cristianos es cada vez menor y que se encuentra en peligro de extinción.

La mayoría de las iglesias modernas son lugares en los que se les hace creer a los cristianos que para ser espirituales basta con reunirse los domingos para sentirse cómodo y entretenerse. Es más, la iglesia se ha vuelto un lugar de «entretenimiento para sentirse bien», y dejar de llorar por las almas, evangelizar, orar y ayunar. Piensan que esto es cosa del pasado y de los «ministros de la línea antigua», y con esto pasan por alto que la Palabra no es antigua ni moderna, sino eterna. Después, al terminar el servicio, salen muy confiados de sus «cultos» sintiendo que todo está bien en sus vidas. Como nunca antes necesitamos tener la Palabra en nuestros corazones y nuestros corazones en la Palabra, así como entender y discernir que la guerra espiritual es real, pues el mundo espiritual es mayor y más real que el mundo físico.

Consejos de Pablo respecto a la guerra espiritual

Pablo, por revelación divina, pudo captar, entender, discernir, saber y conocer que la guerra espiritual se libra de una manera tan seria que es cuestión de victoria o de derrota, de vida o de muerte espiritual, de salvación o de perdición de una persona. Por lo tanto, veamos los sabios consejos que nos da en Efesios 6:11-19.

«Vestíos de toda la armadura de Dios»

Tenemos el llamado de vestir la armadura y actuar tanto de manera ofensiva como defensiva. Con tal objetivo, el apóstol nos advierte lo siguiente:

> La noche está avanzada, y se acerca el día. Desechemos, pues, las obras de las tinieblas, y vistámonos las armas de la luz [...] Vestíos del Señor Jesucristo, y no proveáis para los deseos de la carne.
>
> **ROMANOS 13:12, 14**

Usted se pone su ropa, se viste y se arregla de acuerdo a la actividad que va a desarrollar. Si es para el trabajo, la iglesia o para salir con su familia, cada ocasión tiene una ropa diferente. Lo mismo sucede en el mundo espiritual. Debe vestirse de acuerdo a la confrontación en que está involucrado y según el alcance de la guerra o de la batalla. Cuanto más fuerte sea el conflicto, más necesita de ayuno, oración y conocimiento de la Palabra de Dios. Así que para la guerra espiritual hay que «vestirse» con «entendimiento, discernimiento y conocimiento» de sus «armas».

Debido a las muchas veces que estuvo en una cárcel romana, Pablo tuvo tiempo suficiente de observar la armadura de un soldado romano. Y en el pasaje que vimos al principio, y que analizaremos en detalles, él aplica esta armadura de una manera espiritual. Además, nos explica a los cristianos cómo vencer las obras del mal al vestirnos la armadura espiritual de Dios, estableciendo una comparación con la armadura física de un soldado del Imperio romano. Esta armadura está preparada para que usted pueda resistir todos los embates del adversario. Asegúrese de usar la armadura completa, ya que si solo lo hace en parte, será vulnerable a los ataques del enemigo.

La guerra es incesante, se desarrolla siempre a nuestro alrededor, aunque no podamos verla ni ser conscientes de la misma. ¿Alguna vez ha leído el pasaje bíblico que nos habla de la armadura de Dios y se ha preguntado si en realidad estamos enfrascados en una batalla espiritual? En muchas partes de la Biblia vemos ejemplos de ella, pero como el pasaje no dice que «esta es una batalla espiritual», muchos no entienden lo que sucede en el reino invisible.

A fin de comprender la guerra espiritual, pensemos primero en qué es la guerra. Dicho en términos sencillos: La guerra es el conflicto que ocurre cuando una parte intenta obtener por la fuerza algo que la otra no quiere conceder de forma voluntaria, o cuando ambas partes desean poseer algo que no pueden compartir.

La guerra espiritual es la batalla continua entre los ejércitos de Dios y las fuerzas del diablo. No es poesía ni juego, sino algo real. Sus estragos se producen en las almas de seres humanos dotados de libre albedrío. Si solo se tratara de una cuestión de poder, el Dios Todopoderoso podría dominar al príncipe de las tinieblas en un momento. En cambio, debido a que el desequilibrio de la lucha depende de la voluntad humana de aceptar o rechazar el gobierno divino, de creer o rechazar la gracia divina, la lucha por las mentes y los cuerpos continúa. El adversario, que odia todo lo que se parezca en algo a la imagen de Dios, detesta al hombre e intenta controlarlo.

El blindaje que usamos, nos ponemos o vestimos, no es de carácter mundano, ni de habilidades ni defensas terrenales. Se trata de la armadura espiritual de Dios, de carácter espiritual, y de habilidades y defensas espirituales. La armadura de Dios se conoce como la armadura de protección, pues si la vestimos, podemos lograr la victoria. La protección nos permite estar, permanecer y no caer. De esa manera, estamos firmes contra las asechanzas y los regímenes del diablo.

Note lo que significa «estar en contra». La forma más enérgica de la posición defensiva es casi siempre la de seguir en pie. Es decir, tener los pies bien plantados en la roca mientras observa, está listo y alerta, pues el diablo está tramando la manera de hacernos caer a cada uno de nosotros. Quiere golpearnos los pies, a fin de que volvamos a caer en la esclavitud del pecado y la desobediencia contra Dios. El diablo es el enemigo de cada cristiano nacido de nuevo. Es hábil y engañador. A menudo, los ataques que prepara no vienen a nuestra mente hasta que ocurren. ¿Por qué? Porque el diablo se disfraza como ángel de luz (2 Co 11:14).

Cuando se le meten pensamientos en su mente, el diablo no le dice que son suyos. Más bien le hace creer que es su propio pensamiento o el pensamiento de Dios, mezclando verdades y mentiras para hacerle pensar que es toda la verdad. El diablo es el maestro de la mentira y la hace parecer verdad; y cuando es verdad, la hace parecer mentira. Muchas veces le habla por medio de pastores engañadores que parecen ser ministros de Dios, pero que predican falsas doctrinas que aparentan ser de Dios, pero no lo son debido a que se disfrazan como ministros de justicia.

> Porque éstos son falsos apóstoles, obreros fraudulentos, que se disfrazan como apóstoles de Cristo. Y no es maravilla, porque el mismo Satanás se disfraza como ángel de luz. Así que, no es extraño si también sus ministros se disfrazan como ministros de justicia; cuyo fin será conforme a sus obras.
>
> **2 CORINTIOS 11:13-15**

Así que vístase con la armadura de Dios y esté atento a todo lo que pasa a su alrededor.

«Para que podáis estar firmes contra las asechanzas del diablo»

El engaño es una de las «asechanzas» del diablo. Su especialidad es tenderle una trampa o intentar hacerle daño a su cuerpo, alma y espíritu.

> Pero el Espíritu dice claramente que en los postreros tiempos algunos apostatarán de la fe, escuchando a espíritus engañadores y a doctrinas de demonios.
>
> **1 TIMOTEO 4:1**

En nuestra cruzada en Madrás (hoy Chennai), ciudad del sureste de la India, tuvimos muchas asechanzas con gran resistencia y oposición satánica por parte de los hindúes, pero vencimos por la sangre de Cristo. Entre otras cosas, intentaron apedrearnos y cancelar la cruzada. Al igual que en el país budista de Bangkok, Tailandia, y en otras partes del mundo, hemos salido victoriosos en nuestras campañas. ¡Alabado sea el Nombre de Cristo! El diablo irá a asecharle, tentarle, engañarle, derrumbarle, mentirle, hacerle pecar, confundirle y muchas otras cosas más, por eso debe estar firme y vencer al estar parado en la roca que es Cristo Jesús.

«Porque no tenemos lucha contra carne y sangre»

La lucha espiritual que enfrentamos es sin cuartel, por eso debemos vivir en obediencia a la Palabra, llevar una vida recta y en sometimiento a Dios, tal como lo cita de manera enfática el apóstol Santiago:

> Someteos, pues, a Dios; resistid al diablo, y huirá de vosotros.
>
> **SANTIAGO 4:7**

No estamos resistiendo a alguna persona en particular. Tampoco estamos en guerra contra algún hermano, algún predicador falso, algún gobernador o político, ni siquiera contra los gobiernos corruptos y anticristianos de nuestros días, pues estos son de carne y sangre. Nuestra lucha no es física, sino espiritual, y va dirigida en contra de aquel que, por su influencia, los usa para hacer leyes a favor del aborto, la homosexualidad, la pornografía, etc. Como resultado, son personas que tendrán que rendirle cuentas a Dios por haber ido en contra de las leyes morales establecidas en las Escrituras.

En el Antiguo Testamento se habla ampliamente en contra de la homosexualidad y son muchas las citas bíblicas que podríamos mencionar afirmando que el matrimonio es solo entre un hombre y una mujer. En el Nuevo Testamento, Jesús afirmó lo mismo:

> ¿No habéis leído que el que los hizo al principio, varón y hembra los hizo, y dijo: Por esto el hombre dejará padre y madre, y se unirá a su mujer, y los dos serán una sola carne?
>
> **MATEO 19:4-5**

No se trata de dos hombres ni tampoco de dos mujeres. ¡Punto! No interesa lo que diga el Tribunal Supremo de Estados Unidos ni de algún otro país. Nuestra lealtad es hacia la Palabra de Dios y no a un juez. Pablo también habló en contra del lesbianismo y la homosexualidad al decir:

> Por esto Dios los entregó a pasiones vergonzosas; pues aun sus mujeres cambiaron el uso natural por el que es contra naturaleza, y de igual modo

también los hombres, dejando el uso natural de la mujer, se encendieron en su lascivia unos con otros, cometiendo hechos vergonzosos hombres con hombres, y recibiendo en sí mismos la retribución debida a su extravío.

ROMANOS 1:26-27

¿Qué recibieron en retribución? Enfermedades venéreas y el sida, solo por citar algunos males, y sin mencionar el suicidio que existe entre parejas del mismo sexo debido a la infelicidad en que viven. Asimismo, el apóstol deja bien claro que los afeminados y los homosexuales no heredarán la vida eterna:

¿No sabéis que los injustos no heredarán el reino de Dios? No erréis; ni los fornicarios, ni los idólatras, ni los adúlteros, ni los afeminados, ni los que se echan con varones.

1 CORINTIOS 6:9

La frase «se echan con varones» indica la relación sexual de hombres con hombres. ¿Quiere algo más obvio que esto? Otra advertencia bien evidente la hizo Pablo en su carta a Timoteo:

Conociendo esto, que la ley no fue dada para el justo, sino para los transgresores y desobedientes, para los impíos y pecadores [...] para los fornicarios, para los sodomitas, para los secuestradores, para los mentirosos y perjuros, y para cuanto se oponga a la sana doctrina.

1 TIMOTEO 1:9-10

¿Qué es un sodomita? ¡Un homosexual! Por favor, lea los siguientes pasajes de las Escrituras y sabrá la opinión de Dios y lo que Él piensa sobre esto: Deuteronomio 23:17; 1 Reyes 14:24; 15:12; 22:46; Job 36:14.

Debemos tener presente que nuestros enemigos no son de «carne y sangre». En otras palabras, nuestros enemigos no son seres humanos, los pecadores, sin importar lo que sean. Nunca deberíamos describir como rechazados a los que Cristo vino a salvar. Por contrarias que sean sus creencias a Dios, por inmoral que sea su conducta, por profundo que sea su desprecio hacia nosotros y diligentes sus ataques, no batallamos contra seres humanos. Batallamos a favor del ser humano, de modo que pueda ser «librado de la potestad de las tinieblas, y trasladado al reino de su amado Hijo» (Col 1:13), como ya lo fuimos nosotros. Nuestros verdaderos enemigos son «principados», «potestades», «gobernadores» y «huestes espirituales de maldad». Pablo habla también de «las asechanzas del diablo» (Ef 6:11) y del «maligno» (Ef 6:16). Estamos luchando contra el ámbito demoníaco y no contra personas, pues muchas de ellas, por inmorales que sean, son buenas personas, solo que el diablo las tiene engañadas en lo espiritual.

En cuanto a los homosexuales, podrán haber ganado en lo político aquí en Estados Unidos mediante su agenda inmoral, al igual que en muchas naciones, la legalización del matrimonio del mismo sexo. Sin embargo, sentimos decirles que algún día estarán delante del Dios Todopoderoso y tendrán que sufrir la pérdida eterna de sus almas por su violación de las leyes morales y espirituales basadas en las Sagradas Escrituras.

La homosexualidad es una rebeldía y un desafío directo en contra de Dios y de las cosas naturales creadas por Él. Hasta la Biblia llama al adulterio y a la fornicación «pecados de inmoralidad» debido a que son de un orden natural entre un hombre y una mujer. Al lesbianismo y a la homosexualidad, en cambio, se le llama «abominación y perversión» por ser contrarios al orden de la naturaleza.

Si quiere tener una idea clara y definitiva, y saber lo que Dios piensa sobre la homosexualidad, pregúntese: «¿Ya reconstruyó Sodoma y Gomorra?». La Palabra lo atestigua:

> Entonces Jehová hizo llover sobre Sodoma y sobre Gomorra azufre y fuego de parte de Jehová desde los cielos; y destruyó las ciudades, y toda aquella llanura, con todos los moradores de aquellas ciudades, y el fruto de la tierra.
>
> **GÉNESIS 19:24-25**

En 2013, visitamos los lugares donde estuvieron estas ciudades en Israel, y solo hay polvo, polvo y nada más. Cuando decimos esto, como cristianos no odiamos a nadie, solo somos fieles a lo que dice la Palabra de Dios. A estas personas hay que amarlas y predicarles a Cristo para que se arrepientan, pues el príncipe de las tinieblas las tiene engañadas, y por eso viven vidas infelices y están presas espiritualmente en una cárcel sin barras. Basta con preguntarle a un exhomosexual que se arrepintió de este estilo de vida y que Cristo libertó, y esta persona le dirá lo terrible que es vivir esclavo de la homosexualidad.

Hoy muchos exhomosexuales están casados con sus esposas, tienen hijos, son felices y hasta algunos son ministros de Cristo y cuentan sus testimonios de conversión a los demás en la búsqueda de que algunos de ellos vengan a Cristo. ¡Qué gran maravilla! Sin embargo, los que no quieren rendir sus vidas al Señor, podrán desfilar, sonreír, bailar y cantar, pero por dentro están solos, sus corazones están vacíos, se encuentran insatisfechos, son esclavos de la bebida, muchos son drogadictos, y lo más triste es que estarán condenados a la perdición eterna.

Repito: Como cristianos, los seres humanos no son nuestros enemigos. ¡Ninguno! Ni los ateos, ni los musulmanes, ni los de cualquier otra religión, ni los homosexuales, ni las lesbianas, ni los que promueven el aborto, los drogadictos, los violadores, los ladrones, los asesinos, etc. Su incredulidad y su inmoralidad son enemigas de Dios, pero Él nunca es enemigo de los seres humanos. Así que nosotros no debemos serlo tampoco.

La guerra espiritual es la misión que nos encomienda Dios en estos tiempos; una misión que consiste en destruir el cautiverio al que ha sometido a las personas el engañador y destructor de sus almas. Usamos el poder de Dios a favor de esas personas. Peleamos por ellas, oramos por ellas, ayunamos por ellas. Son personas de carne y hueso como nosotros y van rumbo a la destrucción eterna a menos que rindan sus vidas a Cristo, pues se juzgarán de acuerdo a sus actos físicos o espirituales, como lo afirma la Palabra:

> Y vi a los muertos, grandes y pequeños, de pie ante Dios; y los libros fueron abiertos, y otro libro fue abierto, el cual es el libro de la vida; y fueron juzgados los muertos por las cosas que estaban escritas en los libros, según sus obras. Y el mar entregó los muertos que había en él; y la muerte y el Hades entregaron los muertos que había en ellos; y fueron **juzgados** cada uno según sus obras. Y la muerte y el Hades [el infierno] fueron lanzados al lago de fuego. Esta es la muerte segunda. Y el que no se halló inscrito en el libro de la vida fue lanzado al lago de fuego.
>
> APOCALIPSIS 20:12-15, ÉNFASIS AÑADIDO

Con respecto al diablo, también encontramos lo que nos enseñan las Escrituras:

> Y el diablo que los engañaba fue lanzado en el lago de fuego y azufre, donde estaban la bestia y el falso profeta; y serán atormentados día y noche por los siglos de los siglos.
>
> APOCALIPSIS 20:10

¿A quién engañaba? A todos los políticos que hicieron leyes en contra de la Palabra de Dios, a todos los perversos sexualmente, a todos los que se rebelaron en contra de lo establecido en las leyes morales y divinas en las Escrituras. Y Apocalipsis 21:8 concluye de forma terminante:

> Pero los cobardes e incrédulos, los abominables y homicidas, los fornicarios y hechiceros, los idólatras y todos los mentirosos tendrán su parte en el lago que arde con fuego y azufre, que es la muerte segunda.

Si Pablo dijo que quienes viven en la homosexualidad NO heredarán el reino de Dios, es porque sus nombres NO están escritos en el Libro de la Vida. ¡Punto! No hay discusión teológica que lo cambie. ¡Está escrito! Las iglesias que se definen en favor de los homosexuales tendrán que responder delante del Todopoderoso porque torcieron las Escrituras y estas dicen lo que les espera:

> Porque si pecáremos voluntariamente después de haber recibido el conocimiento de la verdad, ya no queda más sacrificio por los pecados, sino una

horrenda expectación de juicio, y de hervor de fuego que ha de devorar a los adversarios [...] ¡Horrenda cosa es caer en manos del Dios vivo!

HEBREOS 10:26-27, 31

¡Qué horrible y lamentable final por haberse rebelado en contra de Dios y su Palabra!

Repito una vez más: Nuestra lucha o guerra no es contra sangre y carne; o sea, no es contra ninguna persona por más resistente y opuesta al evangelio que sea. Una de las mayores demandas de la Iglesia es saber distinguir entre la lucha espiritual y otras de tipo social, personal o político. De otra manera, a los creyentes en particular y a los grupos de creyentes los pueden arrastrar con facilidad para entablar batalla contra adversarios humanos, en lugar de luchar mediante la oración y el ayuno contra las invisibles maniobras del infierno que están detrás de la escena. Solo con el amor por ellos y la participación de la iglesia en la batalla de la oración y la intercesión haremos retroceder al mal. Entones, se podrá imponer la voluntad de Dios y las almas se salvarán.

La gran pasión de mi vida es la evangelización y las misiones para la salvación de todo ser humano, sin importar el pecado que cometiera. Lo cierto es que todos tienen una opción de perdón y salvación en Cristo que murió por ellos en el Calvario y que resucitó al tercer día. ¡Aleluya!

«Sino contra principados, contra potestades, contra gobernadores de las tinieblas de este siglo, contra huestes espirituales de maldad en las regiones celestes»

Llevaríamos mucho tiempo y tomaríamos mucho espacio para hablar en detalles, definir cada palabra y escribir lo que son principados, potestades, gobernadores y huestes espirituales, etc. Lo que sí no podemos pasar por alto es lo que nos aconseja la Palabra:

Sed sobrios, y velad; porque vuestro adversario el diablo, como león rugiente, anda alrededor buscando a quien devorar; al cual resistid firmes en la fe, sabiendo que los mismos padecimientos se van cumpliendo en vuestros hermanos en todo el mundo.

1 PEDRO 5:8-9

Es evidente que lo único que necesitamos saber es que la fuente de todo mal proviene de una sola persona: ¡El diablo!

Cuando Pablo nos habla de principados, potestades, gobernadores de las tinieblas y las huestes espirituales de maldad, define una jerarquía, unos niveles de espíritus malignos, de posición y rango espiritual de demonios, de ángeles caídos, etc. Nuestra lucha es en su contra y NO en contra de ninguna persona, como ya dije antes. Aun así, el diablo usa a cualquier persona que le da lugar y apertura espiritual en su vida.

Al diablo se le llama adversario, el que se opone y resiste a Dios, la antigua serpiente, el engañador, el tentador, el maligno (no menciono su nombre en sí con la letra «S» en mayúscula porque no lo merece, pero tendré que hacerlo más adelante). Además, es el padre de la mentira, el responsable de todo pecado, enfermedad, dolor, aflicción, angustia y tristeza que hay en el mundo hoy. Usted tiene que resistirlo por la fe, pues es como un león rugiente, con hambre y sed de destruirnos, de vernos arruinados, enfermos, destituidos y solos. ¡Que el Señor lo reprenda!

Las opiniones sobre estos poderes son muchas y los puntos de vista contrarios. Sin embargo, creemos lo siguiente:

- Principados: Se refiere a espíritus demoníacos territoriales que son enviados a cubrir un área específica geográfica, país o región.

- Potestades: Indica espíritus demoníacos que inducen a los pecados de la carne, como fornicar, adulterar, homosexualismo, lesbianismo, orgías, etc.

- Gobernadores: Señala los demonios que se encargan de conquistar y mantener bajo su control naciones, ciudades, pueblos, barrios, etc.

- Huestes espirituales: Se trata de las influencias demoníacas encargadas de controlar la voluntad de las personas para que obedezcan al diablo en lugar de a Dios.

Quizá estos poderes actúen de una u otra forma, pero trabajan para la destrucción de las almas y están sujetos a su jefe principal, el diablo. ¡Que el Señor lo reprenda!

Esta porción del pasaje en Efesios 6 nos indica con claridad que el conflicto con Satanás es espiritual. Por lo tanto, ninguna arma material se puede emplear con eficacia en contra de él y sus demonios. Aunque no se nos da una lista de tácticas específicas que usará, el pasaje es muy claro en que cuando seguimos con fidelidad todas las instrucciones de Dios, podremos permanecer firmes y obtendremos la victoria.

En realidad, hay personas poseídas por espíritus demoníacos, ya sea en el «nivel básico» de la posesión de alguien en particular o en el «nivel estratégico» de la posesión por parte de un «espíritu territorial». Es importante que en ayuno y oración «atemos» y «reprendamos» a los espíritus malignos. De seguro que el exorcismo, que es echar fuera demonios de una persona, es uno de los componentes de la guerra espiritual, por el hecho de que hay personas poseídas por espíritus malignos. No obstante, una vez que han quedado liberadas, ¿qué viene después? Entonces es cuando comienza de veras el largo y duro camino de la guerra espiritual.

Como ya vimos, nuestra lucha es en contra de espíritus de alta clasificación jerárquica: principados, potestades, demonios, autoridades demoníacas, poderes, gobernadores de las tinieblas de este mundo o gobernantes invisibles de la oscuridad y huestes espirituales de maldad. Estamos en una lucha contra el ocultismo, los espíritus inicuos, la brujería, la hechicería, el satanismo, el vudú, etc. El diablo tiene un gran ejército de fuerzas demoníacas que utiliza en el reino invisible de las tinieblas. Por eso la Biblia le llama el «príncipe de la potestad del aire» (Ef 2:2). ¡Él es real! No es un mito, una leyenda, ni un cuento que muchos creen. Existe y está a la caza de la vida de usted. Si cree en Jesús, pues sepa que Cristo lo enfrentó. Por lo tanto, es real (véase Mt 4:1-11). Hay muchísimos versículos bíblicos que nos muestran la realidad del mundo de las tinieblas. Por ahora, veamos las palabras según se traducen del griego:

- «Principado»: **«arche»**.
- «Principados»: **«archai»**.
- «Autoridad»: **«exousia»**.
- «Autoridades»: **«exousiai»**.
- «Poder»: **«dynamis»**.

- «Poderes»: **«dynameis»**.
- «Tronos»: **«thronoi»**.
- «Señorío»: **«kyriotes»**.
- «Dominio» y «señoríos»: **«kyriotetes»**.

Todo esto resume la actividad demoníaca de los ejércitos del maligno. Otras traducciones de la Biblia usan otros nombres, pero todos son sinónimos. Por ejemplo, algunas dicen: «contra los gobernadores de las tinieblas de este siglo»; otras: «contra los poderes cósmicos de estas tinieblas presentes»; otras citan: «contra malignas fuerzas espirituales del cielo»; otras definen: «contra los dominadores de este mundo tenebroso»; otras mencionan: «contra huestes espirituales de maldad»; algunas citan: «en las regiones celestes»; aun otras: «este mundo oscuro»; y otras lo definen diferente: «en el aire». En conclusión, todas estas expresiones tienen un mismo o muy parecido significado.

Algunos ángeles caídos influyen sobre determinadas naciones. En el Antiguo Testamento se nos habla del gobernante de Persia, un ángel perverso cuya habitación estaba en los lugares celestes del dominio invisible. Este intentó retener a los israelitas cautivos para que no regresaran a su tierra natal (véase Dn 10). Esto nos revela el gran dominio que tales principados y potestades de las tinieblas pueden ejercer sobre las naciones. Analizando este mismo capítulo del libro de Daniel, encontramos otros «príncipes» angelicales que gobiernan naciones. Tenemos, por ejemplo, a Miguel, que es uno de los príncipes buenos que gobierna y guarda las actividades de Israel (v. 13), mientras que entre los malignos están «el príncipe de Persia» y «el príncipe de Grecia» que, según la profecía de Daniel 10, impuso su autoridad sobre el príncipe de Persia (v. 20).

La guerra de Miguel en las regiones celestiales debía dirigirse en contra de Persia y después en contra de Grecia. Cada una de estas naciones tendría poder sobre el pueblo de Dios. Persia y Grecia estuvieron representadas por «príncipes» demoníacos. Sin embargo, Dios es el Señor del pasado, del presente y del futuro, y todos los hechos están registrados en el «libro de la verdad».

Las potestades y los gobernadores de las tinieblas tienen dominio sobre un territorio. Se refiere al grado, o nivel angélico, de autoridad y derecho. Los diferentes grados de los ángeles caídos del ejército del diablo no implican mayor autoridad ni dominios especiales sobre nosotros. Por eso, no debemos sentirnos amedrentados. ¡Ya están vencidos!

Ahora, ubiquémonos por un momento en el Antiguo Testamento. ¿Cómo el pueblo de Dios enfrentaba las guerras? Las enfrentaba con armas físicas y, sobre todo, con la ayuda espiritual del Señor. La realidad de la lucha espiritual diaria nos insta a aprender que es de sabios tener la preparación adecuada. Es más, los versículos que estamos analizando nos ofrecen la instrucción clásica y total que nos permite alistarnos para la batalla espiritual, esa lucha que nace de las «regiones celestes»; es decir, que nace en el reino invisible de los conflictos espirituales que siempre nos rodean.

Las huestes del diablo se dedican en sí a obstaculizar y obstruir la obra de Cristo y a poner fuera de combate a los soldados. Cuanto más eficiente sea un creyente para el Señor, tanto más experimentará los salvajes ataques del enemigo. El mandamiento a tener en cuenta es que debemos fortalecernos en el Señor y en los ilimitados recursos de su poder (véase 1 Co 1:18-31).

El diablo tiene muchos nombres que lo califican de acuerdo a lo deplorable que es al exponer su carácter y mostrar quién es en realidad, así como lo que se propone y lo que hace. Una vez más omitiré los versículos, pues son muchísimos, y solo daré los nombres. Debido a que es mucho más horrible, mencionaré nada más que una corta lista.

Llamado el «adversario» o Belcebú (príncipe del infierno), el diablo, que en griego es **«diabolos»**, significa «calumniador» y «acusador» e indica que es un seductor de hombres, un engañador, el que resiste, el que se opone, el desolador, el destructor, el dragón, la antigua serpiente, el cruel, el enemigo, el padre de mentira, la bestia, el gran dragón, el dragón rojo, el dios de este mundo, de esta edad o de este tiempo, príncipe de la potestad del aire, el rey de Tiro, el hombre de iniquidad, el inicuo, el mentiroso, el león rugiente, Lucifer, el asesino, el poder de las tinieblas, el príncipe de los demonios, el príncipe de este mundo, Satanás (detesto tener que escribir su nombre en mayúscula), Satán, que significa «adversario» u «opresor», etc.

Todo esto indica que el diablo es el adversario de Cristo y de su pueblo, así como el acusador de los hermanos, el hijo de la mañana, el tentador, el ladrón, el impío, etc. Además, es quien le pone obstáculos a la obra de Dios y se opone cuando se predica el evangelio al sembrar la duda, la incredulidad, el desánimo y el temor en las mentes de los que escuchan. También oprime a los cristianos, los lleva a pecar y hace que los ministros caigan de la gracia con sus tentaciones. Hace que los creyentes vivan fuera de la voluntad de Dios, causa divisiones en las iglesias, incita a los cristianos para que se casen con impíos a fin de aniquilar sus vidas, induce a las personas y al pueblo de Dios a que cometan pecados horribles, los descarría de la fe, los enferma.

Otras de las obras del diablo es que aleja los corazones humanos de Dios evitando que vayan a la iglesia, que escuchen la Palabra. En su lugar, los lleva al alcohol, a la droga, a la prostitución. Es evidente que está por detrás de cada secuestro, calamidad, desastre, infortunio, dolor, angustia, tristeza, aborto, homosexualidad, lesbianismo, inmoralidad, orgía, pasiones desordenadas. Asimismo, es causante de la pobreza, la miseria, el hambre, las catástrofes. Incluso, causa las guerras, las muertes masivas como el holocausto, el abandono de los niños, las violaciones, etc.

En fin, el diablo es la personificación del mal. Nos odia a usted y a mí, la creación de Dios. Así que odia todo lo que es bueno, amable, santo, puro, agradable. Es enemigo de la felicidad de los hogares, divide familias, lleva a los jóvenes y a cualquiera al suicidio... ¿qué más podré decir? La lista sería interminable. Es poco lo que se le daría a él y a sus secuaces con el tormento del infierno y del lago de fuego. Allí se pudrirán para siempre mientras usted y yo alabaremos el Nombre de Cristo por toda la eternidad. ¡Aleluya!

«Por tanto, tomad toda la armadura de Dios»

Como es natural, entendemos que en esta batalla no tenemos el control del factor decisivo, sino que este solo se encuentra en las manos del Señor. Sin embargo, Él nos da todo el armamento que necesitamos para enfrentar esa guerra a través del poder de la oración (Ef 6:18) y el equipamiento de recursos espirituales (2 Co 10:3-5). Por eso Pablo nos dice que debemos tomar la armadura de Dios y vestirnos también con las armas de la luz:

> La noche está avanzada, y se acerca el día. Desechemos, pues, las obras de las tinieblas, y vistámonos las armas de la luz.
>
> **ROMANOS 13:12**

Las armas de la luz están disponibles para nosotros en el arsenal espiritual de Dios, ya sea el ayuno, la oración, la Palabra, el Nombre de Cristo, la sangre de Cristo, etc. Pablo usa otros versículos para aclarar su punto, como 2 Corintios 10:4, al decirnos:

> Porque las armas de nuestra milicia no son carnales, sino poderosas en Dios para la destrucción de fortalezas.

¿Qué le parece? ¡Armas para la destrucción! Así que tenemos el llamado a destruir las obras del diablo en el poder del Nombre de Cristo. Una vez más, Pablo nos dice:

> En palabra de verdad, en poder de Dios, con armas de justicia a diestra y a siniestra.
>
> **2 CORINTIOS 6:7**

¿Cuál es la «palabra de verdad»? En primer lugar, es la Palabra de Dios, la Biblia, así como nuestras palabras rectas, íntegras y de acuerdo a las Escrituras.

Los eruditos y estudiosos de la Biblia suelen decir que Pablo describió la armadura de Dios utilizando como inspiración la armadura de un soldado romano. Esto es muy probable, puesto que Pablo les escribió a los efesios desde la prisión, donde estaba rodeado de soldados romanos. Así lo aclara cuando dijo que era «embajador en cadenas» del evangelio (Ef 6:20).

No obstante, esta descripción que hace Pablo de la armadura se refiere a pasajes del libro del profeta Isaías que describen a Dios y a su Mesías revestidos con una armadura similar. Por ejemplo:

- Acerca del Mesías dice que «será la justicia cinto de sus lomos, y la fidelidad ceñidor de su cintura» (Is 11:5).
- Nos muestra lo hermosos que «son sobre los montes los pies del que trae alegres nuevas» (Is 52:7).
- Describe a Dios vistiéndose «de justicia [...] como de una coraza, con yelmo de salvación en su cabeza» (Is 59:17).

En otras palabras, la armadura de Dios es ante todo su propia armadura. Es la forma en que Él batalla en la guerra espiritual. ¿Quién no puede ver la importancia de vestirse con toda la armadura de Dios? ¡No se debe omitir nada! Es para nuestra defensa y es para nuestra pelea en la batalla del Señor. Sería una locura avanzar contra el enemigo con la armadura de la sabiduría y la filosofía humanas y sin la armadura de Dios. Es más, ¡sería cometer un suicidio espiritual!

«Para que podáis resistir en el día malo»

Jesús mismo tuvo su «día malo», «su día de adversidad» y su «día de tentación» cuando enfrentó al diablo:

> Entonces Jesús fue llevado por el Espíritu al desierto, para ser tentado por el diablo. Y después de haber ayunado cuarenta días y cuarenta noches, tuvo hambre. Y vino a él el tentador.
>
> MATEO 4:1-3

Tan cierto como que Dios vive, el tentador, el diablo, vendrá a tentarlo a usted. ¡Téngalo por seguro! Cuando esté bajo guerra espiritual, clame en oración y ayuno a la sangre de Cristo, cite la Palabra de Dios con autoridad como lo hizo Jesús y vístase con la armadura de Dios.

Esta armadura está preparada para que pueda resistir todos los embates del adversario. Asegúrese de usar la armadura completa, ya que si lo hace en parte, será vulnerable a los ataques. Así que resista el enemigo por la fe, ore, ayune, hable la Palabra con autoridad, resista, pues usted lo puede vencer. Recuerde: ¡El diablo ya está vencido por la sangre, el nombre y la Palabra de Cristo!

«Y habiendo acabado todo, estar firmes»

Tenemos el llamado a estar firmes e inamovibles por la fe, sin importar los ataques del diablo. Además, tenemos que terminarlo todo y permanecer firmes.

La frase «estar firmes» tiene la connotación de una persona que hace todo lo que se necesita. Pablo usó este término más de dieciocho veces en sus cartas. En el mundo espiritual, la preparación y el conocimiento son cruciales para acabarlo «todo». Por eso es imperativo que estemos firmes:

Si en verdad permanecéis fundados y firmes en la fe, y sin moveros de la esperanza del evangelio que habéis oído, el cual se predica en toda la creación que está debajo del cielo; del cual yo Pablo fui hecho ministro.

COLOSENSES 1:23

A los creyentes se les ordena y anima a resistir, sobrepasar y estar en contra de las asechanzas del diablo. Los creyentes logran esto a través del conocimiento del evangelio, su posición en Cristo, la aceptación de la morada del Espíritu, la implementación de la armadura provista por Dios, la decisión terminante y las acciones en general.

Pablo dice que debemos acabarlo todo, estar firmes y ser fuertes. Sin embargo, la «fuerza» no viene de nosotros mismos, sino del Señor. Además, nuestra fortaleza viene del «poder de su fuerza» (Ef 6:10) y de estar en unión con Jesús. Es evidente que estamos en una lucha, en una guerra espiritual, en una batalla, y tenemos que defendernos EN su poder. Por eso necesitamos de la fortaleza y del poder de Dios.

En una pelea, una persona intenta echar abajo a la otra persona y derrotarla. Estamos en un partido o una batalla personal con el más astuto y mentiroso enemigo jamás creado. Es una lucha de vida o muerte. Esa lucha es por nuestra alma. Dios, en su amor, no quiere que ninguno perezca, pues su voluntad es que lo sigamos a «Él». Por otro lado, el diablo quiere que le sigan y esto hace que estemos en una lucha constante. A veces, nos parece que nos empujan en dos direcciones diferentes. En otras ocasiones, nos sentimos como si nos destrozaran por dentro en nuestras emociones. Aunque no tenemos lucha contra sangre y carne, y nuestra lucha no es física, sino espiritual, Dios nos dice cómo ganar esta guerra.

En resumen, «estar firmes» es guardar el terreno ya ganado, ir en contra del enemigo sin rendirse, y vencerlo siempre al resistir sus ataques y luchar para tomar más territorio para Cristo. El soldado cristiano debe estar siempre firme, defendiendo y perseverando en la sana doctrina. El que no lo hace puede caer en el error.

«Estad, pues, firmes, ceñidos vuestros lomos con la verdad»

Sin duda, necesitamos el cinturón de la verdad, pues esta parte de la armadura es lo que asegura todo lo demás. Es como el cinto que sostiene el pantalón. Todo cristiano que desea ganar la batalla contra el enemigo debe comenzar con la verdad.

Compra [o adquiere] la verdad, y no la vendas.

PROVERBIOS 23:23

La verdad es Cristo, así que no es un destino, sino el camino y el evangelio. En Juan 17:3 y 17, Jesús dice que su Padre es el único Dios verdadero y que su Palabra es verdad. Todas las demás religiones y filosofías humanas son mentiras. Jesús es la verdad absoluta. Si usted siempre dice la verdad, no tendrá que acordarse de lo que dijo porque siempre dirá lo mismo. El diablo, en cambio, es el padre de la mentira, y mentiroso, así lo dijo Jesús en Juan 8:44. Si usted no vive en la verdad, no conoce ni permanece en Cristo.

Por otra parte, si el cinturón de la verdad es el que sujeta la armadura, la verdad es la fuerza integradora en la vida victoriosa del creyente. Por eso la persona con una conciencia limpia puede enfrentar al enemigo sin temor. Otra cosa a tener en cuenta es que el cinturón que ciñe nuestros lomos es el que también sostiene la espada. Hasta que no practiquemos la verdad, no seremos capaces de usar la «palabra de verdad» (2 Ti 2:15). Hasta que la verdad no forme parte por completo de la vida del creyente, todo se desmoronará, todo caerá.

Recuerde que la verdad es lo que mantiene la armadura en su lugar. Si no se tiene un dominio firme de la verdad, su armadura tendrá partes desprotegidas que serán un blanco fácil para el ataque del enemigo. Estudie con sumo cuidado la Palabra de Dios y préstele atención a la sana enseñanza de verdaderos líderes, pastores, evangelistas, maestros y misioneros, a fin de estar lleno de la verdad y, de ese modo, preparado para la batalla.

La palabra «verdad» en griego es «**alethuo**», la cual se deriva del opuesto y del negativo «a», y de «**lanthano**» que significa «estar escondido» o «estar oculto». Además, la palabra en griego «**aletheia**» se refiere a la verdad en sí; es decir, se trata de lo opuesto a lo que es ficticio, fingido o falso. Entre otras cosas, indica veracidad, realidad, sinceridad, exactitud, integridad, formalidad y propiedad. Por lo general, esta palabra se usa con respecto a las doctrinas o enseñanzas.

Cuando Pablo dice: «Estad, pues, firmes, ceñidos vuestros lomos con la verdad» (Ef 6:14), se refiere al cinturón ancho que llevaba el soldado romano. Este le permitía ceñirse la ropa suelta de tal manera que le diera libertad de movimientos. También el apóstol Pedro usa una metáfora respecto a esto:

> Por tanto, ceñid los lomos de vuestro entendimiento, sed sobrios, y esperad por completo en la gracia que se os traerá cuando Jesucristo sea manifestado».
>
> **1 PEDRO 1:13**

Nuestro cinturón es la verdad, tanto de forma subjetiva como objetiva, pues la palabra «verdad» incluye la idea de la sinceridad. Para ceñir bien sus lomos, el cristiano debe creer la verdad y amarla de todo corazón. Asimismo, debe ser sincero en su lucha por la verdad y contra el error. Esta exhortación tiene mucho que ver con la franqueza. Cristo y su Palabra son la verdad absoluta sobre todo el mundo físico y el invisible. Sin Él no hay verdad. Así lo expresó con claridad y sin sombra de duda:

> Jesús le dijo: Yo soy el camino, y la verdad, y la vida; nadie viene al Padre,
> sino por mí.
>
> JUAN 14:6

Debemos permanecer en la doctrina de la verdad que Dios nos reveló en los cuatro Evangelios, en las epístolas paulinas y las generales, así como en el libro de Apocalipsis. ¡Aleluya! Pablo lo confirma de esta manera:

> Sino que siguiendo la verdad en amor, crezcamos en todo en aquel que es
> la cabeza, esto es, Cristo.
>
> EFESIOS 4:15

El Señor Jesucristo es la cabeza, la verdad absoluta, es el que está por encima de todo y de todos. ¡Gloria a Dios!

«Y vestidos con la coraza de justicia»

La coraza debía proteger al guerrero de una herida fatal en el corazón y otros órganos vitales. Por eso nuestra coraza de justicia, que es Cristo, debe estar sobre nuestro corazón. Entonces, como Cristo nos justificó, somos justos por su justicia y no por nuestro propio esfuerzo y justicia.

> Justificados, pues, por la fe, tenemos paz para con Dios por medio de nues-
> tro Señor Jesucristo.
>
> ROMANOS 5:1

También Pablo nos confirma que Cristo es nuestra coraza de justicia:

> No teniendo mi propia justicia, que es por la ley, sino la que es por la fe de
> Cristo, la justicia que es de Dios por la fe.
>
> FILIPENSES 3:9

Si somos santos porque Dios es santo y tenemos su santidad, del mismo modo tenemos su justicia por medio de Cristo y por eso vivimos en justicia. Así que todo lo debemos hacer con rectitud, honestidad, integridad, tanto en lo personal, laboral como ministerial.

Uno de los requisitos más importantes para el creyente es la justicia, pues esta es símbolo de santidad, de vida. Además, la justicia es una de las características de Dios y la debe poseer cada creyente: «Llenos de frutos de justicia que son por medio de Jesucristo, para gloria y alabanza de Dios» (Flp 1:11). Jesús aclaró muy bien lo que debíamos hacer ante todo:

> Mas buscad primeramente el reino de Dios y su justicia, y todas estas cosas os serán añadidas.
>
> MATEO 6:33

La coraza de justicia también es la integridad en la que vive todo creyente por medio de Cristo, porque Él es nuestra justicia, tal y como lo dijo el profeta Isaías al hablar de Jesús: «Y será la justicia cinto de sus lomos, y la fidelidad ceñidor de su cintura» (Is 11:5).

Cuando hablamos de «justicia», no nos referimos a las obras de justicia hechas por los hombres, aunque de seguro que estas son una buena protección siempre que las usemos en contra de reproches y acusaciones que sufrimos a manos del enemigo. Más bien nos referimos a la justicia de Cristo, imputada a nosotros por Dios y recibida por fe, la cual guarda nuestros corazones y nuestro ser interior contra las acusaciones, los cargos y ataques del diablo. Cristo es nuestra coraza de justicia, así lo dice la Palabra:

> Al que no conoció pecado, por nosotros lo hizo pecado, para que nosotros fuésemos hechos justicia de Dios en él.
>
> 2 CORINTIOS 5:21

La coraza es una pieza de la armadura que, confeccionada de metal o cadenas, cubría el cuerpo desde el cuello hasta la cadera por ambos lados, pecho y espalda. Simboliza la justicia del creyente en Cristo (2 Co 5:21), así como su vida justa en Cristo (Ef 4:24).

Aunque el diablo es el acusador, no puede culpar al cristiano que vive una vida piadosa en el poder del Espíritu Santo. Sin embargo, la vida que vivimos nos fortalece en contra de los ataques de Satanás o nos debilita ante las asechanzas del diablo. Cuando este acusa a un cristiano, la justicia de Cristo es la que le asegura al creyente su salvación. A pesar de eso, nuestra justicia posicional en Cristo solo es un concepto carente de poder si no llevamos una justicia práctica en nuestra vida diaria. Como resultado, el diablo tendrá la libertad de atacarnos como quiera.

La palabra «justicia» en griego es **«dikaiosune»**, que significa «ser justo» y que es la cualidad de actuar como es debido. Esta palabra sugiere la conformidad con la voluntad revelada de Dios en todos los aspectos. Además, **«dikaiosune»** se manifiesta tanto en el sentido judicial como el benévolo. Dios declara justo al creyente cuando lo absuelve y le concede justicia, pues Cristo es nuestra justificación:

> Mas por él estáis vosotros en Cristo Jesús, el cual nos ha sido hecho por Dios sabiduría, justificación, santificación y redención.
>
> 1 CORINTIOS 1:30

Entonces, cuando el diablo venga a acusarle de pecados pasados, cite Romanos 8:33 y repréndalo con autoridad: «¿Quién acusará a los escogidos de Dios? Dios es el que justifica». Luego, dígale al enemigo que sus pecados del pasado ya se perdonaron, lavaron y justificaron en Cristo. ¡Aleluya! Por último, cuando el diablo venga a tocar a la puerta de su corazón, deje que Cristo sea el que conteste en la puerta y él saldrá corriendo.

«Y calzados los pies con el apresto del evangelio de la paz»

Aun en medio de la batalla, de la guerra espiritual, podemos tener paz, tranquilidad y sosiego.

> Y la paz de Dios gobierne en vuestros corazones.
>
> **COLOSENSES 3:15**

Un soldado romano usaba sandalias que se reforzaban con clavos. Esto le ayudaba a tener mayor seguridad en las batallas en diferentes tipos de terreno. El creyente que calza sus pies como es debido, le ayuda a estar más firme en cualquier terreno que camina.

El sentido que le da el griego aquí no es para ir a evangelizar, lo cual es muy importante, sino que se lo da en pisar tierra firme durante el crecimiento espiritual. El simbolismo del calzado es que aun en medio de lo duro de la batalla se puede gozar de paz interior. El creyente debe estar siempre preparado para llevar el evangelio (evangelización) de Cristo que es un evangelio de paz. Jesucristo dijo:

> Estas cosas os he hablado para que en mí tengáis paz. En el mundo tendréis aflicción; pero confiad, yo he vencido al mundo.
>
> **JUAN 16:33**

Es interesante ver cómo en medio de la lucha y la batalla, de la guerra espiritual, se espera que el cristiano tenga y les lleve a otros las buenas nuevas de paz:

> ¡Cuán hermosos son sobre los montes los pies del que trae alegres nuevas, del que anuncia la paz, del que trae nuevas del bien, del que publica salvación, del que dice a Sion: ¡Tu Dios reina!
>
> **ISAÍAS 52:7**

El soldado moderno necesita prestar particular atención a sus pies, del mismo modo que lo hacía el soldado en la antigüedad, donde algunas veces el enemigo ponía peligrosos obstáculos en el camino de avanzada de los soldados. Esto se parece mucho a las minas terrestres de hoy. También la enfermedad puede dañar los pies de un soldado que carezca del calzado apropiado.

La idea de la preparación con el evangelio de la paz sugiere que necesitamos avanzar dentro del territorio de Satanás con el mensaje de gracia tan esencial, a fin de ganar almas para Cristo. Satanás coloca muchos obstáculos en el camino para detener la expansión del evangelio. No obstante, si luchamos con las armas de Cristo y con paz, venceremos:

> Así que, sigamos lo que contribuye a la paz y a la mutua edificación.
>
> **ROMANOS 14:19**

¿«Sigamos» qué? Predicando y propagando el evangelio que trae salvación a las almas y edificación espiritual al pueblo de Dios.

Los soldados romanos usaban sandalias con crampones en las suelas para darles firmeza en la batalla. Si vamos a «estar firmes» y «resistir», necesitamos el calzado del evangelio.

El calzado del evangelio también tiene otro significado. Debemos estar listos para cada día predicarle el evangelio al mundo perdido. Los cristianos más victoriosos son los que testifican del evangelio. Si usamos los zapatos del evangelio, tendremos los «hermosos pies» que se mencionan en Isaías 52:7 y Romanos 10:15, y estaremos activos en la predicación.

La palabra «evangelio» en griego es **«euangelion»**. En la antigua Grecia, **«euangelion»** indicaba la recompensa que se daba por entregar algún mensaje o por dar buenas noticias. Más tarde llegó a significar las mismas «buenas noticias». En el NT, esta palabra incluye tanto la promesa de salvación como el cumplimiento gracias a la vida, muerte, resurrección y ascensión de Cristo Jesús. También a los primeros cuatro libros del NT, que son Mateo, Marcos, Lucas y Juan, se les designa **«Euangelion».**

El evangelio es de paz. La palabra «paz» en griego es **«eirene»,** que se refiere a un estado de reposo, quietud y calma, a una ausencia de lucha, a la tranquilidad. El término casi siempre denota un bienestar perfecto. Además, **«eirene»** incluye las relaciones armoniosas entre Dios y los seres humanos, así como entre personas, naciones y familias. Jesús, como el Príncipe de Paz, les da paz a quienes viven sujetos a su señorío. Así lo dice la Palabra:

> Solícitos en guardar la unidad del Espíritu en el vínculo de la paz.
>
> **EFESIOS 4:3**

Cuando estamos llenos de la paz de Cristo, podemos enfrentar grandes batallas y saldremos victoriosos. Por último, Pablo afirma que la victoria final será nuestra:

> Y el Dios de paz aplastará en breve a Satanás bajo vuestros pies. La gracia de nuestro Señor Jesucristo sea con vosotros.
>
> **ROMANOS 16:20**

¡La victoria es suya, es mía y es de la iglesia de Cristo alrededor del mundo!

«Sobre todo, tomad el escudo de la fe, con que podáis apagar todos los dardos de fuego del maligno»

El escudo de un soldado romano era de unos dos metros y medio de ancho, y poco más de un metro de largo. Su forma era oblonga y se construía de madera recubierta de cuero. El escudo de protección para el soldado romano se hacía de tal manera que pudiera absorber las flechas ardientes y que se quebraran en el mismo. Por lo tanto, protegía las demás partes de la armadura. Mientras el soldado lo llevaba delante, le protegía de las lanzas, las flechas y los dardos de fuego. Los bordes de los escudos se confeccionaban de tal manera que una línea entera de soldados podía levantar una pared sólida que marchaba en contra del enemigo. Esto sugiere que no estamos solos en la batalla.

Al igual que Dios fue el escudo y la protección de Abram (Abraham), Cristo es nuestro escudo de protección hoy donde nos guarda de todo ataque satánico. Es más, Él es nuestro escudo en todo tiempo y, al igual que Abraham, recibiremos una gran recompensa:

> Después de estas cosas vino la palabra de Jehová a Abram en visión, diciendo: No temas, Abram; yo soy tu escudo, y tu galardón será sobremanera grande.
>
> GÉNESIS 15:1

La fe y el escudo de la fe son armas de defensa y protección para el creyente y son un requerimiento para todos los cristianos. Hay muchísimos versículos que nos instan a tener, poseer y desarrollar nuestra fe. Incluso, hay más de quinientos versículos sobre la fe en la Biblia. Lea el capítulo 11 de Hebreos, que es el capítulo de los llamados «héroes de la fe», y solo este le inspirará de una manera increíble.

El escudo de la fe del que habla Pablo deja sin efectividad el ataque de Satanás de sembrar dudas respecto a la fidelidad de Dios y su Palabra. Nuestra fe, que proviene de Cristo que es el autor y consumador de la fe (Heb 12:2), es como un escudo de oro, precioso, sólido y sustancial; es como el escudo de poderosos guerreros y por el que se logran grandes cosas. Además, con este escudo el creyente no solo repele al enemigo y se defiende, sino que lo derrota también.

La palabra «fe» en griego es **«pistis»**, y expresa convicción, confianza, creencia, dependencia, integridad y persuasión. En el marco del NT, **«pistis»** es el principio de confianza interior, seguridad y dependencia de Dios y de todo lo que Él dice. También el Señor atenderá todo lo que hacemos en fe, pues Jesucristo lo dijo:

> Respondiendo Jesús, les dijo: Tened fe en Dios. Porque de cierto os digo que cualquiera que dijere a este monte: Quítate y échate en el mar, y no dudare en su corazón, sino creyere que será hecho lo que dice, lo que diga le será hecho. Por tanto, os digo que todo lo que pidiereis orando, creed que lo recibiréis, y os vendrá.
>
> MARCOS 11:22-24

Esta fe extraordinaria podemos usarla tanto en la defensiva como escudo o en la ofensiva con osadía, intrepidez y valentía citando la Palabra de Dios y teniendo una fe inamovible en sus promesas.

Por otra parte, la fe que se menciona aquí no es la salvífica, sino la fe viva que confía en las promesas y el poder de Dios. La fe es un arma defensiva que nos protege de los dardos de fuego del diablo. En el tiempo de Pablo, las flechas se sumergían en una sustancia inflamable y se le arrojaban encendidas al enemigo. Los escudos, en cambio, se mojaban con agua de manera que apagaran de inmediato las flechas y los dardos del ejército enemigo.

A través de la fe, se pueden apagar todas las flechas del enemigo. Pablo dice que el diablo dispara esos dardos de fuego en contra de nuestra mente. Entonces, ¿qué son esas flechas o dardos incendiarios? Pueden reducirse a tres palabras: pensamientos, emociones y carne. Por lo general, estos se mezclan entre sí y afectan a los demás. En otras palabras, un pensamiento despierta sus emociones y hace que su carne o boca peque contra Dios.

Repito, ¿cómo podemos extinguir estos dardos que penetran de manera tan profunda? La respuesta es por el escudo de la fe. El escudo de la fe viene de la predicación, la lectura y la dependencia de la Palabra de Dios. Aunque es de esperar que el diablo nos ataque, debemos impedir que nos derrote al alimentarnos de la Palabra de Dios. Entonces, la fe se convierte en un escudo. El diablo también nos arroja otro tipo de dardos encendidos a nuestra mente y nuestro corazón con mentiras, pensamientos blasfemos, pensamientos de odio, dudas y deseos ardientes por el pecado. Si por fe no apagamos esos dardos, arderemos en el fuego del pecado y la desobediencia a Dios.

El constante ataque del enemigo tratará de desalentarlo y desmoralizarlo. Sin embargo, el escudo de la fe le proporcionará protección contra dichos ataques al «apagar», es decir, al «tragarse» la potencia de fuego del enemigo. Recuerde que no debe nunca basar su fe en sus propias fuerzas, lo cual es necedad, sino que su escudo de la fe debe estar en Dios y en su poder para vencer al enemigo.

También el escudo está relacionado con el término griego para «puerta» que, a su vez, hace referencia al escudo grande. Este tipo de escudo se hacía de madera, se cubría con cuero y se rodeaba de hierro o algún metal. Antes de la batalla, como vimos antes, el escudo se empapaba de agua, a fin de poder apagar las flechas que les dirigían con fuego en la punta. Cuando Pablo habla de «los dardos de fuego», se refiere a las flechas o los dardos del diablo que, encendidos en la punta, están llenos de pecados y distracciones para todo cristiano. Sin duda, estas son metáforas de los ataques espirituales que enfrentamos hoy. Por eso debemos protegernos con el escudo de la fe.

La fe es la total confianza y dependencia de Dios en todas las formas y de todas las cosas. Es una confianza inquebrantable en Cristo Jesús. La fe en Jesucristo (su escudo) lo pone a «Él» entre usted y el enemigo. El Señor es el escudo de ayuda; es decir, el «escudo de tu socorro» (Dt 33:29), así como «el escudo de tu salvación» (2 S 22:36). El escudo de la fe es la fe en el Señor. Con este escudo podemos apagar los dardos encendidos que el maligno nos dispara a usted y a mí.

El diablo está tramando algo en contra de usted. Por lo tanto, necesita aprender a pararse firme y oponérsele a sus planes, principados, potestades, gobernadores de las tinieblas de este mundo y contra huestes espirituales de maldad en los lugares celestes. Usted necesita aprender a extinguir los dardos de pensamientos engañosos, elevadas emociones y deseos carnales que le envía el diablo para que peque en contra de Dios.

¿De qué tamaño es su escudo? ¡Lo será del tamaño de la fe que tenga usted! Nunca sabemos cuándo Satanás nos va a tirar un dardo, así que siempre debemos caminar por fe y usar el escudo de la fe. Esta es la armadura espiritual que debemos tener.

«Y tomad el yelmo de la salvación»

Es interesante que después de la fe se hable de la salvación. La fe es imprescindible para la salvación del creyente. Cuando Pablo dice que «nosotros tenemos la mente de Cristo» (1 Co 2:16), se refiere a que tenemos la salvación, la doctrina, la Palabra, los pensamientos, los propósitos, los planes y el amor de Cristo, así como todo lo que tiene que ver con Él.

En cuanto al yelmo, o casco, es lo que cubre la cabeza. Pablo les habla a los creyentes de esta parte de la armadura, a fin de que no dejen que el diablo ponga dudas en su cabeza acerca de su salvación y pensamientos inicuos que lo alejen de Dios. Muchas de las batallas del cristiano se libran en la mente. El casco sobre su cabeza es un tipo espiritual de la esperanza de salvación. Además, debemos tener presente que el yelmo, el casco, cubre la cabeza y mantiene protegida la parte más crítica del cuerpo. Podríamos decir que se debe preservar nuestra manera de pensar.

La cabeza del soldado estaba entre las partes más importantes que se debía proteger, ya que le podían descargar golpes mortales e impedir que le diera órdenes al resto del cuerpo. La cabeza es el asiento de la mente que, cuando se guarda por la segura «esperanza» del evangelio para la vida eterna, no recibirá falsa doctrina, ni dará lugar a las desesperantes tentaciones de Satanás. La persona que no es salva carece de la esperanza de protección contra los embates de la falsa doctrina, porque su mente es incapaz de discernir entre lo verdadero y lo falso. Nosotros, en cambio, estamos fundamentados en la verdad del evangelio de Cristo.

La mente es el campo de batalla, de allí provienen los pensamientos que van al corazón y después a la acción. ¡Tenga cuidado con lo que ven sus ojos! Por eso es importante tener una mente controlada por Dios. Lo triste de todo es que algunos cristianos tienen la idea de que el intelecto no es importante para Dios, cuando en realidad juega un papel muy significativo en el crecimiento del creyente. Por lo tanto, ¡gane la batalla en su mente!

No os conforméis a este siglo, sino transformaos por medio de la renovación de vuestro entendimiento, para que comprobéis cuál sea la buena voluntad de Dios, agradable y perfecta.

ROMANOS 12:2

La palabra «salvación» en griego es **«soterion»**, que significa rescate, liberación, seguridad, entrega, salida y preservación. Es un vocablo que designa de manera universal la salvación cristiana. Esta palabra solo se usa cinco veces en el NT, pues en la mayoría de los casos se usa **«soteria»**, que es la forma más común. Esta palabra inclusiva por completo significa perdón, sanidad, prosperidad, libertad, seguridad, rescate, liberación y restauración. La salvación de Cristo abarca al ser humano en su totalidad: espíritu, alma y cuerpo. Por eso tenemos que cuidarla con el yelmo sobre nuestra cabeza y nuestros pensamientos. Así lo expresa Pablo al enfatizar la gran importancia de la mente y de sus pensamientos:

Por lo demás, hermanos, todo lo que es verdadero, todo lo honesto, todo lo justo, todo lo puro, todo lo amable, todo lo que es de buen nombre; si hay virtud alguna, si algo digno de alabanza, en esto pensad.

FILIPENSES 4:8

Derribando argumentos y toda altivez que se levanta contra el conocimiento de Dios, y llevando cautivo todo pensamiento a la obediencia a Cristo.

2 CORINTIOS 10:5

Todo pensamiento que no es de Dios, es de naturaleza pecaminosa, egoísta o humana y va en contra de la Palabra del Señor. Así que recháselo de inmediato por la sangre de Cristo.

«Y la espada del Espíritu, que es la palabra de Dios»

En la Biblia, la espada es la única arma ofensiva del cristiano. Es necesario que el cristiano conozca la Palabra de Dios para que pueda atacar al enemigo cuando llegue el día malo y, a la vez, sepa usar la verdad de la Palabra para derrocar las fortalezas del enemigo.

La Palabra de Dios sirve tanto de aliento para el creyente como para atacar al enemigo. Mi primer libro se llamó *El poder de la Palabra de Dios*, y el segundo *Heme aquí, Señor, envíame a mí*. ¿Por qué? ¡Porque me apasionan las Escrituras, la evangelización y las misiones! Lea y estudie la Palabra, conózcala de punta a punta, libro por libro, y estará apto para el servicio de Dios. Jesús usó la Palabra cuando fue tentado por el diablo y aun este citó la Palabra en contra de Cristo porque bien sabe que la Palabra tiene poder (Mt 4:1-11).

Esta espada es un arma ofensiva que nos da Dios. Los soldados romanos traían en su cinturón una espada corta que se usaba en la lucha cuerpo a cuerpo. La Palabra de Dios se compara con una espada porque es filosa y capaz de penetrar en el alma y el espíritu del hombre, así como lo hace una espada real en el cuerpo:

> Porque la palabra de Dios es viva y eficaz, y más cortante que toda espada de dos filos; y penetra hasta partir el alma y el espíritu, las coyunturas y los tuétanos, y discierne los pensamientos y las intenciones del corazón.
>
> **HEBREOS 4:12**

La palabra «eficaz» en griego es **«energes»**, la cual significa enérgico, energético, energía, poder, activa, viva. Es similar a alguien que, al sentirse débil y convencido de que su tensión arterial bajó, se toma un café con cafeína que la sube y le devuelve la fuerza y la energía. **«Energes»** es lo contrario de la palabra griega **«argos»**, que es débil, flaco, sin poder y sin fuerza. La Palabra de Dios es viva, tiene autoridad, poder, unción, quiebra el poder del diablo y nos trae la victoria, por eso es muy necesario que la conozca todo cristiano.

A usted y a mí nos «compungieron de corazón» (Hch 2:37) cuando la Palabra de Dios nos mostró que éramos pecadores. Mientras más se usa una espada metálica, más rápido pierde el filo. En cambio, mientras un cristiano o ministro más usa la Espada de la Palabra de Dios, más penetrante se vuelve en su vida y en la vida de los que están a su alrededor.

Nuestra principal arma es la más filosa de las hojas, cuyo filo no puede desgastarse por el tiempo ni por el uso. Empuñar esta poderosa espada no solo derrota al enemigo, sino que también fortalece y dirige al guerrero. Debemos envainar nuestras espadas, guardándolas dentro de nuestros corazones, a fin de impedir que el enemigo nos haga cautivos (Sal 119:11). Además, debemos tomar la espada y usarla tanto de manera defensiva como ofensiva. Una persona puede bloquear un arma en su contra, pero también puede utilizarla para llegar a un oponente. Tenemos que tomar la espada del Espíritu y poner en práctica lo que nos aconseja Colosenses 3:16:

> La palabra de Cristo more en abundancia en vosotros, enseñándoos y exhortándoos unos a otros en toda sabiduría, cantando con gracia en vuestros corazones al Señor con salmos e himnos y cánticos espirituales.

Cuanto más conozca su espada, la Palabra de Dios, mejor sabrá luchar y guerrear en contra del enemigo de su alma. Dedíquele un tiempo cada día y trate de leer toda la Biblia una vez al año por lo menos.

Se sabe que el gran hombre de Dios Jorge Müller, del orfanato de Bristol en Inglaterra, leyó cien veces la Biblia y tuvo una vida y un ministerio victoriosos. También se sabe que un pastor japonés leyó las Escrituras ochenta y siete veces. Cuando sienta que es tentado, lea versículos como estos y vencerá al enemigo al citar la Palabra de Dios: 1 Corintios 10:13; Hebreos 2:18; 4:15; Santiago 4:7 y 1 Pedro 5:8-9. ¡La victoria es suya y mía!

«Orando en todo tiempo con toda oración y súplica en el Espíritu, y velando en ello con toda perseverancia y súplica por todos los santos»

El apóstol Pablo nos aconseja que oremos sin cesar (1 Ts 5:17). El creyente tiene el llamado a orar constantemente, todo el tiempo, en su mente y corazón. Jesús se pasaba noches enteras orando y se retiraba a lugares solitarios para orar a su Padre. Cuando Pablo comienza a hablar acerca de la guerra espiritual, dice que la oración constante es la única manera en la que el creyente puede fortalecer su espíritu. La oración debe estar presente antes, durante y después de la batalla.

Mi quinto libro se llamó *El secreto de la oración eficaz*, donde enseño que debemos orar en el Espíritu; es decir, con la mente de Cristo, con su corazón y sus prioridades. Aquí radica la culminación de lo que involucra armarnos a nosotros mismos al vestirnos con toda la armadura de Dios. Lo significativo es que este pasaje de la Escritura es esencial en las prioridades del ministerio, así se reafirma a través de las epístolas de Pablo, donde se asegura que la oración es el elemento indispensable para alcanzar la victoria y la madurez espiritual.

La oración es la fuerza que capacita al soldado cristiano para vestir la armadura y manejar la espada. No podemos pelear la batalla con nuestras propias fuerzas, sin importar lo fuertes o talentosos que nos creamos ser. Cuando Amalec atacó a Israel, Moisés subió a la cima del monte a orar, mientras Josué usaba la espada en el valle (Éx 17:8-16). La intercesión en oración de Moisés y la espada de Josué se usaron para derrotar a los de Amalec.

La oración es la fuerza sobrenatural para la victoria. La fórmula bíblica es que oremos al Padre por medio del Hijo y en el Espíritu, y que solo en el poder del Espíritu podemos orar de acuerdo a la voluntad de Dios (Ro 8:26-27).

Por otra parte, el pasaje que estamos estudiando nos dice que velemos en oración, lo cual significa que estemos «alertas», «atentos» y «vigilantes» con toda «perseverancia». Esta frase aparece varias veces en la Biblia. Por ejemplo, cuando Nehemías reparaba el muro de Jerusalén, sus enemigos trataron de detener la obra. Así que Nehemías logró derrotar a su enemigo perseverando en la oración y estando alerta.

La palabra «perseverancia» significa «pegarse a algo y no soltar». Los primeros cristianos oraban así (Hch 1:14; 2:42; 6:4). La perseverancia en la oración no significa que vamos a convencer a Dios, sino que estamos muy convencidos y que esperamos con fervor una respuesta de Dios. Perseverar en la oración no es «que se haga la voluntad de un hombre en el cielo, sino que se haga la voluntad de Dios en la tierra».

La palabra perseverancia se usa también aquí como «vigilancia». La vigilancia es muy importante en la vida del soldado. A un soldado de un ejército que está en vela, no lo podrán sorprender ni destruir con facilidad. El creyente que está en continua vigilancia en oración podrá identificar cuando el enemigo planea un ataque y se dará cuenta cuando lo están atacando. Entonces, podrá salir a enfrentarlo de inmediato y contraatacar.

En la Biblia hay más de quinientos versículos sobre la oración. Léalos, estúdielos y, sobre todo, ore por usted, su familia, sus familiares que no son salvos, su trabajo, su iglesia, sus finanzas, su ciudad, su estado, su nación, su presidente, por la obra de Dios, por los ministros, las misiones, los misioneros, los predicadores, los evangelistas, los pastores; en fin, ore, ore y ore hasta que obtenga la respuesta. Dios le dará la victoria en todo cuando entienda el poder de la oración. En mi quinto libro, llamado *El secreto de la oración eficaz*, hablo sobre lo que es vivir una vida victoriosa bajo la oración. El diablo teme a un cristiano que ora y conoce la Palabra de Dios.

«Y por mí, a fin de que al abrir mi boca me sea dada palabra para dar a conocer con denuedo el misterio del evangelio»

Qué humilde y cuán sincero es el apóstol al reconocer que necesitaba de oración, así se los expresa también a los creyentes de Colosas:

> Orando también al mismo tiempo por nosotros, para que el Señor nos abra puerta para la palabra, a fin de dar a conocer el misterio de Cristo, por el cual también estoy preso.
>
> **COLOSENSES 4:3**

La mayoría de las veces, hago lo mismo después de predicar. Incluso, al final de una campaña o evento, siempre pido al pastor o pastores que oren por mí. Pablo reconocía que dependía de los demás y de sus oraciones, pues sabía que la oración le daba vida a la armadura que usaba en la guerra espiritual. Nosotros debemos reconocer lo mismo, pues por nuestras fuerzas no seremos capaces de producir las virtudes morales ni las prácticas de la misión que se nos ha encomendado. Estas cosas son las obras de Dios en nosotros.

La oración le abre nuestro corazón a Dios de manera que Él nos pueda santificar para sí mismo, y darnos también autoridad para realizar nuestra misión. La oración llama a Dios pidiéndole que actúe, de ahí que nuestro poder en la guerra espiritual sea el poder de Dios y que nuestra armadura sea la de Él. Así que es absurdo tratar de enfrentarnos a los poderes malignos sin pedir la ayuda divina:

> Y sabrá toda esta congregación que Jehová no salva con espada y con lanza; porque de Jehová es la batalla.
>
> **1 SAMUEL 17:47**

En la oración, la batalla de Dios es nuestra también. Debido a que Él nos ha dado poder y nos ha revestido con su propia armadura, podemos pelear sin temor alguno. Martín Lutero, en su apasionante himno «Castillo fuerte es nuestro Dios», dejó claro nuestra victoria en contra de las adversidades y del propio diablo.

En cuanto a Pablo, vemos que les pidió a los efesios que le ayudaran en oración, a fin de tener poder para presentar el evangelio con claridad mientras hablaba ante los tribunales de las autoridades romanas, así como ante judíos y griegos durante sus viajes misioneros. Si Pablo necesitaba apoyo en oración, cuánto más lo necesitamos nosotros.

Jesucristo, nuestra armadura

En un sentido espiritual, toda la armadura de Dios es una figura literal de Jesucristo. Él constituye todas las partes de la armadura para nosotros, una por una. Cristo es nuestra verdad, nuestra justicia, nuestro evangelio, nuestra paz, nuestro escudo, nuestro yelmo o casco de la salvación, la Palabra de Dios para nosotros y es el que ora e intercede por nosotros.

Es importante saber que debemos vestirnos con la armadura de Dios a diario y cada vez que despertamos al empezar el día. Nunca vamos a estar alejados de los ataques del diablo, por lo que debemos estar siempre alertas y vestidos con la armadura de Dios. Nosotros hemos enfrentado a satanistas alrededor del mundo. Hemos presenciado la batalla de poderes entre Dios y el diablo, y el Señor siempre ha ganado y nos ha respaldado. Pablo supo enfrentar al enemigo y vencerlo. Refiriéndose a Cristo dijo:

> Anulando el acta de los decretos que había contra nosotros, que nos era contraria, quitándola de en medio y clavándola en la cruz, y despojando a los principados y a las potestades, los exhibió públicamente, triunfando sobre ellos en la cruz.
>
> **COLOSENSES 2:14-15**

Aquí no nos promete la derrota del enemigo, ¡sino que declara que el diablo ya está vencido! La victoria es nuestra. Ya Jesucristo lo venció en la cruz y por su resurrección. Esta verdad se reafirma también en la carta a los hebreos:

> Así que, por cuanto los hijos participaron de carne y sangre, él también participó de lo mismo, para destruir por medio de la muerte al que tenía el imperio de la muerte, esto es, al diablo.
>
> **HEBREOS 2:14**

Jesús ya venció al diablo. ¡Está escrito! Por eso es que para vencer en la lucha debemos abstenernos de todo (1 Co 9:25), seguir luchando según la potencia de Cristo (Col 1:29), hacerlo de manera legítima (2 Ti 2.5), pelear la buena batalla de la fe para echar mano a la vida eterna (1 Ti 6:12), seguir combatiendo por la fe del evangelio (Flp 1:27) y terminar en victoria como le sucedió a Pablo:

> He peleado la buena batalla, he acabado la carrera, he guardado la fe.
>
> **2 TIMOTEO 4:7**

¡Salgamos a vencer como lo hizo Pablo al enfrentar y vencer al diablo! ¡Aleluya!

¿Quién es el más fuerte?

En cierta ocasión, la piedra dijo: «¡Yo soy fuerte!». Cuando el hierro escuchó esto, dijo: «¡Pero yo soy más fuerte que tú!». Entonces, se enfrascaron en una pelea en la que el hierro hizo pedazos a la piedra. Al enterarse el fuego de esto, le dijo al hierro: «¡Pero yo soy más fuerte que tú!». Y al entrar en la pelea, el fuego derritió al hierro.

El agua no se quedó atrás y le dijo al fuego: «¡Pero yo soy más fuerte que tú!». Y al pelear, el agua apagó al fuego. Entonces la nube, que lo vio todo, le dijo al agua: «¡Pero yo soy más fuerte que tú!». Y en la pelea, la nube evaporó el agua. Oyendo el viento lo sucedido, le dijo a la nube: «¡Pero yo soy más fuerte que tú!». Así que pelearon y el viento esparció la nube. Cuando se enteraron los montes, le dijeron al viento: «¡Pero nosotros somos más fuertes que tú!». Y en la pelea, el viento salió perdiendo, pues como los montes eran tan altos, les impedían salir y, como resultado, se quedó dando vueltas en círculos.

Al ver esto, el hombre les dijo a los montes: «¡Pero yo soy más fuerte que ustedes!». Y en la pelea, el hombre abrió los montes, escarbó con sus máquinas e hizo carreteras y túneles. Así que el hombre repitió con orgullo: «¡El más fuerte soy yo!». Al escuchar esto, el diablo dijo: «¡Pero yo y mi fiel compañera la muerte somos más fuertes que tú!». Y peleó el hombre con el diablo y la muerte, pero el hombre perdió y los dos lo mataron. Así que triunfantes, el diablo y la muerte dijeron: «¡Nosotros somos más fuertes que cualquiera!».

En ese momento, baja del cielo un Ser maravilloso vestido de blanco y con poder les dijo: «Yo los escuché a ustedes dos decir que son fuertes. ¿Creen que es cierto? ¡No lo es! En el caso de que lo olvidaran, les recuerdo que yo los vencí en la cruz del Calvario a través de mi muerte y resurrección. Así que ustedes dos ya están vencidos». Al oír esto, el diablo y la muerte se arrodillaron ante Cristo y reconocieron su derrota delante del Hijo del Dios viviente. ¡Aleluya!

> Y en medio de los siete candeleros, a uno semejante al Hijo del Hombre, vestido de una ropa que llegaba hasta los pies, y ceñido por el pecho con un cinto de oro. Su cabeza y sus cabellos eran blancos como blanca lana, como nieve; sus ojos como llama de fuego; y sus pies semejantes al bronce bruñido, refulgente como en un horno; y su voz como estruendo de muchas aguas. Tenía en su diestra siete estrellas; de su boca salía una espada aguda de dos filos; y su rostro era como el sol cuando resplandece en su fuerza.
>
> APOCALIPSIS 1:13-16

¡Alabado sea el nombre de Cristo para siempre!

Pablo y su afirmación

Ninguno tenga en poco tu juventud, sino sé ejemplo de los creyentes en palabra, conducta, amor, espíritu, fe y pureza.

1 TIMOTEO 4:12

Debido a su gran experiencia en su vida ministerial, y sobre todo en la guerra espiritual, Pablo pudo expresarle palabras de afirmación a su hijo en la fe, Timoteo, y prepararlo para el ministerio. La afirmación sobre una persona es un efecto poderoso cuando viene llena de cariño, enseñanza y delegación; o sea, de uno que discipula a su discípulo para afirmarlo y prepararlo en su carácter y personalidad.

Nunca llegue a subestimar el poder de la afirmación de los padres sobre sus hijos. Desde que Kathryn y Joshua eran pequeños y estaban en preescolar, y durante su etapa de crecimiento, Dámaris y yo siempre les decíamos que serían sobresalientes en sus escuelas, tendrían las mejores calificaciones y se destacarían en todo. Cuando eran pequeños, traían sus dibujos de la escuela y les decíamos que eran muy bonitos, que tenían talento y que sabían dibujar. Así que nosotros poníamos sus dibujos en la puerta del refrigerador. Cuando se iban a jugar, nos preguntábamos: «¿Pero esto qué es?». Sin embargo, delante de ellos nunca expresábamos una palabra de duda ni de que no lo hicieron bien. Hoy ya son adultos y, como mencioné en el capítulo 9, Kathryn se graduó en Psicología en la Universidad de Biola y después hizo su maestría en la Universidad Pepperdine. Joshua, por otra parte, estudió economía en la Universidad de California en Los Ángeles y ahora está en la Universidad Stanford estudiando abogacía.

La afirmación tiene mucho poder en la mente de un niño a medida que este crece y avanza en la vida, pues las palabras quedan marcadas para siempre en su mente. Muchas familias, en cambio, dañan a sus hijos al hablarles palabras negativas como que no saben hacer bien las cosas, no saben dibujar, escribir, leer, no sirven, no hacen sus tareas, son inútiles, no aprenden, etc. ¡Esto es terrible! Pablo siempre afirmó a sus compañeros, en particular a sus discípulos en la fe, y los preparó para que ocuparan su lugar y que pudieran seguir en la predicación del evangelio de Cristo.

La «afirmación» en la Biblia

La palabra «afirmación», o «afirmar», en griego es **«bebaioo»**, que significa «confirmar». En Hebreos 13:9 se traduce «afirmar»: «Buena cosa es afirmar el corazón con la gracia». Otro de los términos griegos relacionados con estas palabras es **«diabebaioomai»**, el cual indica «asegurar», «confirmar», «afirmar de manera intensa», «insistir con firmeza» (Tit 3:8) y «afirmar» (1 Ti 1:7). También están las palabras **«discurizomai»**, como en el término anterior, e **«iscurazomai»** que es «corroborar»; estas palabras significan ante todo «apoyarse», y de esto «afirmar con intensidad», «afirmar» o «asegurar con vehemencia» (Lc 22:59; Hch 12:15).

La palabra **«sterizo»** es «fijar, afirmar» en el sentido de «dejar firme» (de **«sterix»**, que significa «apoyo»). Este término se usa para «establecer, afirmar, confirmar personas». El Señor llamó al apóstol Pedro para que confirmara a sus hermanos (Lc 22:32).

Pablo deseaba visitar Roma para que los hermanos pudieran ser «confirmados» (Ro 1:11; Hch 18:23); la misma misión se le dio a Timoteo para que confirmara a los de Tesalónica (1 Ts 3:2). La confirmación de los santos es obra de Dios, pues es quien «puede confirmaros» (Ro 16:25), a fin de que «que sean afirmados vuestros corazones» (1 Ts 3:13), y que «conforte vuestros corazones, y os confirme en toda buena palabra y obra» (2 Ts 2:17). El medio utilizado para efectuar la confirmación es el ministerio de la Palabra de Dios:

> Por esto, yo no dejaré de recordaros siempre estas cosas, aunque vosotros las sepáis, y estéis confirmados en la verdad presente.
>
> **2 PEDRO 1:12**

Santiago exhorta a los cristianos a que afirmen sus «corazones» (Stg 5:8). El carácter de esta confirmación se puede aprender de su uso, como cuando Cristo «afirmó su rostro» (Lc 9:51); en otras palabras, cuando tenía la determinación y la seguridad de ir a Jerusalén para morir por nosotros. Por otra parte, el término **«stereoo»** es «afirmar, confirmar o hacer sólido» (Hch 3:7, 16; 16:5), y es similar a **«stereos»**, que significa «duro, firme y hacer sólido».

¿Quién fue Timoteo?

Pablo preparó a Timoteo y lo «hizo sólido» al «afirmarlo», «asegurarlo» y «confirmarlo» en todas las etapas de su vida para llegar a ser un gran ministro del evangelio.

Entonces, ¿quién fue Timoteo en realidad? El joven Timoteo fue un gran discípulo de Pablo y se convirtió en un gran líder de la iglesia primitiva. El nombre «Timoteo» en griego es **«Timoteos»**, que significa «el que adora a Dios». Fue hijo de un matrimonio mixto (**«gamos»** en griego). Su madre era judía y le enseñó las Escrituras, mientras que su padre era griego:

> Después llegó a Derbe y a Listra; y he aquí, había allí cierto discípulo llamado Timoteo, hijo de una mujer judía creyente, pero de padre griego.
>
> **HECHOS 16:1**

Así que Timoteo nació en Listra y fue muy estimado y considerado por sus hermanos en la fe cristiana. Tanto los de Listra como los de Iconio lo estimaban mucho y tenía muy buen testimonio (Hch 16:2). No está escrito cuándo se hizo «creyente» (en griego **«pistos»**). Es probable que se convirtiera durante el primer viaje misionero de Pablo al pasar por Listra, y que fuera testigo de los sufrimientos de Pablo allí (2 Ti 3:10-11).

Sin duda, Timoteo fue un joven muy afectuoso y cariñoso, pues Pablo dice de él: «Deseando verte, al acordarme de tus lágrimas, para llenarme de gozo» (2 Timoteo 1:4). Sin embargo, también fue muy tímido: «Porque no nos ha dado Dios espíritu de cobardía, sino de poder, de amor y de dominio propio» (2 Ti 1:7). Pablo también lo exhortó a que huyera de las pasiones juveniles y que se presentara ante Dios aprobado como obrero que no tenía de qué avergonzarse (2 Ti 2:15).

Las enseñanzas de Pablo en la vida de Timoteo

Pablo le escribió su primera carta a Timoteo desde Macedonia, más o menos por el año 64 d. C. (en la época intermedia de sus dos prisiones en Roma). Timoteo fue un verdadero hijo en la fe y recibió afirmación, enseñanza, disciplina y corrección. Además, aprendió a liderar, fue un gran hombre de Dios y una de las columnas de la iglesia primitiva. Entonces, entre otras cosas, ¿qué le aconsejó el apóstol a Timoteo?

> Ninguno tenga en poco tu juventud, sino sé ejemplo de los creyentes en palabra, conducta, amor, espíritu, fe y pureza.
>
> **1 TIMOTEO 4:12**

Teniendo en cuenta este pasaje, podríamos resumir que Pablo afirmó a Timoteo de la siguiente manera:

1. **PABLO LO AFIRMÓ AL DECIRLE QUE NADIE LO TUVIERA EN POCO**

   La frase «tener en poco» en el verbo original en griego es **«katafroneo»,** que también significa «despreciar», rechazar», «burlar», «menospreciar» o tratar con «desprecio». Cuando uno se trata con desprecio es no tenerse en consideración, no desarrollar el don, ni el talento que nos ponen en las manos. Asimismo, se refiere a los demás que «desprecian» a alguien. En lo personal, si pierdes este tiempo, nunca más vendrán de vuelta las oportunidades ni la juventud, pues Eclesiastés 11:9 dice de manera enfática:

   > Alégrate, joven, en tu juventud, y tome placer tu corazón en los días de tu adolescencia; y anda en los caminos de tu corazón y en la vista de tus ojos; pero sabe, que sobre todas estas cosas te juzgará Dios.

Es muy necesario que los pastores no desprecien a un joven ni a una joven, sino que inviertan sus vidas en afirmarlos y discipularlos, como lo hizo Pablo con Timoteo.

Yo tuve grandes pastores y maestros que invirtieron sus vidas en mí desde mi juventud, como mi pastor Eliseo Dorneles Alves, que ya está con el Señor, de las Asambleas de Dios de Santa María, estado de Río Grande del Sur, Brasil. También el pastor Jaime Araujo de Juventud Con una Misión de Belo Horizonte, estado de Minas Gerais, Brasil; el pastor Alfonso Cherene, actual presidente nacional de JuCUM en España, que fue mi mentor y el que me discipuló cuando de joven fui misionero en la nación española; y el Rvdo. Dr. Dean Gonzales, de las Asambleas de Dios, que desde mi juventud fue mi pastor aquí en Estados Unidos, el que nos casó a Dámaris y a mí, y quien presentó y dedicó nuestros hijos al Señor cuando nacieron. Todos estos hombres de Dios invirtieron de su tiempo, paciencia, amor, consejos, oración y enseñanza en mí, así como me afirmaron en lo que debía hacer con mi llamado y ministerio. Estaré eternamente agradecido a mis pastores que, al dedicar su tiempo para que yo fuera su discípulo, fueron mis maestros y mentores. ¡Muchísimas gracias!

2. **PABLO LO AFIRMÓ AL DECIRLE QUE APRECIARA SU JUVENTUD**
Pablo afirmó a Timoteo al decirle que nadie tuviera en poco su juventud (1 Ti 4:12). La palabra «juventud» en griego es **«neotes»**, y significa «mocedad», «ser joven». Esta palabra se usó mucho en la literatura griega como «jóvenes», pero no dice nada en cuanto a la edad. La misma palabra se usa para decir «valentía», como unas de las características del espíritu joven. Saulo (en griego «corona») de Tarso, más tarde llamado Pablo, tenía casi treinta años de edad cuando le llamaron joven en el tiempo de Esteban:

Y echándole fuera de la ciudad, le apedrearon; y los testigos pusieron sus ropas a los pies de un joven que se llamaba Saulo.

HECHOS 7:58

También esta palabra se usó para indicar a los militares adultos hasta la edad de cuarenta años. Algunos teólogos dicen que Timoteo quizá tuviera treinta o treinta y dos años entre las dos prisiones de Pablo. En mi libro *Heme aquí, envíame a mí*, hablé sobre muchos jóvenes que cambiaron el mundo para Cristo, en particular del joven y después gran misionero Adoniram Judson y todo lo que hizo y sufrió por el Señor en la antigua Birmania, hoy Myanmar. El Dr. David Livingston lo llamó el misionero estadounidense más grande de la historia.

3. **PABLO LO AFIRMÓ PARA QUE FUERA EJEMPLO DE LOS CREYENTES**
En el ámbito secular, los hijos piden que sus padres les den ejemplo, los padres los piden de los maestros en las escuelas y de sus jefes, los maestros y jefes de los directores de las escuelas, los directores de los supervisores, los supervisores de la junta de educación, la junta de educación de los jefes de distritos escolares, los jefes del alcalde, el alcalde del concilio de la ciudad, el concilio del gobernador, el gobernador a su gabinete, el gabinete del presidente, el presidente de su gabinete, y su gabinete de todos los demás políticos, ya sean del senado o del congreso. Todo se basa en el ejemplo, la integridad y el testimonio.

En el ámbito espiritual, en la iglesia, los miembros piden que sus líderes y pastores les den ejemplo, y estos los piden de sus miembros, los miembros de los maestros de la Escuela Dominical, las secretarias, los tesoreros y administradores. Estos piden el ejemplo de sus líderes seccionales, de sus presbíteros de área, estos de sus líderes distritales, del vicesuperintendente y del superintendente, estos lo piden de sus líderes departamentales, el distrito local pide el ejemplo del concilio general y de sus líderes departamentales a nivel nacional, y estos lo piden del superintendente general o nacional, y el superintendente general pide que los que trabajan con él en todos los niveles desde las oficinas hasta a los ejecutivos les den un buen ejemplo. ¿Lo ve? Todo se basa en conducta y reglas para que todos sean el ejemplo dentro de sus responsabilidades que les encomendó el Señor.

Pablo (en griego, *Paulos*, compárese que en latín es «pequeño») dijo lo siguiente acerca de su ejemplo: «Sed imitadores de mí, así como yo de Cristo» (1 Co 11:1). En otras palabras, decía: «Mírenme a mí y a mi ejemplo». También en su carta a los filipenses habló de nuevo sobre su conducta al decir:

Lo que aprendisteis y recibisteis y oísteis y visteis en mí, esto haced; y el Dios de paz estará con vosotros.

FILIPENSES 4:9

¿Cuántos de nosotros podemos decir que nos miren a nosotros y a nuestro ejemplo? Hay una gran necesidad que los cristianos y ministros vuelvan a ser ejemplos en sus vidas personales, ministeriales, financieras, laborales, así como en sus vecindarios, comunidades y en general. El evangelio ha sufrido mucho con los grandes escándalos personales, financieros y morales, tanto por parte de creyentes como de ministros.

La palabra griega de «ejemplo» en griego es **«tupos»**, que significa «impresión visible», lo mismo que «copia, imagen, modelo, arquetipo». Por otra parte, el significado original de esta palabra es «golpe», que se deriva de **«tupto»**, que se refiere a un «golpe brusco». Muy pronto, la palabra se llegó a usar para indicar un instrumento que dejaba una impresión, un sello, como el de una fotocopiadora. Más adelante, dio origen a la idea de «ejemplo» o «modelo a seguir». Nosotros tenemos el llamado a ser el sello de aprobación del Señor delante de todos los hombres en cada una de nuestras actividades y quehaceres, ya sean particulares o públicas. Jesús mismo lo dijo:

Así alumbre vuestra luz delante de los hombres, para que vean vuestras buenas obras [ejemplo], y glorifiquen a vuestro Padre que está en los cielos.

MATEO 5:16

En cuanto a nosotros en el ámbito eclesiástico, el ministro del evangelio es «la impresión», «el modelo a seguir». No obstante, la base de todo está en el modelo del propio Cristo, ya que quien nos moldea es Él.

Por último, analice que esta palabra también es ser «discípulos de Cristo», como lo afirma el apóstol Pedro:

Pues para esto fuisteis llamados; porque también Cristo padeció por nosotros, dejándonos ejemplo, para que sigáis sus pisadas.

1 PEDRO 2:21

Ante esto, vemos el gran valor del buen ejemplo, pues de nada vale que nos aconseje alguien cuyo ejemplo no es digno de imitar. Por eso es que el ejemplo habla más que las palabras, en especial con relación a nosotros los ministros. Alguien dijo esto sobre el ejemplo ministerial: «Si tu vida no tiene mensaje, tu mensaje no tiene vida». ¡Es una gran verdad! Susana Wesley y su gran ejemplo con sus diez hijos marcaron la vida de dos en particular, Juan y Carlos Wesley, que llegaron a ser grandes predicadores del evangelio.

Cierta vez, un predicador terminó su mensaje y todos le aplaudieron. Su niño de once años de edad le escuchaba. Al terminar, su hijo le dijo: «Es una pena papá, pero no te puedo aplaudir como ellos porque te conozco y sé quién eres en realidad, pues no eres lo que predicas». ¡Qué lamentable!

4. **PABLO LO AFIRMÓ PARA QUE FUERA EJEMPLO EN PALABRA**

Pablo afirmó a Timoteo diciéndole que fuera ejemplo «en palabra». El término «palabra» en griego es **«logos»** («parábola» en latín), que significa «facultad de hablar». Se trata de un conjunto de sonidos que forman una idea; es decir, lo que sale de la boca. Aquí se refiere en específico a la conversación diaria, a la manera de hablar y a expresarse con respecto, educación e integridad. En el sentido espiritual, Jesús es la Palabra, el Logos enviado por Dios que se hizo carne:

En el principio era el Verbo [la Palabra], y el Verbo era con Dios, y el Verbo era Dios.

JUAN 1:1

Nuestras palabras tienen poder, tal como se expresa en el capítulo 18 de Proverbios, que se considera «el capítulo del poder de las palabras». Esta idea se encuentra de manera enfática en el versículo 21: «La muerte y la vida están en poder de la lengua, y el que la ama comerá de sus frutos». Lo que usted habla tiene vida o muerte en su lengua, así que úsela con sabiduría. Familias, personas y ministerios se han destruido por palabras que les causaron grandes daños a sus oyentes. Incluso, las guerras han empezado por palabras ásperas dichas en contra de otros gobiernos que malentendieron o malinterpretaron, y esto los llevó a serias consecuencias dolorosas y desastrosas. El filósofo francés Denis Diderot dijo: «Una palabra dicha a tiempo tiene más valor que un gran discurso». Yo tengo un DVD de predicación llamado «El poder, el efecto y las consecuencias de nuestras palabras», donde hablé de los peligros de usar la palabra de forma indebida.

También un proverbio persa dice: «La palabra que tienes dentro de ti es tu esclava, la que dejas salir de tu boca es tu señora». Lo que dijo ya lo dijo, no hay manera de que regrese a usted. ¿Alguna vez ha intentado poner de vuelta la pasta de dientes en el tubo si es que al cepillarse por la mañana lo apretó demasiado y salió mucho? ¡Estoy seguro que sí! A todos nos ha pasado. Así son nuestras palabras. No las podemos traer de vuelta a nuestra boca. ¡Tenga cuidado con lo que dice, predica o escribe! En la epístola de Santiago se enfatiza lo siguiente:

Así también la lengua es un miembro pequeño, pero se jacta de grandes cosas. He aquí, ¡cuán grande bosque enciende un pequeño fuego! Y la lengua es un fuego, un mundo de maldad. La lengua está puesta entre nuestros miembros, y contamina todo el cuerpo, e inflama la rueda de la creación, y ella misma es inflamada por el infierno [...] pero ningún hombre puede domar la lengua, que es un mal que no puede ser refrenado, llena de veneno mortal.

SANTIAGO 3:5-6, 8

¿Leyó bien? ¡La lengua está «llena de veneno mortal»! En un arranque de ira o descontrol, puede destruir en segundos lo que le llevó toda una vida conquistar en su familia, esposo, esposa, sus hijos, su trabajo o ministerio.

En cierta ocasión, un padre le pidió a su hijo que era un malhablado que cada vez que dijera una mala palabra clavara en una tabla de madera un clavo. Al final de la semana, la tabla estaba llena de clavos. Entonces, el padre llamó a su hijo y le dijo:

—¿Tú ves la tabla? Está llena de clavos, ¿cierto?

—¡Sí! —le respondió el hijo.

—Ahora, saca los clavos —le dijo el papá.

Cuando el hijo lo hizo, la tabla quedó marcada por los clavos.

—Cada palabra mala tuya, fuera de orden y de malicia, es lo mismo que las marcas de esta tabla —le dijo el padre—. Tú podrás haber retirado los clavos, pero las marcas están allí. Lo que dijiste se quedará para siempre marcado tanto en mi vida, como en la de tu madre y en la de todos los que te oyeron. ¡Así que cambia tu manera de hablar!

5. **PABLO LO AFIRMÓ PARA QUE FUERA EJEMPLO EN CONDUCTA**

También Pablo le pidió a Timoteo que fuera ejemplo en conducta. La palabra «conducta» o «procedimiento» en griego es **«anastrofe»**, que significa «manera de vivir, conducta, comportamiento». La forma verbal es «saber comportarse», «conducirse» y «proceder». En las Escrituras del NT se usa trece veces, como en Gálatas 1:13, donde Pablo señala su forma de actuar antes de su conversión:

> Porque ya habéis oído acerca de mi conducta en otro tiempo en el judaísmo, que perseguía sobremanera a la iglesia de Dios, y la asolaba.

También debemos honrar a los ministros que son ejemplares en su manera de vivir, su integridad en su vida personal y ministerial, pues Hebreos 13:7 afirma: «Acordaos de vuestros pastores, que os hablaron la palabra de Dios; considerad cuál haya sido el resultado de su conducta, e imitad su fe». Los padres también deben dar ejemplo de conducta, comportamiento y procedimiento en sus hogares para sus hijos.

En una oportunidad, una familia cristiana invitó a su pastor y esposa para venir a cenar con ellos. Sentados a la mesa el niñito miraba, miraba y miraba al pastor por todos los lados y de todas maneras. Hasta que el pastor le preguntó: «Hijito, ¿porque me miras tanto?». Y el niño dijo sin dudar: «¡Es que mi papá dice que usted tiene dos caras y estoy buscando la otra!». En ese momento... ¡terminó la cena!

Tarde o temprano, lo que usted dice en el secreto de su hogar con sus hijos lo sabrán todos, porque los niños lo hablan todo y lo hacen sin maldad ninguna porque así son: puros y sin malicia.

6. **PABLO LO AFIRMÓ PARA QUE FUERA EJEMPLO EN AMOR**

La palabra «amor» expresa «afecto profundo, ternura, sentimiento y cariño». En griego, esta palabra tiene tres significados **«agape o agapao»**, que se refiere al amor de Dios; **«fileo»**, que es el amor de amistad entre hermanos (de allí viene la palabra Filadelfia) «que es amor fraternal»; y la última es **«eros»**, que es el amor pasional y físico entre un hombre y una mujer dentro de los límites sagrados del matrimonio. La relación sexual fuera del matrimonio solo es promiscuidad, lascivia, fornicación y adulterio. El capítulo clásico del amor en las Escrituras es 1 Corintios 13, y en el versículo 7 Pablo dijo que el amor «todo lo sufre, todo lo cree, todo lo espera, todo lo soporta». Veamos estas ideas:

a. «El amor todo lo sufre»

Cuando decimos que el amor «todo lo sufre», debemos establecer su relación con la palabra griega **«stégos»,** que significa «techar» y que, en sentido figurado, es «cubrir con silencio, soportar con paciencia, sufrir». Al igual que el techo cubre y protege de la lluvia y de la tempestad, el amor nos «cubre, protege y sostiene» también. Este vocablo se usa en 1 Pedro 4:8: «El amor cubrirá multitud de pecados».

Cuando el amor nos cubre de la lluvia como un «techo», impide que tengamos resentimientos en el corazón al enfrentarse a todos los embates de las pruebas y tribulaciones de la vida. Por casi veintisiete años de casados, Dámaris y yo hemos enfrentado grandes adversidades y cada vez hemos salido adelante, tanto en lo personal, enfermedades, finanzas como en lo ministerial. El Señor siempre nos ha dado la victoria porque el verdadero amor todo lo sufre. El amor ha sido el tema de muchos libros, muchas canciones y poemas.

El amor de Dios es su atributo más grande en las Escrituras, porque Dios es amor y 1 Juan 4:16 lo confirma: «Y nosotros hemos conocido y creído el amor que Dios tiene para con nosotros. Dios es amor; y el que permanece en amor, permanece en Dios, y Dios en él».

b. «El amor todo lo cree»

El aspecto clave aquí es que veamos el lado bueno de las personas y no procuremos ver sus defectos, que las creamos, en especial a los hermanos de la fe. Entre Dámaris y yo no hay secretos. Todo lo sabemos el uno del otro. No hay nada escondido, solo hay transparencia y respeto. Lo que le digo ella lo cree; y lo que ella me dice lo creo. Así de fácil. Nunca jamás hemos tenido problemas y jamás lo tendremos si seguimos así. Pablo lo expresa en Romanos 12:10: «Amaos los unos a los otros con amor fraternal; en cuanto a honra, prefiriéndoos los unos a los otros». El amor fraternal se manifiesta en la confianza y credibilidad entre hermanos, y en cuanto a la «honra», podemos decir que es tener en estima, respeto, creer y hablar la verdad siempre los unos con los otros.

c. «El amor todo lo espera»

El amor que espera es el que aguarda aun en contra de la esperanza como le sucedió a Abraham. El amor es paciente al esperar que alguien cambie o se transforme por el poder de Cristo, ya sea el esposo o la esposa. También lo es esperar que un familiar se convierta o que un vecino se entregue a Cristo. En el ámbito personal es esperar en las promesas de Dios que son confiables, como en el caso de Romanos 4:20 que, al hablar de Abraham, afirma: «Tampoco dudó, por incredulidad, de la promesa de Dios, sino que se fortaleció en fe, dando gloria a Dios». Así que espere en fe dando gloria a Dios como si ya hubiera recibido lo que pidió. ¡Esto es fe!

d. «El amor todo lo soporta»

Por amor a Cristo, el amor soporta las burlas de los demás, los fracasos, las pruebas, las persecuciones, el dolor, la angustia, etc. Está dispuesto a dar su vida por la causa del evangelio como muchos cristianos lo hacen en países cerrados al evangelio. El escultor, pintor y poeta Miguel Ángel dijo: «El amor es el ala que Dios le ha dado al alma para subir a Él».

En cierta ocasión, encontraron a un hombre llorando delante de la tumba de un soldado durante la guerra civil. Cuando le preguntaron si lo conocía, dijo que sí, pues cuando lo llamaron a la guerra tenía esposa e hijos y su amigo era soltero y se ofreció para ir en su lugar. Fue a la guerra y murió en batalla. Por eso visitaba la tumba de su amigo muy a menudo y repetía siempre las mismas palabras: «Él murió por mí, dio su vida por mí, ocupó mi lugar». En Juan 15:13 Jesús mismo dijo: «Nadie tiene mayor amor que este, que uno ponga su vida por sus amigos».

7. **PABLO LO AFIRMÓ PARA QUE FUERA EJEMPLO EN ESPÍRITU**

La palabra aquí se refiere al espíritu interior del hombre, los pensamientos en su mente que llevan al corazón, a las acciones y, al final, a las actitudes. También se refiere al alma, el centro de nuestras decisiones, de nuestra conciencia y del libre albedrío. En 2 Corintios 7:1 se nos dice: «Así que, amados, puesto que tenemos tales promesas, limpiémonos de toda contaminación de carne y de espíritu, perfeccionando la santidad en el temor de Dios».

8. **PABLO LO AFIRMÓ PARA QUE FUERA EJEMPLO EN FE**

La palabra fe en latín es **«fides»,** mientras que en griego es **«pistis»,** que significa «confianza, creencia, seguridad». Se trata de confiar en la Palabra y hacerlo con entendimiento. Hay dos palabras que revelan el mecanismo de la fe: «fundamento y prueba». «Fundamento» en griego es una estructura o un apoyo que mantiene algo en pie. «Prueba», en griego, es la demostración de este fundamento, de esta fe, es actuar en completa dependencia de Dios. Y por fin tenemos la fe objetiva, la fe cristiana que es confiar por completo en la Palabra de Dios, como dice sin rodeos Hebreos 11:1: «Es, pues, la fe la certeza de lo que se espera, la convicción de lo que no se ve».

Pablo afirmó a Timoteo cuando le dijo que debería creer y predicar el sistema doctrinal de la fe, defendiendo y exhortando la fe que es solo en Cristo. En el NT, la fe se considera en gran medida. Por ejemplo, el sustantivo griego **«pistis»** y el verbo **«pisteuo»** aparecen doscientas cuarenta veces, mientras que el adjetivo **«pistos»** aparece sesenta y siete veces.

El escritor inglés Thomas Browne dijo: «Creer solamente en las posibilidades no es fe, sino simple filosofía». La Palabra lo dice bien claro:

Dios, habiendo hablado muchas veces y de muchas maneras en otro tiempo a los padres por los profetas, en estos postreros días nos ha hablado por el Hijo, a quien constituyó heredero de todo, y por quien asimismo hizo [creó] el universo; el cual, siendo el resplandor de su gloria, y la imagen misma de su sustancia, y quien sustenta todas las cosas con la palabra de su poder, habiendo efectuado la purificación de nuestros pecados por medio de sí mismo, se sentó a la diestra de la Majestad en las alturas.

HEBREOS 1:1-3

Dios mío, ¡cuántas experiencias de fe hemos tenido alrededor del mundo tanto en lo personal como ministerial! Mi cuarto libro se llama *La fe que mueve la mano de Dios.*

9. PABLO LO AFIRMÓ PARA QUE FUERA EJEMPLO EN PUREZA

La palabra «pureza» en latín expresa la calidad del que es puro en todos los sentidos. En griego es **«agneia»**, que significa «castidad», «pureza», tanto en la mente como en el cuerpo. Esto no se limita a los pecados de la carne, en griego **«sarx»**, sino también actúa en la naturaleza interior de los pensamientos, intenciones y motivos.

La pureza es un estado del corazón donde hay completa devoción a Dios, así como el agua no adulterada es pura y como el oro sin mezcla es oro puro. Por lo tanto, el corazón puro no está dividido, no tiene otros intereses y no es hipócrita, sino que está consagrado de forma íntegra a Dios. Blaise Pascal, filósofo, matemático y físico francés, dijo: «Las aguas son siempre puras en sus manantiales».

Cuando no hay maldad en el corazón, no se ve maldad en los demás. Es más, se cree de corazón aunque a veces nos llevemos grandes sorpresas. António Vieira, religioso, escritor y orador portugués, también dijo: «A los ojos del que ama y es puro, el cuervo es blanco, y a los ojos del que odia y es impuro, la garza es negra». En Tito 1:15 Pablo dice: «Todas las cosas son puras para los puros, mas para los corrompidos e incrédulos nada les es puro; pues hasta su mente y su conciencia están corrompidas». La pureza se refleja en la mirada de un niño lleno de inocencia y que todo lo cree.

10. PABLO LO AFIRMÓ PARA QUE GUARDARA ESTE MANDAMIENTO O CONSEJO EN CUANTO A SU JUVENTUD, DE ACUERDO CON LO QUE RECIBIÓ DEL SEÑOR

Pablo afirmó al joven Timoteo de una manera sólida, firme y particular, a fin de que se mantuviera alejado de todo lo externo y que se consagrara a Cristo con el propósito de que lo usara para su gloria. ¡Dios permita que los jóvenes cristianos de hoy puedan invertir sus vidas de modo que estén preparados para el futuro tanto en lo personal como lo ministerial! Además, el apóstol le da estos consejos a su hijo espiritual:

Pues el propósito de este mandamiento es el amor nacido de corazón limpio, y de buena conciencia, y de fe no fingida [...] Este mandamiento, hijo Timoteo, te encargo, para que conforme a las profecías que se hicieron antes en cuanto a ti, milites por ellas la buena milicia, manteniendo la fe y buena conciencia, desechando la cual naufragaron en cuanto a la fe algunos.

1 TIMOTEO 1:5, 18-19

Una vez hecho este análisis, pidámosle a Dios que...

- Afirme nuestras vidas y nuestros corazones en santidad (1 Ts 3:13).
- Nos afirme y nos guarde del mal hasta su venida (2 Ts 3:3).
- Nos mantengamos fieles y firmes porque su venida está cerca (Stg 5:8).
- Él mismo nos «perfeccione, afirme, fortalezca y establezca» (1 P 5:10).

La orden está dada: ¡Permanezcamos firmes!

Pablo y su instrucción

*Pero persiste tú en lo que has aprendido y te persuadiste,
sabiendo de quién ha aprendido...*

2 TIMOTEO 3:14

El gran evangelista John R. Motts dijo: «Nosotros como ministros tenemos que instruir a los jóvenes y transformarlos en líderes, darles responsabilidades y que aprendan a tomar decisiones sabias y adecuadas». El método de Pablo con su hijo espiritual, Timoteo, fue muy instructivo. Le enseñó a tener responsabilidades, a ser fiel y a no comprometer sus convicciones.

La «instrucción» en la Biblia

La palabra «instrucción» en griego es **«parangelia»**, la cual significa «proclamación, mandato o mandamiento». Se usa de manera exacta respecto a las órdenes que se reciben de un superior y se les transmiten a otros. Se traduce «instrucciones» cuando Pablo les dice lo siguiente a los tesalonicenses: «Porque ya sabéis qué instrucciones os dimos por el Señor Jesús» (1 Ts 4:2). También debemos considerar el sustantivo **«paradosis»**, el cual se traduce como «instrucción», donde Pablo les dice a los corintios: «Os alabo, hermanos, porque en todo os acordáis de mí, y retenéis las instrucciones tal como os las entregué» (1 Co 11:2).

El verbo **«didasko»** se refiere a la «enseñanza» y la «instrucción». También encontramos el verbo **«katequeo»**, que es «enseñar de forma oral», así como «informar e instruir». El término **«probibazo»** es un verbo que significa «conducir y guiar hacia adelante», y viene de **«probaino»** que significa «ir adelante» (de **«pro»**, que es «adelante»). Por otra parte, la palabra **«sumbibazo»** se deriva de «enseñar e instruir». El término **«paideia»**, en cambio, significa «disciplina», aunque en este pasaje Pablo lo usa como «instrucción»:

> Toda la Escritura es inspirada por Dios, y útil para enseñar, para redargüir, para corregir, para instruir en justicia.
>
> **2 TIMOTEO 3:16**

«Instrucción» también es «enseñar», lo mismo que «instruir». En cuanto al término hebreo **«lamad»,** se traduce como «enseñar, aprender y motivar a aprender». Otra palabra hebrea a considerar es **«yarah»,** que significa «lanzar, enseñar, disparar y señalar». También debemos analizar otros términos hebreos relacionados con la «instrucción»:

- **«Talmud»,** del judío tardío, que significa «instrucción».
- **«Tôrah»,** que se traduce como «dirección, instrucción y orientación». (La **«Tôrah»** se compone de los cinco libros de Moisés que, para los judíos, es una de sus bases más importantes del Antiguo Testamento y se deriva del término **«yarah»**).
- **«Limmûd»** es otra palabra que significa «enseñado». Este adjetivo integra el equivalente exacto a la idea neotestamentaria de «discípulo», que se refiere a «uno que es enseñado». La idea equivalente a la palabra **«limmûd»** se expresa muy bien en estos pasajes del profeta Isaías:

> Ata el testimonio, sella la ley entre mis discípulos.
>
> **ISAÍAS 8:16**

> Y todos tus hijos serán enseñados por Jehová; y se multiplicará la paz de tus hijos
>
> **ISAÍAS 54:13**

Timoteo, el discípulo fiel

Pablo instruyó y enseñó a Timoteo para que fuera un fiel discípulo del Señor. Quizá Timoteo tuviera unos veinte años de edad cuando Pablo lo empezó a instruir, discipular y preparar. El joven parece ser que era parcial con algunas personas y un tanto tímido, de ahí que estuviera más dispuesto a aprender que a liderar. Así que Pablo necesitaba enseñarle de tal manera que tuviera un carácter de hierro para asumir sus próximas responsabilidades como líder en la iglesia. Como Pablo vio todo el potencial de Timoteo, tenía grandes aspiraciones para él y empezó a discipularlo e instruirlo para enfrentar las grandes dificultades futuras.

Pablo empezó a preparar a Timoteo al darle tareas que tal vez fueran más allá de la habilidad que podía entender este joven. Sin embargo, Pablo fue paciente y utilizó muy bien el tiempo para instruirlo mientras recorrían juntos el camino de la experiencia. Como se dice en inglés: «He learned from Paul on the go», que significa: «Aprendió de Pablo sobre la marcha». Sin duda, Timoteo tuvo un privilegio único al viajar al lado del gran apóstol.

Estos viajes llevaron a Timoteo a conocer todo tipo de individuos con muchas personalidades diferentes que le fueron moldeando su carácter y liderazgo. Por eso necesitó que Pablo le enseñara a triunfar sobre circunstancias adversas y a transformarlas en grandes victorias para Cristo.

Pablo le confió a Timoteo la responsabilidad de establecer la iglesia en Tesalónica y confirmar a los hermanos en la fe, de lo cual el joven recibió la aprobación de Pablo. Timoteo aprendió lecciones valiosas que le maduraron para adquirir carácter, perseverancia y solidez para ejercer el ministerio. Es más, Pablo le enseñó a darle un revés a la prueba, al aparente fracaso, y alcanzar la victoria.

Hoy podemos pensar en personas como Abraham Lincoln. Lo cierto es que, entre sus muchas adversidades, fracasó en los negocios, lo derrotaron para la legislatura, no pudo entrar a la Facultad de Derecho, lo derrotaron en las elecciones para la Cámara de Representantes, no pudo formar parte del Colegio Electoral, lo derrotaron varias veces en las elecciones al Congreso, no lo aceptaron como funcionario de su estado, lo derrotaron en las elecciones para el Senado, lo derrotaron también en las elecciones del Partido Republicano como candidato a la vicepresidencia. Sin embargo, Abraham Lincoln no se rindió, sino que perseveró, y después de muchos intentos y fracasos, llegó dos veces a la presidencia de los Estados Unidos.

Instrucciones específicas de Pablo a Timoteo

En una era y época donde un hombre con menos de treinta años de edad no se consideraba digno de algún reconocimiento, de seguro que la juventud de Timoteo era un obstáculo. En cambio, esto no detuvo a Pablo para darle a Timoteo responsabilidades y animarlo de modo que fuera un ejemplo para los demás. Como resultado, Pablo instruyó a Timoteo en algunas cosas muy importantes para su trabajo pastoral, las cuales también son muy útiles para todos nosotros, como cristianos y ministros, a fin de que no tengamos en cuenta nuestra posición en lo espiritual.

1. **PABLO INSTRUYÓ A TIMOTEO PARA QUE GUARDARA LA FE**
   1 Timoteo 3:9: «Que guarden el misterio de la fe con limpia conciencia».

2. **PABLO INSTRUYÓ A TIMOTEO PARA QUE GUARDARA LA ENSEÑANZA Y QUE NO TUVIERA FAVORITISMO NI PARCIALIDAD**
   1 Timoteo 5:21: «Te encarezco delante de Dios y del Señor Jesucristo, y de sus ángeles escogidos, que guardes estas cosas sin prejuicios, no haciendo nada con parcialidad».

3. **PABLO INSTRUYÓ A TIMOTEO PARA QUE GUARDARA EL MANDAMIENTO Y LA ENSEÑANZA, O SEA, LA PALABRA, SIN MANCHA**
   1 Timoteo 6:13-14: «Te mando delante de Dios, que da vida a todas las cosas, y de Jesucristo, que dio testimonio de la buena profesión delante de Poncio Pilato, que guardes el mandamiento sin mácula ni reprensión, hasta la aparición de nuestro Señor Jesucristo».

4. **PABLO INSTRUYÓ A TIMOTEO PARA QUE GUARDARA LA ENSEÑANZA DE LO QUE SE LE ENTREGÓ**
1 Timoteo 6:20-21: «Oh Timoteo, guarda lo que se te ha encomendado, evitando las profanas pláticas sobre cosas vanas, y los argumentos de la falsamente llamada ciencia, la cual profesando algunos, se desviaron de la fe».

5. **PABLO INSTRUYÓ A TIMOTEO QUE GUARDARA LA ENSEÑANZA DEL DEPÓSITO, DE SU GARANTÍA DE LA VIDA ETERNA**
2 Timoteo 1:14: «Guarda el buen depósito por el Espíritu Santo que mora en nosotros».

6. **PABLO INSTRUYÓ A TIMOTEO PARA QUE GUARDARA LA ENSEÑANZA DE RETENER SU CORONA**
2 Timoteo 4:8: «Por lo demás, me está guardada la corona de justicia, la cual me dará el Señor, juez justo, en aquel día; y no sólo a mí, sino también a todos los que aman su venida».

7. **PABLO INSTRUYÓ A TIMOTEO PARA QUE GUARDARA LA ENSEÑANZA Y SE MANTUVIERA ALERTA DE QUIENES CAUSAN PROBLEMAS EN LA IGLESIA**
2 Timoteo 4:14-15: «Alejandro el calderero me ha causado muchos males; el Señor le pague conforme a sus hechos. Guárdate tú también de él, pues en gran manera se ha opuesto a nuestras palabras».

8. **PABLO INSTRUYÓ A TIMOTEO PARA QUE FUERA UN VERDADERO DISCÍPULO**
1 Timoteo 1:2: «A Timoteo, verdadero hijo en la fe: Gracia, misericordia y paz, de Dios nuestro Padre y de Cristo Jesús nuestro Señor».
2 Timoteo 1:2: «A Timoteo, amado hijo: Gracia, misericordia y paz, de Dios Padre y de Jesucristo nuestro Señor».

9. **PABLO INSTRUYÓ A TIMOTEO PARA QUE PELEARA LA BUENA BATALLA Y MANTUVIERA LA FE**
1 Timoteo 1:18-19: «Este mandamiento, hijo Timoteo, te encargo, para que conforme a las profecías que se hicieron antes en cuanto a ti, milites por ellas la buena milicia, manteniendo la fe y buena conciencia, desechando la cual naufragaron en cuanto a la fe algunos».

10. **PABLO INSTRUYÓ A TIMOTEO PARA QUE FUERA UN VERDADERO MINISTRO**
1 Timoteo 3:1-7: «Palabra fiel: Si alguno anhela obispado, buena obra desea. Pero es necesario que el obispo sea irreprensible, marido de una sola mujer, sobrio, prudente, decoroso, hospedador, apto para enseñar; no dado al vino, no pendenciero, no codicioso de ganancias deshonestas, sino amable, apacible, no avaro; que gobierne bien su casa, que tenga a sus hijos en sujeción con toda honestidad (pues el que no sabe gobernar su propia casa, ¿cómo cuidará de la iglesia de Dios?); no un neófito, no sea que envaneciéndose caiga en la condenación del diablo. También es necesario que tenga buen testimonio de los afuera, para que no caiga en descrédito y en lazo del diablo».

11. **PABLO INSTRUYÓ A TIMOTEO PARA QUE SUPIERA CÓMO COMPORTARSE EN LA CASA DE DIOS**
1 Timoteo 3:15: «Para que si tardo, sepas cómo debes conducirte en la casa de Dios, que es la iglesia del Dios viviente, columna y baluarte de la verdad».

12. **PABLO INSTRUYÓ A TIMOTEO PARA QUE GUARDARA LA BUENA Y SANA DOCTRINA**
1 Timoteo 4:6: «Si esto enseñas a los hermanos, serás buen ministro de Jesucristo, nutrido con las palabras de la fe y de la buena doctrina que has seguido».

13. **PABLO INSTRUYÓ A TIMOTEO PARA QUE DESECHARA LAS PALABRAS SIN SENTIDO Y TUVIERA MISERICORDIA**

1 Timoteo 4:7: «Desecha las fábulas profanas y de viejas. Ejercítate para la piedad».

14. **PABLO INSTRUYÓ A TIMOTEO PARA QUE TRABAJARA, SUFRIERA OPROBIOS Y ENSEÑARA LA PALABRA**

1 Timoteo 4:10-11: «Que por esto mismo trabajamos y sufrimos oprobios, porque esperamos en el Dios viviente, que es el Salvador de todos los hombres, mayormente de los que creen. Esto manda y enseña».

15. **PABLO INSTRUYÓ A TIMOTEO PARA QUE VALORARA SU JUVENTUD Y FUERA EJEMPLO EN TODO**

1 Timoteo 4:12: Ninguno tenga en poco tu juventud, sino sé ejemplo de los creyentes en palabra, conducta, amor, espíritu, fe y pureza.

16. **PABLO INSTRUYÓ A TIMOTEO PARA QUE LEYERA, ESTUDIARA Y EXHORTARA**

1 Timoteo 4:13: «Entre tanto que voy, ocúpate en la lectura, la exhortación y la enseñanza».

17. **PABLO INSTRUYÓ A TIMOTEO PARA QUE NO DESCUIDARA LOS DONES ESPIRITUALES**

1 Timoteo 4:14: «No descuides el don que hay en ti, que te fue dado mediante profecía con la imposición de las manos del presbiterio».

18. **PABLO INSTRUYÓ A TIMOTEO PARA QUE SE OCUPARA DE LAS COSAS DEL SEÑOR**

1 Timoteo 4:15: «Ocúpate en estas cosas; permanece en ellas, para que tu aprovechamiento sea manifiesto a todos».

19. **PABLO INSTRUYÓ A TIMOTEO PARA QUE CUIDARA DE SÍ MISMO Y DE LA DOCTRINA, A FIN DE QUE SE SALVARA TANTO ÉL COMO LOS DEMÁS**

1 Timoteo 4:16: «Ten cuidado de ti mismo y de la doctrina; persiste en ello, pues haciendo esto, te salvarás a ti mismo y a los que te oyeren».

20. **PABLO INSTRUYÓ A TIMOTEO PARA QUE APRENDIERA A TRATAR A LOS HERMANOS DE LA IGLESIA**

1 Timoteo 5:1-3: «No reprendas al anciano, sino exhórtale como a padre; a los más jóvenes, como a hermanos; a las ancianas, como a madres; a las jovencitas, como a hermanas, con toda pureza. Honra a las viudas que en verdad lo son».

21. **PABLO INSTRUYÓ A TIMOTEO PARA QUE APRENDIERA A REPRENDER A LOS QUE SEGUÍAN EN PECADO EN LA IGLESIA**

1 Timoteo 5:20: «A los que persisten en pecar, repréndelos delante de todos, para que los demás también teman».

22. **PABLO INSTRUYÓ A TIMOTEO PARA QUE NO IMPUSIERA LAS MANOS DE FORMA PRECIPITADA**

1 Timoteo 5:22: «No impongas con ligereza las manos a ninguno, ni participes en pecados ajenos. Consérvate puro».

23. **PABLO INSTRUYÓ A TIMOTEO PARA QUE TUVIERA CUIDADO CON EL AMOR AL DINERO**

1 Timoteo 6:10: «Porque raíz de todos los males es el amor al dinero, el cual codiciando algunos, se extraviaron de la fe, y fueron traspasados de muchos dolores».

24. **PABLO INSTRUYÓ A TIMOTEO PARA QUE HUYERA DE TODO LO DESTRUCTIVO**
1 Timoteo 6:11: «Mas tú, oh hombre de Dios, huye de estas cosas, y sigue la justicia, la piedad, la fe, el amor, la paciencia, la mansedumbre».

25. **PABLO INSTRUYÓ A TIMOTEO PARA QUE PELEARA LA BUENA BATALLA Y ALCANZARA LA VIDA ETERNA**
1 Timoteo 6:12: «Pelea la buena batalla de la fe, echa mano de la vida eterna, a la cual asimismo fuiste llamado, habiendo hecho la buena profesión delante de muchos testigos».

26. **PABLO INSTRUYÓ A TIMOTEO PARA QUE GUARDARA SUS ENSEÑANZAS Y EVITARA LOS ERRORES DE LA CIENCIA**
1 Timoteo 6:20: «Oh Timoteo, guarda lo que se te ha encomendado, evitando las profanas pláticas sobre cosas vanas, y los argumentos de la falsamente llamada ciencia».

27. **PABLO INSTRUYÓ A TIMOTEO PARA QUE PERMANECIERA EN LA FE NO FINGIDA**
2 Timoteo 1:5: «Trayendo a la memoria la fe no fingida que hay en ti, la cual habitó primero en tu abuela Loida, y en tu madre Eunice, y estoy seguro que en ti también».

28. **PABLO INSTRUYÓ A TIMOTEO PARA QUE AVIVARA EL FUEGO DE LA UNCIÓN EN CUANTO AL DON ESPIRITUAL**
2 Timoteo 1:6: «Por lo cual te aconsejo que avives el fuego del don de Dios que está en ti por la imposición de mis manos».

29. **PABLO INSTRUYÓ A TIMOTEO PARA QUE NO TUVIERA TEMOR**
2 Timoteo 1:7: «Porque no nos ha dado Dios espíritu de cobardía, sino de poder, de amor y de dominio propio».

30. **PABLO INSTRUYÓ A TIMOTEO PARA QUE NO SE AVERGONZARA DEL SEÑOR JESUCRISTO**
2 Timoteo 1:8: «Por tanto, no te avergüences de dar testimonio de nuestro Señor, ni de mí, preso suyo, sino participa de las aflicciones por el evangelio según el poder de Dios».

31. **PABLO INSTRUYÓ A TIMOTEO PARA QUE RETUVIERA LAS SANAS PALABRAS, LA FE Y EL AMOR DE CRISTO**
2 Timoteo 1:13: «Retén la forma de las sanas palabras que de mí oíste, en la fe y amor que es en Cristo Jesús».

32. **PABLO INSTRUYÓ A TIMOTEO PARA QUE SE ESFORZARA EN TODO**
2 Timoteo 2:1: «Tú, pues, hijo mío, esfuérzate en la gracia que es en Cristo Jesús».

33. **PABLO INSTRUYÓ A TIMOTEO PARA QUE LES DELEGARA RESPONSABILIDADES ESPIRITUALES A HOMBRES FIELES E IDÓNEOS**
2 Timoteo 2:2: «Lo que has oído de mí ante muchos testigos, esto encarga a hombres fieles que sean idóneos para enseñar también a otros».

34. **PABLO INSTRUYÓ A TIMOTEO PARA QUE SUFRIERA POR CRISTO**
2 Timoteo 2:3: «Tú, pues, sufre penalidades como buen soldado de Jesucristo».

35. **PABLO INSTRUYÓ A TIMOTEO PARA QUE TUVIERA ENTENDIMIENTO**
2 Timoteo 2:7: «Considera lo que digo, y el Señor te dé entendimiento en todo».

36. PABLO INSTRUYÓ A TIMOTEO PARA QUE NO SE OLVIDARA DE CRISTO
2 Timoteo 2:8: «Acuérdate de Jesucristo, del linaje de David, resucitado de los muertos conforme a mi evangelio».

37. PABLO INSTRUYÓ A TIMOTEO PARA QUE NO CONTENDIERA
2 Timoteo 2:14: «Recuérdales esto, exhortándoles delante del Señor a que no contiendan sobre palabras, lo cual para nada aprovecha, sino que es para perdición de los oyentes».

38. PABLO INSTRUYÓ A TIMOTEO PARA QUE CONOCIERA LAS ESCRITURAS
2 Timoteo 2:15: «Procura con diligencia presentarte a Dios aprobado, como obrero que no tiene de qué avergonzarse, que usa bien la palabra de verdad».

39. PABLO INSTRUYÓ A TIMOTEO PARA QUE EVITARA LAS DISCUSIONES
2 Timoteo 2:16: «Mas evita profanas y vanas palabrerías, porque conducirán más y más a la impiedad».

40. PABLO INSTRUYÓ A TIMOTEO PARA QUE HUYERA DE LAS PASIONES JUVENILES
2 Timoteo 2:22: «Huye también de las pasiones juveniles, y sigue la justicia, la fe, el amor y la paz, con los que de corazón limpio invocan al Señor».

41. PABLO INSTRUYÓ A TIMOTEO PARA QUE EVITARA LOS DEBATES
2 Timoteo 2:23: «Pero desecha las cuestiones necias e insensatas, sabiendo que engendran contiendas».

42. PABLO INSTRUYÓ A TIMOTEO PARA QUE FUERA UN VERDADERO HOMBRE DE DIOS
2 Timoteo 2:24-25: «Porque el siervo del Señor no debe ser contencioso, sino amable para con todos, apto para enseñar, sufrido; que con mansedumbre corrija a los que se oponen, por si quizá Dios les conceda que se arrepientan para conocer la verdad».

43. PABLO INSTRUYÓ A TIMOTEO PARA QUE SUPIERA QUE EN LOS ÚLTIMOS DÍAS VENDRÍAN TIEMPOS DIFÍCILES
2 Timoteo 3:1: «También debes saber esto: que en los postreros días vendrán tiempos peligrosos».

44. PABLO INSTRUYÓ A TIMOTEO PARA QUE CONOCIERA SU DOCTRINA Y SE ACORDARA DE SUS PERSECUCIONES
2 Timoteo 3:10-11: «Pero tú has seguido mi doctrina, conducta, propósito, fe, longanimidad, amor, paciencia, persecuciones, padecimientos, como los que me sobrevinieron en Antioquía, en Iconio, en Listra; persecuciones que he sufrido, y de todas me ha librado el Señor».

45. PABLO INSTRUYÓ A TIMOTEO PARA QUE PERMANECIERA EN LA PALABRA DEBIDO A SU EJEMPLO
2 Timoteo 3:14: «Pero persiste tú en lo que has aprendido y te persuadiste, sabiendo de quién has aprendido».

46. PABLO INSTRUYÓ A TIMOTEO PARA QUE NO SE OLVIDARA DE LO QUE APRENDIÓ DE LAS ESCRITURAS DESDE PEQUEÑO
2 Timoteo 3:15: «Y que desde la niñez has sabido las Sagradas Escrituras, las cuales te pueden hacer sabio para la salvación por la fe que es en Cristo Jesús».

47. PABLO INSTRUYÓ A TIMOTEO PARA QUE PREDICARA LA PALABRA, REDARGUYERA Y EXHORTARA EN TODO TIEMPO

2 Timoteo 4:1-2: «Te encarezco delante de Dios y del Señor Jesucristo, que juzgará a los vivos y a los muertos en su manifestación y en su reino, que prediques la palabra; que instes a tiempo y fuera de tiempo; redarguye, reprende, exhorta con toda paciencia y doctrina».

48. PABLO INSTRUYÓ A TIMOTEO PARA QUE CUMPLIERA Y TERMINARA SU MINISTERIO

2 Timoteo 4:5: «Pero tú sé sobrio en todo, soporta las aflicciones, haz obra de evangelista, cumple tu ministerio».

49. PABLO INSTRUYÓ A TIMOTEO PARA QUE SUPIERA EL GRAN AMOR QUE SENTÍA POR ÉL Y QUE DESEABA VERLO ANTES DE MORIR

2 Timoteo 4:9, 21: «Procura venir pronto a verme [...] Procura venir antes del invierno».

50. PABLO INSTRUYÓ A TIMOTEO PARA QUE MANTUVIERA LA COSTUMBRE DE LEER Y ESTUDIAR

2 Timoteo 4:13: «Trae, cuando vengas, el capote que dejé en Troas en casa de Carpo, y los libros, mayormente los pergaminos».

51. PABLO INSTRUYÓ A TIMOTEO HASTA EL FIN Y LE DIO SU SALUDO FINAL COMO SU PADRE ESPIRITUAL A SU AMADO HIJO EN LA FE

2 Timoteo 4:22: «El Señor Jesucristo esté con tu espíritu. La gracia sea con vosotros. Amén».

Es extraordinaria la instrucción, la enseñanza y el discipulado que Pablo le prodigó a Timoteo. Como dije antes, yo también tuve la dicha de tener a grandes hombres de Dios que me ayudaron, como el pastor Eliseo, que desde mis dieciocho años fue mi padre espiritual por su cariño, amor y guía. Lo mismo puedo decir del pastor Jaime Araujo, por su apoyo durante mi tiempo en Brasil y después cuando me enviaron a España como misionero de JuCUM. También debo reconocer a mi maestro y mentor, el pastor Alfonso Cherene, por su discipulado, paciencia y enseñanza para conmigo durante mi tiempo en Madrid. Es muy importante que usted como joven ministro lo discipule alguien, ya sea su pastor o su líder, de modo que le enseñe, le guíe, le prepare, le conozca en lo personal y que ore por usted en los aspectos que necesita.

Instruidos para instruir

Un líder y pastor es un padre espiritual y un guardián de las verdades del evangelio y de los principios espirituales de la iglesia, misión y organización que representa en el nombre de Cristo. Es un guardián espiritual que practica, enseña, defiende y predica con osadía, intrepidez y valentía. Estos principios no son negociables y están establecidos en la Palabra de Dios que es el ancla de nuestra fe.

Pablo instruyó a su hijo en la fe, Timoteo, y le preparó para el ministerio. Lo mismo debemos hacer nosotros al recibir y dar instrucciones según nuestra capacidad. He aquí lo que nos dicen las Escrituras:

- Debemos escuchar lo que nos enseñan nuestros padres y madres (Pr 1:8).
- El camino de la vida es guardar la instrucción (Pr 10:17).
- El que ama la instrucción ama la sabiduría (Pr 12:1).
- El mismo Jesús instruyó a sus discípulos (Mt 10:5; 11:1).
- Nos deben instruir en el camino recto y bueno (1 S 12:23).
- La ley (la Palabra) de Dios nos instruye (Sal 94:12).
- Si no escuchamos la voz de nuestros instructores, sufriremos las consecuencias (Pr 5:13).
- La instrucción es camino de vida para nosotros (Pr 6:23).
- Tenemos que instruir a nuestros hijos (Pr 22:6).
- Dios mismo nos instruye y nos enseña (Is 28:26).

¡Gloria a Dios! ¡Seamos instructores y también estemos listos para recibir la instrucción! Ponga esta Palabra en su corazón mientras viva:

> Te haré entender, y te enseñaré el camino en que debes andar; sobre ti fijaré mis ojos.
>
> **SALMO 32:8**

Luego, antes de morir, tenga la certeza de lo que nos garantiza la Palabra:

> Porque este Dios es Dios nuestro eternamente y para siempre; él nos guiará aun más allá de la muerte.
>
> **SALMO 48:14**

¡Aleluya!

CAPÍTULO 25

Pablo y su disposición

A Timoteo, amado hijo [en la fe]: Gracia, misericordia y paz, de Dios Padre y de Jesucristo nuestro Señor. Doy gracias a Dios, al cual sirvo desde mis mayores con limpia conciencia, de que sin cesar me acuerdo de ti en mis oraciones noche y día; deseando verte, al acordarme de tus lágrimas, para llenarme de gozo.

2 TIMOTEO 1:2-4

Pablo tenía gran disposición de ayudar y guiar a su hijo en la fe, Timoteo, porque este tenía la disposición para someterse, aprender y liderar al estilo de su padre espiritual. El joven era muy afectuoso y cariñoso, por eso Pablo deseaba verlo, pues se acordaba de él cada día en sus oraciones.

La «disposición» según la Biblia

En sus cartas a Timoteo, Pablo se dispuso a ayudar y preparar a su discípulo. El verbo «disponer», «tener disposición» o «estar dispuesto» en griego es **«jetoimazo»**, que significa «preparar». Este término se traduce con el verbo «disponer» en este pasaje:

> Así que, si alguno se limpia de estas cosas, será instrumento para honra, santificado, útil al Señor, y dispuesto para toda buena obra.
>
> 2 TIMOTEO 2:21

Aquí el apóstol nos indica que el cristiano debe estar listo para hacer lo mejor para Dios al apartarse de todo lo que pueda estorbarle en su testimonio y contaminarle en cuanto a la doctrina o lo moral. Otro verbo griego que significa «preparar» es **«kataskeuazo»**, el cual se traduce «dispuesto» en Hebreos 9:2. También encontramos el término **«logizomai»**, que se traduce «disponer» en 2 Corintios 10:2: «Ruego, pues, que cuando esté presente, no tenga que usar de aquella osadía con que estoy dispuesto a proceder». En una traducción más bien libre, diríamos: «Tengo el ánimo de ser resuelto».

En 2 Corintios 8:12, se utiliza el verbo **«prokeimai»,** donde se traduce «disponer»: «Porque si primero hay la voluntad dispuesta, será acepta según lo que uno tiene, no según lo que no tiene». Pablo tenía «la voluntad dispuesta»; es decir, tenía la «disposición» y estaba decidido a ayudar e invertir su vida en preparar líderes que ocuparan su lugar, como fue el caso de Timoteo.

El adjetivo **«prothumos»** significa «predispuesto» y «dispuesto», y se relaciona con **«prothumia»,** que es «tener buena voluntad». En Romanos 1:15, se traduce «pronto» cuando afirma:

> Así que, en cuanto a mí, pronto estoy a anunciaros el evangelio también a vosotros que estáis en Roma.

Asimismo, Pablo también estaba «pronto» para ayudar y guiar a Timoteo en todo. Esto es típico de la buena voluntad, del deseo lleno de celo; en otros pasajes se traduce «dispuesto» (véanse Mt 26:41; Mr 14:38). Esto era justo lo que Pablo hacía con Timoteo: estaba «predispuesto», «dispuesto» y «pronto» para ayudarlo y guiarlo.

¿Qué vio Pablo en Timoteo?

Una vez analizada la palabra «disposición» en griego, y algunas de sus variantes, podemos decir que Pablo tuvo «disposición», «dispuso su corazón» y «estuvo dispuesto» a invertir su tiempo en ayudar, guiar y discipular la vida de Timoteo. Sin duda, vio su potencial, sumisión, deseo de aprender, humildad y, sobre todo, sus rasgos y calidad de liderazgo. Por eso el apóstol decidió darle lo mejor de sí a su hijo en la fe. Como resultado, Timoteo recibió su enseñanza, disciplina y corrección. También aprendió a liderar con gran eficiencia y se transformó en una de las columnas de la iglesia primitiva. Entonces, ¿cómo era Timoteo en realidad?

1. **PABLO TUVO LA DISPOSICIÓN DE AYUDAR Y GUIAR A TIMOTEO PORQUE ERA UN VERDADERO Y AMADO DISCÍPULO**
   1 Timoteo 1:2: «A Timoteo, verdadero hijo en la fe: Gracia, misericordia y paz, de Dios nuestro Padre y de Cristo Jesús nuestro Señor».
   2 Timoteo 1:2: «A Timoteo, amado hijo: Gracia, misericordia y paz, de Dios Padre y de Jesucristo nuestro Señor».
   En las Escrituras encontramos que se nombra veinticuatro veces. Fue la única persona a quien Pablo le dirigió dos cartas personales y con quien lo encontramos asociado en las dedicatorias de seis cartas: 2 Corintios, Filipenses, Colosenses, 1 Tesalonicenses, 2 Tesalonicenses y Filemón.

2. **PABLO TUVO LA DISPOSICIÓN DE AYUDAR Y GUIAR A TIMOTEO PORQUE ESTE ERA UN JOVEN SINCERO Y CONSAGRADO**
   a. Tenía una fe no fingida: «Trayendo a la memoria la fe no fingida que hay en ti, la cual habitó primero en tu abuela Loida, y en tu madre Eunice, y estoy seguro que en ti también» (2 Ti 1:5).

b. Tenía un profundo conocimiento de las Escrituras desde pequeño: «Y que desde la niñez has sabido las Sagradas Escrituras, las cuales te pueden hacer sabio para la salvación por la fe que es en Cristo Jesús» (2 Ti 3:15).

c. Tenía un gran testimonio de parte de todos: «Y daban buen testimonio de él los hermanos que estaban en Listra y en Iconio» (Hch 16:2).

3. **PABLO TUVO LA DISPOSICIÓN DE AYUDAR Y GUIAR A TIMOTEO PORQUE ESTE ERA INTRÉPIDO, OSADO Y VALIENTE**

a. Sin duda, vio cómo apedrearon a Pablo en Listra: «Entonces vinieron unos judíos de Antioquía y de Iconio, que persuadieron a la multitud, y habiendo apedreado a Pablo, le arrastraron fuera de la ciudad, pensando que estaba muerto. Pero rodeándole los discípulos, se levantó y entró en la ciudad; y al día siguiente salió con Bernabé para Derbe» (Hch 14:19-20).

b. Aceptó la invitación del apóstol para acompañarlo a pesar de que sabía que de seguro enfrentaría los mismos peligros: «Quiso Pablo que éste [Timoteo] fuese con él; y tomándole, le circuncidó por causa de los judíos que había en aquellos lugares; porque todos sabían que su padre era griego» (Hch 16:3).

c. En Berea, la persecución era fuerte, pero se quedó allí con Silas: «Cuando los judíos de Tesalónica supieron que también en Berea era anunciada la palabra de Dios por Pablo, fueron allá, y también alborotaron a las multitudes. Pero inmediatamente los hermanos enviaron a Pablo que fuese hacia el mar; y Silas y Timoteo se quedaron allí» (Hch 17:13-14).

d. Estuvo en Roma con Pablo: «Pablo, prisionero de Jesucristo, y el hermano Timoteo, al amado Filemón, colaborador nuestro» (Flm 1:1).

e. Sufrió prisiones y siempre estuvo en la línea de fuego junto a Pablo: «Sabed que está en libertad nuestro hermano Timoteo, con el cual, si viniere pronto, iré a veros» (Heb 13:23).

4. **PABLO TUVO LA DISPOSICIÓN DE AYUDAR Y GUIAR A TIMOTEO PORQUE ESTE ERA UNA PERSONA DILIGENTE**

Pablo pudo confiarle a Timoteo tareas serias y misiones muy importantes a medida que el Señor le moldeaba su carácter.

a. Pablo lo consideraba serio y digno de confianza al enviarlo a Filipos para que averiguara el estado de los creyentes: «Espero en el Señor Jesús enviaros pronto a Timoteo, para que yo también esté de buen ánimo al saber de vuestro estado; pues a ninguno tengo del mismo ánimo, y que tan sinceramente se interese por vosotros. Porque todos buscan lo suyo propio, no lo que es de Cristo Jesús. Pero ya conocéis los méritos de él, que como hijo a padre ha servido conmigo en el evangelio. Así que a éste espero enviaros, luego que yo vea cómo van mis asuntos» (Flp 2:19-23).

b. Le envió a Corinto para que corrigiera abusos en la iglesia, lo cual significaba que Pablo lo vio enérgico y capaz de imponerse y hablar con autoridad: «Por esto mismo os he enviado a Timoteo, que es mi hijo amado y fiel en el Señor, el cual os recordará mi proceder en Cristo, de la manera que enseño en todas partes y en todas las iglesias» (1 Co 4:17).

c. Le envió a Tesalónica para animar a los santos de modo que fueran fieles bajo la persecución, lo cual quería decir que Pablo sabía que Timoteo era un consagrado siervo de Dios: «Por lo cual, no pudiendo soportarlo más, acordamos quedarnos solos en Atenas, y enviamos a Timoteo nuestro hermano, servidor de Dios y colaborador nuestro en el evangelio de Cristo, para confirmaros y exhortaros respecto a vuestra fe, a fin de que nadie se inquiete por estas tribulaciones; porque vosotros mismos sabéis que para esto estamos puestos. Porque también estando con vosotros, os predecíamos que íbamos a pasar tribulaciones, como ha acontecido y sabéis. Por lo cual también yo, no pudiendo soportar más, envié para informarme de vuestra fe, no sea que os hubiese tentado el tentador, y que nuestro trabajo resultase en vano. Pero cuando Timoteo volvió de vosotros a nosotros, y nos dio buenas noticias de vuestra fe y amor, y que siempre nos recordáis con cariño, deseando vernos, como también nosotros a vosotros» (1 Ts 3:1-6).

d. Le envió a Éfeso para que exhortara a los creyentes a permanecer en la sana doctrina y allí se quedó como pastor. Esto significa que Pablo le vio como un hombre ya preparado y firme en la fe y capaz de ser un guía para los demás. Sus experiencias anteriores le dieron las calificaciones para que Pablo confiara de esa manera: «Como te rogué que te quedases en Éfeso, cuando fui a Macedonia, para que mandases a algunos que no enseñen diferente doctrina» (1 Ti 1:3).

5. **PABLO TUVO LA DISPOSICIÓN DE AYUDAR Y GUIAR A TIMOTEO PORQUE ESTE ERA MUY QUERIDO Y AMADO**
   2 Timoteo 4:9, 21: «Procura venir pronto a verme [...] Procura venir antes del invierno».

Como mencioné en el capítulo 9, el amigo de Moody, Henry Varley, le dijo en cierta ocasión: «El mundo aún no ha visto lo que Dios puede hacer con un hombre, para un hombre, en un hombre y por medio de un hombre que esté consagrado por completo a Él». Moody contestó: «Yo seré ese hombre. Yo haré lo que puedo y Dios hará lo que no puedo». Como vimos, Moody fue un hombre sin una gran educación formal. Además, tenía problemas de dicción, pues no podía pronunciar algunas palabras. En cambio, sí tuvo hombres que invirtieron sus vidas en él. La historia dice que, por el poder de Dios, Moody hizo temblar a dos continentes.

Dios encontró en Timoteo un hombre que podría usar y Pablo fue el canal de instrucción, enseñanza, ayuda y guía espiritual que Él utilizó con este propósito. De la misma forma, Dios quiere usarlo a usted. Así que necesita que alguien invierta su vida en la suya. Ore, busque al Señor y pídale que le envíe una persona que le ayude. Al final, Él enviará a alguien para que le discipule, prepare y guíe. ¡Todos necesitamos una persona que nos pueda discipular!

CAPÍTULO 26

Pablo y su recomendación

Entre tanto que voy, ocúpate en la lectura, la exhortación y
la enseñanza. No descuides el don que hay en ti, que te fue
dado mediante profecía con la imposición de las manos del
presbiterio. Ocúpate en estas cosas; permanece en ellas, para
que tu aprovechamiento sea manifiesto a todos. Ten cuidado de
ti mismo y de la doctrina; persiste en ello, pues haciendo esto,
te salvarás a ti mismo y a los que te oyeren.

1 TIMOTEO 4:13-16

S in duda, Pablo amaba muchísimo a su hijo en la fe, Timoteo, quien a su
vez sentía admiración y amor por el apóstol. Esto puede compararse a
una relación familiar y amorosa entre padre e hijo. Desde sus inicios, la iglesia
primitiva actuaba en esta dimensión de fraternidad, amor y ayuda recíproca
los unos con los otros. La Palabra describe cómo vivían:

> Todos los que habían creído estaban juntos, y tenían en común todas las
> cosas.
>
> HECHOS 2:44

Pablo se convirtió en este ambiente y aquí fue donde lo ayudaron y
aceptaron. Más tarde, Bernabé le echó una mano y lo presentó a los hermanos
que recibieron con agrado a quien los persiguió y lo recomendaron como
hermano en la fe a los demás. Pablo sabía el poder que tenía la afirmación y
las recomendaciones, porque lo hicieron con él y ahora le llegaba su turno de
hacer lo mismo con otra persona. En esta oportunidad lo hizo con Timoteo.

De la misma manera que corrieron el riesgo de aceptarlo en la comunidad de la iglesia primitiva, Pablo ahora sin riesgo alguno y con total seguridad
recomendaba a Timoteo a medida que le enseñaba que tomara sus consejos
para que llegara a ser un fiel ministro del Señor, tanto en su vida personal
como ministerial.

Usos de la «recomendación»

La palabra griega **«sustatikos»** se traduce «recomendar», «recomendó» y «recomendación». Además, está relacionada con «comendatorio»; es decir, un papel o una carta de recomendación. (En 2 Co 3:1 se utiliza para referirse a unas «letras comendatorias» o de «recomendación», que viene a ser lo mismo). Por otra parte, el significado literal del verbo **«sunitemi»**, o **«sunistano»**, es «poner juntos». Se utiliza para presentarle a alguien una persona, sobre todo como digna, como en los casos de las recomendaciones que hace Pablo en estos pasajes:

> Os recomiendo además nuestra hermana Febe, la cual es diaconisa de la iglesia en Cencrea.
>
> **ROMANOS 16:1**

> Antes bien, nos recomendamos en todo como ministros de Dios, en mucha paciencia, en tribulaciones, en necesidades, en angustias.
>
> **2 CORINTIOS 6:4**

Esto fue justo lo que hizo Pablo en la vida de Timoteo. Lo tomó bajo su cuidado, lo llevó como su discípulo, le enseñó, le presentó de manera digna y se lo recomendó a los demás.

Los diez consejos de Pablo

Pablo también le dio a Timoteo diez consejos espirituales profundos, tal y como aparecen en 1 Timoteo 4:13-16, recomendándole que los pusiera en práctica. Muchos teólogos dicen que esto sucedió en el día de su ordenación como ministro del evangelio y que, por vivirlos, tuvo mucho éxito en su vida y ministerio.

1. PABLO LE RECOMENDÓ A TIMOTEO QUE SE OCUPARA DE LA LECTURA

1 Timoteo 4:13: «Entre tanto que voy, ocúpate en la lectura».

Cada día debemos leer, estudiar y conocer la Palabra de Dios. George Washington dijo: «El mayor regalo que Dios le dio al hombre fue la Biblia». Abraham Lincoln expresó: «Es imposible gobernar al hombre sin Dios y sin la Biblia». Incluso, la reina Victoria I afirmó: «Ese libro [la Biblia] representa la supremacía de Inglaterra».

Hebreos 4:12 lo dice bien claro: «Porque la palabra de Dios es viva y eficaz, y más cortante que toda espada de dos filos; y penetra hasta partir el alma y el espíritu, las coyunturas y los tuétanos, y discierne los pensamientos y las intenciones del corazón». Es evidente que, como dice este pasaje, la Palabra es viva, eficaz, tiene poder y autoridad, así como quiebra el poder de las tinieblas al mencionarla y predicarla con unción.

También lea libros de buenos autores cristianos que edifiquen su vida espiritual. En mi caso, he leído muchos libros sobre diversos asuntos y temas espirituales. Soy un amante de la lectura tanto para mi vida personal como para investigar, hacer sermones y escribir libros. Es sabido de todos que Pablo leía mucho, así lo confirman sus palabras:

Trae, cuando vengas, el capote que dejé en Troas en casa de Carpo, y los libros, mayormente los pergaminos.

2 TIMOTEO 4:13

¿Qué libros eran estos? Los teólogos dicen que eran libros de todo tipo, desde la literatura romana, griega o hebrea, poesía, historia, música, otros idiomas, leyes, filosofía, geografía y hasta de las ciencias conocidas en esa época. Esto nos confirma que Pablo era un hombre muy instruido, capacitado y educado. Además, podía hablar, discutir o debatir con cualquiera, de cualquier posición y en cualquier lugar. ¡Qué hombre tan extraordinario!

Ahora, volvamos a la pregunta inicial: ¿Y qué pergaminos eran estos? ¡La Palabra de Dios del Antiguo Testamento! Por eso dijo sin sombras de dudas:

Toda la Escritura es inspirada por Dios, y útil para enseñar, para redargüir, para corregir, para instruir en justicia.

2 TIMOTEO 3:16

¿Y quién debe usar la Escritura? La respuesta está en el versículo 17: «A fin de que el hombre de Dios sea perfecto, enteramente preparado para toda buena obra». Hermanos y ministros, ¿ustedes desean que Dios los use de una manera poderosa además del ayuno, la oración y de la integridad personal en todas las esferas de su vida? Entonces, ¡lean y estudien! Así podrán hablar con cualquier persona, en cualquier nivel y en cualquier lugar, desde una persona simple y común, hasta el presidente, rey o primer ministro de una nación.

2. PABLO LE RECOMENDÓ A TIMOTEO QUE SE OCUPARA DE LA EXHORTACIÓN

1 Timoteo 4:13: «Entre tanto que voy, ocúpate en la [...] exhortación».

Como ministros, debemos hablar, predicar y exhortar con la verdad, pero con amor y ternura hacia los demás. Charles Spurgeon, el gran predicador inglés, decía: «Debemos ser severos con nosotros mismos y nuestra disciplina personal en cada aspecto de nuestra vida. Sin embargo, al subir al púlpito y predicar debemos ser padres, y exhortar y redargüir con cariño considerando siempre a los demás como mejores que nosotros mismos porque no conocemos los corazones que ministramos». Para muchos cristianos es difícil resistir la palabra de instrucción, aunque se predique con amor. Esto se debe a varias razones, como la oposición, la resistencia y el orgullo. Por eso está escrito: «Os ruego, hermanos, que soportéis la palabra de exhortación» (Heb 13:22).

3. PABLO LE RECOMENDÓ A TIMOTEO QUE SE OCUPARA DE LA ENSEÑANZA

1 Timoteo 4:13: «Entre tanto que voy, ocúpate en la [...] enseñanza».

El médico estudia la anatomía y el funcionamiento del cuerpo humano. El dentista estudia odontología. El ingeniero civil y el arquitecto estudian cómo hacer los planos y lo que se requiere para edificar una casa, edificio o puente. El economista estudia las matemáticas. El abogado estudia ciencias políticas y leyes. El psicólogo y el psiquiatra estudian el comportamiento humano. El motorista estudia las leyes de tránsito y lo relacionado con los autos, autobuses o camiones. El agricultor estudia la tierra y el tipo de semilla que debe usar en su plantación para recibir una buena cosecha. El piloto estudia la aviación. Esto es así con todas las profesiones conocidas. Todo es estudio y enseñanza porque no se puede hablar de lo que no se sabe, ni decir algo de lo que no se tenga conocimiento.

Pablo le dijo a Timoteo que «enseñara» la Palabra y nosotros, como ministros, debemos hacer lo mismo. La enseñanza es más que una predicación. Es la instrucción más profunda y llena de conocimiento a otro nivel espiritual que el de una predicación rápida. El maestro va más profundo y aplica la Palabra de otra manera para explicar su punto. Nuestros maestros de Escuela Dominical nos «enseñaron» la Palabra. Entonces, a medida que fuimos creciendo, Dios nos fue llenando de más conocimiento. Por eso el apóstol le habló a Tito sobre la importancia de este asunto al recomendarle que fuera «retenedor de la palabra fiel tal como ha sido enseñada, para que también pueda exhortar con sana enseñanza y convencer a los que contradicen» (Tit 1:9).

4. **PABLO LE RECOMENDÓ A TIMOTEO QUE NO DESCUIDARA SU DON**
1 Timoteo 4:14: «No descuides el don que hay en ti».

Cuando descuidamos nuestra relación con Dios, muchas veces el don se va apagando como una vela o lámpara, por lo que viene la derrota al estar seco y sin la unción. La lámpara (el don) queda porque Dios nunca la quita, así que permanece, pero apagada. Es como tener un auto y no usarlo. Dios afirma que no lo retirará: «Porque irrevocables son los dones y el llamamiento de Dios» (Ro 11:29).

Por lo tanto, hay que avivar el don en oración, ayuno y servicio al estar ocupado para el Señor, trabajando, ganando almas y sirviendo a los demás. Todos tenemos un don, así lo dice el apóstol: «Pero cada uno tiene su propio don de Dios, uno a la verdad de un modo, y otro de otro» (1 Co 7:7).

5. **PABLO LE RECOMENDÓ A TIMOTEO QUE NO PERDIERA LO QUE LE DIO EL SEÑOR**
1 Timoteo 4:14: «No descuides el don que [...] te fue dado [...] con la imposición de las manos del presbiterio».

En este pasaje se habla también de la ordenación ministerial al derramar el aceite de la unción y consagración en el momento que la persona se ordena al ministerio por las manos del presbiterio. El apóstol tenía el llamado de ser un ministro, un predicador del evangelio, como lo dice Efesios 3:7: «Del cual yo fui hecho ministro por el don de la gracia de Dios que me ha sido dado según la operación de su poder».

Fíjese que Pablo dijo «por el don de la gracia de Dios». Así que no se trata de nuestras habilidades ni capacidades, sino «por el don de la gracia». En otras palabras, porque lo quiere Dios. De modo que hay que cuidar lo que Dios nos ha dado: la unción de su Espíritu por medio del don espiritual.

Pablo también le dijo a Timoteo: «Por lo cual te aconsejo [te recomiendo] que avives el fuego del don de Dios que está en ti por la imposición de mis manos» (2 Ti 1:6). Como lo aclaré en el punto anterior: hay que avivar el don de Dios en nuestras vidas. La ordenación es lo más grande que puede obtener una persona cristiana llamada a servir a Cristo. A mí me ordenaron tres veces al ministerio: Como misionero por Juventud Con Una Misión (JuCUM) en Brasil, evangelista por las Asambleas de Dios en Brasil y ministro por las Asambleas de Dios en los Estados Unidos. ¡Qué responsabilidad, Dios mío!

6. **PABLO LE RECOMENDÓ A TIMOTEO QUE SE OCUPARA DE ESTAS COSAS Y PERMANECIERA EN ELLAS**
1 Timoteo 4:15: «Ocúpate en estas cosas; permanece en ellas».

Tenemos el llamado a ocuparnos de las cosas del Señor y a permanecer en ellas. El mismo Jesús dijo:

El que en mí no permanece, será echado fuera como pámpano, y se secará; y los recogen, y los echan en el fuego, y arden. Si permanecéis en mí, y mis palabras permanecen en vosotros, pedid todo lo que queréis, y os será hecho.

JUAN 15:6-7

«Permanecer» es perseverar en medio de las luchas, pruebas, tribulaciones, crisis, adversidades y enfermedades. Es estar plantado en la Roca que es Cristo, a fin de que, venga lo que venga y sin importar la situación que se presente, nada ni nadie nos moverá de la esperanza del evangelio.

7. PABLO LE RECOMENDÓ A TIMOTEO QUE SU APROVECHAMIENTO FUERA EVIDENTE PARA TODOS

1 Timoteo 4:15: «Ocúpate en estas cosas [...] para que tu aprovechamiento sea manifiesto a todos».

En Eclesiastés 9:10, el sabio Salomón ya nos decía que debemos hacer las cosas lo mejor que podamos: «Todo lo que te viniere a la mano para hacer, hazlo según tus fuerzas». Más adelante lo complementa con estas palabras: «Por la mañana siembra tu semilla, y a la tarde no dejes reposar tu mano» (Ec 11:6).

Debemos aprovechar cada una de las oportunidades que venga para servir al Señor y redimir el tiempo, como lo dice el apóstol: «Aprovechando bien el tiempo, porque los días son malos» (Ef 5:16). También nos dice que debemos aprovechar las oportunidades para servir a los demás de la mejor forma posible: «Así que, según tengamos oportunidad, hagamos bien a todos, y mayormente a los de la familia de la fe» (Gl 6:10). En cuanto al ministerio, acuérdese que Felipe empezó limpiando las mesas (Hch 6), después le predicó al etíope (Hch 8), se volvió un gran evangelista y terminó hospedando al gran apóstol Pablo (Hch 21:8).

En mi caso, empecé a los dieciocho años limpiando los baños de Juventud Con Una Misión en la escuela misionera ETED, a fin de prepararme para servir al Señor. Luego, me enviaron a España como misionero y seguí mi preparación. Ya en 1984, vine a Estados Unidos. En 1998, prediqué al lado de Loren Cunningham, fundador de JuCUM, en el estadio Fortaleza, Brasil. ¿Quién lo diría? Ahora ya hemos predicado en campañas, eventos y cruzadas en más de setenta y cuatro países en todos los continentes del mundo, ayudamos a sostener financieramente a cuarenta y ocho misioneros, y tenemos nuestro Instituto Teológico en la India. Todo lo que vino a mi mano para hacer para el Señor lo hice con entrega, pasión y abnegación, y lo hago hasta el día de hoy. ¡Se empieza desde abajo hacia arriba y no de arriba hacia abajo!

Una vez, en una campaña en el estado de Washington, ya había terminado de poner la mesa del material y me senté para descansar un poco. En ese momento, el pastor llegó con su camioneta llena de instrumentos. Le vi bajando todo solo, pues los diáconos no habían llegado todavía para ayudarlo. Me levanté y le eché una mano para bajarlo todo. Después, pusimos las sillas en el auditorio. Cuando terminamos, estábamos exhaustos y el culto ni había empezado aún. ¿Cómo se le puede llamar a esto? ¡Servir! Yo no tenía que hacerlo. No era mi responsabilidad, pues solo era el predicador invitado, pero esto no importa para el Señor. Jesús mismo dijo: «El Hijo del Hombre no vino para ser servido, sino para servir, y para dar su vida en rescate por muchos» (Mt 20:28). Por lo tanto, ¡dé su vida para servir a los demás! ¡El ministerio es para servir y no para ser servido!

8. PABLO LE RECOMENDÓ A TIMOTEO QUE CUIDARA DE SÍ MISMO

1 Timoteo 4:16: «Ten cuidado de ti mismo».

En el capítulo 3, cité al Dr. Martin Luther King Jr. cuando dijo: «A Dios le lleva años preparar y levantar a un hombre y a una mujer de Dios, pero al diablo le lleva segundos derrumbarlos». ¡Esto se lo repito porque usted tiene que cuidar su vida! En cualquier ámbito de la vida, ya sea personal, familiar, financiero o ministerial, tenga cuidado en todo lo que lleva a cabo. Entonces, cuando mantenga su integridad, respeto y transparencia, tendrá éxito. Recuerde que el enemigo está a la caza de su vida y alma. La Biblia lo confirma:

> Sed sobrios, y velad; porque vuestro adversario el diablo, como león rugiente, anda alrededor buscando a quien devorar.
>
> 1 PEDRO 5:8

En los últimos años, hemos tenido muchos escándalos morales, familiares y financieros entre creyentes y ministros que han avergonzado la causa de Cristo con sus vidas. ¡Así que cuídese!

9. PABLO LE RECOMENDÓ A TIMOTEO QUE CUIDARA LA DOCTRINA

1 Timoteo 4:16: «Ten cuidado de [...] la doctrina».

Aquí no es la primera vez que el apóstol le aconseja a Timoteo que tuviera en gran estima la doctrina de Cristo, que la cuidara y que tuviera celo por la sana Palabra, pues se lo dijo varias veces. Por ejemplo:

* Le pidió que les ordenara «a algunos que no enseñen diferente doctrina» (1 Ti 1:3).
* Le advirtió que muchos se opondrían «a la sana doctrina» (1 Ti 1:10).
* Le señaló que «algunos apostatarán de la fe, escuchando a espíritus engañadores y a doctrinas de demonios» (1 Ti 4:1).
* Le dijo que debía perseverar «con las palabras de la fe y de la buena doctrina» (1 Ti 4:6).
* Le aconsejó que les enseñara a los creyentes de tal manera «que no sea blasfemado el nombre de Dios y la doctrina» (1 Ti 6:1)
* Le dijo que hay quien «no se conforma a las sanas palabras de nuestro Señor Jesucristo, y a la doctrina que es conforme a la piedad» (1 Ti 6:3).
* Le recordó que él había seguido su «doctrina, conducta, propósito, fe, longanimidad, amor, paciencia» (2 Ti 3:10).
* También le aconsejó para «que prediques la palabra; que instes a tiempo y fuera de tiempo; redarguye, reprende, exhorta con toda paciencia y doctrina» (2 Ti 4:2).
* Incluso, le previno que «vendrá tiempo cuando no sufrirán la sana doctrina» (2 Ti 4:3).

En todo el NT, encontrará a menudo las palabras «doctrina» o «sana doctrina». Hoy en día, muchos predicadores se han extraviado de la sana doctrina y han inventado, para su propia destrucción, una serie de errores teológicos y de aberraciones bíblicas como nunca antes. El pueblo de Dios tiene que estar alerta con estos «nuevos predicadores» que desde sus púlpitos enseñan «extrañas» y «controvertidas ideas», así como de esos «ministerios de la nueva unción», etc. No hay ninguna nueva unción... es la misma que se derramó en el Día de Pentecostés (Hch 2) y que continúa derramándose hoy, pues la Palabra no es antigua ni moderna, sino eterna. Por esto y mucho más les digo una y otra vez queridos colegas del ministerio: «Prediquen siempre la Palabra, la sana doctrina y solo su verdad».

10. PABLO LE RECOMENDÓ A TIMOTEO QUE PERSISTIERA EN LA DOCTRINA, PUES ASÍ SE SALVARÍA ÉL Y LOS QUE LE OYEREN

1 Timoteo 4:16: «Ten cuidado de [...] la doctrina; persiste en ello, pues haciendo esto, te salvarás a ti mismo y a los que te oyeren».

El apóstol culmina estos diez consejos sabios y prácticos para su hijo en la fe diciéndole que perseverara en la doctrina, en la Palabra que le había enseñado, de esa manera sería un buen ministro de Jesucristo.

La perseverancia

La perseverancia es algo muy importante. Jesús mismo declaró que quien «persevere hasta el fin, éste será salvo» (Mt 10:22). Entonces, ¿qué nos dice la Palabra al respecto?

- En la iglesia primitiva «perseveraban unánimes en oración y ruego» (Hch 1:14).

- También «perseveraban en la doctrina de los apóstoles, en la comunión unos con otros, en el partimiento del pan y en las oraciones» (Hch 2:42).

- Además, estaban «perseverando unánimes cada día en el templo, y partiendo el pan en las casas, comían juntos con alegría y sencillez de corazón» (Hch 2:46).

- A los creyentes se les enseñaba que «perseverasen en la gracia de Dios» (Hch 13:43).

- Hablando con el rey Agripa, Pablo le dijo: «Persevero hasta el día de hoy, dando testimonio a pequeños y a grandes» (Hch 26:22).

- Tienen «vida eterna a los que, perseverando en bien hacer, buscan gloria y honra e inmortalidad» (Ro 2:7).

- Pablo declara «el evangelio [...] en el cual también perseveraréis» (1 Co 15:1).

- También se nos advierte que «cualquiera que se extravía, y no persevera en la doctrina de Cristo, no tiene a Dios; el que persevera en la doctrina de Cristo, ése sí tiene al Padre y al Hijo» (2 Jn 9).

Debemos perseverar hasta el fin y heredar la vida eterna, al igual que la iglesia primitiva, Pablo, Timoteo y los apóstoles, así como los creyentes y ministros de hoy que ya están con el Señor. Por último, hagamos nuestro el consejo del apóstol a Timoteo:

Pelea la buena batalla de la fe, echa mano de la vida eterna, a la cual asimismo fuiste llamado, habiendo hecho la buena profesión delante de muchos testigos.

1 TIMOTEO 6:12

¡Dios permita que todos podamos perseverar hasta el fin! ¡Ayúdanos, por favor, Señor!

Pablo y su inspiración

Palabra fiel y digna de ser recibida por todos: que Cristo Jesús
vino al mundo para salvar a los pecadores,
de los cuales yo soy el primero.

1 TIMOTEO 1:15

L a inspiración de Pablo siempre fue el Señor y su Palabra. Incluso, decía a
menudo: *¡Palabra fiel!* Con esto, se refiere a la fidelidad y a la inspiración
de las Escrituras. ¡Fiel! ¿Quién es fiel? ¡Cristo! ¿Y quién es la Palabra? ¡Cristo!
Entonces, Cristo es la Palabra fiel, lo cual se confirma en este pasaje:

> En el principio era el Verbo [la Palabra], y el Verbo [la Palabra] era con Dios,
> y el Verbo [la Palabra] era Dios.
>
> **JUAN 1:1**

Además de afirmar que la Palabra es fiel, dijo que «Cristo Jesús vino al
mundo para salvar los pecadores», de los cuales se consideraba el primero. Así
que Cristo era su Salvador y Señor.

La Palabra viviente, Cristo, y de igual forma la Palabra escrita, la Biblia,
eran la prioridad de Pablo. Lo podemos leer en el libro de los Hechos y en
todas sus cartas, pues como dice Jeremías 23:28-29, «el profeta que tuviere
un sueño, cuente el sueño; y aquel a quien fuere mi palabra, cuente mi palabra verdadera. ¿Qué tiene que ver la paja con el trigo? dice Jehová. ¿No es
mi palabra como fuego, dice Jehová, y como martillo que quebranta la piedra?». ¡Palabra verdadera! ¡Palabra fiel! Jesús mismo, refiriéndose a la Palabra
de Dios, enfatizó: «Santifícalos en tu verdad; tu palabra es verdad» (Jn 17:17).
¡La Palabra de Dios es la verdad absoluta!

La «inspiración» en la Biblia

Las palabras «inspirado», «inspirada» o «inspirar» en griego es **«theopneus-
tos»**, que significa «inspirado por Dios» (de **«Theos»**, Dios, y **«pneo»**, que

es respirar). Se usa de igual modo con relación a la inspiración divina de las Escrituras, en contraposición a escritos no inspirados, cuando cita:

> Toda la Escritura es inspirada por Dios, y útil para enseñar, para redargüir, para corregir, para instruir en justicia.
>
> **2 TIMOTEO 3:16**

En cuanto al verbo «**fero**», que significa «llevar, traer», se traduce «siendo inspirados» en 2 Pedro 1:20-21:

> Entendiendo primero esto, que ninguna profecía de la Escritura es de interpretación privada, porque nunca la profecía fue traída por voluntad humana, sino que los santos hombres de Dios hablaron siendo inspirados por el Espíritu Santo.

Al usar este verbo aquí, se hace notar que la profecía de la Escritura se «llevó» o se «impelió» por el poder del Espíritu Santo, así que los santos hombres de Dios no actuaron de acuerdo a sus propias voluntades, ni tampoco expresaron sus pensamientos, sino que siguieron la mente de Dios mediante las palabras que les dio y ministró Él mismo.

Pablo conocía las Escrituras del AT como no la conoció ningún otro apóstol. Entonces, al usar en sus cartas pastorales la frase «Palabra fiel», llamaba la atención a la importancia de la Palabra de Dios en nuestras vidas, a fin de que reconozcamos su inspiración divina y que sepamos cómo aplicarla. Incluso, con diferentes énfasis, utiliza seis veces la frase «Palabra fiel» con el propósito de que quedara clara la importancia de la indudable inspiración de las Escrituras.

La fidelidad de la Palabra

Algunos años atrás, un comerciante inglés caminaba por las calles de una nación africana. Al pasar, miró a un nativo leyendo la Biblia. Se detuvo y le dijo: «Ah, nosotros en Inglaterra ya no leemos ese libro. Está superatrasado y es muy antiguo. Hoy todo ha cambiado con lo moderno». El africano que era cristiano lo miró y le dijo: «Pues dele gracias a Dios que aquí en África sí lo leemos y no es antiguo ni está atrasado. Si yo no estuviera leyendo este libro que cambió mi vida, y si no fuera creyente, me lo estuviera comiendo vivo ahora mismo, pues soy un excaníbal».

Aquí tenemos una prueba del poder de la inspiración divina de la Palabra al cambiar una vida como esta. ¿Quién podrá regenerar a criminales, violadores, ladrones, asesinos o drogadictos? ¿Quién podrá hacerlo? ¿El Estado? ¿La cárcel? ¿La sociedad? ¡Imposible! Las estadísticas nos muestran que cuando gente como esta sale de la prisión, casi siempre vuelve a cometer el mismo delito. ¿Por qué? Porque ninguna cárcel regenera al hombre, solo lo puede hacer Jesucristo. ¡Aleluya! Podrán ayudarles en cierto sentido a reformarles, pero cambiar sus corazones... ¡nunca! El cambio del corazón viene al oír la Palabra de Dios y que la persona se convierta de sus malos caminos, así lo atestigua la Palabra:

> Mas ¿qué dice? Cerca de ti está la palabra, en tu boca y en tu corazón. Esta es la palabra de fe que predicamos [...] Así que la fe es por el oír, y el oír, por la palabra de Dios.
>
> ROMANOS 10:8, 17

La Palabra está cerca, todos las pueden alcanzar, escucharla y cambiar sus vidas. Por lo tanto, el apóstol siempre afirmaba que la Palabra es fiel.

1. **PARA PABLO, LA BASE DE LA SALVACIÓN DEL SER HUMANO ESTÁ EN LA INSPIRACIÓN DIVINA DE LAS ESCRITURAS**

1 Timoteo 1:15: «Palabra fiel y digna de ser recibida por todos: que Cristo Jesús vino al mundo para salvar a los pecadores, de los cuales yo soy el primero».

En cierta ocasión, un niño le preguntó a su mamá:

—Mamá, yo quiero ir al cielo. Entonces, cuando peco, ¿a quién tengo que pedirle perdón?

—¡Al cura!

—Mamá, ¿y el cura como hombre peca? —le preguntó de nuevo el niño.

—¡Sí!

—¿Y a quien él va entonces?

—Él va al sacerdote —le dijo la mamá.

—Y el sacerdote, ¿él también peca?

—¡Sí!

—¿Y a quién él va?

—Él va al obispo —respondió su madre.

—¿Y el obispo peca también?

—¡Sí!

—¿Y a quien él va?

—Él va al cardenal.

—Mamá, ¿y el cardenal peca?

—¡Sí!

—¿Y a quién va él?

—Va al papa.

—Y el papa es hombre, mamá, ¿él también peca?

—¡Sí, peca! ¡Todos pecan!

—¿Y a quién él va?

—¡Él va a Cristo! —le dijo al final la mamá.

El niño se quedó callado por un momento, pensó y le dijo a su mamá:

—Pues yo entonces voy a ahorrarme de pasar por tanta gente y voy derecho a Cristo.

¡Terminó la conversación!

La Palabra pone el fundamento que la salvación solo es por medio de Cristo y no por confesarle nuestros pecados a algún hombre, porque todos han pecado: «Por cuanto todos pecaron, y están destituidos de la gloria de Dios» (Ro 3:23). ¡Todos son todos!

Solo por medio de Cristo podemos ser salvos. Nadie puede ser salvo por obras, ni por ningún santo, ídolo, ni ninguna persona. Así lo cita de forma terminante la Palabra:

Y en ningún otro hay salvación; porque no hay otro nombre [solo Jesucristo] bajo el cielo, dado a los hombres, en que podamos ser salvos.

HECHOS 4:12

La salvación no es por ningún papa, santo, María, Hare Krishna, Buda, Dalí Dalai Lama, Mahoma, el Corán, etc. ¡Solo Cristo! Palabra fiel es esta: ¡Solo Cristo vino a salvar a los pecadores! Palabra fiel de ser recibida y digna de toda aceptación: ¡La salvación es solo por Cristo! ¡Punto final!

2. **PARA PABLO, LA BASE DE SU LLAMADO AL MINISTERIO Y DE SU LIDERAZGO ESTÁ EN LA INSPIRACIÓN DIVINA DE LAS ESCRITURAS**
1 Timoteo 3:1-7: «Palabra fiel: Si alguno anhela obispado, buena obra desea. Pero es necesario que el obispo sea irreprensible, marido de una sola mujer, sobrio, prudente, decoroso, hospedador, apto para enseñar; no dado al vino, no pendenciero, no codicioso de ganancias deshonestas, sino amable, apacible, no avaro; que gobierne bien su casa, que tenga a sus hijos en sujeción con toda honestidad (pues el que no sabe gobernar su propia casa, ¿cómo cuidará de la iglesia de Dios?); no un neófito, no sea que envaneciéndose caiga en la condenación del diablo. También es necesario que tenga buen testimonio de los de afuera, para que no caiga en descrédito y en lazo del diablo».

Aquí Pablo se refiere al testimonio y al ejemplo del ministro y de su liderazgo, cómo debe comportarse, su integridad, su matrimonio, su familia, que debe ser apto para predicar, su integridad financiera, que les enseñe a sus hijos y que sea probado para ejercer el ministerio y no un neófito. También en Tito 1:7-9 nos habla acerca del ejemplo del hombre de Dios:

Porque es necesario que el obispo sea irreprensible, como administrador de Dios; no soberbio, no iracundo, no dado al vino, no pendenciero, no codicioso de ganancias deshonestas, sino hospedador, amante de lo bueno, sobrio, justo, santo, dueño de sí mismo, retenedor de la palabra fiel tal como ha sido enseñada, para que también pueda exhortar con sana enseñanza y convencer a los que contradicen.

Hay que notar que la nobleza del ministerio está en la tarea a realizar y no en los privilegios de quienes la ejercen. En otras palabras, más importante es la obra que el que hace la obra. Hoy en día, el oficio de obispado y liderazgo es de gran apreciación, pero en el tiempo de Pablo, cuando él escribió estas palabras, era de sacrificio, peligro, persecución y hasta de morir por Cristo. El candidato al ministerio de esos tiempos era muy diferente al de hoy en día. Sin embargo, la Palabra no cambia y debemos observar cuáles son los requisitos para tal posición.

Al pastor de nuestro misionero en China lo tuvieron preso durante muchos años por predicar la Palabra de Dios. Cuando los Estados Unidos y otras naciones intervinieron usando el recurso de los derechos humanos, lo fueron a soltar. En cambio, él se negó diciendo: «¿Cómo yo podré salir de la cárcel mientras mis discípulos y otros pastores a los que les prediqué están en lo mismo? ¡No saldré!». Y se quedó allí por veintidós largos años dando el ejemplo de lo que es un ministro de verdad al sufrir por Cristo.

Palabra fiel de ser recibida y digna de toda aceptación: ¡Si desea el ministerio, hágalo con entrega y fidelidad!

3. **PARA PABLO, LA BASE DE TRABAJAR Y SOPORTAR TODA ADVERSIDAD POR CRISTO COMO CREYENTES Y MINISTROS ESTÁ EN LA INSPIRACIÓN DIVINA DE LAS ESCRITURAS**

1 Timoteo 4:9-10: «Palabra fiel es esta, y digna de ser recibida por todos. Que por esto mismo trabajamos y sufrimos oprobios, porque esperamos en el Dios viviente».

Aquí la Palabra denota una autodisciplina personal de cada ministro o creyente, y la seriedad con la que debemos vivir la vida cristiana. Es como el atleta olímpico que se prepara de la mejor manera posible y no se niega a cualquier sacrificio que tenga que hacer con tal de obtener el premio, la medalla de oro. De la misma forma, debemos seguir trabajando con todo empeño, entrega, sacrificio y con persistencia por la causa de Cristo. Incluso, lo debemos hacer con la certeza de que tendremos oposición y resistencia en el mundo espiritual que se irá manifestando en el mundo físico por medio de personas que intentarán, y a menudo conseguirán, hacerle mucho daño a la obra de Dios, su iglesia, sus creyentes y sus ministros.

En mis treinta y dos largos años de predicar en más de setenta y cuatro países alrededor del mundo, lo he soportado todo por amor a Aquel que murió por mí. Esto lo hago con regocijo, gozo y gran alegría al saber que mi recompensa está en los cielos. Predicar, ayudar a sostener nuestros cuarenta y ocho misioneros y el Instituto Teológico J.Y. en la India es nuestro deleite, pasión y entrega, pues creo y vivo lo que dijo Pablo sobre su galardón que estaba en Cristo:

Pues tengo por cierto que las aflicciones del tiempo presente no son comparables con la gloria venidera que en nosotros ha de manifestarse.

ROMANOS 8:18

¡La gloria venidera! Ya falta poco... Como dice el famoso himno: «Firmes y adelante, huestes de la fe, sin temor alguno, que Jesús nos ve». ¡Aleluya!

Palabra fiel de ser recibida y digna de toda aceptación: ¡Si trabajamos para el Señor y pasamos por adversidades, Él nos bendecirá!

4. **PARA PABLO, LA BASE DE NUESTRA LEALTAD Y DE SUFRIR POR CRISTO ESTÁ EN LA INSPIRACIÓN DIVINA DE LAS ESCRITURAS**

2 Timoteo 2:11-13: «Palabra fiel es esta: Si somos muertos con él, también viviremos con él; si sufrimos, también reinaremos con él; si le negáremos, él también nos negará. Si fuéremos infieles, él permanece fiel; él no puede negarse a sí mismo».

La lealtad a Cristo tendrá su recompensa, pero la deslealtad también tendrá su pago y retribución. Martín Lutero dijo: «Si morimos por serle leales a Cristo, también viviremos en la gloria con Él». Nuestra lealtad al Señor debe ser la marca de nuestra vida y ministerio. Lealtad, fidelidad e integridad son sinónimos aplicados de varias maneras diferentes y todos representan lo mismo: terminar la carrera de forma impecable y sin ceder al cansancio por el Señor hasta el final. Tertuliano también dijo: «Si alguien tiene miedo de sufrir por Cristo, no pertenece a Cristo en realidad, porque Cristo sufrió grandemente». Así lo define Pablo:

A fin de conocerle [a Cristo], y el poder de su resurrección, y la participación de sus padecimientos [sufrimientos, aflicciones], llegando a ser semejante a él en su muerte [nuestra muerte del ego, del yo, de nuestra carne].

FILIPENSES 3:10

Como dije en el capítulo 16, Richard Wumbrand, fundador del ministerio «La voz de los mártires», estuvo preso por Cristo en Rumanía por casi dos décadas. Su esposa también estuvo presa en campos de trabajo forzado. Cuando yo era aún un niño, leí su libro *Torturado por la causa de Cristo*. Al misionero australiano Graham Staines y a sus hijos, de seis y diez años, los quemaron vivos dentro de su auto en la población de Manoharpur, en el estado oriental de Orissa, por hindúes fanáticos.

Ha aumentado en gran medida la persecución en contra de los cristianos alrededor del mundo en países que se oponen al evangelio. Grande es el dolor, el sufrimiento y la tribulación de creyentes y ministros que pagan un precio increíble por Cristo, su Palabra y su causa. Busque en una librería cristiana los libros *Locos por Jesús* (tomos I y II). ¡Va a cambiar su vida!

Palabra fiel de ser recibida y digna de toda aceptación: ¡La naturaleza del creyente es morir por Él y vivir con Él!

5. PARA PABLO, LA BASE DE CÓMO EL MINISTRO DEBE ACTUAR CON CARÁCTER Y SIN TITUBEAR ESTÁ EN LA INSPIRACIÓN DIVINA DE LAS ESCRITURAS

Tito 3:8-9: «Palabra fiel es esta, y en estas cosas quiero que insistas con firmeza, para que los que creen en Dios procuren ocuparse en buenas obras. Estas cosas son buenas y útiles a los hombres. Pero evita las cuestiones necias, y genealogías, y contenciones, y discusiones acerca de la ley; porque son vanas y sin provecho».

Los satanistas, y hasta hermanos en la fe, nos han ofendido y criticado por YouTube, la internet y las redes sociales. Incluso, algunos «ministros» han combatido nuestro ministerio por las mismas vías. Toda oposición y resistencia hacia nosotros es la prueba de la aprobación del Señor, de que Dios nos usa para su gloria y de que hacemos lo que es adecuado. Pablo dijo:

> Pero de ninguna cosa hago caso, ni estimo preciosa mi vida para mí mismo, con tal que acabe mi carrera con gozo, y el ministerio que recibí del Señor Jesús, para dar testimonio del evangelio de la gracia de Dios.
>
> HECHOS 20:24

Me gusta una traducción en inglés que dice: «Nothing moves me», que en español sería: «¡Nada me mueve!». Pueden ofendernos, criticarnos y combatirnos, pero nada de esto nos mueve. Estamos firmes sobre la Roca eterna que es Cristo. Como expresa el dicho popular: «Nadie le tira piedras a un árbol sin frutos». ¡Así es! Nos apedrean porque tenemos frutos. ¡Gloria a Dios! Yo estoy plantado en estas palabras que me animan cada día:

> ¿Y quién es aquel que os podrá hacer daño, si vosotros seguís el bien? Mas también si alguna cosa padecéis por causa de la justicia, bienaventurados sois. Por tanto, no os amedrentéis por temor de ellos, ni os conturbéis.
>
> 1 PEDRO 3:13-14

¡Aleluya!

Palabra fiel

Pablo dijo que fuéramos ministros con firmeza y carácter, y que no titubeáramos en nuestras responsabilidades al predicar la Palabra tal como es y no como los demás desean que fuera. Esto lo he experimentado de primera mano en mi ministerio.

Hace algunos años, una mujer me escribió una carta muy ofensiva. Me culpaba de la conversión de su amante que ahora era cristiano. Resulta que los dos fueron a un culto donde prediqué. Él se convirtió, ella no. Al final del servicio, ella le preguntó: «¿Vamos a un motel esta noche como siempre?». Él le dijo que no, que ahora era salvo, que si alguna vez estarían juntos de nuevo, sería por los lazos sagrados del matrimonio. La mujer se enfureció contra él y contra mí también, y me escribió una carta terrible culpándome de que ya su «examante» dejó de dormir con ella. ¿Usted puede creer esto? ¡Culpándome porque Dios salvó a un hombre de la perdición!

Pablo creía firmemente en la inspiración de las Escrituras, la Palabra de Dios, que en 2 Samuel 23:9-10 nos habla sobre uno de los valientes de David:

> Después de éste, Eleazar hijo de Dodo, ahohíta, uno de los tres valientes que estaban con David cuando desafiaron a los filisteos que se habían reunido allí para la batalla, y se habían alejado los hombres de Israel. Este se levantó e hirió a los filisteos hasta que su mano se cansó, y quedó pegada su mano a la espada. Aquel día Jehová dio una gran victoria, y se volvió el pueblo en pos de él tan sólo para recoger el botín.

Usted tiene el poder de luchar con su espada, la Palabra de Dios, y de perseverar y vencer como lo hizo Eleazar, uno de los valientes de David. Hiera el enemigo en batalla donde más le duele, ore, ayune, lea y estudie la Palabra, y gane almas para Cristo. Dios le dará una gran victoria y usted recogerá los frutos de su obediencia, valentía, osadía e intrepidez.

Tome en su mano la espada que es la Palabra de Dios y luche y pelee hasta vencer. ¡No retroceda jamás! Recuerde las palabras de Cristo que habla sobre esto:

> Y Jesús le dijo: Ninguno que poniendo su mano en el arado mira hacia atrás, es apto para el reino de Dios.
>
> LUCAS 9:62

Nunca mire hacia atrás. Lo que pasó, pasó. Extiéndase como Pablo a lo que está delante y termine su carrera.

Palabra fiel de ser recibida y digna de toda aceptación: ¡Debemos mantenernos firmes y sin titubear en el servicio a Dios!

Pablo y su pasión

Porque vosotros, hermanos, vinisteis a ser imitadores de las
iglesias de Dios en Cristo Jesús que están en Judea.

1 TESALONICENSES 2:14

La pasión de Pablo era ver el crecimiento de la iglesia en lo espiritual,
así como en madurez, en conversiones y en número, todo para servir a
Cristo ganando almas y haciendo un trabajo de discipulado. La iglesia tenía
una parte prominente en su vida y ministerio. El valor que le da en cuanto al
papel de la iglesia y el cambio que esta puede traer al mundo es impresionante
y lo podemos ver en sus escritos sobre la importancia del cuerpo de Cristo.

La iglesia debe ser de gran estima en la vida de cada creyente y ministro,
porque sigue el ministerio que estableció Cristo por medio de sus apóstoles y
los padres de la iglesia hasta hoy. Jesús mismo estableció su Iglesia:

> Y yo también te digo, que tú eres Pedro, y sobre esta roca edificaré mi igle-
> sia; y las puertas del Hades [infierno] no prevalecerán contra ella.
>
> MATEO 16:18

Como resultado, vemos que hace más de dos mil años la Iglesia sigue de
triunfo en triunfo.

Cómo se define la «iglesia»

En el pasaje que da inicio a nuestro capítulo, Pablo dice que las iglesias de
Judea fueron un gran ejemplo. En la actualidad, hay iglesias que son muy
importantes porque sirven como ejemplo de crecimiento para las demás. Así
que nosotros debemos ser imitadores de sus métodos de crecimiento, evangelización y discipulado.

La palabra iglesia en griego es **«ekklesia»,** de **«ek»,** que significa «fuera
de», y **«klesis»,** que se traduce «llamamiento», la cual procede de **«kaleo»,** que
es «llamar». Por lo tanto, la iglesia tiene el llamado a estar «fuera del mundo»,

a fin de ser ejemplo de santidad en medio de una sociedad decadente y co-rrupta. También encontramos la palabra **«plethos»,** que significa «multitud» y «muchedumbre», pero que se traduce «asamblea» en Hechos 23:7. Cuando nos referimos a la «asamblea», vemos que se utiliza de diferentes maneras:

- Se usó entre los griegos al referirse a un cuerpo de ciudadanos reunido para considerar asuntos de estado, como en este pasaje: «Y si demandáis alguna otra cosa, en legítima asamblea se puede decidir» (Hch 19:39).

- Se usó para designar a la congregación de Israel, convocada para cualquier propósito determinado o una reunión considerada como representativa de toda la nación.

- Se usó para referirse a Israel «en la congregación en el desierto» (Hch 7:38).

- En el NT, nos muestra la compañía de creyentes y redimidos en Cristo, y se le llama iglesia, asamblea o el templo donde se reúnen los salvos de la nueva dispensación de la gracia de cristianos y ministros que aplican las enseñanzas del evangelio.

En sus inicios, la iglesia creció en número y en madurez espiritual de una manera sobrenatural. Así se relata en el libro de los Hechos:

- «Los que recibieron su palabra fueron bautizados; y se añadieron aquel día como tres mil personas» (2:41).

- «Alabando a Dios, y teniendo favor con todo el pueblo. Y el Señor añadía cada día a la iglesia los que habían de ser salvos» (2:47).

- «Pero muchos de los que habían oído la palabra, creyeron; y el número de los varones era como cinco mil» (4:4).

- «Y los que creían en el Señor aumentaban más, gran número así de hombres como de mujeres» (5:14).

¿A qué se debía este crecimiento maravilloso y asombroso? Aquí tiene la respuesta en el mismo libro de Hechos:

- «Y todos los días, en el templo y por las casas, no cesaban de enseñar y predicar a Jesucristo» (5:42).

- «En aquellos días, como creciera el número de los discípulos» (6:1).

- «Y crecía la palabra del Señor, y el número de los discípulos se multiplicaba grandemente en Jerusalén; también muchos de los sacerdotes obedecían a la fe» (6:7).

- «Entonces las iglesias tenían paz por toda Judea, Galilea y Samaria; y eran edificadas, andando en el temor del Señor, y se acrecentaban fortalecidas por el Espíritu Santo» (9:31).

La iglesia se distinguía también por ser una iglesia de oración. Esto es fundamental para el crecimiento de una iglesia. ¡Por esta razón la oración crecía también! Veamos en el libro de los Hechos cómo oraba la iglesia primitiva:

- «Todos éstos perseveraban unánimes en oración y ruego, con las mujeres, y con María la madre de Jesús, y con sus hermanos» (1:14).
- «Y perseveraban en la doctrina de los apóstoles, en la comunión unos con otros, en el partimiento del pan y en las oraciones» (2:42).
- «Y nosotros persistiremos en la oración y en el ministerio de la palabra» (6:4).
- «Así que Pedro estaba custodiado en la cárcel; pero la iglesia hacía sin cesar oración a Dios por él» (12:5).

El crecimiento de la iglesia

¿Qué pastor no desea ver que su iglesia crece? ¡Todos quieren verla crecer y prosperar! Entonces, hay que aplicar los métodos de la iglesia primitiva, que es el manual por excelencia del crecimiento de la iglesia.

El crecimiento es la característica fundamental de la naturaleza de la iglesia. Dios quiere una iglesia que esté en constante movimiento al extenderse hacia afuera para alcanzar a la gente, y creciendo en número y en calidad de dedicación. Cuando Jesús dijo «edificaré mi iglesia» (Mt 16:18), la concebía como instrumento de la gracia de Dios, siempre en expansión y creciendo por su propia naturaleza. El crecimiento de la iglesia no es el resultado de una fórmula humana en particular, sino que es un don que da Dios:

> De quien todo el cuerpo, bien concertado y unido entre sí por todas las coyunturas que se ayudan mutuamente, según la actividad propia de cada miembro, recibe su crecimiento para ir edificándose en amor.
>
> EFESIOS 4:16

> Y no asiéndose de la Cabeza, en virtud de quien todo el cuerpo, nutriéndose y uniéndose por las coyunturas y ligamentos, crece con el crecimiento que da Dios.
>
> COLOSENSES 2:19

El mismo Pablo repite este concepto en su carta a los creyentes corintios: «Yo planté, Apolos regó; pero el crecimiento lo ha dado Dios» (1 Co 3:6). Por eso el «crecimiento» de la iglesia es un imperativo, tal y como lo expresa una vez más el apóstol en 1 Corintios 15:58: «Así que, hermanos míos amados, estad firmes y constantes, creciendo en la obra del Señor siempre, sabiendo que vuestro trabajo en el Señor no es en vano».

La pasión de Pablo

La obra debe crecer siempre y los cristianos deben tener la suficiente madurez espiritual. Teniendo esto en cuenta, Pablo se entregó por entero a la iglesia al mostrar en diferentes aspectos su pasión por la obra de Dios.

1. **LA PASIÓN DE PABLO ERA ENSEÑAR EN LA IGLESIA**
   Hechos 11:25-26: «Después fue Bernabé a Tarso para buscar a Saulo; y hallándole, le trajo a Antioquía. Y se congregaron allí todo un año con la iglesia, y enseñaron a mucha gente; y a los discípulos se les llamó cristianos por primera vez en Antioquía».

2. **LA PASIÓN DE PABLO ERA QUE LA IGLESIA LO SEPARARA, APARTARA, ORDENARA Y ENVIARA AL MINISTERIO**
   Hechos 13:2-3: «Ministrando éstos al Señor, y ayunando, dijo el Espíritu Santo: Apartadme a Bernabé y a Saulo para la obra a que los he llamado. Entonces, habiendo ayunado y orado, les impusieron las manos y los despidieron».

3. **LA PASIÓN DE PABLO ERA DEJAR LÍDERES O ANCIANOS EN LAS IGLESIAS**
   Hechos 14:23: «Y constituyeron ancianos en cada iglesia, y habiendo orado con ayunos, los encomendaron al Señor en quien habían creído».

4. **LA PASIÓN DE PABLO ERA CONTAR LAS MARAVILLAS QUE DIOS HACÍA EN LA IGLESIA**
   Hechos 14:27: «Y habiendo llegado, y reunido a la iglesia, refirieron cuán grandes cosas había hecho Dios con ellos, y cómo había abierto la puerta de la fe a los gentiles».

5. **LA PASIÓN DE PABLO ERA QUE EN CADA LUGAR AL QUE IBA SU PRESENCIA FUERA MOTIVO DE ALEGRÍA PARA LA IGLESIA**
   Hechos 15:3: «Ellos, pues, habiendo sido encaminados por la iglesia, pasaron por Fenicia y Samaria, contando la conversión de los gentiles; y causaban gran gozo a todos los hermanos».

6. **LA PASIÓN DE PABLO ERA QUE LA IGLESIA LE RECIBIERA CON GRAN GOZO**
   Hechos 15:4: «Y llegados a Jerusalén, fueron recibidos por la iglesia y los apóstoles y los ancianos, y refirieron todas las cosas que Dios había hecho con ellos».

7. **LA PASIÓN DE PABLO ERA TRABAJAR EN EQUIPO PARA LA EDIFICACIÓN DE LA IGLESIA**
   Hechos 15:22: «Entonces pareció bien a los apóstoles y a los ancianos, con toda la iglesia, elegir de entre ellos varones y enviarlos a Antioquía con Pablo y Bernabé: a Judas que tenía por sobrenombre Barsabás, y a Silas, varones principales entre los hermanos».

8. **LA PASIÓN DE PABLO ERA ANIMAR SIEMPRE A LA IGLESIA**
   Hechos 15:40-41: «Y Pablo, escogiendo a Silas, salió encomendado por los hermanos a la gracia del Señor, y pasó por Siria y Cilicia, confirmando a las iglesias».

9. **LA PASIÓN DE PABLO ERA RECONOCER EL VALOR DE VISITAR A LA IGLESIA**
   Hechos 18:22: «Habiendo arribado a Cesarea, subió para saludar a la iglesia, y luego descendió a Antioquía».

10. **LA PASIÓN DE PABLO ERA HABLARLES A LOS LÍDERES Y ANCIANOS DE LA IGLESIA**
    Hechos 20:17: «Enviando, pues, desde Mileto a Éfeso, hizo llamar a los ancianos de la iglesia».

11. **LA PASIÓN DE PABLO ERA INSTRUIR A LOS LÍDERES DE LA IGLESIA**
    Hechos 20:28: «Por tanto, mirad por vosotros, y por todo el rebaño en que el Espíritu Santo os ha puesto por obispos, para apacentar la iglesia del Señor, la cual él ganó por su propia sangre».

12. LA PASIÓN DE PABLO ERA RECOMENDAR PERSONAS QUE SE DESTACABAN EN LA IGLESIA
Romanos 16:1: «Os recomiendo además nuestra hermana Febe, la cual es diaconisa de la iglesia en Cencrea».

13. LA PASIÓN DE PABLO ERA RECONOCER A LOS QUE TRABAJABAN CON ÉL PARA EL BENEFICIO DE LA IGLESIA
Romanos 16:3-4: «Saludad a Priscila y a Aquila, mis colaboradores en Cristo Jesús, que expusieron su vida por mí; a los cuales no sólo yo doy gracias, sino también todas las iglesias de los gentiles».

14. LA PASIÓN DE PABLO ERA RECORDARLES A LOS HERMANOS LA IMPORTANCIA DE LA COMUNIÓN EN LA IGLESIA
Romanos 16:16: «Saludaos los unos a los otros con ósculo santo. Os saludan todas las iglesias de Cristo».

15. LA PASIÓN DE PABLO ERA TENER EN ESTIMA A QUIENES LE HOSPEDABAN Y ERAN MIEMBROS DE LA IGLESIA
Romanos 16:23: «Os saluda Gayo, hospedador mío y de toda la iglesia».

16. LA PASIÓN DE PABLO ERA SABER QUE LA SANTIDAD ES UNA PRIORIDAD EN LA IGLESIA
1 Corintios 1:2: «A la iglesia de Dios que está en Corinto, a los santificados en Cristo Jesús, llamados a ser santos con todos los que en cualquier lugar invocan el nombre de nuestro Señor Jesucristo, Señor de ellos y nuestro».

17. LA PASIÓN DE PABLO ERA DELEGARLES RESPONSABILIDADES A LOS LÍDERES DE LA IGLESIA
1 Corintios 4:17: «Por esto mismo os he enviado a Timoteo, que es mi hijo amado y fiel en el Señor, el cual os recordará mi proceder en Cristo, de la manera que enseño en todas partes y en todas las iglesias».

18. LA PASIÓN DE PABLO ERA TENER AUTORIDAD EN LA IGLESIA
1 Corintios 7:17: «Pero cada uno como el Señor le repartió, y como Dios llamó a cada uno, así haga; esto ordeno en todas las iglesias».

19. LA PASIÓN DE PABLO ERA QUE NO LE SIRVIERAN DE MAL EJEMPLO A NADIE EN LA IGLESIA
1 Corintios 10:32: «No seáis tropiezo ni a judíos, ni a gentiles, ni a la iglesia de Dios».

20. LA PASIÓN DE PABLO ERA TENER EN ESTIMA A LA IGLESIA
1 Corintios 11:22: «Pues qué, ¿no tenéis casas en que comáis y bebáis? ¿O menospreciáis la iglesia de Dios, y avergonzáis a los que no tienen nada? ¿Qué os diré? ¿Os alabaré? En esto no os alabo».

21. LA PASIÓN DE PABLO ERA QUE LA PROFECÍA EDIFICARA A LA IGLESIA
1 Corintios 14:4-5: «El que habla en lengua extraña, a sí mismo se edifica; pero el que profetiza, edifica a la iglesia. Así que, quisiera que todos vosotros hablaseis en lenguas, pero más que profetizaseis; porque mayor es el que profetiza que el que habla en lenguas, a no ser que las interprete para que la iglesia reciba edificación».

22. LA PASIÓN DE PABLO ERA QUE SE RECIBIERAN LOS DONES PARA LA EDIFICACIÓN DE LA IGLESIA
1 Corintios 14:12: «Así también vosotros; pues que anheláis dones espirituales, procurad abundar en ellos para edificación de la iglesia».

23. **LA PASIÓN DE PABLO ERA QUE NO DEBÍA HABER CONFUSIÓN Y DESORDEN, SINO ARMONÍA, EN LA IGLESIA**
1 Corintios 14:33: «Pues Dios no es Dios de confusión, sino de paz. Como en todas las iglesias de los santos».

24. **LA PASIÓN DE PABLO ERA CAMINAR EN HUMILDAD EN LA IGLESIA**
1 Corintios 15:9: «Porque yo soy el más pequeño de los apóstoles, que no soy digno de ser llamado apóstol, porque perseguí a la iglesia de Dios».

25. **LA PASIÓN DE PABLO ERA ENSEÑAR QUE DEBEMOS OFRENDAR PARA LA IGLESIA**
1 Corintios 16:1: «En cuanto a la ofrenda para los santos, haced vosotros también de la manera que ordené en las iglesias de Galacia».

26. **LA PASIÓN DE PABLO ERA RECONOCER A QUIENES ABRÍAN SUS CASAS PARA CONSTITUIR UNA IGLESIA**
1 Corintios 16:19: «Las iglesias de Asia os saludan. Aquila y Priscila, con la iglesia que está en su casa, os saludan mucho en el Señor».
Colosenses 4:15: «Saludad a los hermanos que están en Laodicea, y a Ninfas y a la iglesia que está en su casa».
Filemón 1:2: «Y a la amada hermana Apia, y a Arquipo nuestro compañero de milicia, y a la iglesia que está en tu casa».

27. **LA PASIÓN DE PABLO ERA ESCRIBIRLE SUS CARTAS A LA IGLESIA**
2 Corintios 1:1: «Pablo, apóstol de Jesucristo por la voluntad de Dios, y el hermano Timoteo, a la iglesia de Dios que está en Corinto, con todos los santos que están en toda Acaya».

28. **LA PASIÓN DE PABLO ERA RECONOCER LA BENDICIÓN DE DIOS EN LA IGLESIA**
2 Corintios 8:1: «Asimismo, hermanos, os hacemos saber la gracia de Dios que se ha dado a las iglesias de Macedonia».

29. **LA PASIÓN DE PABLO ERA TENER EN ESTIMA A LOS MENSAJEROS DE LA IGLESIA**
2 Corintios 8:23-24: «En cuanto a Tito, es mi compañero y colaborador para con vosotros; y en cuanto a nuestros hermanos, son mensajeros de las iglesias, y gloria de Cristo. Mostrad, pues, para con ellos ante las iglesias la prueba de vuestro amor, y de nuestro gloriarnos respecto de vosotros».

30. **LA PASIÓN DE PABLO ERA PREOCUPARSE POR LA IGLESIA**
2 Corintios 11:28: «Y además de otras cosas, lo que sobre mí se agolpa cada día, la preocupación por todas las iglesias».

31. **LA PASIÓN DE PABLO ERA RECONOCER QUE PERSIGUIÓ A LA IGLESIA**
Gálatas 1:13: «Porque ya habéis oído acerca de mi conducta en otro tiempo en el judaísmo, que perseguía sobremanera a la iglesia de Dios, y la asolaba».
Filipenses 3:6: «En cuanto a celo, perseguidor de la iglesia».

32. **LA PASIÓN DE PABLO ERA SABER QUE CRISTO ES LA CABEZA DE LA IGLESIA**
Efesios 1:22-23: «Y sometió todas las cosas bajo sus pies, y lo dio por cabeza sobre todas las cosas a la iglesia, la cual es su cuerpo, la plenitud de Aquel que todo lo llena en todo».
Colosenses 1:18: «Y él es la cabeza del cuerpo que es la iglesia».

33. LA PASIÓN DE PABLO ERA CONCEDERLE A CRISTO LA GLORIA Y LA HONRA COMO EL SEÑOR DE LA IGLESIA

Efesios 3:20-21: «Y a Aquel que es poderoso para hacer todas las cosas mucho más abundantemente de lo que pedimos o entendemos, según el poder que actúa en nosotros, a él sea gloria en la iglesia en Cristo Jesús por todas las edades, por los siglos de los siglos. Amén».

34. LA PASIÓN DE PABLO ERA QUE CRISTO AMÓ EN GRAN MEDIDA A LA IGLESIA

Efesios 5:25: «Cristo amó a la iglesia, y se entregó a sí mismo por ella».

35. LA PASIÓN DE PABLO ERA QUE CRISTO DESEA LA SANTIDAD DE SU IGLESIA

Efesios 5:27: «A fin de presentársela a sí mismo, una iglesia gloriosa, que no tuviese mancha ni arruga ni cosa semejante, sino que fuese santa y sin mancha».

36. LA PASIÓN DE PABLO ERA QUE CRISTO CUIDA DE SU IGLESIA

Efesios 5:29: «Porque nadie aborreció jamás a su propia carne, sino que la sustenta y la cuida, como también Cristo a la iglesia».

37. LA PASIÓN DE PABLO ERA AGRADECERLES A QUIENES LE SOSTUVIERON FINANCIERAMENTE EN NOMBRE DE LA IGLESIA

Filipenses 4:15: «Y sabéis también vosotros, oh filipenses, que al principio de la predicación del evangelio, cuando partí de Macedonia, ninguna iglesia participó conmigo en razón de dar y recibir, sino vosotros solos».

38. LA PASIÓN DE PABLO ERA SUFRIR POR CRISTO Y POR LA IGLESIA

Colosenses 1:24: «Ahora me gozo en lo que padezco por vosotros, y cumplo en mi carne lo que falta de las aflicciones de Cristo por su cuerpo, que es la iglesia».

39. LA PASIÓN DE PABLO ERA QUE SUS CARTAS SE LEYERAN EN LA IGLESIA

Colosenses 4:16: «Cuando esta carta haya sido leída entre vosotros, haced que también se lea en la iglesia de los laodicenses, y que la de Laodicea la leáis también vosotros».

40. LA PASIÓN DE PABLO ERA QUE LOS HERMANOS FUERAN EJEMPLO EN LA IGLESIA

1 Tesalonicenses 2:14: «Porque vosotros, hermanos, vinisteis a ser imitadores de las iglesias de Dios en Cristo Jesús que están en Judea».

41. LA PASIÓN DE PABLO ERA AFIRMAR Y ALENTAR A QUIENES SUFRÍAN PERSECUCIÓN POR CRISTO AL SER PARTE DE LA IGLESIA

2 Tesalonicenses 1:4: «Tanto, que nosotros mismos nos gloriamos de vosotros en las iglesias de Dios, por vuestra paciencia y fe en todas vuestras persecuciones y tribulaciones que soportáis».

42. LA PASIÓN DE PABLO ERA ENSEÑAR QUE LOS MINISTROS DEBEMOS TENER NUESTRA CASA EN ORDEN PARA DESPUÉS LIDERAR A LA IGLESIA

1 Timoteo 3:5: «Pues el que no sabe gobernar su propia casa, ¿cómo cuidará de la iglesia de Dios?».

43. LA PASIÓN DE PABLO ERA ENSEÑARNOS CÓMO COMPORTARNOS EN LA IGLESIA

1 Timoteo 3:15: «Para que si tardo, sepas cómo debes conducirte en la casa de Dios, que es la iglesia del Dios viviente, columna y baluarte de la verdad».

44. LA PASIÓN DE PABLO ERA QUE NADIE FUERA GRAVOSO CON SUS RESPONSABILIDADES PERSONALES PARA LA IGLESIA
1 Timoteo 5:16: «Si algún creyente o alguna creyente tiene viudas, que las mantenga, y no sea gravada la iglesia, a fin de que haya lo suficiente para las que en verdad son viudas».

45. LA PASIÓN DE PABLO ERA ADVERTIRLES EN SERIO A QUIENES SEGUÍAN EN PECADO DENTRO DE LA IGLESIA
1 Timoteo 5:20: «A los que persisten en pecar, repréndelos delante de todos [de la iglesia], para que los demás también teman».

La marcha triunfal de la iglesia

Como acabamos de ver, la pasión de Pablo era la iglesia, sus ministros, líderes, su desarrollo, crecimiento, administración, disciplina, conducta, espiritualidad, etc. La iglesia, el cuerpo de Cristo, era y todavía es la columna y baluarte de la verdad a través de las Escrituras. Ya desde el AT, la llamada congregación, el tabernáculo de reunión en el desierto, y después el templo construido por Salomón, fueron la marca, la exclusividad y peculiaridad del pueblo de Dios. El salmista lo dice con estas palabras: «Alabaré a Jehová con todo el corazón en la compañía y congregación de los rectos» (Sal 111:1).

David lo dice también en el Salmo 122:1: «Yo me alegré con los que me decían: A la casa de Jehová iremos». Él se gozaba, se regocijaba en ir a buscar al Señor en su casa. Así que, una vez más habla de la comunión («**koinonia**») entre los hermanos: «¡Mirad cuán bueno y cuán delicioso es habitar los hermanos juntos en armonía!» (Sal 133:1). Tanto se alegraba «el dulce cantor de Israel» (2 S 23:1) en la comunión con los demás, que nosotros debemos hacer lo mismo.

Por último, quiero destacar lo que dijo el salmista acerca de los que están siempre en la casa del Señor:

> Alabad el nombre de Jehová; alabadle, siervos de Jehová; los que estáis en la casa de Jehová, en los atrios de la casa de nuestro Dios
>
> SALMO 135:1-2

Es una gran maravilla que permanezcamos unidos, en comunión, alabar al Señor por sus maravillas, estar juntos y ser de un solo corazón.

En el segundo siglo después de Cristo, el emperador romano mandó a llamar a su presencia a un creyente fiel al Señor y en plena comunión con su iglesia.

—Usted es cristiano, ¿verdad? —le preguntó el emperador.

—¡Sí! —contestó el hermano.

—Pues voy a desterrarte. Te voy a enviar al exilio, bien lejos, y allá estarás solo.

—Lo siento mucho, su majestad —respondió el siervo de Jesucristo—, pero donde quiera que usted me envíe, allí estará mi Señor.

El emperador se enojó mucho y volvió a decirle:

—Voy a quitarte todos tus bienes, tu casa, tu familia, todo lo que tienes.

—Lo siento mucho, su majestad, pero mi tesoro está en los cielos y allá está muy alto para que usted lo alcance —le dijo el hermano.

—¡Guardias, maten a este hombre insolente! —ordenó enfurecido el emperador.

—¿Matarme a mí? —preguntó el fiel creyente—, ¡favor que usted me hace! Ya hace muchísimos años que morí con Cristo y la vida que vivo ahora la vivo para Él que murió y resucitó por mí.

De seguro que la iglesia seguirá su marcha triunfal, pues «el mundo pasa, y sus deseos; pero el que hace la voluntad de Dios permanece para siempre» (1 Jn 2:17). ¡Aleluya!

La iglesia del Señor es indestructible. Algunos podrán descarriarse y volver al mundo, a su vida pasada. Incluso, podrá algún ministro pecar y caer de la gracia. Quizá hasta haya muchos que se burlen de ella, la apedreen, blasfemen en su contra y la injurien. Es posible que quemen, destruyan y derrumben sus edificios, como sucede en muchos países. Sin embargo, nada ni nadie podrá detenerla, pues Cristo mismo dijo que las puertas del infierno (el diablo y sus demonios) no prevalecerían en su contra. ¿Por qué? Porque...

- Nació en el corazón de Dios (Hch 2).
- Dios mismo la instituyó (1 Ts 1:1).
- La sostiene la fe (Ef 1:15).
- Se han derramado muchas lágrimas y se han soportado grandes sufrimientos (Hch 20:31).
- Crece cada día (Hch 2:47).
- Vive en la comunión del Padre, del Hijo y del Espíritu Santo (2 Co 13:14), y también vive en la comunión entre los hermanos (Flp 2:2).
- Camina en disciplina y orden (1 Co 7:17).
- Se sostiene por la generosidad de las ofrendas y los diezmos de sus miembros (Mal 3:8-11; Lc 6:38; Heb 7:1-8).
- Tiene líderes y pastores que caminan en respeto y seriedad (1 Ts 5:12-13; Heb 13:7, 17).
- Cuenta con cristianos maduros que no dejan de congregarse y de esa forma sigue adelante (Heb 10:25).

¡Aleluya!

La iglesia en la vida del cristiano

Existen muchas razones por las que un creyente debe asistir a los cultos de su iglesia. Si hiciéramos una lista, esta sería interminable. Así que solo por mencionar algunas, veamos estas:

1. En la iglesia podemos disfrutar de la comunión con los demás hermanos y ayudarnos mutuamente.
2. En la iglesia podemos compartir nuestras cargas y orar los unos por los otros.
3. En la iglesia le damos lugar al Espíritu Santo para que hable a nuestros corazones.
4. En la iglesia escuchamos la predicación y el consejo de la Palabra de Dios.
5. En la iglesia Dios nos corrige y nos disciplina por su Palabra cuando estamos equivocados.
6. En la iglesia evitamos darle lugar al enfriamiento espiritual en nuestras vidas.
7. En la iglesia la joven o el joven cristiano encuentra su pareja para casarse.
8. En la iglesia reconocemos nuestra dependencia de Dios y de los demás para crecer, aprender y madurar en lo espiritual.
9. En la iglesia ofrendamos y diezmamos, a fin de que siga adelante y así Dios nos bendiga en lo financiero de acuerdo a sus promesas.
10. En la iglesia aprendemos a valorar a los ministros por su arduo trabajo en preparar sermones, visitar enfermos, ayudar necesitados y predicar y enseñar la Palabra con esfuerzo y dedicación domingo tras domingo por muchísimos años.

Para terminar, tengamos a Pablo como ejemplo de pasión por la iglesia, como ya leímos, y pongamos esta palabra en nuestros corazones al tener como guía el ejemplo de la iglesia primitiva, que es el gran modelo para toda la iglesia, sus ministros y miembros:

Y perseverando unánimes cada día en el templo, y partiendo el pan en las casas, comían juntos con alegría y sencillez de corazón.

HECHOS 2:46

¡Qué alegría es amar la iglesia e ir a la casa de Dios!

CAPÍTULO 29

Pablo y su abnegación

Pero lejos esté de mí gloriarme, sino en la cruz de nuestro Señor
Jesucristo, por quien el mundo me es crucificado a mí,
y yo al mundo.

GÁLATAS 6:14

¡Pablo se gloriaba en la cruz de Cristo! Todo lo hacía para honrarla, a fin de que se exaltara y glorificara al Señor. Su vida después de su conversión, de su llamado a ser apóstol de los gentiles y de su predicación se centró siempre en la cruz de Jesucristo y no en la sabiduría humana. Los dos hechos que marcaron su vida fueron: Su encuentro personal en el camino de Damasco con el Cristo crucificado y resucitado, y cuando la cruz tuvo en su vida un profundo y real significado, a lo que le siguió su experiencia en la que, después del Día de Pentecostés, recibió la plenitud del Espíritu Santo de la misma manera.

«Antes de Cristo» y «después de Cristo»

La cruz del Calvario fue una excelente manifestación del amor sacrificial de Cristo para Pablo. Entonces, cuando recibió el bautismo del Espíritu Santo, su vida era plena y estaba lista para servir al Señor, como nos lo explica la Palabra:

> Fue entonces Ananías y entró en la casa, y poniendo sobre él las manos, dijo: Hermano Saulo, el Señor Jesús, que se te apareció en el camino por donde venías, me ha enviado para que recibas la vista y seas lleno del Espíritu Santo.
>
> HECHOS 9:17

Ahora Pablo sabía que el gran amor de Jesús demostrado en la cruz significaba que su «yo», su «ego» y «su orgullo egoísta» ya no eran el centro de su vida, sino su total rendición y abnegación a Cristo, como él mismo lo escribiera:

> Porque el amor de Cristo nos constriñe, pensando esto: que si uno murió por todos, luego todos murieron; y por todos murió, para que los que viven, ya no vivan para sí, sino para aquel que murió y resucitó por ellos.
>
> 2 CORINTIOS 5:14-15

Podemos decir que Pablo veía la vida cristiana en dos dimensiones diferentes: «Antes de Cristo» y «después de Cristo». Antes de la conversión, la persona vive para su «yo», en el «a. C.», pero después de la conversión esta persona entra a una nueva dimensión y esfera espiritual y ahora es «d. C.». Como resultado, esta persona, sus talentos, sus dones, sus propósitos, su causa, su familia, sus planes, sus estudios, trabajo, en fin, todo, está bajo el control y el señorío de Cristo en completa abnegación.

Contrario a lo que cree el mundo o a la manera en que ve el cristianismo los no creyentes, para la persona salva y nacida de nuevo llevar la cruz de Cristo y rendirse a Él resulta en un gozo y una libertad inexplicables. Solo los que la hemos experimentado podemos sentirla y vivirla. ¡Aleluya!

La Biblia y la cruz

Cuando Dámaris, Kathryn, Joshua y yo visitamos Israel en el año 2013, al final fuimos a Jerusalén a visitar el huerto de Getsemaní, donde Cristo agonizando sudó gotas de sangre por nosotros antes de sufrir en la cruz. Desde el huerto donde está su tumba vacía se puede ver el monte Calvario o de la Calavera. Allá arriba, Él dio su vida por nosotros en esa cruz ensangrentada. El Calvario nos compró por su sangre la vida eterna, perdonándonos nuestros pecados. Todos llorábamos porque es una experiencia única, peculiar y extraordinaria estar en el mismo lugar donde Él dio su vida, llevó la pesada cruz con la corona de espinas sobre su cabeza, le traspasaron sus manos y sus pies con los clavos, y agonizó allí por seis horas por usted y por mí, a fin de limpiarnos de todo pecado y sanarnos de toda enfermedad al creer en Él. ¡Te amo, Señor! ¡Te serviré por siempre! ¡Gracias por morir por mí!

Antes de continuar, analicemos el verbo griego **«stauroo»**, que se traduce como «el acto de crucificar», tal y como se cita en el Evangelio de Mateo:

> Y le entregarán a los gentiles para que le escarnezcan, le azoten, y le crucifiquen; mas al tercer día resucitará.
>
> MATEO 20:19

En sentido figurado, esta palabra también se refiere al acto de despojarse de la carne con sus pasiones y concupiscencias, condición que se cumple en quienes somos «de Cristo» Jesús:

> Pero los que son de Cristo han crucificado la carne con sus pasiones y deseos.
>
> **GÁLATAS 5:24**

Esto también se aplica a la relación entre el creyente y el mundo, como lo expresa Pablo más adelante:

> Pero lejos esté de mí gloriarme, sino en la cruz de nuestro Señor Jesucristo, por quien el mundo me es crucificado a mí, y yo al mundo.
>
> **GÁLATAS 6:14**

En otras palabras, estamos en el mundo, pero no somos del mundo.

Cuando en la Palabra se usa el verbo **«sustauroo»,** se refiere a la crucifixión que se realiza en compañía de alguien, como es el caso de Jesús que le crucificaron junto a otras dos personas: «Lo mismo le injuriaban también los ladrones que estaban crucificados con él» (Mt 27:44; véanse también Mr 15:32; Jn 19:32). En cuanto al verbo **«prospegnumi»,** que es «fijar, atar y prender», se usa en el libro de Hechos al hablar de la crucifixión de Cristo: «A éste, entregado por el determinado consejo y anticipado conocimiento de Dios, prendisteis y matasteis por manos de inicuos, crucificándole» (Hch 2:23).

Por último, tenemos el término **«stauros»,** el cual indica ante todo una estaca o un palo derecho. Aquí se clavaba a los malhechores para su ejecución. Tanto este sustantivo como el verbo **«stauroo»,** que significa «fijar sobre un palo o estaca», debieran distinguirse en un principio de la forma eclesiástica de una cruz de dos brazos, ya que este método de ejecución pasó de los fenicios a los griegos y romanos. Además, debemos establecer que **«stauros»** indica la cruz o la estaca misma: «Cuando salían, hallaron a un hombre de Cirene que se llamaba Simón; a éste obligaron a que llevase la cruz» (Mt 27:32), así como la crucifixión en sí: «Pues no me envió Cristo a bautizar, sino a predicar el evangelio; no con sabiduría de palabras, para que no se haga vana la cruz de Cristo. Porque la palabra de la cruz [el evangelio] es locura a los que se pierden; pero a los que se salvan, esto es, a nosotros, es poder de Dios» (1 Co 1:17-18).

Pablo y la cruz de Cristo

Para Pablo, la cruz de Cristo tenía un gran significado y de seguro que fue relevante para su vida y ministerio en todo momento. ¿Cómo resumiríamos sus enseñanzas al respecto? Veamos:

1. **PARA PABLO, EL SECRETO DE LA CRUZ NO ESTABA EN LA SABIDURÍA HUMANA**

   1 Corintios 1:17: «Pues no me envió Cristo a bautizar, sino a predicar el evangelio; no con sabiduría de palabras, para que no se haga vana la cruz de Cristo».

2. **PARA PABLO, LA CRUZ ES EL PODER DE DIOS EN NOSOTROS**

   1 Corintios 1:18: «Porque la palabra de la cruz es locura a los que se pierden; pero a los que se salvan, esto es, a nosotros, es poder de Dios».

3. **PARA PABLO, LA CRUZ REPRESENTA LA SALVACIÓN Y NO LAS OBRAS DE LA LEY**

   Gálatas 5:11: «Y yo, hermanos, si aún predico la circuncisión, ¿por qué padezco persecución todavía? En tal caso se ha quitado el tropiezo de la cruz».

4. **PARA PABLO, LA CRUZ ERA MOTIVO DE PERSECUCIÓN**

   Gálatas 6:12: «Todos los que quieren agradar en la carne, éstos os obligan a que os circuncidéis, solamente para no padecer persecución a causa de la cruz de Cristo».

5. **PARA PABLO, SU ABNEGACIÓN Y SU DELEITE ERAN GLORIARSE SOLO EN LA CRUZ**

   Gálatas 6:14: «Pero lejos esté de mí gloriarme, sino en la cruz de nuestro Señor Jesucristo, por quien el mundo me es crucificado a mí, y yo al mundo».

6. **PARA PABLO, LA RECONCILIACIÓN DE JUDÍOS Y GENTILES SOLO ERA POR LA CRUZ**

   Efesios 2:16: «Y mediante la cruz reconciliar con Dios a ambos en un solo cuerpo, matando en ella las enemistades».

7. **PARA PABLO, SU GRAN EJEMPLO FUE CRISTO AL MORIR EN LA CRUZ**

   Filipenses 2:8: «Y estando en la condición de hombre, se humilló a sí mismo, haciéndose obediente hasta la muerte, y muerte de cruz».

8. **PARA PABLO, LOS QUE RECHAZABAN EL EVANGELIO ERAN ENEMIGOS DE LA CRUZ**

   Filipenses 3:18: «Porque por ahí andan muchos, de los cuales os dije muchas veces, y aun ahora lo digo llorando, que son enemigos de la cruz de Cristo».

   Basta leer la Epístola a los Gálatas y ver que Pablo decía que nadie se justificaría por las obras ni por los actos ceremoniales de la ley de Moisés. Hay que recordar que el apóstol tuvo que luchar mucho durante su prédica con los judíos y los cristianos judaizantes a los que llamaba también los «enemigos de la cruz de Cristo».

   Muchos de los judíos, hasta después de su conversión al cristianismo, tenían la idea de que para los cristianos era imprescindible un cuidadoso cumplimiento de las prescripciones ceremoniales de la ley de Moisés. Daban por sentado de que Cristo vino a la tierra para salvar solo a los judíos. Por eso, los paganos que deseaban salvarse, debían aceptar la circuncisión y cumplir con todas las ceremonias judías. Este error impedía tanto la extensión del cristianismo entre los paganos (gentiles) que los apóstoles tuvieron que convocar en el año 51 d. C. al Concilio de Jerusalén que anuló la obligatoriedad ceremonial de los dictados de la ley de Moisés para los cristianos.

   Sin embargo, hasta después del Concilio, muchos cristianos judaizantes mantenían con terquedad sus puntos de vista y, luego, hasta se separaron de la iglesia formando una sociedad herética propia. Estos herejes actuaban en contra del apóstol Pablo e introducían discordias en la vida de la iglesia, aprovechando la ausencia del apóstol en una iglesia en particular. Por esta razón, Pablo los llamaba «enemigos de la cruz», y los ponía al mismo nivel de todos los que no conocían a Cristo. De ahí que el apóstol tuviera que subrayar a menudo que Cristo es el Salvador de toda la humanidad, tanto de judíos como gentiles, y que el ser humano no se salva por el cumplimiento de las ceremonias de la ley, sino solo por la fe en Cristo a través de la cruz del Calvario.

9. **PARA PABLO, LA RECONCILIACIÓN Y LA PAZ VIENEN POR LA CRUZ**
Colosenses 1:20: «Y por medio de él reconciliar consigo todas las cosas, así las que están en la tierra como las que están en los cielos, haciendo la paz mediante la sangre de su cruz».

10. **PARA PABLO, LA DERROTA DEL DIABLO Y SUS HUESTES DEMONÍACAS SOLO FUE POSIBLE POR LA CRUZ**
Colosenses 2:14-15: «Anulando el acta de los decretos que había contra nosotros, que nos era contraria, quitándola de en medio y clavándola en la cruz, y despojando a los principados y a las potestades, los exhibió públicamente, triunfando sobre ellos en la cruz».

11. **PARA PABLO, DEBEMOS CRUCIFICAR NUESTROS DESEOS PECAMINOSOS**
Romanos 6:6: «Sabiendo esto, que nuestro viejo hombre fue crucificado juntamente con él, para que el cuerpo del pecado sea destruido, a fin de que no sirvamos más al pecado».

12. **PARA PABLO, SOLO EL CRISTO CRUCIFICADO ES LA CABEZA DE LA IGLESIA**
1 Corintios 1:12-13: «Quiero decir, que cada uno de vosotros dice: Yo soy de Pablo; y yo de Apolos; y yo de Cefas; y yo de Cristo. ¿Acaso está dividido Cristo? ¿Fue crucificado Pablo por vosotros? ¿O fuisteis bautizados en el nombre de Pablo?».

13. **PARA PABLO, SU PREDICACIÓN ERA CRISTO Y ESTE CRUCIFICADO**
1 Corintios 1:23: «Pero nosotros predicamos a Cristo crucificado, para los judíos ciertamente tropezadero, y para los gentiles locura».

14. **PARA PABLO, SU VIDA Y MENSAJE ERAN CRISTO, Y ESTE CRUCIFICADO**
1 Corintios 2:2: «Pues me propuse no saber entre vosotros cosa alguna sino a Jesucristo, y a éste crucificado».

15. **PARA PABLO, SI LA GENTE HUBIERA SABIDO QUIÉN ERA CRISTO, NO LO HUBIERA CRUCIFICADO**
1 Corintios 2:8: «La que ninguno de los príncipes de este siglo conoció; porque si la hubieran conocido, nunca habrían crucificado al Señor de gloria».

16. **PARA PABLO, NUESTRA DEBILIDAD ES PODEROSA POR EL CRISTO CRUCIFICADO**
2 Corintios 13:4: «Porque aunque fue crucificado en debilidad, vive por el poder de Dios. Pues también nosotros somos débiles en él, pero viviremos con él por el poder de Dios para con vosotros».

17. **PARA PABLO, SU VIDA EN LA CARNE ESTABA CRUCIFICADA CON CRISTO**
Gálatas 2:20: «Con Cristo estoy juntamente crucificado, y ya no vivo yo, mas vive Cristo en mí; y lo que ahora vivo en la carne, lo vivo en la fe del Hijo de Dios, el cual me amó y se entregó a sí mismo por mí».

18. **PARA PABLO, NADIE SE SALVA POR OBSERVAR LA LEY, SINO SOLO POR EL CRISTO CRUCIFICADO**

Gálatas 3:1: «¡Oh gálatas insensatos! ¿quién os fascinó para no obedecer a la verdad, a vosotros ante cuyos ojos Jesucristo fue ya presentado claramente entre vosotros como crucificado?».

19. **PARA PABLO, TODOS LOS CREYENTES DEBEN HACER MORIR LAS PASIONES AL CRUCIFICAR LA CARNE EN CRISTO**

Gálatas 5:24: «Pero los que son de Cristo han crucificado la carne con sus pasiones y deseos».

20. **PARA PABLO, LAS COSAS DEL MUNDO ESTÁN CRUCIFICADAS EN CRISTO**

Gálatas 6:14: «Pero lejos esté de mí gloriarme, sino en la cruz de nuestro Señor Jesucristo, por quien el mundo me es crucificado a mí, y yo al mundo».

El poder de la cruz

Una vez que conocemos la verdad, los cristianos estamos muertos a la carne y sus deseos pecaminosos. La Escritura es nuestra guía y brújula con la que caminamos como creyentes. En realidad, el corazón del cristianismo es la Biblia, el corazón de la Biblia es la cruz y el corazón de la cruz es el mismo corazón de Cristo. Cuando hablamos del corazón de Cristo, podemos decir que está lleno de la más tierna compasión y amor por el ser pecador y errante, y que lo hirieron y quebrantaron mientras expiaba nuestras culpas en la cruz.

Así que ahora, hagamos una pausa y en silencio pidámosle al Espíritu Santo que nos dé una más clara visión de esta maravillosa cruz, así como una experiencia más real y profunda de su poder transformador. La cruz de Cristo es el objeto más terrible y glorioso visto por los hombres y los ángeles fuera de la puerta del cielo. En cuanto a la predicación o el mensaje de la cruz, Pablo cita estas palabras:

Así que, hermanos, cuando fui a vosotros para anunciaros el testimonio de Dios, no fui con excelencia de palabras o de sabiduría. Pues me propuse no saber entre vosotros cosa alguna sino a Jesucristo, y a éste crucificado. Y estuve entre vosotros con debilidad, y mucho temor y temblor; y ni mi palabra ni mi predicación fue con palabras persuasivas de humana sabiduría, sino con demostración del Espíritu y de poder, para que vuestra fe no esté fundada en la sabiduría de los hombres, sino en el poder de Dios.

1 CORINTIOS 2:1-5

Pablo dijo que su mensaje y predicación de la cruz y del Cristo crucificado no se basaban en la sabiduría humana, sino en la demostración del poder de Dios y del Espíritu Santo. Cuando alguien escucha el mensaje de la cruz predicado con la unción del Espíritu, esto lleva a la conversión del pecador. El poder está en la cruz de Cristo predicada, transmitida, hablada y escrita a través del poder del Espíritu.

En los años de 1960, durante una cruzada, Billy Graham predicó una noche en un estadio en Dallas, Texas. Lo extraño fue que muy pocas personas respondieron al llamado. Preocupado, le preguntó a un amigo predicador: «¡No entiendo! ¿Por qué muy pocas personas vinieron a Cristo hoy si el estadio estaba lleno?». Su amigo le contestó: «¡Es que no predicaste sobre la cruz! La cruz es la que lleva al pecador a la conversión y a la transformación de su corazón al arrepentirse de sus pecados». A la noche siguiente, Billy Graham predicó sobre la cruz de Cristo y muchísimas personas respondieron al llamado de recibir al Señor. ¿Por qué? ¡Porque el mensaje se predicó sobre la cruz y la cruz trae la conversión!

De entre los tantos mensajes que he predicado alrededor del mundo a lo largo de treinta y un años, uno en particular que ha llevado a muchísimas personas a Cristo, y que está en DVD, se llama: «La crucifixión desde el punto de vista médico». No hay nadie que se resista al mensaje de la cruz predicado con unción y poder. ¡A Dios sea la gloria!

La cruz y la vida eterna

Como vimos, el apóstol tenía en gran estima la cruz. Después de su conversión, fue el centro de su vida, llamado y ministerio, tanto en la abnegación personal como en su predicación, enseñanza e instrucción. Pablo estaba convencido de que la cruz era el poder de Dios que derrotó al diablo y nos dio la victoria completa en todas las esferas de la vida. El apóstol conocía el poder de la cruz para derrotar al enemigo y salvar a todo ser humano.

Se sabe que el «árbol del pan» se cultiva en las islas del sur del Pacífico que, por su fruto, constituye el alimento básico de la región, pues los nativos lo hornean o lo desecan y muelen para elaborar panes, entre otras cosas. Así que es un buen sustituto del pan. Este árbol es la provisión de Dios para ellos. Y no trabajan para conseguir este pan, sino que es un regalo, un don de Dios. Del mismo modo, la cruz de Cristo es el «árbol del pan» dado por Dios para el mundo que perece sin Cristo:

> Este es el pan que descendió del cielo [...] el que come de este pan, vivirá eternamente.
>
> **JUAN 6:58**

Sin embargo, el apóstol también era consciente de que cada creyente debía llevar su propia cruz, sufrir por la causa de Cristo y ser un verdadero discípulo. Jesús mismo dijo que cada uno de nosotros debía llevar su cruz:

> Y el que no lleva su cruz y viene en pos de mí, no puede ser mi discípulo.
>
> **LUCAS 14:27**

Una vez, una hermana en Cristo tuvo un sueño. Soñó que una hermana y ella llevaban una pesada cruz cada una. Caminaban por el desierto y la otra hermana se detuvo y le dijo:

—Voy a cortar un pedacito de la cruz.

—¡No lo hagas! El Señor nos dijo que nos daría el poder para llevar las cargas —le dijo la hermana que tenía el sueño.

—El calor es insoportable —le respondió la hermana.

Con esto, daba a entender que las luchas y tribulaciones eran muchas. Así que tomó un serrucho y cortó un pedacito de la cruz. Y siguieron adelante cargando cada una su cruz. Un poco más tarde, la misma hermana tomó de nuevo el serrucho y cortó otro pedazo de la cruz porque según ella era muy pesada.

—¿Cómo hiciste de nuevo eso? Si yo puedo llevarla, ¡tú también! —le dijo la hermana en su sueño.

Entonces, le explicó que lo hacía porque eran muchas las pruebas, las dificultades de la vida, los hijos, las deudas, etc. Así que siguieron caminando y cargando sus cruces. Al final, la hermana tomó el serrucho y cortó otro gran pedazo de la cruz por tercera vez. La hermana del sueño se entristeció mucho y lloró, pero siguieron su camino.

De pronto, el desierto terminó y se encontraron con un gran precipicio. Lo interesante es que al otro lado del precipicio había un gran oasis con plantas, mucha gente y un gran letrero que decía: «Bienvenidos a la vida eterna». Las dos mujeres se miraron la una a la otra y se preguntaron:

—¿Cómo vamos pasar al otro lado?

La que no le cortó ningún pedazo a su cruz pudo ponerla de este lado y la bajó hasta que la punta de la cruz tocó el otro lado donde estaba el oasis. Luego, le dijo a su compañera de viaje:

—Sé cómo voy a pasar al otro lado... Caminaré por encima de la cruz y llegaré hasta el otro lado. Siento mucho que tú no podrás hacer lo mismo, pues no sé cómo vas a pasar después de cortar tres veces tu cruz.

En un intento por llegar al oasis, la hermana con su pequeña cruz la puso de un lado y quiso bajarla hasta el otro, pero todo fue en vano. La cruz cayó en el abismo y se hizo pedazos. Ante esto, se echó a llorar amargamente y no pudo pasar al otro lado. En ese momento, la hermana despertó de su sueño, se arrodilló junto a su cama y oró para pedirle al Señor que le diera fuerzas para que se cumpliera este sueño y que algún día pudiera alcanzar la vida eterna. Además, oró por la otra hermana, a fin de que Dios la ayudara a entender que todos debemos llevar nuestras cruces y no desmayar jamás.

Como ve, mi amado lector, Dios nunca le dará una prueba que no la pueda soportar. Él es fiel y le ayudará a llevar su cruz y terminar su carrera. Quizá todas sus luchas, pruebas y tribulaciones parezcan una cruz muy pesada de llevar, pero Él le dará las fuerzas y la capacidad para sobrellevar todos sus problemas, necesidades y adversidades que pueda encontrar a lo largo del camino. Así se lo afirma la Palabra:

No os ha sobrevenido ninguna tentación [prueba, aflicción] que no sea humana; pero fiel es Dios, que no os dejará ser tentados [probados] más de lo que podéis resistir, sino que dará también juntamente con la tentación [adversidad, tribulación] la salida, para que podáis soportar.

1 CORINTIOS 10:13

¡Aquí está su victoria! Él nunca permitirá que pase por algo que no pueda resistir. Vea el letrero por la fe: «Bienvenido a la vida eterna», y haga todo lo posible para entrar en el descanso eterno al lado del Padre, del Hijo y del Espíritu Santo. Asimismo, ponga en su corazón esta Palabra que afirma:

> Puestos los ojos en Jesús, el autor y consumador de la fe, el cual por el gozo puesto delante de él sufrió la cruz, menospreciando el oprobio, y se sentó a la diestra del trono de Dios.
>
> **HEBREOS 12:2**

Al igual que Cristo venció, nosotros venceremos también. ¡Aleluya!

El mensaje de la cruz

La plenitud del mensaje de la cruz es muy poco comprendida debido a la forma fragmentaria en que se presenta a menudo. Sin embargo, no importa hasta qué punto se llegue a predicar el evangelio de la cruz, sigue siendo una locura. Los que se están perdiendo no logran entender su mensaje. Lo cierto es que es una señal de que van rumbo a una eternidad sin Cristo si no pueden ver la infinita sabiduría del poder de Dios en la cruz de Cristo, que es el único camino a la salvación.

El mensaje de la cruz es la Palabra o predicación acerca de la cruz, así como de la gracia y el amor de Dios para nosotros a través de este gran y extraordinario sacrificio hecho por nuestro Señor y Salvador Jesucristo. La Palabra o mensaje de la cruz no puede leerse en un texto aislado de la Escritura. Si vamos a recibir este mensaje en su significado total, debemos escuchar la Palabra de Dios acerca del mismo con relación a la cruz. Entonces, el mensaje de la cruz es...

1. **PODER DE DIOS**
   La predicación no es el poder de Dios, sino «el Cristo crucificado» que se predica. La cruz de Cristo es la **«dunamis»**; o sea, el poder, la fuerza, la potencia, la capacidad que opera para la salvación del mundo. En la cruz de Cristo está el poder que Dios puede desplegar para redimir y salvar del pecado a la humanidad. En la carta a los corintios encontramos estas profundas palabras: «Porque la palabra de la cruz es locura a los que se pierden; pero a los que se salvan, esto es, a nosotros, es poder de Dios» (1 Co 1:18).

2. **LA SUPEREMINENTE GRANDEZA DE SU PODER**
   El poder de Dios es indispensable para la salvación de una persona, y este poder omnipotente puede obrar por medio de la muerte de su Hijo en la cruz. Creer en esta muerte y sacrificio de la cruz hace que nos conectemos y participemos de inmediato con el poder de Dios que nos libera de todo pecado y nos da la salvación eterna: «Y cuál la supereminente grandeza de su poder para con nosotros los que creemos, según la operación del poder de su fuerza [poder]» (Ef 1:19).

3. **LA SABIDURÍA DE DIOS**
   Solo después que experimentamos el poder salvador de Dios mediante la cruz es que podemos verla en realidad como «la sabiduría de Dios». En otras palabras, la sabiduría de Dios es la manifestación de una inteligencia infinita. La planificación divina de la

redención del ser humano vino por medio de su Hijo Jesucristo y del derramamiento de su sangre en la cruz. Esto constituyó la revelación de la sabiduría de Dios y de su amor para con todos nosotros. Cuando tenemos una verdadera visión del Cristo crucificado, nos vemos constreñidos a exclamar:

¡Oh profundidad de las riquezas de la sabiduría y de la ciencia de Dios! ¡Cuán insondables son sus juicios, e inescrutables sus caminos!

ROMANOS 11:33

La victoria de la cruz

En la antigüedad, se solía levantar una cruz en el lugar que se establecía el mercado público. Si algunos visitantes le preguntaban a alguien del pueblo dónde podían encontrar el mercado, se les decía que fueran a la cruz y encontrarían el mercado. La cruz de Cristo es el mercado para el mundo perdido. Si alguien necesita encontrar perdón, vida y reposo, que vaya a la cruz del Señor Jesucristo y puede comprar su perdón sin dinero, solo poniendo su fe en Él. ¡Aleluya!

Cierta vez, un niño en Brooklyn, Nueva York, jugaba con sus amiguitos del barrio. Sin embargo, caminaron un poco más allá de lo que conocía el pequeño y se perdió. Así que empezó a dar vueltas y vueltas, pero no podía encontrar su casa. Al verlo, un policía que iba en su auto bajó la ventanilla y le preguntó:

—¿Estás perdido?

—¡Sí! —le dijo el niño.

—Sube al auto y vamos a buscar tu casa —le dijo el policía.

Después de un poco tiempo, el niño vio una enorme cruz blanca arriba de un edificio y dijo:

—¡Ya la encontré!

—¿Es la que está aquí? —le preguntó el policía

—¡No! —le dijo el niño—. Lléveme a esa cruz blanca que está encima de la iglesia. Desde allí encontraré mi camino a casa, pues la cruz en la iglesia está al lado de mi casa. ¡Lléveme a la cruz!

Cada persona, al igual que el niño, debe ir a la cruz de Cristo, pues desde allí todo aquel que cree en la muerte en la cruz y la resurrección de Jesús encontrará su camino a casa, a la vida eterna por la fe en Cristo Jesús. ¡Gloria a Dios!

Es un hecho muy notable que una de las aves más hermosas del mundo se haya visto haciendo su nido en el árbol más mortífero de la creación. El colibrí, o ave del paraíso, hace sus nidos y vive sobre la ponzoña del mortal manzanillo. ¡Qué relación esta!

El árbol más mortífero para el Hijo del Hombre fue la cruz, pero era y es la vida para los hijos del paraíso. Es vida en muerte. El pecado es una terrible ponzoña, un veneno mortal. Cristo bebió del árbol de la muerte, la cruz, el terrible fruto de la maldición del pecado, de la enfermedad y de la muerte para darnos vida eterna. Ahora cada hijo del paraíso, que somos nosotros los creyentes, construimos en Él nuestras esperanzas y encontramos vida en Él al vivir por la fe en la cruz. Dios permita que, como Pablo, todos podamos decir:

> Con Cristo estoy juntamente crucificado, y ya no vivo yo, mas vive Cristo en mí; y lo que ahora vivo en la carne, lo vivo en la fe del Hijo de Dios, el cual me amó y se entregó a sí mismo por mí.
>
> **GÁLATAS 2:20**

¡Aleluya!

Todavía me acuerdo que desde mi niñez y en mi juventud cantábamos en los cultos de las Asambleas de Dios en Brasil mi himno favorito hasta hoy del «arpa», o «himnario», que decía: «En la cruz, en la cruz, do primero vi la luz, y las manchas de mi alma yo lavé. Fue allí por fe do vi a Jesús, y siempre feliz con Él seré». Otro himno maravilloso era: «¡Oh! yo siempre amaré a esa cruz, en sus triunfos mi gloria será; y algún día en vez de una cruz, mi corona Jesús me dará». ¡Aleluya! Perdonen mis lágrimas... al recordar a mis queridos padres, mis pastores y a mi tío que ya están con el Señor eternamente. Recuerdos de mi niñez que quedaron para siempre. ¡Alabado sea su nombre!

Para terminar este capítulo, meditemos en las enfáticas palabras del libro de Hebreos:

> Así que, por cuanto los hijos participaron de carne y sangre, él también participó de lo mismo, para destruir por medio de la muerte al que tenía el imperio de la muerte, esto es, al diablo.
>
> **HEBREOS 2:14**

Jesús fue hombre y Dios, pero como humano participó de carne y sangre, y murió en la cruz. Como Dios, en cambio, destruyó el imperio de la muerte; es decir, venció al diablo, sus principados y potestades, por eso es que el diablo odia la cruz de Cristo. ¿Por qué la odia tanto? Porque lo derrotó en el Calvario e hizo la obra completa cuando Dios resucitó a Jesucristo de la muerte. No obstante, ¿por qué la odia en realidad? Porque de seguro que todas las necesidades humanas pueden encontrar su respuesta en la cruz del Calvario. Porque toda persona puede recibir la libertad de las ataduras del alcohol, del cigarrillo, de las drogas, de la depravación sexual, de todo vicio. Incluso, puede liberarse de la opresión de las fuerzas ocultas, la brujería, la hechicería, el satanismo, la magia negra, el vudú, la astrología, la quiromancia, las falsas religiones, las sectas, etc.

En la cruz de Cristo usted encontrará la salvación de su alma, la sanidad física, emocional y sentimental, así como la liberación del odio, del rencor y de la amargura en contra de alguien. Puede sanar de la depresión o cualquier enfermedad física. Si necesita un milagro en su familia, la restauración de su matrimonio, la salvación de sus hijos, la recuperación financiera, la respuesta a su oración, la santificación de su cuerpo, alma y espíritu, lo puede encontrar en la cruz de Cristo. Además, puede estar seguro de su llamado al ministerio, de tener el poder que necesita como ministro, etc. Ya hace más de dos mil años que en la cruz está la victoria de la iglesia, del pueblo de Dios. ¡En la cruz del Señor Jesucristo está la respuesta y la victoria para todo y sobre todo! ¡Aleluya!

Pablo y su interpretación

Ya no hay judío ni griego; no hay esclavo ni libre; no hay varón
ni mujer; porque todos vosotros sois uno en Cristo Jesús.

GÁLATAS 3:28

La interpretación y opinión del apóstol en cuanto al ministerio de la mujer ha suscitado un debate entre dos partes que se ha prolongado por más de dos mil años. Se trata de si la mujer puede ministrar, predicar, enseñar y ser usada por Dios o no. Las dos partes usan versículos para apoyar sus puntos de vista y sus opiniones o interpretaciones, y las dos partes tienen hombres de Dios respetados, íntegros y de gran trayectoria ministerial, solo que no están de acuerdo en sus posiciones sobre este asunto respecto al papel de la mujer en la iglesia, su llamado y ministerio.

Hay quienes dicen que no, que la mujer no puede predicarles a hombres ni a otras mujeres. Otros dicen que sí, que pueden predicar, pero solo a otras mujeres, y enseñar a los niños en la Escuela Dominical. También están los que creen que la mujer puede predicar tanto a hombres como a mujeres porque en Cristo todos somos iguales en realidad, como lo dice el versículo anterior. Entonces, ¿la mujer puede o no puede predicar?

Debido a que la mujer constituye más de la mitad de la iglesia mundial del Señor, es de gran valor el punto de vista de Pablo sobre el papel y la comisión de la mujer. Aunque haya diferentes interpretaciones al respecto, es importante que sepamos y conozcamos como es debido el llamado de la mujer. Así que haremos bien en ver las dos posiciones, los tradicionales y conservadores que dicen que la mujer no puede ministrar y tener autoridad sobre el hombre, y los que dicen que la mujer puede ministrar igual que el hombre. Para esto se basan en que, a lo largo y ancho de la historia de la iglesia, no se puede negar que está llena de grandes mujeres de Dios, maestras, misioneras, predicadoras, diaconisas y pastoras que hicieron y hacen grandes cosas para el Señor, como es la verdad en nuestros días.

La «opinión» y la «interpretación teológica» respecto a la mujer

La palabra «opinión» en griego es **«diakrisis»,** que especifica las distintas maneras de pensamiento y, por eso, permite tomar una decisión, o **«diakrino»,** término que significa «discernir o interpretar» (1 Co 12:10). En Romanos 14:1, el apóstol dice que no estamos «para contender sobre opiniones», donde se refiere a la palabra **«dialogismo».** En Hebreos 5:14 se aclara bien este concepto:

> Pero el alimento sólido es para los que han alcanzado madurez, para los que por el uso tienen los sentidos ejercitados en el discernimiento del bien y del mal.

Por lo tanto, no estamos aquí para debatir, discutir, ni opinar sobre lo que cada uno de nosotros cree sobre este asunto, sino tratar de interpretar a la luz de las Escrituras lo que quiso decir en realidad el apóstol y revelar el ministerio de la mujer en una actitud de madurez junto a hombres y mujeres de Dios que podemos ya decir, en humildad, que «somos veteranos en el evangelio».

La palabra «interpretación» o «interpretar» en 1 Corintios 12:10 y 14:26 es **«jermenia»,** la cual se relaciona con **«jermenuo».** Aquí Pablo la usa como en la manifestación de los dones y sus diferentes interpretaciones dadas por el Espíritu. La palabra **«epilusis»,** de **«epiluo»,** procede de **«epi»,** que es «arriba», y de **«luo»,** que es «soltar, liberar, resolver, explicar». De esta manera se indica una solución y explicación, tal como lo hace el apóstol Pedro en este pasaje:

> Entendiendo primero esto, que ninguna profecía de la Escritura es de interpretación privada.
>
> **2 PEDRO 1:20**

En otras palabras, los escritores de las Sagradas Escrituras no impusieron su propia opinión ni intención en particular sobre las palabras «divinamente inspiradas» que registraron, sino que lo hicieron por el Espíritu Santo.

En cuanto al verbo **«diermeneuo»,** este le da mayor intensidad al término **«jermeneuo»,** que se emplea para explicar el significado de las palabras y que, unido a **«dia»,** permite interpretar o explicar de manera plena, como cuando Jesús, al encontrarse con los dos discípulos que iban por el camino de Emaús, «les declaraba en todas las Escrituras lo que de él decían» (Lc 24:27).

Del mismo modo que Jesús «les declaraba» las Escrituras a los discípulos de Emaús, en Gálatas 3:28 Pablo trató de hacer lo mismo al «interpretar», «escribir» y «declarar la Palabra de Dios» en cuanto al llamado y al ministerio de la mujer dentro de las esferas del NT.

Las dos posiciones que tienen grandes siervos de Dios, de distintos concilios y denominaciones, muestran cómo se oponen en sus ideas, conceptos y puntos de vista, a la vez que defienden con fervor sus convicciones y pensamientos mediante el uso de las Escrituras para exponer sus posiciones. Así que presentaré mi punto de vista con humildad, sinceridad y honestidad de alguien que ha ministrado alrededor del mundo en iglesias y eventos que defienden las dos posiciones, de alguien que ha respetado las dos interpretaciones, los dos conceptos y los dos puntos de vista.

Pablo y el ministerio de las mujeres

Pablo expresó su «opinión» e «interpretación teológica» en cuanto al ministerio de las mujeres. No obstante, si estudiamos, escudriñamos y analizamos bien de acuerdo a las Escrituras, Pablo consideró que la mujer podía tener más influencia en la vida y el ministerio de la iglesia, como veremos ahora:

1. PABLO SE HA MALENTENDIDO Y MALINTERPRETADO RESPECTO AL PAPEL DE LA MUJER Y SU TRABAJO EN LA IGLESIA DEL SEÑOR

Algunos teólogos dicen que Pablo denigró a la mujer, y que la bajó de posición y de autoridad. Esto no puede estar más lejos de la verdad, pues Pablo fue el campeón de los derechos de la mujer. Otros eruditos dicen que Pablo las llevó a un nivel más alto de dignidad y respeto, y que en algunos concilios las tienen sin valor al opinar que Dios solo las puede usar en sus casas, criando hijos y atendiendo a su marido. En realidad, los que sostienen esta posición nunca han estudiado bien y de manera objetiva las Escrituras, ya que Pablo reconoce a muchas mujeres que trabajaron con él. En sus epístolas, Pablo habla de ellas con gran aprecio, como colegas y compañeras de ministerio, y las tiene en gran estima sin discriminación alguna.

Pablo fue más allá de la tradición judía y su posición de que las mujeres en la sinagoga adoraran separadas de los hombres, como sucede aún hoy, pues esto lo acabamos de ver en nuestra visita a Israel. Lo cierto es que Pablo dijo que las mujeres hasta podían profetizar en la iglesia, en público, junto con los hombres, y que la única condición era que cubrieran sus cabezas.

Toda mujer que ora o profetiza con la cabeza descubierta, afrenta su cabeza; porque lo mismo es que si se hubiese rapado.

1 CORINTIOS 11:5

Sin embargo, como todos sabemos, este versículo se escribió dentro de un contexto cultural determinado, pues las mujeres paganas y prostitutas de esa época se rapaban la cabeza. Entonces, después que estas mujeres se convertían y eran cristianas, ya no debían practicar su antigua manera de vivir. De modo que lo que Pablo enseña en este pasaje es un principio cultural y no una regla que establecía en general para la iglesia universal, sino para ese momento en particular.

Lo cierto es que Pablo le dio a la mujer una posición de mayor respeto y dignidad en comparación con las mujeres de otras religiones no cristianas, como el budismo, el hinduismo y el islamismo, donde a las mujeres no se les considera en absoluto. Esto sucede hoy en día en países árabes y musulmanes, ya que las mujeres ni siquiera pueden conducir un vehículo, usar vestidos, espejuelos y muchas otras cosas más que para nosotros es absurdo y ridículo, pero que para ellos es cuestión de su cultura.

Como resultado de esto, en el islamismo solo se habla de las responsabilidades y los deberes de la mujer, pues ni siquiera tienen derecho alguno a opinar ni a tomar sus propias decisiones. Los maridos, por otra parte, no se ven obligados a demostrarles ningún afecto, amor o cariño a sus esposas.

No obstante, fíjense en lo que dijo Pablo: «Maridos, amad a vuestras mujeres, así como Cristo amó a la iglesia, y se entregó a sí mismo por ella» (Ef 5:25). Incluso, va más allá y dice: «Así también los maridos deben amar a sus mujeres como a sus mismos cuerpos. El que ama a su mujer, a sí mismo se ama» (Ef 5:28).

2. **PABLO, DE ACUERDO A LAS ESCRITURAS, LES RESPONDIÓ ALGUNAS PREGUNTAS A LA IGLESIA DE CORINTO Y A TIMOTEO EN CUANTO A SUS PROBLEMAS PARTICULARES RESPECTO A LA MUJER**

Las cristianas de ese tiempo vivían en ciudades muy inmorales y perversas, así que Pablo les escribe sobre la conducta que debían tener.

En cierta ocasión, el gran teólogo J.I. Packer dijo: «Cuando Pablo escribió que las mujeres guardaran silencio en la iglesia, que les preguntaran a sus maridos en casa y que él no permitía que hablaran en la iglesia ni que tuvieran autoridad sobre el hombre, se refería a la situación local, donde a las señoras paganas y sin mucho estudio o educación, les enseñaban que eran inferiores y sin valor. Entonces, al convertirse y descubrir su dignidad y valor en Cristo, ahora querían expresar tanto su alegría y contentamiento por ser cristianas que al hablar perturbaban y desviaban la atención de los oyentes en la iglesia».

Una vez más, podemos decir que las palabras de Pablo respecto a la mujer revelan un principio cultural y no una regla general ni universal que se debe aplicar en todas las iglesias alrededor del mundo, sino que las escribió para que se pusieran en práctica teniendo en cuenta la situación cultural del momento.

El pasaje en cuestión es el siguiente: «Vuestras mujeres callen en las congregaciones; porque no les es permitido hablar, sino que estén sujetas, como también la ley lo dice. Y si quieren aprender algo, pregunten en casa a sus maridos; porque es indecoroso que una mujer hable en la congregación» (1 Co 14:34-35). Otro de los pasajes controvertidos está en su primera carta a Timoteo: «La mujer aprenda en silencio, con toda sujeción. Porque no permito a la mujer enseñar, ni ejercer dominio sobre el hombre, sino estar en silencio» (1 Ti 2:11-12).

Lo que Pablo quiso decir, dentro del contexto cultural de la época para el momento, se transformó más tarde en una regla general de los conservadores y tradicionalistas extremos. Esta no fue jamás la intención del apóstol, sino que ha sido la interpretación de hombres llevados por sus propias culturas machistas a reducir a la mujer a un sistema de obligaciones, donde carecen de los derechos a la libre expresión, dignidad e igualdad.

Esas personas excluyen la influencia femenina de la iglesia y le imponen a la mujer una prohibición de cualquier trabajo público para el Señor. Como es natural, esto se encuentra absolutamente fuera de la Palabra de Dios, como lo veremos más adelante. Algunos concilios van más allá al prohibirle a la mujer que ore o que se siente junto a su esposo en la iglesia. Estas posiciones extremas han resultado en un gran retraso de la iglesia al prohibírsele a la mujer que no ministre en público sin haber llevado en cuenta el hecho histórico y el trasfondo cultural del momento en que Pablo escribió estos pasajes.

F.F. Bruce, un gran teólogo, dijo en cuanto a este asunto de la mujer en la iglesia: «Es necesario llevar en cuenta el hecho cultural de los escritos de Pablo con relación al papel de la mujer. La situación local y temporal del momento, al contestar las preguntas en sus cartas, es necesario entenderlas desde este punto de vista, a fin de comprender y aplicar mejor lo que fue temporal y lo que es permanente en el NT».

3. **PABLO ESCRIBIÓ SOBRE LA MUJER CON SABIDURÍA**
La opinión de Pablo debe tenerse en cuenta según el trasfondo histórico, temporal y momentáneo de la época, de modo que podamos entender lo que es principio para el momento y lo que es permanente. En esos tiempos:

a. Casi la mitad de toda la gente del Imperio romano era esclava.

b. El estatus, o la posición, de la mujer era muy bajo, sin aprecio o estima, y la mayoría de las mujeres no tenía preparación, estudios ni educación.

c. Los hombres judíos alababan a Dios y le agradecían en sus oraciones que no hubieran nacido mujer, sino hombres.

d. Las mujeres no debían hablar en lugares públicos.

e. Las mujeres del oriente no salían a lugares públicos con su cabeza descubierta y raparla era señal de inmoralidad. Por esto Pablo les dijo que cubrieran sus cabezas como principio local y cultural, y no imponiendo una regla universal para las iglesias como muchas las tienen hoy en día.

f. Al visitar la sinagoga y alabar al Señor, las mujeres debían estar separadas o apartadas de los hombres, pues muchas veces interrumpían el culto al hacerles preguntas a sus maridos, cuestiones que podían hacer en sus casas. Por eso Pablo también habló al respecto como principio local y cultural, pero no como regla universal para la iglesia.

Cuando tenemos en cuenta estas seis observaciones, entendemos mejor la época en la que el apóstol escribió tales cosas sobre las mujeres y entenderemos mejor sus escritos. Prácticamente ninguna de las seis cosas que cité tienen relevancia, importancia o lugar en nuestra cultura de hoy. La cruz de Cristo y el cristianismo trajeron un gran cambio para la mujer, a quien restauró a su posición original de prestigio en la que siempre se tuvo como esposa, madre y mujer de Dios.

Pablo jamás le prohibió a la mujer que dejara de orar, profetizar, enseñar o evangelizar. Solo contestaba preguntas y hacía correcciones a las iglesias de la época, al poner en su lugar algunas cosas que estaban fuera de orden. Esto, como podemos ver, era cuestión de principio y no una regla general y permanente para la iglesia. Su énfasis estaba en el comportamiento de la mujer dentro del contexto general del culto y no en prohibiciones conservadoras y tradicionales como lo han estipulado algunos concilios que, sin entender estos principios, reducen a la mujer a un objeto de desigualdad y ponen al hombre como superior a ellas constituyendo una violación a la Palabra de Dios.

4. **PABLO, AL HABLAR DE LOS DONES ESPIRITUALES, NO DIJO QUE FUERAN EXCLUSIVOS PARA EL HOMBRE**
1 Corintios 12:4-7: «Ahora bien, hay diversidad de dones, pero el Espíritu es el mismo. Y hay diversidad de ministerios, pero el Señor es el mismo. Y hay diversidad de operaciones, pero Dios, que hace todas las cosas en todos, es el mismo. Pero a cada uno [hombre y mujer] le es dada la manifestación del Espíritu para provecho».

Como vemos, Pablo no enfatizó que los hombres fueran los únicos que debían recibir los dones, ni tampoco excluyó a la mujer de participar de los mismos dones que el Espíritu Santo les reparte a todos los creyentes. Es evidente que estos dones se le dan a toda la iglesia, ya sean hombres o mujeres, para la edificación de la misma. No son dones exclusivos para el hombre. Si no fuera así, las Escrituras lo dijeran. El Espíritu Santo jamás excluyó, ni excluye, a la mujer para posiciones de enseñanza, predicación o liderazgo, como muchos lo creen y hacen de esto una doctrina permanente.

El Espíritu de Dios, tanto en el AT como en el NT, levantó mujeres a posición de liderazgo con el propósito de edificar, enseñar y corregir, como lo fueron Débora, Rut, Ester y Priscila, entre otras. Solo basta con leer y estudiar la historia de la iglesia cristiana, pues está llena de ejemplos de grandes mujeres que tuvieron grandes ministerios como misioneras, maestras, profetas, administradoras, predicadoras y pastoras de muchas iglesias. Mujeres como Catherine Booth, Ruth Paxson, Henrietta Meares, Geraldine Howard Taylor, Isobel Miller Kuhn, y muchas otras mujeres también latinas que han cambiado el mundo para Cristo. Es un hecho imposible de negarlo, y si somos sinceros y humildes, reconoceremos que muchas mujeres valientes, intrépidas y osadas se transformaron en grandes líderes, y que Dios las ha usado en gran medida y de una manera más poderosa que a muchos hombres. ¡Esta es la verdad! ¡Lo dice la historia!

Sin duda, la teología del NT no pone a la mujer en una posición dominante de liderazgo en la iglesia. Aun así, debemos reconocer también lo que muchas hicieron para el Señor recibiendo el propio reconocimiento de Pablo.

El gran misionero británico Hudson Taylor fue un pionero en usar laicos para el trabajo misionero, como lo fue también en reclutar señoritas solteras para la obra misionera en China. En 1885, la Misión al Interior de la China abrió centros en poblaciones de Kwang-sin River que lideraban y administraban señoritas solteras. Treinta años después, hubo una cadena completa de más de diez estaciones centrales de misiones, sesenta subestaciones de misiones, más de dos mil doscientas predicadoras y muchísimas escuelas, todo esto hecho por mujeres, por señoritas solteras. Estas chicas eran las únicas misioneras en China junto a sus pastores. ¿Y usted irá a preguntarles a Dios y su Espíritu si esto es adecuado o no? ¿O cree que Dios le va a preguntar a usted si Él puede usar a las mujeres o no? ¡Esto es absurdo!

En vista a estos trabajos maravillosos hechos por misioneras, uno no puede dejar de preguntarse: ¿Será que el Espíritu Santo habla con dos voces diferentes? ¿Será que primero les dice que no sean líderes, que no prediquen en público, que no tengan liderazgo y después las bendice grandemente con ministerios extraordinarios estando en desobediencia? ¡Imposible! Dios jamás haría esto. ¿Decir una cosa en su Palabra y hacer otra? ¡Nunca!

Hoy en día, más del sesenta por ciento de la fuerza misionera en el mundo entero se compone por mujeres, y sin sus contribuciones de esfuerzo, dedicación y entrega, la obra de Dios se afectaría en gran medida.

5. **PABLO DICE EN PÚBLICO Y ESCRIBE EN LAS ESCRITURAS PARA RECONOCER EL TRABAJO DE MUCHAS MUJERES JUNTO AL SUYO Y AL DE LA IGLESIA EN GENERAL**

Pablo alabó, reconoció y les mostró gran aprecio a muchas mujeres que junto a él o en otros lugares de la iglesia trabajaban arduamente para el avance de la obra de Dios. Además, reconocía y sabía que las mujeres podían orar en público, profetizar, enseñar y evangelizar. Les dio mucho mérito a hombres y mujeres por igual que trabajaron a su lado.

- **La primera mujer que Pablo reconoció fue Febe:** En Romanos 16:1-2, dice: «Os recomiendo además nuestra hermana Febe, la cual es diaconisa de la iglesia en Cencrea;

que la recibáis en el Señor, como es digno de los santos, y que la ayudéis en cualquier cosa en que necesite de vosotros; porque ella ha ayudado a muchos, y a mí mismo». Como vemos, a Febe la describe como diaconisa. Aquí la palabra «diaconisa» en griego es la misma teológicamente que «diácono» en masculino. Así que es la misma palabra y el mismo nivel tanto para el hombre como para la mujer. En otras palabras, es el término idéntico que Pablo usó cuando dijo: «¿Qué, pues, es Pablo, y qué es Apolos? Servidores por medio de los cuales habéis creído; y eso según lo que a cada uno concedió el Señor. Yo planté, Apolos regó; pero el crecimiento lo ha dado Dios» (1 Co 3:5-6). Lo que decía era que tanto Apolos como él eran iguales. También decía lo mismo de Febe como diaconisa. Para Pablo y para Dios son iguales el diácono y la diaconisa.

El Rvdo. A.G. Stewart comentó sobre esto y dijo: «Parece ser que las mujeres desarrollaban el mismo trabajo que los diáconos, independientemente si tenían el título de diaconisa o no».

Cuando Pablo dice que Febe había ayudado a muchos y a él mismo, usaba la misma palabra griega que se utiliza con relación a las personas que ejercían el liderazgo en la iglesia. Es la misma palabra de esta cita: «Os rogamos, hermanos, que reconozcáis a los que trabajan entre vosotros, y os presiden [lideran] en el Señor, y os amonestan; y que los tengáis en mucha estima [valor, aprecio a las mujeres] y amor por causa de su obra. Tened paz entre vosotros» (1 Ts 5:12-13). También es la misma palabra de Romanos 12:8: «El que preside [lidera], con solicitud». Y, por último, es la misma palabra griega que Pablo usa en su carta a Timoteo: «Los ancianos que gobiernan bien, sean tenidos por dignos de doble honor, mayormente los que trabajan [ya sean hombres o mujeres] en predicar y enseñar» (1 Ti 5:17). Esto indica que Febe no solo trabajaba como diaconisa, sino también en la administración y el liderazgo en la iglesia del Señor.

- **La segunda mujer que Pablo reconoció fue Priscila:** Sobre esta mujer dice: «Saludad a Priscila y a Aquila, mis colaboradores en Cristo Jesús, que expusieron su vida por mí; a los cuales no sólo yo doy gracias, sino también todas las iglesias de los gentiles. Saludad también a la iglesia de su casa» (Ro 16:3-5). Parece ser que Priscila era más dinámica y destacada que su esposo, Aquila. Sin embargo, juntos trabajaban pastoreando en equipo como esposo y esposa, y tenían su iglesia en Corinto y en Roma. Ella ejercía un ministerio de enseñanza, esto está claro en Hechos 18:26 cuando menciona: «Y comenzó a hablar con denuedo [Apolos] en la sinagoga; pero cuando le oyeron Priscila y Aquila, le tomaron aparte y le expusieron más exactamente el camino de Dios». Priscila y su esposo le enseñaron a Apolos cosas que no sabía y le instruyeron. Así que no hay indicación alguna que Priscila actuaba en contra de lo que dijo Pablo acerca del papel de liderazgo de la mujer en la iglesia.

- **La tercera mujer que Pablo reconoció fue una hermana llamada María:** En Romanos 16:6 dice: «Saludad a María, la cual ha trabajado mucho entre vosotros». Aunque Pablo no especifica aquí lo que hacía, dijo que había trabajado «mucho» entre ellos. Ya sea que María ayudara a alguna iglesia, ministerio o alguien, o administrara, predicara o enseñara, «trabajaba mucho».

- **La cuarta mujer que Pablo reconoce es Junias:** En Romanos 16:7, Pablo escribe: «Saludad a Andrónico y a Junias, mis parientes y mis compañeros de prisiones, los cuales son muy estimados entre los apóstoles, y que también fueron antes de mí en Cristo». Se cree que formaban un matrimonio de esposo y esposa. Pablo dice que Junias era muy estimada entre los apóstoles. Los famosos comentaristas como Crisóstomo y Teofilacto hablaron de ella con mucha elocuencia. Crisóstomo escribió: «Qué grandes eran la devoción y los reconocimientos de esta mujer, Junias, que el gran apóstol llegó a nombrarla que era "estimada, valorada y apreciada" en los niveles más altos por los apóstoles». Algunos teólogos hasta llegaron a decir que quizá Junias llegara a ser como un apóstol también junto a los demás apóstoles.

- **Las mujeres quinta, sexta y séptima que Pablo reconoce son Trifena, Trifosa y Pérsida:** Así lo manifiesta en su saludo a los romanos: «Saludad a Trifena y a Trifosa, las cuales trabajan en el Señor. Saludad a la amada Pérsida, la cual ha trabajado mucho en el Señor» (Ro 16:12). De Trifena y Trifosa, Pablo dice que trabajaban en el Señor, pero da un detalle de Pérsida y es que «ha trabajado mucho en el Señor». Entre trabajar, y trabajar mucho, hay una diferencia, ¿no es así? ¡Por supuesto! Algunos ministerios son usados por el Señor, pero otros son muy usados por el Señor. ¡La diferencia es obvia!

- **Las mujeres octava, novena, décima y undécima que Pablo reconoció fueron las hijas del evangelista Felipe:** De ese modo lo establece en Hechos 21:8-9: «Al otro día, saliendo Pablo y los que con él estábamos, fuimos a Cesarea; y entrando en casa de Felipe el evangelista, que era uno de los siete, posamos con él. Este tenía cuatro hijas doncellas que profetizaban». Pablo aclara que profetizaban, pero no lo hacían para sí mismas, sino de manera pública para la edificación, exhortación y consolación de la iglesia. Pablo pudo haber dicho que estuvo en la casa de Felipe, pero añade que sus cuatro hijas profetizaban. El historiador Eusebio dice que las hijas de Felipe eran «como luminarias poderosas», con lo cual se refiere a que tenían y usaban el don de la profecía, ya fuera al profetizar o al interpretar una profecía entregada en lenguas para la edificación del pueblo de Dios. Quien profetiza lo hace con autoridad, ¿cierto? ¡Claro que sí! Entonces, las hijas de Felipe tenían autoridad para profetizar sobre hombres y mujeres para la edificación de la iglesia.

  Pablo dice también: «Pero el que profetiza habla a los hombres para edificación, exhortación y consolación. El que habla en lengua extraña, a sí mismo se edifica; pero el que profetiza, edifica a la iglesia. Así que, quisiera que todos vosotros hablaseis en lenguas, pero más que profetizaseis; porque mayor es el que profetiza que el que habla en lenguas, a no ser que las interprete para que la iglesia reciba edificación» (1 Co 14:3-5). Con esto, Pablo aclara que el mayor don era el de profetizar. Y si una mujer profetizaba, esta tenía el don más importante. Pregunto: ¿Cómo Pablo permitía que la mujer profetizara si le hubiera prohibido, o no permitido, que ejerciera un don menor como la enseñanza o el liderazgo? ¡Imposible! En realidad, Pablo autoriza a la mujer que profetice cuando dice que «toda mujer que ora o profetiza» (1 Co 11:5). ¿Cómo Pablo le hubiera permitido a la mujer profetizar sobre el hombre con el don mayor y no permitirle que enseñara o liderara al hombre con el don menor? ¡Absurdo!

- **Las mujeres duodécima y decimotercera que Pablo reconoció fueron Evodia y Síntique:** Así lo manifiesta en Filipenses 4:2-3: «Ruego a Evodia y a Síntique, que sean de un mismo sentir en el Señor. Asimismo te ruego también a ti, compañero fiel, que ayudes a éstas que combatieron juntamente conmigo en el evangelio, con Clemente también y los demás colaboradores míos, cuyos nombres están en el libro de la vida». Al parecer, estas dos mujeres tenían posiciones tan altas de liderazgo en la iglesia que con sus puntos de vista y diferencias entre sí hacían peligrar la unidad de la iglesia. Pablo no las criticó ni condenó, sino que dice que combatieron a su lado por el evangelio. No solo trabajaron, aquí es más que trabajar, como en los casos de las otras mujeres, sino que combatieron y se enfrentaron. ¿Cómo combatieron? Es posible que fuera a través de largos ayunos, oraciones, vigilias, viajes misioneros, campañas, actuar en posición de liderazgo, enseñar, predicar, enfrentar demonios y críticas, etc.

El Espíritu Santo respalda a las mujeres

El gran apóstol Pablo reconoció a todas estas mujeres que acabamos de mencionar. Creemos que por el tiempo y el espacio no llegó a nombrarlas a todas, pues de seguro que hubo más mujeres que Dios usó con poder en la iglesia del Señor. Los reconocimientos de Pablo a estas mujeres dejan claro que cuando dijo que callaran, guardaran silencio, no hablaran en la iglesia, ni que tuvieran autoridad sobre el hombre, se refería a un caso cultural, a un principio temporal. Es más, se trataba de un incidente que Pablo corregía, a fin de responder preguntas en sus epístolas, como a la iglesia de Corintio y a su hijo en la fe, Timoteo.

Pablo jamás tuvo la intención de hacer de esto una regla general y de doctrina en la iglesia, sino que fue una aplicación local y cultural. De modo que su propósito no fue el de establecer una regla, como muchos concilios la han hecho sin estudiar, sin conocer y sin saber el trasfondo de lo que dijo Pablo sobre la mujer.

Es innegable el hecho de que la mujer enseñó y predicó en el pasado, y que enseña y predica hoy en nuestras iglesias. ¿Quién podrá contradecir esto? Solo un ciego espiritual y alguien falto de entendimiento que no conozca las Escrituras pueden negar tal cosa y decir que Dios no usa a la mujer.

Entonces, ¿el Espíritu Santo bendice a alguien que está en desobediencia a la Palabra o respalda en gran medida la obra de estas grandes mujeres de Dios del ayer y de hoy?

Ministerio público de las mujeres

Es evidente que Pablo reconocía el ministerio público de la mujer en orar, profetizar, enseñar, predicar, evangelizar y administrar. Esto es innegable y está en las Escrituras, como ya vimos. Aunque la mayoría del liderazgo de la iglesia del NT se componía por hombres, lo cual no se puede negar tampoco, nunca se puede pasar por alto ni omitir el papel de la mujer y su contribución para el avance del evangelio en el NT. Incluso, después de la era apostólica se ve mucho más su papel en cumplir la Gran Comisión. Basta con leer las historias verídicas de las grandes misioneras y esposas de misioneros como la de Adoniram Judson que, mientras él estuvo en la cárcel en la India y en Birmania por predicar, ella trabajó arduamente por el evangelio y fue una gran heroína. En mi libro *Heme aquí, Señor, envíame a mí*, puede leer su historia y las de otras grandes mujeres de Dios como Susana Wesley, Kathryn Kuhlman, etc.

Conviene también que se lea acerca de las mujeres del relato bíblico del ayer y darse cuenta de las maneras en que las usó Dios, como fueron Sara, Raquel, Rebeca, Ana, Débora, Ester, Noemí, Rut, Rahab, María la madre de Cristo, María Magdalena, las hermanas Marta y María, la samaritana, etc., y muchas otras más, incluyendo las trece que el apóstol Pablo reconoció y que acabamos de ver. Por lo tanto, el apóstol expresa la igualdad básica del hombre y de la mujer ante Dios, tanto como personas como en el trabajo en la iglesia, según ya vimos:

> Ya no hay judío ni griego; no hay esclavo ni libre; no hay varón ni mujer;
> porque todos vosotros sois uno en Cristo Jesús.
>
> GÁLATAS 3:28

> Maridos, amad a vuestras mujeres, así como Cristo amó a la iglesia, y se
> entregó a sí mismo por ella [...] Así también los maridos deben amar a sus
> mujeres como a sus mismos cuerpos. El que ama a su mujer, a sí mismo
> se ama.
>
> EFESIOS 5:25, 28

Pablo fue una persona de su época y acepta, sin cuestionarlas, las costumbres sociales de su tiempo. Así acepta la existencia de amos y de esclavos, como también las leyes patriarcales de la legislación hebrea o grecorromana. Sin embargo, es consciente de la novedad que aporta Jesucristo, y la igualdad que introduce ante Dios entre ricos y pobres, amos y esclavos, **hombres y mujeres,** judíos y no judíos. Además, Pablo ya indicó la raíz del cambio social que implicaba la fe en Jesucristo y puso a la mujer en las mismas condiciones con el hombre, tanto en su vida como en su ministerio, y eso está claro en sus escritos. La lista de veintisiete nombres en Romanos 16 revela una pequeña parte del círculo íntimo de amigos de Pablo, entre los que estaban mujeres que arriesgaron sus vidas al ministrar junto a él. Mujeres que también predicaron, enseñaron, lideraron y se esforzaron para hacer la obra de Dios.

Sería vergonzoso, y una gran falta de ética y de respeto, si no reconociéramos el gran papel que la mujer ha desarrollado, así como su colaboración, en la extensión y el crecimiento de la obra de Dios a nivel mundial. Si aquí en la tierra algunos por cuestiones teológicas y tradicionales no las quieren reconocer, estoy seguro que en el cielo tendremos una gran sorpresa al ser ellas más reconocidas que muchos que dicen ser «hombres de Dios» y no le dan el lugar, valor, cariño y el reconocimiento que se merecen como sí lo hace la Biblia.

¡Que Dios bendiga siempre a mi querida Dámaris! Es una mujer de Dios en todos los sentidos de la palabra. Enseñó clases de Guerra Espiritual y de Misiones Transculturales en el CCM (Centro de Capacitación Misionera) de las Asambleas de Dios, en La Puente, California. Cuando fuimos a Cali, Colombia, predicó allí a un total de dieciséis mil personas y el Señor la usó grandemente. Ha ministrado junto a mí alrededor del mundo. ¡Que Dios también bendiga a todas las pastoras, predicadoras, maestras, misioneras, líderes y esposas de pastores que, en realidad, son verdaderas heroínas por Cristo! Si todavía muchos ministros están en pie, es por el apoyo, la paciencia, el perdón, el amor, el sufrimiento y el respaldo de sus esposas. ¡Esta es la verdad! ¡Aleluya!

El lugar de la mujer ante Dios

Después de tantas evidencias de cómo Dios usa el ministerio de la mujer, y lo que yo he visto alrededor del mundo de cómo oran, ayunan, hacen actividades, evangelizan, cuidan de sus casas y de sus esposos, enseñan a sus hijos la Palabra de Dios, predican, lideran, etc., le pregunto, amado lector, con todo respeto: ¿Usted cree de veras que Dios irá a preguntarles a los líderes de estos concilios conservadores y tradicionalistas que no creen en el ministerio de la mujer que si Él puede usar por medio del Espíritu Santo a las mujeres o no en su obra? ¿Usted cree de veras que Dios tomará en cuenta la teología o la creencia de ellos al sacar algunos versículos fuera de contexto sin saber su trasfondo cultural y haber creado una doctrina prohibiéndole a la mujer ejercer el ministerio? ¡Claro que no! En Job 33:13 ya decía: «¿Por qué contiendes contra él? Porque él no da cuenta de ninguna de sus razones». ¡Punto!

En una oportunidad, alguien le preguntó a Moody: «¿Usted cree que Dios podría usar a una mujer?». Moody respondió: «¿Si Dios puede usar a una mujer en el ministerio? ¡Claro que sí! Si ellas pueden dar a luz a los hijos, ¿que no podrán hacer en la obra de Dios? ¡Todo!».

Cierta vez, una mujer de Dios se subió a una caja de manzanas en Nueva York y empezó a predicar. Dos pastores venían caminando y uno le dijo al otro: «¡Qué vergüenza! ¡Una mujer predicando!». El otro le contestó: «¿Vergüenza? ¡Vergüenza es no tener un hombre que ocupe su lugar!».

Hace muchos años, un reportero en Portugal le hizo la siguiente pregunta a Billy Graham: «¿Qué ha representado su esposa Ruth para usted en su ministerio?». El gran evangelista respondió: «¿Lo que Ruth es para mí en el ministerio? ¡Ella es el ministerio!».

Sin duda alguna, podríamos decir lo siguiente de las mujeres:

1. Fueron las primeras en ir a ver dónde pusieron el cuerpo de Cristo (Lc 23:55).
2. Fueron las primeras que llevaron especias aromáticas y ungüentos a la tumba (Lc 23:56).
3. Fueron las primeras en ir a la tumba después de la resurrección (Lc 24:1-2).
4. Fueron las primeras en saber que Cristo había resucitado (Lc 24:5-6).
5. Fueron las primeras en anunciar la resurrección del Señor (Lc 24:9-11).
6. Fueron las primeras en escuchar a Cristo después de su resurrección (Mt 28:9).
7. Fueron las primeras en recibir directamente de Cristo el mandato de anunciar el gran milagro de la resurrección (Mt 28:10).

Cristo les confió el mensaje de su resurrección a las mujeres y no a sus discípulos, no a los hombres, sino a ellas. ¿Por qué? Porque fueron las primeras en los siete hechos antes mencionados y ningún hombre estuvo a su lado. Estuvieron junto al Señor desde que le pusieron en la tumba hasta cuando resucitó y escucharon las palabras del propio Cristo resucitado.

Gracias al Señor por las mujeres que Dios ha levantado con poder y unción en estos tiempos para proclamar su Palabra. Así lo es Dámaris, mi querida esposa, que predica con una autoridad tremenda y ha caminado conmigo a través de estos largos veintisiete años siendo mi ayuda idónea, pues cuento con sus palabras sabias, su paciencia, amor, cariño y entendimiento. Hay un dicho equivocado que dice: «Detrás de un gran hombre de Dios hay una mujer de Dios». Yo diría que ellas no van detrás de nosotros, sino que caminan a nuestro lado y muchas veces hasta van delante de nosotros.

Solo en la eternidad se sabrá lo grande que han sido las mujeres en la obra del Señor y cuán fructíferos han sido sus ministerios y las almas que ganaron para Cristo. ¡Que Dios las bendiga!

CAPÍTULO 31

Pablo y su discusión

Después de algunos días, Pablo dijo a Bernabé: Volvamos a
visitar a los hermanos en todas las ciudades en que hemos
anunciado la palabra del Señor, para ver cómo están. Y
Bernabé quería que llevasen consigo a Juan, el que tenía por
sobrenombre Marcos; pero a Pablo no le parecía bien llevar
consigo al que se había apartado de ellos desde Panfilia, y no
había ido con ellos a la obra. Y hubo tal desacuerdo entre
ellos, que se separaron el uno del otro; Bernabé, tomando a
Marcos, navegó a Chipre, y Pablo, escogiendo a Silas, salió
encomendado por los hermanos a la gracia del Señor.

HECHOS 15:36-40

Este capítulo es muy importante porque todos los que estamos en posición de liderazgo tendremos que tomar decisiones que muchas veces
podrán tornarse en discusiones con diferentes puntos de vista y de enfoque
en cuanto a alguna tarea a realizar o con alguna persona de nuestro equipo.
Supervisores, presbíteros, superintendentes, misioneros, evangelistas, líderes,
pastores, maestros y ministros y el liderazgo en general no están exentos de
controversias y discusiones. El enemigo está siempre buscando una brecha
para causar problemas, pero muchas veces somos nosotros los que causamos
esos problemas, desacuerdos y conflictos por nuestra inmadurez o por no
querer ceder en nuestra opinión. El diablo siempre está tratando de romper
la armonía entre el liderazgo y todos los hombres y las mujeres de Dios.
Incluyendo a Pablo, todos tenemos puntos de conflicto y problemas de carácter y personalidad.

Lo que dice la Biblia

Lo que les sucedió a Pablo y Bernabé es una lección para todos nosotros. En el primer viaje misionero, Juan Marcos desistió, los abandonó y regresó a la casa desde Panfilia. A los ojos de Pablo, esto fue una falta de lealtad a la obra del Señor y a él. Cuando Bernabé quiso llevar a su sobrino Marcos en el segundo viaje misionero, Pablo se opuso fuertemente y no cedió ante esta posibilidad.

El término griego **«dialogismos»**, que significa «pensamiento, razonamiento e interrogantes internos», se relaciona con la palabra **«dialogizomai»**, la cual se traduce «discusión» en Lucas 9:46, donde dice: «Entonces entraron en discusión sobre quién de ellos sería el mayor». Otra palabra a tener en cuenta es **«antilogia»**, la cual expresa «contradicción» (de **«anti»**, que es «contra», y **«lego»**, que es hablar). Esta palabra se traduce «controversia» (Heb 6:16), «discusión» (Heb 7:7) y «contradicción» (Heb 12:3; Jud 11). También **«stasis»** se traduce de manera similar con la palabra «discusión» y la frase «no estar de acuerdo» o «desacuerdo» (Hch 15:39), traducida así debido a la intensa discrepancia entre Pablo y Bernabé respecto a Marcos.

El verbo griego **«dialegomai»** se usa sobre todo con relación a pensar cosas distintas para sí, examinar algo; además, se utiliza al conversar, disputar y discutir con otras personas. Incluso, en muchos versículos se traduce como «discutir» y «disputar». El verbo **«logizomai»** se traduce «discutían» en esta cita: «Entonces ellos discutían entre sí, diciendo: Si decimos, del cielo, dirá: ¿Por qué, pues, no le creísteis?» (Mr 11:31). También está el verbo **«dialogizomai»**, que significa «juntar razones diferentes, considerarlas, razonar, discutir», traducido como «discutían» en Mateo 21:25, y «discutíais» en Marcos 8:16. En cuanto al verbo **«suzeteo»**, se traduce «discutir» y «disputar».

El «desacuerdo» de Pablo y Bernabé

Una vez analizadas las palabras griegas que se traducen como «discusión», concluimos que eso fue justo lo que sucedió entre Pablo y Bernabé con relación a Marcos, pues «discutieron», «tuvieron un desacuerdo», «disputaron» y entraron en una «contradicción» que resultó en la separación. Con solo leer el libro de Hechos, nos damos cuenta que todo esto sobrevino después que ambos trabajaron juntos por mucho tiempo y después de tener un ministerio muy fructífero.

1. PABLO Y BERNABÉ TRABAJABAN JUNTOS

Hechos 15:36: «Después de algunos días, Pablo dijo a Bernabé: Volvamos a visitar a los hermanos en todas las ciudades en que hemos anunciado la palabra del Señor, para ver cómo están».

«Volvamos», dijo Pablo, dando a entender que trabajaban juntos en el reino de Dios y estuvieron antes en estas ciudades. Muchos ministros en diversos ministerios han trabajado juntos por muchos años, hasta que llega un momento en que no están de acuerdo en un determinado punto de vista, pensamiento o idea. A veces, las dos personas tienen un gran potencial y, al trabajar juntas, se suscita una competencia ministerial que en un principio no es aparente, pero que con el tiempo se torna visible para la iglesia.

Otras veces resulta que cuando dos ministros se separan de buena forma y sin divisiones, sino de acuerdo mutuo con los demás del liderazgo, y se van a trabajar a ciudades diferentes, el trabajo es más eficaz. Esto se debe a que sus talentos y habilidades de ministerio le hacen más daño al enemigo con distintas estrategias y equipos que si hubieran permanecidos juntos. Así que es cuestión de madurez y de saber a través de la oración y el ayuno cuál es el centro de la voluntad divina para ambas personas, de modo que se transformen «por medio de la renovación» de su entendimiento, para que comprueben «cuál sea la buena voluntad de Dios, agradable y perfecta» (Ro 12:2).

2. PABLO Y BERNABÉ TENÍAN VOLUNTADES PROPIAS Y CONTRARIAS

Hechos 15:37: «Y Bernabé quería que llevasen consigo a Juan, el que tenía por sobrenombre Marcos».

En el primer viaje misionero, Juan Marcos abandonó a Pablo en Panfilia. A los ojos del apóstol, fue un insulto lo que les hizo Marcos al Señor y a él. No sabemos en realidad cuáles fueron los motivos que llevó a Marcos a tomar la decisión de dejarlos, pero sí sabemos que lo hizo y esto le provocó a Pablo una indignación «santa».

Los conflictos nunca faltarán en los equipos de trabajo en el ministerio. Los propios discípulos de Cristo tuvieron problemas con los hijos de Zebedeo respecto a la discusión de cuál sería el mayor en el Reino, pues esto causó enojo en los demás apóstoles. Debemos señalar que tampoco todo el equipo de trabajo pensará lo mismo. Habrá ocasiones en que dos opiniones serán opuestas y las dos tendrán validez. Así que hay que analizarlas para ver cuál es la mejor para la extensión del Reino de Dios. Siempre y cuando Dios se encuentre en el asunto y este sea su deseo, todo estará bien. El pueblo de Israel respondió como es debido ante el cambio de Josué como sucesor de Moisés: «De la manera que obedecimos a Moisés en todas las cosas, así te obedeceremos a ti; solamente que Jehová tu Dios esté contigo, como estuvo con Moisés» (Jos 1:17).

3. PABLO CONSIDERÓ INMADURO AL SOBRINO DE BERNABÉ, MARCOS, Y NO LE DIO UNA SEGUNDA OPORTUNIDAD

Hechos 15:38: «Pero a Pablo no le parecía bien llevar consigo al que se había apartado de ellos desde Panfilia, y no había ido con ellos a la obra».

Por un lado, Pablo no quiso ceder y, por el otro lado, Bernabé se puso a favor de su sobrino aunque Pablo no estuviera de acuerdo. Muchos teólogos dicen que Pablo fue intransigente, caprichoso, testarudo, no entró en razones, no quiso cambiar, no usó del buen sentido común y no le dio una nueva oportunidad al muchacho. A veces, todos somos así. Aquí vemos con claridad que Pablo pudo haber cedido, pudo haber cambiado de idea, de punto de vista, de opinión, pero no quiso. Se mantuvo firme y más tarde veremos que cometió un error.

Todo líder, independientemente de cuáles sean sus capacidades, dones, habilidades y carisma, cometerá una equivocación en un momento dado, pues todos somos humanos. Muchos lo han hecho y después se han dado cuenta de que estaban equivocados. Unos tienen tiempo de arreglar las cosas, otros no, por ser demasiado tarde. Para tales cosas se necesita la sensibilidad del Espíritu, y en lugar de perder a un colaborador y líder en el ministerio, debemos darle una segunda oportunidad que, a la larga, es posible que les traiga mejor beneficio que un simple despido.

Con esto, no me refiero a que haya casos en los que se necesite despedir a tal persona por algún error profesional, algo grave en lo moral, falta de competencia en un equipo pastoral de la iglesia o del ministerio, sea el que sea. Sin embargo, cada caso debe juzgarse a la luz de la Palabra para ver cuál es la mejor solución, sin que se juzgue a la persona en particular, sino sus ideas, tal y como lo dice la Palabra: «Así que, no juzguéis nada antes de tiempo, hasta que venga el Señor, el cual aclarará también lo oculto de las tinieblas, y manifestará las intenciones de los corazones; y entonces cada uno recibirá su alabanza de Dios» (1 Co 4:5).

4. **PABLO Y BERNABÉ NO BUSCARON LA DIRECCIÓN DE DIOS EN CUANTO A MARCOS, ASÍ QUE AMBOS SE EQUIVOCARON Y TERMINARON SEPARÁNDOSE**

Hechos 15:39: «Y hubo tal desacuerdo entre ellos, que se separaron el uno del otro; Bernabé, tomando a Marcos, navegó a Chipre».

Los dos tuvieron una discusión, un desacuerdo, una disputa, y llegaron a un punto muerto donde se quedaron sin solución. No hay indicación que oraran juntos. Si lo hubieran hecho, aparecería en la Palabra. Es más, si hubieran dado un tiempo para oír la voz de Dios, si hubieron orado y esperado para ver lo que les diría Él, no hubiera sucedido la separación. En realidad, ninguno de los dos supo nunca si Dios quería o no que Marcos los acompañara. De modo que no le dieron la oportunidad al Señor de tomar la decisión, sino que tanto Pablo como Bernabé decidieron por su cuenta.

Algunos teólogos dicen que a Pablo le faltó humildad en reconocer que Bernabé fue el que se los presentó a los hermanos cuando todos temían reunirse con él, que olvidó también que Bernabé lo presentó en la iglesia y que después, cuando Pablo ya era un líder formado y en un impulso quizá de ingratitud, no quiso ceder ante tal situación. Solo Dios sabe las razones que tuvo Pablo para no querer llevar a Marcos, pues el mismo Pablo estuvo siempre a favor de dar una segunda oportunidad, como lo dice en este pasaje: «Hermanos, si alguno fuere sorprendido en alguna falta, vosotros que sois espirituales, restauradle con espíritu de mansedumbre, considerándote a ti mismo, no sea que tú también seas tentado» (Gl 6:1).

5. **PABLO SE LLEVÓ A SILAS Y DEJÓ QUE MARCOS Y BERNABÉ SE FUERAN POR OTRO CAMINO**

Hechos 15:40: «Y Pablo, escogiendo a Silas, salió encomendado por los hermanos a la gracia del Señor».

Viéndose en retrospectiva, los teólogos afirman que había elementos de derecho tanto de Bernabé como de Pablo. Bernabé pensó que el joven merecía una segunda oportunidad y que después, al madurar, sería un buen obrero, lo cual probó ser cierto más tarde. Para Pablo era más importante llegar a obtener el objetivo, llegar a la meta, y que para tal viaje el muchacho no estaba listo y capacitado, pues tal vez los volviera a abandonar cuando las cosas se dificultaran. Otros eruditos dicen que los dos tenían razón y los dos estaban equivocados al mismo tiempo.

La discusión entre Pablo y Bernabé no puede justificarse ni condenarse, pero Dios cambió la situación de aparente derrota para ambos y la transformó en bendición. Se formaron dos equipos eficientes de predicación, los dos fueron muy usados por el Señor y los dos le hicieron más daño al enemigo estando separados que juntos. Un ejemplo de esto lo vemos en la Escritura cuando dice que por un lado estaba Moisés orando e intercediendo mientras Aarón y Hur sostenían sus manos levantadas, y por el otro lado estaba Josué peleando. Ambos equipos tenían un mismo propósito en unidad. ¡Y los dos tuvieron gran éxito! Así lo dice la Palabra: «Y las manos de Moisés se cansaban; por lo que tomaron una piedra, y la pusieron debajo de él, y se sentó sobre ella; y Aarón y Hur sostenían sus manos, el uno de un lado y el otro de otro; así hubo en sus manos firmeza hasta que se puso el sol. Y Josué deshizo a Amalec y a su pueblo a filo de espada» (Éx 17:12-13).

6. PABLO, AL FINAL DE SU VIDA, RECONOCIÓ EL ERROR QUE COMETIÓ CON MARCOS Y LO MANDÓ A BUSCAR

Colosenses 4:10: «Aristarco, mi compañero de prisiones, os saluda, y Marcos el sobrino de Bernabé, acerca del cual habéis recibido mandamientos; si fuere a vosotros, recibidle».

2 Timoteo 4:11: «Toma a Marcos y tráele contigo, porque me es útil para el ministerio».

En el momento de la discusión con Bernabé, Pablo no vio el potencial de Marcos, no quiso que viniera con él o no tuvo el tiempo suficiente para tomarlo bajo sus alas, ser su mentor y darle una segunda oportunidad. Sin embargo, al final de su vida reconoció el error de su decisión. Esta es la marca de un verdadero hombre de Dios, porque sin importar su estatura espiritual, su nivel, su influencia y su liderazgo, dijo que le trajeran a Marcos porque le era útil para el ministerio. Con estas palabras, reconocía que ya Marcos era maduro, ya se había probado, ya era un líder y, además, deja entrever que lamentaba no haber visto su potencial.

Con Dios, todas las cosas cooperan para bien

A pesar de que Pablo tuvo una opinión diferente, una discusión, un desacuerdo con Bernabé en cuanto a Marcos en el principio, Dios de igual manera formó dos equipos de predicadores distintos, Pablo y Silas por un lado, y Bernabé y Marcos por el otro. Algunos teólogos también dicen que tal vez esta fuera la intención de Dios y que Él mismo permitió tal discusión para llevar a cabo dos propósitos diferentes No lo sabemos, solo Dios lo sabe. A lo mejor este fue el propósito del Señor, tal como lo afirma el profeta Isaías:

> Porque mis pensamientos no son vuestros pensamientos, ni vuestros caminos mis caminos, dijo Jehová. Como son más altos los cielos que la tierra, así son mis caminos más altos que vuestros caminos, y mis pensamientos más que vuestros pensamientos.
>
> ISAÍAS 55:8-9

Para terminar, yo diría que todos merecen una segunda oportunidad, pues las Escrituras están llenas de ejemplos de cómo Dios perdonó a David, Jesús perdonó a Pedro, el hijo pródigo regresó a casa, etc. Dios es el Dios de la restauración, del perdón y de una nueva oportunidad. Siempre han existido, y existirán, problemas, discusiones, conflictos y desacuerdos. Así que necesitamos la sabiduría de Dios para llegar a un arreglo.

Lo cierto es que muchas veces vemos que hay líderes con demasiados dones y talentos en una sola iglesia y se necesita abrir nuevas obras y enviarles para que no entierren sus dones y no causen divisiones. Si no se tiene esta visión, tendremos una gran cantidad de líderes sentados en los bancos de sus iglesias y con rencores porque sus pastores no reconocen sus dones. Por otro lado, muchos pastores piensan que no es el momento propicio, porque hay inmadurez en ellos, no tienen capacidad, etc.

Oswald Smith, el gran hombre de Dios que escribió el libro *Pasión por las almas*, quería ir de misionero a China, pero Dios no se lo permitió. Así que pastoreó la iglesia «The People's Church» [La Iglesia del Pueblo] en Toronto, Canadá, y sostuvo a muchísimos misioneros canadienses y de otras naciones alrededor del mundo invirtiendo millones de dólares en las misiones. En vez de ser un misionero solo en China, envió a centenares de misioneros en su lugar.

Dios tiene sus propósitos. Yo quería ser misionero en Inglaterra con JuCUM desde Brasil, pero Dios me envió a España. Y ahora me doy cuenta de que el propósito de Dios conmigo era con el pueblo hispanohablante, aunque ya he predicado alrededor del mundo en naciones de habla inglesa.

Dios tiene sus planes, sus tiempos y sus motivos bien trazados. Por eso nuestro deber es encontrarlos, sujetarnos y obedecerlos. Es más, Dios tiene un plan, un ministerio y un liderazgo para cada persona que esté dispuesta a trabajar para Él. Lo que Él determine, lo haremos. ¡Aleluya!

CAPÍTULO 32

Pablo y su revelación

Pero cuando agradó a Dios, que me apartó desde el vientre de
mi madre, y me llamó por su gracia, revelar a su Hijo en mí,
para que yo le predicase entre los gentiles.

GÁLATAS 1:15-16

Pablo estaba maravillado que Dios tuviera «a bien revelar a su Hijo» en él. ¡Qué revelación! Cristo se le reveló a Pablo en el camino a Damasco. Ahora habla que Cristo se le reveló perdonándolo, salvándolo y llamándolo a un ministerio glorioso. ¡Qué cambio! La imagen del Dios invisible engendrada en él. ¡Qué misterio! ¡Algo extraordinario! ¡Qué realidad! ¿Cómo se le reveló?

- «Su Hijo en mí»: La mansedumbre, la gentileza, la gracia y la amabilidad del carácter del Señor revelado en Pablo.
- «Su Hijo en mí»: En su amor por los pecadores que perecen.
- «Su Hijo en mí»: En la paciencia y el sufrimiento.
- «Su Hijo en mí»: En su fidelidad a la verdad.
- «Su Hijo en mí»: En el deleite de hacer la voluntad de Dios el Padre.
- «Su Hijo en mí»: Este es el secreto de la consagración y de recibir la revelación de parte de Dios.

¿Y cuál es la revelación? ¡Su Palabra! ¡Las Escrituras de la nueva dispensación de la gracia!

La revelación del Nuevo Pacto

La mayor parte de la teología del NT se le reveló a Pablo. A diferencia de los cuatro Evangelios de Cristo, parte del libro de los Hechos, las epístolas generales y el Apocalipsis, todo lo demás se le reveló a él. Sobre esta revelación, expresa:

> Mas os hago saber, hermanos, que el evangelio anunciado por mí, no es según hombre; pues yo ni lo recibí ni lo aprendí de hombre alguno, sino por revelación de Jesucristo.
>
> **GÁLATAS 1:11-12**

De nuevo, pregunto: «¿Y cuál es la revelación?». El Nuevo Pacto, la nueva alianza, por medio de Cristo en la dispensación de la gracia que Dios se lo «reveló» a él para que escribiera sus cartas constituyendo la base de la teología del NT. También en su carta a los creyentes de Galacia afirmó lo siguiente:

> Pero antes que viniese la fe, estábamos confinados bajo la ley, encerrados para aquella fe que iba a ser revelada
>
> **GÁLATAS 3:23**

Cuando Pablo dijo que «iba a ser revelada», era consciente de que lo fue por medio de Jesucristo. Es decir, lo que antes estaba escondido, a su tiempo Dios determinó que se le revelara a este gran hombre mediante la fe en la nueva dispensación de la gracia. Así lo cita en la carta que les escribió a los efesios:

> Que por revelación me fue declarado el misterio, como antes lo he escrito brevemente, leyendo lo cual podéis entender cuál sea mi conocimiento en el misterio de Cristo, misterio que en otras generaciones no se dio a conocer a los hijos de los hombres, como ahora es revelado a sus santos apóstoles y profetas por el Espíritu: que los gentiles son coherederos y miembros del mismo cuerpo, y copartícipes de la promesa en Cristo Jesús por medio del evangelio.
>
> **EFESIOS 3:3-6**

Fíjese que dijo por «revelación» le «fue declarado el misterio». Es decir, por medio de sus escritos vemos que se le reveló la Palabra de Dios, el Nuevo Pacto, la nueva alianza, la teología del NT. También los siguientes versículos mencionan:

> A mí, que soy menos que el más pequeño de todos los santos, me fue dada esta gracia de anunciar entre los gentiles el evangelio de las inescrutables riquezas de Cristo, y de aclarar a todos cuál sea la dispensación del misterio escondido desde los siglos en Dios, que creó todas las cosas.
>
> **EFESIOS 3:8-9**

Se le reveló «el misterio», Cristo, la Palabra viviente, que estaba «escondido», la teología del NT que es la base de la iglesia cristiana universal. En Romanos 16:25-26, Pablo nos dice:

> Y al que puede confirmaros según mi evangelio y la predicación de Jesucristo, según la revelación del misterio que se ha mantenido oculto desde tiempos eternos, pero que ha sido manifestado ahora, y que por las Escrituras de los profetas, según el mandamiento del Dios eterno, se ha dado a conocer a todas las gentes para que obedezcan a la fe.

Como vemos, el «misterio» que profetizaron los santos profetas, y que se cumplió en Cristo, hacen que ahora la «revelación» de la dispensación de la gracia se le declare a Pablo por la fe en Cristo, a fin de que escribiera la mayor parte del NT. Y todo se le reveló por el Espíritu de Dios, como él mismo confirma: «Pero Dios nos las reveló a nosotros por el Espíritu» (1 Co 2:10). Lo cierto es que Dios le reveló cosas grandiosas a Pablo, como lo expresa él en este pasaje de su carta a los corintios:

> Ciertamente no me conviene gloriarme; pero vendré a las visiones y a las revelaciones del Señor. Conozco a un hombre en Cristo, que hace catorce años (si en el cuerpo, no lo sé; si fuera del cuerpo, no lo sé; Dios lo sabe) fue arrebatado hasta el tercer cielo. Y conozco al tal hombre (si en el cuerpo, o fuera del cuerpo, no lo sé; Dios lo sabe), que fue arrebatado al paraíso, donde oyó palabras inefables que no le es dado al hombre expresar [...] la grandeza de las revelaciones.
>
> **2 CORINTIOS 12:1-4, 7**

Fue algo extraordinario lo que Dios le reveló a Pablo al llevarle hasta el tercer cielo. Entonces, ¿qué le reveló? Los misterios escondidos desde el principio que le fueron «revelados» al establecerse la dispensación de la gracia por medio de Cristo que lo «escogió» a él para «revelarle» la mayor parte de los escritos del NT, a través de sus trece cartas y la mayor parte del libro de los Hechos, estableciendo la columna de la teología del NT.

La «revelación» y la Biblia

La palabra «revelación» o «revelar» en griego es **«apokalupsis»**, que significa «desvelamiento». Este término se relaciona con **«apokalupto»**, el cual equivale a «desvelar, develar, descubrir». En el NT, se utiliza de la siguiente manera:

- La dispersión que hace Cristo del velo de tinieblas que cubría a los gentiles (Lc 2:32; compárese con Is 25:7).
- El «misterio» o el propósito de Dios para esta edad (Ro 16:25; Ef 3:3).
- La declaración del conocimiento de Dios a nuestra alma (Ef 1:17).
- Una expresión de la mente de Dios a fin de edificar a la Iglesia (1 Co 14:6, 26), instruir al apóstol Pablo (2 Co 12:1, 7; Gl 1:12), y guiarlo (Gl 2:2).
- El Señor Jesucristo a los santos en su venida gloriosa (1 Co 1:7), en su «manifestación» y

«cuando sea manifestado» (1 P 1:7, 13).

- La revelación respecto a los padecimientos de Cristo (1 P 4:13).

- Cuando el Señor Jesucristo venga para administrar los juicios de Dios y «cuando se manifieste» (2 Ts 1:7; Ro 2:5).

- La «manifestación» de los santos, a la creación, todo en asociación con Cristo en su glorioso reinado (Ro 8:19).

- La predicción, expresada de manera simbólica, acerca de los juicios finales de Dios en Apocalipsis (1:1); el título de este libro proviene de la transliteración de la palabra griega **«Apokalupsis»,** traducida «Apocalipsis», y que también se le llama «Revelación», donde Dios le reveló a Juan el final de todas las cosas y la eternidad de la iglesia con Cristo.

El espíritu de revelación

En su carta a los creyentes efesios, Pablo dice que ora para que los destinatarios de su carta reciban «espíritu de sabiduría y de revelación», con el doble objetivo de que conozcan a Cristo y entiendan el propósito y el poder de Dios en sus vidas:

> Para que el Dios de nuestro Señor Jesucristo, el Padre de gloria, os dé espíritu de sabiduría y de revelación en el conocimiento de él, alumbrando los ojos de vuestro entendimiento, para que sepáis cuál es la esperanza a que él os ha llamado, y cuáles las riquezas de la gloria de su herencia en los santos, y cuál la supereminente grandeza de su poder para con nosotros los que creemos, según la operación del poder de su fuerza.
>
> EFESIOS 1:17-19

Tal «revelación» es similar a descorrer el velo del corazón, a fin de que podamos recibir un entendimiento profundo sobre la manera en que la Palabra de Dios intenta obrar en nuestras vidas. Se puede aplicar también a la enseñanza o a la predicación ungida de manera especial para ayudar a la gente, de modo que vea la gloria de Cristo y la manifestación de su propósito y poder en sus vidas.

La sabiduría y el entendimiento, al igual que un hablar sano y práctico, recomiendan que el creyente de hoy conozca y exprese con claridad lo que quiere decir cuando habla de «revelaciones». A decir verdad, el Espíritu Santo nos da revelación, tal y como lo enseña este pasaje bíblico.

Al estudiar la Palabra de Dios, sabremos que la finalidad de la revelación plena de la Santa Palabra es el único fundamento seguro para la edificación de nuestra vida, pues esta debe estar fundada en la Roca que es Cristo y Cristo es la Palabra (Mt 7:24-27).

Esta fue la «revelación» que Pablo recibió: La Palabra en cuanto a la dispensación de la gracia en Cristo y, por eso, la escribió para nuestra edificación. Sus enseñanzas han contribuido en gran medida a la formación del pensamiento cristiano. Como autor, solo lo supera Lucas en la extensión de su contribución al Nuevo Testamento. Sabemos que durante sus tres viajes misioneros, Pablo fundó iglesias en el Asia Menor, Macedonia, Grecia y otros lugares más. Trabajó ministrando en Roma y es posible que viajara hasta España predicando el evangelio. Todo esto lo relató en sus cartas para nuestro beneficio espiritual.

Nuestra información sobre la vida y el pensamiento de Pablo viene de Hechos y de las trece epístolas paulinas. En Hechos, Lucas no ofrece una biografía de Pablo, pero ha dejado mucha más información biográfica de la que se halla en las cartas de Pablo. Además de mencionarlo varias veces en la primera sección de su libro, Lucas le dedica por completo los últimos dieciséis capítulos a Pablo.

Características de las epístolas de Pablo

Aunque al apóstol se le atribuyen trece epístolas del Nuevo Testamento, quizá escribiera muchas más. Incluyendo, según la opinión de muchos teólogos, la epístola a los Hebreos.

Sin embargo, no podemos olvidar que Pablo tuvo uno o más secretarios que colaboraron en la redacción de cartas auténticamente paulinas como Gálatas. Además, no debemos dar por sentado que Hechos nos lleve hasta el final de la vida de Pablo, cuando en realidad lo deja en Roma, pues es de suponer que tuviera otros años más de ministerio y otra prisión antes de su muerte.

Las epístolas de Pablo pueden clasificarse en cuatro grupos:

1. Primera y Segunda de Tesalonicenses, escritas en su segundo viaje misionero, desde Corinto.
2. Primera y Segunda de Corintios, Gálatas y Romanos, escritas en su tercer viaje.
3. Efesios, Colosenses, Filemón y Filipenses, llamadas epístolas de la prisión, escritas durante el primer encarcelamiento en Roma.
4. Primera y Segunda de Timoteo y Tito, llamadas las pastorales, donde la primera y la última las escribió después que le liberaran de la primera prisión, y 2 Timoteo poco antes de su muerte en la segunda prisión romana.

Todo lector atento de las cartas de Pablo se maravilla de la autoridad y convicción de sus palabras, aun cuando muchos de los destinatarios no lo conocían. A pesar de todo, Pablo no nos parece presuntuoso. Manda en forma tan natural porque ejerce una vocación indubitable.

El incidente en el camino de Damasco yace en el fondo de todos sus escritos. Sabe que Dios lo llamó (Ro 1:1-6) y que lo recibió por la revelación divina (Gl 1:12, 16). Siente la necesidad de predicar y enseñar lo que le impuso el Señor (1 Co 9:16), y esto les confiere a sus escritos una certidumbre singular, poderosa y profunda de su «revelación», lo cual formó la mayor parte de la teología del NT.

También es digno de mencionarse el estilo literario muy particular de Pablo. A veces resulta retórico, como en Romanos; en otras es poético, como en 1 Corintios 13; incluso, en otras es muy breve, como en las instrucciones éticas. Todo esto se debe a que lo domina el afán por satisfacer las necesidades de sus lectores. Los vocablos y las figuras que emplea, tomados de la vida militar, cortesana, deportiva y comercial, muestran que ni él ni sus lectores vivían apartados de las realidades de su cultura grecorromana y judía. No buscaba una dicción pulida, y a esto se deben sus frecuentes desvíos de pensamiento y su coordinación en algunas de sus cartas, en las que aún tiene cierta tonalidad de sarcasmo, como es el caso de 2 Corintios 11:1. Le gustaba relacionarse al máximo con sus lectores, de ahí que recurriera a ellos solicitando su ayuda, les hiciera preguntas, les pusiera razonamientos y, a la vez, les diera respuestas. Con todo, muchas veces se expresaba con verdadera elocuencia, como vemos en Romanos 8:28-39.

En Pablo encontramos una persona dotada y preparada en especial para extender el evangelio e interpretar el cristianismo en el mundo multicultural del primer siglo. Es evidente que su iniciativa, su constancia, su férrea voluntad, su capacidad de trabajo, su tierno amor y su firme esperanza provienen de su experiencia con Jesucristo, como él mismo lo expresara con estas palabras:

> Con Cristo estoy juntamente crucificado, y ya no vivo yo, mas vive Cristo en mí; y lo que ahora vivo en la carne, lo vivo en la fe del Hijo de Dios, el cual me amó y se entregó a sí mismo por mí.
>
> GÁLATAS 2:20

Esta idea la reafirma al decir:

> Pero lejos esté de mí gloriarme, sino en la cruz de nuestro Señor Jesucristo, por quien el mundo me es crucificado a mí, y yo al mundo.
>
> GÁLATAS 6:14

Resumen de la «revelación», «teología» o «doctrina» de Pablo

Sin duda, la «revelación», «teología» o «doctrina» que Pablo recibió, así como las epístolas que escribió, moldearon la doctrina cristiana para todos los siglos. Muchos teólogos, al esforzarse por señalar la doctrina central de la enseñanza paulina, sugieren varias cosas que resumiré de la siguiente manera:

- **La justificación por la fe:** De seguro que esta es una doctrina básica en Pablo.
- **La escatología:** Al hacer referencia a la venida de Cristo y las cosas del fin.
- **La identificación con Cristo:** Cuando menciona a menudo la frase «en Cristo», lo cual enriquece mucho su doctrina de la iglesia y que manifiesta a través de sus epístolas.

Todos estos son conceptos clave en sus escritos, pero la misma diferencia de opinión entre los expertos atestigua que su enseñanza es tan amplia y equilibrada que la respuesta debe buscarse en una doctrina más fundamental: la doctrina de Dios. Pablo arraigó todas sus enseñanzas en la persona de Dios, el Dios viviente, soberano, revelador, iniciador y consumador de los grandes propósitos eternos.

1. **LA REVELACIÓN, TEOLOGÍA O DOCTRINA DE PABLO ACERCA DE DIOS**
   Pablo enfatiza la soberanía divina, y con tal objetivo utiliza diversos términos tales como «predestinar», «escoger», «llamar», «propósito», «voluntad», «beneplácito». Por lo tanto, esta doctrina no se basa tan solo en una palabra, un concepto o un versículo, pues lo expone en tres pasajes extensos:

   - Romanos 8:28-39: Enseña que la posición y el futuro del creyente están asegurados porque son el objeto del propósito eterno de Dios.

   - Romanos 9—11: Demuestra que el futuro de Israel no depende de su mérito ni de su genealogía natural, sino del ejercicio de la misericordia soberana de Dios, pues sin este principio ninguno recibirá bendición ni salvación.

   - Efesios 1:1-11: Revela que la elección se remonta al tiempo antes de la fundación del mundo, se basa en el propósito y el beneplácito de Dios, y tiene como fin la gloria de Él. Dios establece sus propósitos en conformidad con sus atributos y, por tanto, su plan le glorificará más que ningún otro plan.

   También el concepto de Dios en Pablo se define de manera Cristológica, ya que Dios se revela en Jesús:

   - Es el «Padre de Jesucristo» (Ro 15:6; 2 Co 1:3; Col 1:3).
   - La gloria de Dios apareció en la faz de Cristo Jesús (2 Co 4:6).
   - Debido a la historia de Israel, la fe en el único Dios es para Pablo una certeza firme (Dt 6:4; Ro 16:27; 1 Co 8:4; Gl 3:20).
   - Pablo expresa el agradecimiento de su pueblo por esta fe, que parte de la fe judía en Dios que condena la idolatría gentil (Ro 1:18-32).
   - La fe en Dios no es una confesión teórica, sino que es esencial en reconocer que hay un solo Dios y un solo Señor (1 Co 8:6).
   - Los que confiesan al único Dios no pueden tener junto a Él otros dioses o ídolos (1 Co 10:21; 2 Co 6:16).

2. **LA REVELACIÓN, TEOLOGÍA O DOCTRINA DE PABLO ACERCA DE LA TRINIDAD**
   La manifestación de la Trinidad es evidente en los escritos de Pablo, donde se declara de diversas maneras:

   - La confesión monoteísta en su totalidad de Dios la une con la confesión de Cristo, de modo que hace uso de ambas personas: «Gracia y paz a vosotros, de Dios nuestro Padre y del Señor Jesucristo» (Ro 1:7; compárese con 1 Ts 1:1).

- También usa las tres personas de la Santísima Trinidad: «La gracia de nuestro Señor Jesucristo, y el amor de Dios, y la comunión del Espíritu Santo sea con vosotros» (2 Co 13:14).

- Del mismo modo, vemos que declara la Trinidad en otras de sus cartas (Ro 15:30; 1 Co 12:4-6; Gl 4:6; 2 Ts 2:13), así como en otros autores también (Mt 28:19; 1 P 1:2.

Todos estos pasajes bíblicos constituyen la base Trinitaria de la Iglesia, pues el Dios eterno se manifestó en el AT, después se manifestó en su Hijo Jesucristo en el NT y está presente ahora y habita en la Iglesia por medio del Espíritu Santo.

3. **LA REVELACIÓN, TEOLOGÍA O DOCTRINA DE PABLO ACERCA DE CRISTO**
    En esencia, la teología del apóstol Pablo es Cristológica y puede resumirse en este pasaje: «El que descendió, es el mismo que también subió por encima de todos los cielos para llenarlo todo» (Ef 4:10). Las cartas de Pablo nos permiten reconocer que hablaba de Jesucristo en sus escritos y en sus predicaciones:

    - De su entrada en la historia (Ro 15:8; Gálatas 4:4).
    - De su origen del linaje de David (Ro 1:3).
    - De su familia (1 Co 9:5; Gl 1:19).
    - De su misericordia de Redentor (Gl 3:13).
    - De su mansedumbre (2 Co 10:1).
    - De su pobreza (2 Co 8:9).
    - De su amor (Ro 8:35-37; 2 Co 5:14).
    - De su verdad (2 Co 11:10).
    - De su vida sin pecado (2 Co 5:21).
    - De la acción salvadora en la muerte y resurrección de Cristo (Ro 8:34; 1 Co 1:18-23; Flp 2:5-11).

    Pablo menciona también palabras de Jesús que deciden, en esencia, cuestiones importantes como estas:

    - La ordenación del matrimonio (1 Co 7:10).
    - La forma y significación de la Cena del Señor (1 Co 11:23-29).
    - Al expresar que el obrero es digno de su salario en la evangelización (1 Co 9:14).
    - En la exhortación a que se ore por los enemigos (Ro 12:14).
    - En el precepto del amor como mandamiento principal (1 Co 13:1-13; Gl 6:2).

    Es evidente que en todos estos pasajes resuenan las palabras de Jesús

4. **LA REVELACIÓN, TEOLOGÍA O DOCTRINA DE PABLO ACERCA DE LA OBRA DE CRISTO**
    Pablo interpreta la vida y obra de Cristo con imágenes, conceptos y reflexiones procedentes de diversas fuentes, sobre todo del Antiguo Testamento.

    - Con la prueba en las Escrituras iniciada en la iglesia primitiva (Gl 3:13).
    - Con la muerte redentora de Cristo que es sacrificio de expiación y justificación (Ro 3:25-26; 5:9).

- Con el sacrificio de pacto (1 Co 11:24; compárese con Mt 26:28).
- Con el sacrificio pascual (1 Co 5:7).
- Con la muerte de Cristo por los impíos (Ro 5:6).
- Con la muerte de Cristo por los pecadores (1 Co 15:3; 2 Co 5:21).
- Con la muerte de Cristo que libera de la maldición de la ley (Gl 3:13; Col 2:14).
- Con la descripción de «ser en Cristo» o «estar en Cristo» mediante la reconciliación (Ro 5:11; 2 Co 5:18).
- Con la justicia, santificación y redención (1 Co 1:30).
- Con la paz (Ro 5:1).
- Con la salvación (Ro 1:16).

A través de estas y muchas más citas bíblicas, Pablo dice que con Cristo ya están cumplidas las esperanzas y fatigas de Israel en su búsqueda de un Mesías, pues Él cumplió todas las Escrituras dejándole como el único Salvador y Señor de Israel y de toda la humanidad.

5. **LA REVELACIÓN, TEOLOGÍA O DOCTRINA DE PABLO ACERCA DE LA FIGURA DE CRISTO**

Cuando Pablo explica la obra salvadora de Cristo, interpreta y describe a la vez la figura de Cristo como sujeto de esa obra. Por lo tanto, veamos algunos de los comentarios y representaciones que da el apóstol:

- Cristo se distingue de los demás seres humanos por ser el único que vivió sin pecado (2 Co 5:21).
- Jesús no asumió una forma corpórea ni una humanidad sometida al pecado, sino que «fue hecho semejante a los hombres» (Ro 8:3; Flp 2:7).
- Jesús forma parte de una serie de generaciones, pero es superior que el mayor de los hombres históricos, no solo en grado, sino también en esencia. Solo se le puede comparar, aunque por condiciones opuestas, con el primer hombre, Adán, donde este es el primer hombre de la humanidad y Cristo es el comienzo de una nueva humanidad. Aunque ambos son destino y decisión para toda la humanidad, se contraponen por completo. En Adán la decisión es para muerte, pero en Cristo la decisión es para vida (Ro 5:12-21; 1 Co 15:45).
- Todos los creyentes y redimidos están en Cristo o comprendidos en Él (Ro 5:15; Gl 3:28).
- Cristo es la Cabeza del cuerpo, que es su Iglesia (Col 1:18; 2:17; Ef 1:22-23).
- Entre Cristo y el Dios eterno se da una incomparable unión estrecha, íntima y exclusiva. Se trata de una fórmula que asciende en forma gradual, como el propio Pablo lo dice: «Todo es vuestro, y vosotros de Cristo, y Cristo de Dios» (1 Co 3:22-23). Como vemos, es evidente que Cristo está ligado al Padre de tal manera que se halla junto a Él.
- Cristo es la «imagen de Dios» (2 Co 4:4; Col 1:15); es decir, la revelación y manifestación de Dios en el mundo y el tiempo.
- En Cristo, Dios reconciliaba al mundo (2 Co 5:19).
- Está en Cristo (Ro 8:39).
- «En él [Cristo] habita corporalmente toda la plenitud de la Deidad» (Col 2:9).
- Antes de su encarnación, Cristo era «igual a Dios» (Gl 4:4; Flp 2:6).

- Ya actuaba en la historia de Israel al ser su Roca espiritual (1 Co 10:3-4).
- Era y es el Hijo de Dios (Ro 1:3-9; 8:3).
- Ahora, después de su muerte y resurrección, está «a la diestra de Dios» (Ro 8:34), así que ya no lo es como hombre, sino que es «Señor» de la Iglesia y del universo, y volverá al mundo como juez (1 Ts 1:10).
- A Cristo se le confieren dignidad y poderes divinos y eternos, los que tuvo desde el principio, y Pablo afirma de manera explícita su eterna existencia divina antes de su nacimiento virginal en Belén (Ro 9:5).
- Pablo describe el señorío de Cristo al exponer la compenetración entre Cristo y el creyente. Es decir, Cristo está en el creyente (Ro 8:10; Gl 2:20; 4:19).
- El redimido, la Iglesia y la creación entera están en Cristo (Ro 6:11; 12:5; 2 Co 5:17; Gl 3:28; 1 Ts 2:14).

Según Pablo, de esta forma y con fuerza espiritual, dice que Cristo es «la plenitud de Aquel que todo lo llena en todo» (Ef 1:23). La Cristología de Pablo es la misma que poseía la Iglesia antes de él y en su propio tiempo cuando escribió sus cartas. ¡Alabado sea el Nombre de Cristo para siempre!

6. **LA REVELACIÓN, TEOLOGÍA O DOCTRINA DE PABLO ACERCA DEL HOMBRE Y EL PECADO**

Cuando Pablo analiza la situación del hombre y el pecado, establece una serie de conceptos que no podemos pasar por alto. Por ejemplo: En el inicio de la Epístola a los Romanos se comprueba la necesidad que tiene el ser humano de la vida de Dios. Si es gentil, no tiene excusa porque sabe de Dios mediante la creación (1:18-23) y la conciencia (2:12-16). Por otra parte, si es judío, tampoco tiene excusa debido a que le han instruido en la Ley de Dios (2:17-20), aunque no acate sus normas (2:21-29). Cuando Adán pecó, toda la humanidad se rebeló contra Dios (Ro 5:12), y esta condición universal hizo que el hombre esté «muerto» en sus «delitos y pecados», esté «siguiendo la corriente de este mundo, conforme al príncipe de la potestad del aire», y que se encuentre «haciendo la voluntad de la carne y de los pensamientos» (Ef 2:1-3). Como resultado, viene la condenación de Dios que incluye la entrega del ser humano a la inmundicia, a las pasiones vergonzosas y a una mente reprobada para que se manifieste su rebelión y su culpabilidad (Ro 1:24-32).

7. **LA REVELACIÓN, TEOLOGÍA O DOCTRINA DE PABLO ACERCA DE LA JUSTIFICACIÓN**

Como la rebelión es absoluta y universal, y la pérdida es irreparable desde el punto de vista humano, la solución tiene que ser divina e infinita. Entonces, ¿cómo debe ser la justificación?

- El evangelio que Pablo anuncia y en el que revela la justicia divina «es poder de Dios para salvación a todo aquel que cree» (Ro 1:16).
- Su fundamento está en la muerte y la resurrección de Cristo (1 Co 15:3-8; Ro 1:3-4).
- El sacrificio de Cristo en la cruz por nosotros hizo posible que se nos declarara justos por Él (2 Co 5:21).
- La muerte de Cristo, entonces, es el precio de la redención que satisface y manifiesta la justicia de Dios (Ro 3:24-30).

- La justificación es un término legal que significa emitir un veredicto favorable, vindicar, declarar justo. Esto no se debe a que el hombre sea justo, sino a que se le atribuye la justicia de Cristo. Pablo no se cansa de contrastar la justicia propia del hombre con la justicia divina que debemos poseer para ser aceptos ante Dios (Ro 10:3-8; 1 Co 1:26-31; Gl 2:16; Ef 2:8-9); Flp 3:3-9; Tit 3:4-7).

- Por eso, solo mediante un acto de fe, el ser humano puede apropiarse de la obra de salvación que Dios inició y que consumará al final cuando moremos con Él.

8. LA REVELACIÓN, TEOLOGÍA O DOCTRINA DE PABLO ACERCA DE LA IDENTIFICACIÓN Y SANTIFICACIÓN EN CRISTO

La unión vital del creyente con Jesucristo es un concepto central para Pablo, como vemos siempre que repite la frase «en Cristo» y otras frases equivalentes como «en Él» (Ef 1:1-6).

- La unión del creyente con Cristo se relaciona con la justificación (Ro 8:1-10; 2 Co 5:21; Gl 2:16-17).

- Pablo insiste en que esta unión es el motivo y la clave de una transformación creciente y total en la vida del creyente. La unión se efectúa por el Espíritu Santo, por medio del cual cada creyente se une con Cristo y con todos los suyos (1 Co 12:13).

- Nos identificamos con Cristo a través de su muerte, resurrección y exaltación (Ro 6:1-5; Ef 2:4-7).

- Morimos en cuanto al pecado (Ro 6:2).

- Morimos al mundo (Gl 6:14).

- También morimos a la Ley (Ro 7:4).

- Resucitamos a una nueva vida, aun antes de participar de manera física de la resurrección (Ro 6:4-14; 2 Co 5:17; Ef 2:10-13).

- Nos permite elevarnos a una posición de privilegio y bendición (Col 3:1-4).

- La unión es tan real que «ya no vivo yo, mas vive Cristo en mí; y lo que ahora vivo en la carne, lo vivo en la fe del Hijo de Dios» (Gl 2:20).

- La identificación con Cristo nos impide seguir las mismas corrientes de antes (Ro 6:2).

- Hace que nos despojemos del «viejo hombre» y nos vistamos del «nuevo» (Ef 4:22-24).

- La identificación con Cristo y, por tanto, la muerte al pecado, nos libera del dominio que antes ejercía el pecado sobre nuestra vida. La puerta al dominio divino está abierta, pero es recomendable que los creyentes tengan ciertas normas específicas de la ética tocante a la mentira, el enojo, la honestidad, el lenguaje y la pureza (Ef 4:17—5:21; Col 3:5-17).

- En la unión con Cristo se reciben instrucciones claras en general, tanto entre el esposo y la esposa, los hijos y los padres, como los siervos y los amos (Ef 5:22—6:9; Col 3:18-25).

- En las normas morales que rigen la conducta humana se incluyen la sumisión al gobierno y el rechazo a la venganza (Ro 12:17-21; 13:1-7).

Es evidente que hay fuerzas que van en contra del cumplimiento de estas exhortaciones. Por ejemplo, Pablo habla de dos clases de creyentes, el «carnal» y el «espiritual» (1 Co 2:13—3:4). Por eso describe en detalles las obras de la «carne», donde se manifiesta la naturaleza pecaminosa del hombre (Gl 5:19-21). Asimismo, establece el contraste de estas obras con el fruto del «Espíritu» (Gl 5:22-25). El cumplimiento de la ética cristiana no se basa en un logro humano. Tanto la salvación como la realización de la norma divina se alcanzan por la gracia y la fe.

Por otra parte, la santidad no viene de solo luchar por obedecer una ley externa, sino por llevar el fruto de la justicia que brota de nuestro ser. En esto vemos la presencia del Espíritu Santo que no solo nos une con Cristo, sino que también mora en nuestra vida a fin de ordenarla. En cuanto a la parte humana, solo se limita a someternos al gobierno de Dios (Ro 6:13; 12:1), andar en el Espíritu (Gl 5:16-17) y ser llenos de Él (Ef 5:18).

9. LA REVELACIÓN, TEOLOGÍA O DOCTRINA DE PABLO ACERCA DE LA IGLESIA DE CRISTO

Pablo ilustra nuestra unión con Jesucristo de varias maneras al ser nosotros el cuerpo de Cristo.

- Él es la cabeza del cuerpo que es su Iglesia (Ef 1:22-23; Col 2:19).
- El templo en el que Cristo es la piedra angular (Ef 2:20-22).
- La Iglesia es la Esposa, y Cristo es el Esposo (Ef 5:22-33).
- Cada miembro del cuerpo tiene su ministerio o don espiritual para la edificación del cuerpo (Ro 12:3-8; 1 Co 12:4-31; Ef 4:11).
- La diversidad de funciones en la unidad del cuerpo y bajo la dirección de la Cabeza produce crecimiento, madurez, semejanza con Cristo y gloria para Dios (Ef 4:12-16).
- A Pablo lo comisionaron para anunciar el misterio de la Iglesia que une al judío y al gentil en un solo cuerpo, de modo que hasta los ángeles aprenden la sabiduría de Dios (Ef 3:10-12).
- La comunidad cristiana se menciona en las cartas de Pablo como iglesia. Su manera de entenderse y su riqueza se expresan bajo muchas denominaciones. Los cristianos se llaman a sí mismos «santos» (Ro 1:7), lo cual designa vocación y consagración.
- Se les llama de igual manera «hermanos» (Ro 16:14; 1 Co 16:20; 1 Ts 5:26).
- La Iglesia es el pueblo de Dios (Ro 9:25-26; 1 Co 10:11; 2 Co 6:16). Incluso, ya se le llama así en el AT (Os 2:23; Dt 7:6).
- La comunidad mesiánica, la Iglesia, cumple la esperanza de Israel, pues es el nuevo y verdadero Israel espiritual (Gl 6:16).
- La Jerusalén espiritual (Gl 4:26).
- La Iglesia es el Nuevo Pacto que fundó Dios mismo (1 Co 11:25; 2 Co 3:6).

Desde entonces, Pablo comenta que la Iglesia deseaba la venida de Cristo y menciona la invocación aramea, traducida al griego, «Maranata», que significa «El Señor viene» o «Ven, Señor Jesús». Esto lo cita en 1 Corintios 16:22. Juan también se refiere a la misma expresión en Apocalipsis 22:20, atestiguando cómo ya la iglesia originaria, primitiva, que hablaba hebreo y arameo, adoraba a Cristo como el Señor.

10. LA REVELACIÓN, TEOLOGÍA O DOCTRINA DE PABLO ACERCA DE LA ESPERANZA DEL CREYENTE

Como el Espíritu Santo participa de manera eficaz en la regeneración, la santificación y la formación de la Iglesia, también su presencia es la promesa y garantía de la futura herencia del creyente.

- La presencia del Espíritu constituye «las primicias»; o sea, la muestra actual de la gloria y bendición futuras en la presencia de Dios que esperamos (Ro 8:23).

- También es el «sello» que acredita y conserva al redimido. Es «las arras» o pago inicial que promete la finalización de la obra redentora (2 Co 1:22; 5:5; Ef 1:13-14; 4:30).

- La herencia y la esperanza del hijo de Dios es, ante todo, la inminente venida de su Señor (1 Ts 4:16-17).

- En el tribunal («**bema**» en griego) de Cristo se juzgarán las obras del creyente antes de la entrega de los galardones (1 Co 3:11-15; 2 Co 5:10).

- El aspecto de la esperanza que Pablo más destaca es la resurrección y transformación del cuerpo (Ro 8:23; 1 Co 15:51).

- La extensa discusión de esta doctrina en 1 Corintios 15 fundamenta la esperanza de nuestra resurrección por la resurrección corporal, histórica y milagrosa de Jesucristo (1 Co 15:1-28).

- Al hablar de las cosas finales, Pablo hace hincapié en que durante los últimos días, algunos de la cristiandad se apartarán de la verdad y negarán incluso estas doctrinas que le anuncia a la Iglesia (1 Ti 4:1; 2 Ti 3:1-5).

- Aun así, los redimidos por Cristo tendrán una confianza inquebrantable ante su Señor (Ro 8:31-39).

- La esperanza es tan esencial a la fe que Pablo puede decir que los cristianos son los que están «gozosos en la esperanza» (Ro 12:12).

- Los que no tienen a Cristo, en cambio, son los que «no tienen esperanza» (1 Ts 4:13).

- Nuestro Dios es «el Dios de esperanza» (Ro 15:13).

- La raíz y el fundamento de la esperanza es la fe, pues del mismo modo que Abraham «creyó en esperanza contra esperanza», nosotros podemos tenerla por igual (Ro 4:18).

- Si la fe es don de Dios, también lo es la esperanza, ya que «el mismo Jesucristo Señor nuestro, y Dios nuestro Padre, el cual nos amó y nos dio consolación eterna y buena esperanza por gracia» (2 Ts 2:16).

- Pablo desarrolla el concepto y contenido de la esperanza: «Porque en esperanza fuimos salvos; pero la esperanza que se ve, no es esperanza; porque lo que alguno ve, ¿a qué esperarlo? Pero si esperamos lo que no vemos, con paciencia lo aguardamos» (Ro 8:24-25).

- Nuestra esperanza se funda en la acción salvadora de Dios en Cristo, ya que «tal confianza [esperanza] tenemos mediante Cristo para con Dios» (2 Co 3:4).

- La esperanza tiene su seguridad en el amor personal de Dios por cada uno de nosotros: «Y la esperanza no avergüenza [decepciona]; porque el amor de Dios ha sido derramado en nuestros corazones por el Espíritu Santo que nos fue dado» (Ro 5:5).

- Si las tribulaciones presentes no destruyen la fe, es porque despiertan esperanza (Ro 5:4).
- La esperanza despierta la franqueza (2 Co 3:12).
- La esperanza despierta también el gozo (Ro 12:12).
- La seguridad de nuestra esperanza está fundada en Dios y no en este mundo (Tit 2:11-14).
- La esperanza abarca todos los aspectos de nuestra vida. Por eso, la angustia, las pruebas, las tribulaciones y la tristeza son ahora los efectos visibles y audibles de toda la vida pasajera que vivimos en estos momentos.
- Debemos mantener la fe y la esperanza, pues «es Cristo en vosotros, la esperanza de gloria» (Col 1:27).
- La esperanza mira siempre al futuro, pues su objetivo no está nunca en el presente. De lo contrario, ya no sería esperanza, sino lo que ya habríamos alcanzado. Sin embargo, esto no debe debilitar nuestra fe, sino que debe garantizarnos lo que recibiremos en Cristo. La esperanza no escoge lo visible como lo que es seguro en apariencias, teniendo por inseguro y abandonando lo invisible. La esperanza no puede dirigirse en absoluto a lo visible, porque todo lo visible es temporal: «No mirando nosotros las cosas que se ven, sino las que no se ven; pues las cosas que se ven son temporales, pero las que no se ven son eternas» (2 Co 4:18). ¡Aleluya!

11. LA REVELACIÓN, TEOLOGÍA O DOCTRINA DE PABLO ACERCA DE LA CREACIÓN DEL MUNDO

Basado en la figura y obra de Cristo, Pablo explica y ordena los fenómenos del mundo y los acontecimientos de la historia:

- Como judío, Pablo entiende el mundo como creación de Dios (Hch 17:24; Ro 4:17).
- El apóstol continúa la fe de Israel por su Cristología de la creación: «Para nosotros, sin embargo, sólo hay un Dios, el Padre, del cual proceden todas las cosas, y nosotros somos para él; y un Señor, Jesucristo, por medio del cual son todas las cosas, y nosotros por medio de él» (1 Co 8:6; véase también Col 1:16-17).
- La Cristología de la creación prosigue en los demás escritos aparte de los de Pablo (Jn 1:3; Heb 1:2-10; Ap 3:14).
- Para nosotros los cristianos, no existe la posibilidad de la llamada teoría de la evolución, pues carece de fundamento y sentido, ya que jamás se ha probado. Por eso se llama teoría y no tesis; es decir, no es algo concreto, seguro ni con fundamento, como lo es la Palabra de Dios para nosotros los cristianos. Solo alguien necio y sin entendimiento podrá creer en cosa tan absurda. Como lo dice el salmista: «El hombre necio no sabe, y el insensato no entiende esto» (Sal 92:6; véanse Sal 14:1; Sal 53:1).
- Cuando en el NT se expresa que Cristo es Creador de todas las cosas, debe entenderse como una afirmación de fe y debe comenzar con su gran victoria en la cruz, muerte y resurrección. Cristo era y es ahora el Señor, y está sentado en estos momentos en la Majestad de los cielos (Heb 1:3).
- Volverá otra vez como juez (1 Ts 1:10; Flp 2:10-11).
- Desde el comienzo tuvo su lugar en el designio de Dios. Esa conclusión de fe se

preparó en un principio por la sabiduría divina, según la cual esta pertenece a Dios y ya estaba presente en la creación del mundo (Pr 3:19; 8:22-31).

- Cristo es la sabiduría revelada de Dios (1 Co 1:24-30). Lo que en el AT se dijo sobre la sabiduría, se le asigna a Cristo en el NT.
- La redención misma se entiende como nueva creación en Cristo (2 Co 4:6; 5:17).
- Por tanto, la suprema raíz de la fe cristiana de que Cristo llevó a cabo toda la creación no es la narración de Génesis 1—2, sino la fe misma en el Señor Jesucristo.

La fe en la creación está sostenida por Cristo como revelación y palabra de Dios, y en Él se funda su certeza. Por eso, la fe en la creación y no en la «evolución» no es una simple especulación del resto del mundo ni un intento de una explicación científica, sino una verdad cristiana basada en las Escrituras tanto del AT como del NT. Así que, siendo Cristo el centro de todo, la historia entera de la creación del universo, del mundo y del hombre hasta la consumación debe entenderse como el soberano propósito divino desde el principio de todas las cosas.

12. LA REVELACIÓN, TEOLOGÍA O DOCTRINA DE PABLO ACERCA DE ISRAEL

Israel, su ley, su salvación, su condición, sus promesas y su rechazo a Cristo eran para Pablo algo muy preocupante.

- La incredulidad de su pueblo le causaba un dolor profundo que le hizo escribir un capítulo entero sobre este asunto (Ro 9).
- El apóstol se sentía orgulloso de pertenecer al pueblo elegido (Ro 11:1-12; 2 Co 11:22).
- Fue un israelita más celoso que muchos otros (Gl 1:14; Flp 3:5).
- Para Pablo, la ley de Israel, como don de Dios, era santa, justa y buena (Ro 7:12).
- Antes de su conversión a Cristo, a la ley le debía su fe pura en Dios en medio de la idolatría gentil, el orden de la vida y la comunidad dentro de la inmoralidad pagana.
- El AT y el judaísmo hablan en muchos testimonios del gozo por la ley (Sal 119).
- Al Cristo, según la ley, se juzga, condena y crucifica en el madero (Gl 3:13), a fin de cumplir lo que está escrito en la ley (Dt 21:23).
- Como Jesucristo es Santo, no merece esta pena. La sufre por otros, por el pecado según la ley. Con esto se satisface la maldición de la ley y se cumple con sus exigencias. Cristo es el fin de la ley (Ro 10:4).
- El reconocimiento de la ley, y la confesión simultánea de que a Cristo lo crucificaron según la ley, era una contradicción insostenible. Sin embargo, la revelación de la salvación en Cristo permite reconocer la exclusión del velo del Antiguo Pacto (2 Co 3:16).
- La Iglesia está exenta de la ley o, lo que es más, puede cumplir la verdadera y esencial exigencia de la ley que es el amor (Ro 13:8).
- No obstante, Israel sigue siendo el pueblo escogido de Dios, «porque irrevocables son los dones y el llamamiento de Dios» (Ro 11:29).

Ahora bien, ¿es lícito al hombre, al piadoso sobre todo, y a la Iglesia de Cristo liberarse de la ley de Dios? ¿No conduciría esto a la disolución y perdición? Si el Cristo glorificado envió a Pablo a los gentiles durante su aparición en el camino de Damasco, de seguro que esta comisión ya implicaba que para estos no podía seguir en vigor la antigua ley judaica. La cuestión se resuelve para Pablo desde el punto de vista de la cruz. Por revelación, el apóstol tuvo la certeza de que todo Israel encontrará la salvación al final de los tiempos (Ro 11:26). Por tanto, también Israel alcanzará pronto su redención y reconocerá a su verdadero Mesías, el Señor Jesucristo.

13. **LA REVELACIÓN, TEOLOGÍA O DOCTRINA DE PABLO ACERCA DEL CREYENTE**

Pablo también habla acerca del creyente, o cristiano, y su relación con Cristo.

- Como nuevo Adán (Ro 5:12), Cristo es principio y fundamento de un nuevo ser humano, los creyentes y una nueva humanidad.

- Mientras que el pecado del primer Adán trajo enfermedad y muerte, el último Adán es espíritu vivificante que procede del cielo para la salvación del cristiano (1 Co 15:45).

- Hasta la antigua doctrina que todos creemos acerca de que el hombre se creó a imagen y semejanza de Dios (Gn 1:27), se interpreta de manera Cristológica.

- En Cristo, el creyente es creado de nuevo para la verdadera semejanza con el Creador (2 Co 5:17; Col 3:9).

- El viejo hombre era prisionero de las concupiscencias, pero el nuevo hombre, el cristiano, se crea otra vez para vivir en justicia y piedad (Ef 2:10).

- Ahora Cristo es «el primogénito entre muchos hermanos» (Ro 8:29).

- La figura del redimido, del creyente, se consumará en la misma gloria de acuerdo al modelo de Cristo (1 Co 15:49; Flp 3:21).

El nuevo ser en Cristo sigue la ética del nuevo deber que todos tenemos como creyentes, y esta es la de escuchar la Palabra de Dios y ponerla en práctica, a fin de crecer en la fe (Ro 10:17). Y como la Palabra es Cristo, se trata de crecer de manera espiritual en Él.

14. **LA REVELACIÓN, TEOLOGÍA O DOCTRINA DE PABLO ACERCA DE LA FE EN CRISTO**

La fe se aferra a la obra de Dios en Cristo. Esto lo comprobamos de la siguiente manera:

- Cristo es el principio de la fe, como lo dice el autor de Hebreos: «Puestos los ojos en Jesús, el autor y consumador de la fe» (12:2).

- Pablo también lo confirma: «Porque por gracia sois salvos por medio de la fe» (Ef 2:8-9).

- La fe reconoce y acepta la obra de Dios: «Sabiendo que el hombre no es justificado por las obras de la ley, sino por la fe de Jesucristo, nosotros también hemos creído en Jesucristo, para ser justificados por la fe de Cristo y no por las obras de la ley, por cuanto por las obras de la ley nadie será justificado» (Gl 2:16).

- Otras citas bíblicas se refieren por igual a la fe en Cristo (Ro 10:17; 2 Co 3:4).

- La fe no es un mérito del hombre, sino que es un don de Dios: «Porque a vosotros os es concedido a causa de Cristo, no sólo que creáis en él, sino también que padezcáis por él» (Flp 1:29).

- Cuando Dios obra, el hombre no está exento de la responsabilidad, sino que tiene el llamado de asumirla: «Ocupaos en vuestra salvación con temor y temblor, porque Dios es el que en vosotros produce así el querer como el hacer, por su buena voluntad» (Flp 2:12-13).

- Sin embargo, la fe como decisión es también obra del hombre, pues se trata de la obediencia a la Palabra de Dios que llega hasta el hombre mediante la predicación (Ro 1:5; 1 Ts 2:13).

- La fe debe probarse en la práctica del amor (Gl 5:6).

- Solo por la fe se justifica al ser humano, que por sí mismo es siempre pecador (Ro 1:18; 3:20).

- La fe es obediencia, pero no obediencia ciega, pues tiene su conocimiento, ya que conoce la obra de Dios (Ro 6:8-14).

- Al creyente se le despierta una nueva inteligencia de sí mismo y de su existencia (Ro 14:14; Ro 5:3; 2 Co 1:7; 5:6; Flp 1:19).

- A la fe no se le impide preguntar, pues debe progresar siempre en ciencia y conocimiento de Dios (Col 1:9-12).

- Fe y saber forman una unidad de polos diferentes, pero la fe tiene siempre un contenido que es la fe en Jesucristo y confesión de Él (Ro 10:9-10; Gl 2:16; Flp 1:29; 1 Ts 4:14).

En las cartas de Pablo ya aparece la fe como regla y base de la iglesia (1 Co 15:3; Ro 12:6; Gl 1:23; Ef 4:5). Y esta doctrina se refuerza mucho más en las cartas pastorales (1 Ti 2:7; 3:9; 4:6; Tit 1:1).

15. LA REVELACIÓN, TEOLOGÍA O LA DOCTRINA DE PABLO ACERCA DE LA JUSTICIA

El esfuerzo de Israel y del pueblo judío que por tanto tiempo deseaba obtener la justicia, o de presentarse justo delante de Dios, tiene sus profecías cumplidas en Cristo. Pablo habla del cumplimiento de este esfuerzo y esperanza.

- Al igual que todo judío, Pablo no tiene dudas de que Dios es el único justo (Ro 3:4-6).

- En una larga demostración (Ro 1:18-32), llega a la conclusión de que delante de Dios nunca ha habido ni hay justicia. Esto es válido para los judíos y para los gentiles por igual.

- Ahora se le ofrece al hombre la única posibilidad de la vida: «Pero ahora, aparte de la ley, se ha manifestado la justicia de Dios, testificada por la ley y por los profetas» (Ro 3:21).

- En el evangelio, Dios se revela como el único justo y el que justifica: «Siendo justificados gratuitamente por su gracia, mediante la redención que es en Cristo Jesús, a quien Dios puso como propiciación por medio de la fe en su sangre, para manifestar su justicia, a causa de haber pasado por alto, en su paciencia, los pecados pasados, con la mira de manifestar en este tiempo su justicia, a fin de que él sea el justo, y el que justifica al que es de la fe de Jesús» (Ro 3:24-26).

- La justicia de Dios exigía expiación de la culpa y Él lo hizo en Cristo: «Al que no conoció pecado, por nosotros lo hizo pecado, para que nosotros fuésemos hechos justicia de Dios en él» (2 Co 5:21).

- Ahora es justo el que reconoce y acepta la voluntad y obra salvadora de Dios: «No teniendo mi propia justicia, que es por la ley, sino la que es por la fe de Cristo, la justicia que es de Dios por la fe» (Flp 3:9).

- Si bien la justicia no se debe a lo que es moral, sino que se obtiene en Cristo, cuando se acepta se transforma en el origen de una nueva moralidad y un nuevo estilo de vida del cristiano. La justicia debe dar su «fruto» (Flp 1:11).

- Ahora puede y debe cumplirse la exigencia de la justicia que se pondrá un día de manifiesto en el juicio (Gl 5:5).

- Para Pablo, la justicia es un concepto central, pero no le añade nada extraño al evangelio. Es más, está de acuerdo con los Evangelios Sinópticos (similares entre sí), cuya concepción continúa Pablo después de la cruz y la resurrección de Cristo. Ahora llegaron «el reino de Dios y su justicia» (Mt 6:33), y es real la promesa de la justicia sin obras (Lc 18:14).

Como vemos, Pablo establece el concepto de la justicia de Dios que recibe un factor jurídico o legal; o sea, nuestra justicia se obtiene solo en Cristo. En cuanto al hombre, todo se decide en que pueda presentarse delante de Dios como justo: «Porque en el evangelio la justicia de Dios se revela por fe y para fe, como está escrito: Mas el justo por la fe vivirá» (Ro 1:17).

16. LA REVELACIÓN, TEOLOGÍA O LA DOCTRINA DE PABLO ACERCA DE LA LIBERTAD CRISTIANA

Un efecto de la justicia divina que nos vuelve justos es la libertad en Cristo.

- El hombre se encuentra en la esclavitud de la ley del pecado (Ro 7:23).
- También está en la esclavitud de la muerte (Ro 6:23; 8:2).
- Impotente para ayudarse a sí mismo, el hombre se libera mediante la acción de Jesucristo que llevó sobre sí el pecado y la muerte en lugar de los hombres (Ro 8:3; 2 Co 5: 21; Gl 3:13). Así lo afirma este pasaje: «Estad, pues, firmes en la libertad con que Cristo nos hizo libres, y no estéis otra vez sujetos al yugo de esclavitud» (Gl 5:1).

- El creyente vive en libertad porque escucha y sigue el llamamiento a la libertad: «Porque vosotros, hermanos, a libertad fuisteis llamados; solamente que no uséis la libertad como ocasión para la carne, sino servíos por amor los unos a los otros» (Gl 5:13).

- La libertad no está en modo alguno sin freno. El don de la liberación cristiana no es que nos liberemos de algo determinado, sino de cuánta libertad se tiene para algo en particular. En otras palabras, se trata de la libertad de la ley para el evangelio, de la carne para el Espíritu, del pecado para la gracia, de la muerte para la vida. Es libertad para Dios, como lo cita la Palabra: «Mas ahora que habéis sido libertados del pecado y hechos siervos de Dios, tenéis por vuestro fruto la santificación, y como fin, la vida eterna» (Ro 6:22).

- La nueva existencia vive de acuerdo a este pasaje: «Porque la ley del Espíritu de vida en Cristo Jesús me ha librado de la ley del pecado y de la muerte» (Ro 8:2).

- Con la libertad se cumple «así la ley de Cristo» (Gl 6:2).

- La libertad de la ley llega a ser verdadera y real en el cumplimiento de la ley de la libertad, como también lo dice Santiago en su epístola: «Mas el que mira atentamente en la perfecta ley, la de la libertad, y persevera en ella, no siendo oidor olvidadizo, sino hacedor de la obra, éste será bienaventurado en lo que hace» (1:25).

- La libertad es de manera particular la franqueza de la fe para hablar delante de Dios (2 Co 3:12; Ef 3:12).
- La libertad no es menor para hablar delante de los hombres (2 Co 7:4; Ef 6:19).
- Toda la libertad es un don de Dios como medio de liberación de la servidumbre del pecado, lo cual se hizo real en Cristo para «la libertad gloriosa de los hijos de Dios» (Ro 8:21).
- Si en el NT, y en los escritos de Pablo sobre todo, el término libertad y su contenido son muy importantes, eso se debe en parte a la relación con el mundo griego contemporáneo. En esta época, la libertad era un bien precioso, un bien buscado y apreciado, porque Israel estaba bajo el Imperio romano, y sabía lo que era la esclavitud porque fue esclavo en Egipto. Grecia, en cambio, era libre para expresar su libertad en las artes, la filosofía y la religión.
- El mundo vecino entre estos dos pueblos se tornó para los predicadores del NT una ocasión de conocer, anunciar y predicar el evangelio de la verdadera libertad en Cristo, como Pablo lo hizo en Atenas (Hch 17:16-34).

En la libertad se encuentran y se separan el mundo y el evangelio. En el mundo, la libertad de la esclavitud se logra por la propia fuerza del sabio o por la guerra, al tratar de escapar de la esclavitud de los hombres. Sin embargo, la libertad de la esclavitud espiritual solo se encuentra en el evangelio de Cristo, y es el don de la gracia liberadora de Dios por medio de su Hijo: «¿No sabéis que si os sometéis a alguien como esclavos para obedecerle, sois esclavos de aquel a quien obedecéis, sea del pecado para muerte, o sea de la obediencia para justicia?» (Ro 6:16).

17. LA REVELACIÓN, TEOLOGÍA O DOCTRINA DE PABLO ACERCA DE LA CONSUMACIÓN, O LA ESCATOLOGÍA, EL ESTUDIO DE LAS COSAS DEL FIN

En este punto, Pablo habla sobre el final, la culminación, la conclusión de todas las cosas. También emplea, aunque raras veces, la expresión «reino de Dios», que es esencial en la predicación.

- El reino del Señor está ya presente en la Iglesia (1 Co 4:20; Col 1:13).
- Además, lo presenta como algo que alcanzaremos en el futuro eterno mediante la fe (1 Co 6:9-10; 15:50; Gl 5:21; 2 Ts 1:5).
- Pablo esperaba, junto con la iglesia primitiva en su tiempo, el pronto advenimiento del Señor que traería el tiempo final y el principio de la consumación que empezaba con la resurrección de los cristianos que murieron en Cristo (1 Ts 4:15, 17).
- El apóstol describe la escatología con las imágenes y representaciones apocalípticas de su tiempo (Ro 13:11-12; 1 Co 15:23-28, 50-53; 1 Ts 4:14-18).
- Ante la próxima expectativa, no es esencial el día del calendario, sino la disposición constante (1 Co 16:13).
- Advierte sobre la brevedad del tiempo y establece una comparación con las ocupaciones en el matrimonio (1 Co 7:29).
- Pablo se da cuenta de que, en la descripción escatológica, el conocimiento humano llega al límite de sus posibilidades, porque las cosas del más allá y del mundo espiritual son invisibles e inimaginables (Ro 8:24-25; 2 Co 4:18).
- En la escatología comienza el misterio de Dios (1 Co 15:51).
- La resurrección de Jesús garantiza la esperanza en la resurrección (Ro 8:11; 1 Co 15:22; 1 Ts 4:14).

- El cristiano está unido con Cristo en la vida y en la muerte (Ro 8:38; 1 Ts 4:17).
- También los muertos están «en Cristo» (1 Co 15:18 y 1 Ts 4:16). Morir, o «dormir», significa ir hacia el Señor (Flp 1:21-24) y estar con el Señor (2 Co 5:8).
- Lo Cristocéntrico llega en el Teocentrismo, donde Dios, que es la plenitud de la vida, no permite que todo acabe en la muerte, como lo aclara en estos pasajes:

Para que no confiásemos en nosotros mismos, sino en Dios que resucita a los muertos

2 CORINTIOS 1:9

Porque este Dios es Dios nuestro eternamente y para siempre; él nos guiará aún más allá de la muerte.

SALMO 48:10

Pero luego que todas las cosas le estén sujetas, entonces también el Hijo mismo se sujetará al que le sujetó a él todas las cosas, para que Dios sea todo en todos.

1 CORINTIOS 15:28

- Es sorprendente la diferencia o el contraste entre 2 Corintios 4:7-18 y 5:1-10. Si Pablo dijo primero que en el presente morir cotidiano se refuerza y se hace más íntima la unión con Cristo (2 Co 4:11-16), luego dice que la vida en el cuerpo implica la separación del Señor (2 Co 5:6-10). En el primer relato, Pablo está lleno de confianza en la victoria sobre la muerte (2 Co 4:16-18); en la otra, habla con cierta «angustia» y reserva en cuanto al morir que no había superado aún (2 Co 5:2-5). Algunos teólogos dicen que Pablo no tenía ninguna «angustia» ni «miedo» en cuanto a morir, sino que poseía un dilema, un conflicto interno, pues quería estar con el Señor, pero al mismo tiempo se daba cuenta que era imperativa la necesidad que tenía la obra de Dios. Entonces, si se mantenía vivo, tenía más posibilidades de extender el reino de Dios mucho más de lo que ya lo había hecho. En realidad, Pablo podía decir:

Porque para mí el vivir es Cristo, y el morir es ganancia. Mas si el vivir en la carne resulta para mí en beneficio de la obra, no sé entonces qué escoger. Porque de ambas cosas estoy puesto en estrecho, teniendo deseo de partir y estar con Cristo, lo cual es muchísimo mejor; pero quedar en la carne es más necesario por causa de vosotros.

FILIPENSES 1:21-24

Para Pablo, el vivir era Cristo y el morir era ganancia. Otros teólogos hallan similitudes en esto; es decir, para él era lo mismo una cosa que la otra, porque vivía totalmente para Cristo. Por un lado, su vida estaba crucificada para la carne y, por otro lado, al morir «estaría con el Señor en su presencia para siempre».

Final de la revelación, teología o doctrina de Pablo en el NT

En resumen, respecto a su teología y personalidad, Pablo fue un hombre acostumbrado al conflicto que conoció tanto antes como después de su conversión. Vivió una vida de lucha y tensión entre principios opuestos, la ley y la gracia, de prisiones y de vivir en libertad, etc.

En algunas de sus cartas se nos enseña cosas muy importantes del cristianismo, tales como evitar las pasiones pecaminosas de la carne y la fuerza del pecado, la libertad en Cristo y el peligro de abusar de esta libertad estando en la gracia, las obras de la carne y el fruto del Espíritu, el andar en el Señor, la sensibilidad al pecado, la verdad, la vida pasada y la nueva, la mentira, la ira, no dar lugar al diablo, el robo, las palabras, no contristar al Espíritu, el amor, evitar la fornicación, tener presente la necesidad del mundo, la voluntad de Dios, el aprovechamiento del tiempo, la llenura del Espíritu, la amargura, maledicencia (que es calumnia y difamación) y la malicia, etc. (véanse Ro 7; Gl 5; Ef 4:17—5:20).

En sus escritos, establece el contraste también entre la carne y el espíritu, la ley y la gracia, la fe y las obras, el nuevo y el viejo hombre, la luz y las tinieblas, Dios y el mundo, la justicia y el pecado, el espíritu y la letra, el primer hombre y el último hombre. En todas las cartas lo vemos oponerse al legalismo, al libertinaje, a la vana filosofía y a la apostasía. No entra en el conflicto por motivos personales ni por rivalidad, sino porque las tensiones involucradas afectaban la naturaleza misma del evangelio.

Su humildad y abnegación se ve en su manera de tratar el problema de las divisiones entre hermanos con tacto y sabiduría (1 Co 1:11-13; 3:4-6). En cuanto a las finanzas para sostener la obra de Dios y el sostenimiento del obrero, Pablo escribió ampliamente respecto a su forma de pensar y estableció su teología y doctrina en cuanto al dar y recibir (véanse Ro 4:4; 1 Co 9:7-14; 2 Co 8—9, 2 Co 11:9, Gl 6:6; Flp 4:15-19; 1 Ti 5:18).

Al escribir sus cartas extraordinarias, Pablo dejó establecida la teología del NT como base para la iglesia, la cual ya ha perdurado por más de dos mil años y estará allí hasta la consumación de todas las cosas. Todavía hay muchísimo más que escribir sobre su teología y doctrina en cuanto a otros temas, pero no es posible debido al tiempo y el espacio.

Alabado sea el Señor por el apóstol Pablo y todo lo que Dios le reveló para nuestra edificación y bendición. ¡Aleluya!

Pablo y su prisión

De tal manera que mis prisiones se han hecho patentes en Cristo
en todo el pretorio, y a todos los demás. Y la mayoría de los
hermanos, cobrando ánimo en el Señor con mis prisiones, se
atreven mucho más a hablar la palabra sin temor.

FILIPENSES 1:13-14

El título de este libro pudiera llamarse: *El embajador en cadenas*, como
muy bien sugirió mi hijo, Joshua Yrion Jr., en referencia a lo que dijo
Pablo en Efesios 6:20: «Por el cual soy embajador en cadenas». Sin embargo,
con ese título nos hubiéramos limitado a las prisiones de Pablo y yo quería escribir algo mucho más amplio sobre este inigualable y gran hombre de Dios.

En realidad, Pablo fue un embajador en cadenas en todo el sentido de la
palabra. Estuvo preso varias veces, como veremos más adelante, pero siempre
se mantuvo firme en sus convicciones y con su Señor. Incluso, hablando sobre él y nosotros los cristianos, dijo: «Así que, somos embajadores en nombre
de Cristo» (2 Co 5:20). Por lo tanto, somos embajadores, predicadores, anunciadores, proclamadores y representantes del Reino de Dios.

Cuando analizamos la vida de Pablo, vemos que vivía constantemente en
prisiones por la causa de Cristo:

- Arresto en el templo: «Entonces, llegando el tribuno, le prendió y le mandó atar con dos cadenas, y preguntó quién era y qué había hecho» (Hch 21:33).
- Defensa ante el concilio: «Al día siguiente, queriendo saber de cierto la causa por la cual le acusaban los judíos, le soltó de las cadenas, y mandó venir a los principales sacerdotes y a todo el concilio, y sacando a Pablo, le presentó ante ellos» (Hch 22:30); véase también Hch 23:1-10).
- Defensa ante el rey Agripa: «Y Pablo dijo: ¡Quisiera Dios que por poco o por mucho, no solamente tú, sino también todos los que hoy me oyen, fueseis hechos tales cual yo soy, excepto estas cadenas!» (Hch 26:29).

- Las cadenas eran parte cotidiana de la vida de este gran hombre de Dios y hasta se acostumbró a ellas: «Así que por esta causa os he llamado para veros y hablaros; porque por la esperanza de Israel estoy sujeto con esta cadena» (Hch 28:20).

- Fue un hombre sujeto al dolor, a la persecución, a la cárcel, las cadenas y las tribulaciones: «Tenga el Señor misericordia de la casa de Onesíforo, porque muchas veces me conforté, y no se avergonzó de mis cadenas» (2 Ti 1:16).

La iglesia perseguida

Pablo sufrió mucho por la causa de Cristo en su tiempo y, en la actualidad, la iglesia sigue experimentando la persecución a manos de países totalitarios, musulmanes y cerrados al evangelio de Cristo en todo el mundo. El aumento de la persecución de los creyentes se ha acrecentado como nunca. Solo con leer los artículos del ministerio «La voz de los mártires» nos damos cuenta de esta realidad.

Hoy en día, el desprecio verbal, el rechazo y la burla del liberalismo hacia la Palabra de Dios se percibe como jamás se ha visto en países libres. En otras naciones, que no podemos llamar libres, a los cristianos los siguen arrestando, torturando, quemando vivos y asesinando debido a su fe en Cristo. Se trata de los verdaderos héroes del evangelio con los que ninguno de nosotros nos podemos comparar. Es más, bajo circunstancias horribles, se sacrifican hasta el máximo, pues pagan con sus vidas, al sufrir la muerte física, por no negar a su Señor Jesucristo.

En Apocalipsis 6:9-11 tenemos una idea de lo que sucede ahora mismo al hablar de los mártires:

Cuando abrió el quinto sello, vi bajo el altar las almas de los que habían sido muertos por causa de la palabra de Dios y por el testimonio que tenían. Y clamaban a gran voz, diciendo: ¿Hasta cuándo, Señor, santo y verdadero, no juzgas y vengas nuestra sangre en los que moran en la tierra? Y se les dieron vestiduras blancas, y se les dijo que descansasen todavía un poco de tiempo, hasta que se completara el número de sus consiervos y sus hermanos, que también habían de ser muertos como ellos.

¡Que hombres y mujeres de Dios! ¿Será que algunos de los «grandes hombres de Dios» de hoy podrán compararse a ellos? ¡Jamás! ¡Nadie! Pagaron con sus vidas al morir por la causa más sublime que el mundo conociera alguna vez: Ser embajadores de Cristo y, como resultado, ser embajadores en cadenas, en sufrimientos, en dolor, en prisiones, etc.

La palabra «prisión» en la Biblia y su aplicación en la vida del apóstol Pablo

La palabra «prisión» en griego es «**fulake**», que significa también «guardia, calabozo, cárcel, guardia, guarida», pues se utiliza en referencia al lugar donde se mantienen bajo custodia a las personas. De ahí que se relacione con el término **«fulax»**, que se traduce como «guardián».

Otra palabra a tener en cuenta es **«siros»** o **«seiros»**, que significa «caverna». En algunas versiones de la Biblia se utiliza el término **«seira»**, traducido «cadenas» y también «prisiones».

Cuando se traduce en sentido figurado, para la condición de «encarcelamiento, prisión o prisiones» se utiliza la palabra **«desmos»**, que significa «cadena, atadura» (véanse Hch 20:23; 23:29; 26:31; Flp 1:7, 13-14, 16; Col 4:18; 2 Ti 2:9; Flm 10, 13; Heb 11:36). Por otra parte, tenemos el término **«sunaicmalotos»**, el cual se traduce como «compañero de prisiones» (Ro 16:7, plural; Col 4:10; Flm 23). Hay otra palabra que no debemos pasar por alto y es **«desmios»** que, a pesar de indicar en primer lugar «atadura y «atado», también se utiliza como sustantivo para referirse a la persona atada, a un cautivo, un preso (véanse Hch 16:25, 27; 23:18; 25:14, 27; 28:16-17) y también «prisionero» (Ef 3:1; 4:1; 2 Ti 1:8; Flm 1) o «prisioneros» (Heb 10:34; 13:3).

En el año 2000, me invitaron a participar en la Conferencia Internacional de los Evangelistas Itinerantes de Billy Graham que se celebró en Ámsterdam, Holanda, y llevé a Dámaris, Kathryn y Joshua conmigo. (Ya tenía experiencia de estas conferencias, pues mi primera oportunidad fue en 1983 cuando tenía veinte años de edad y era misionero de JuCUM en España). En esa ocasión, pasamos por Roma, Italia, donde fuimos a visitar la cárcel donde el apóstol Pablo estuvo preso por Cristo. Es algo maravilloso estar allí y saber que el gran apóstol escribió algunas de sus cartas desde esta prisión a algunas iglesias. En Efesios 6:20 dijo: «Por el cual soy embajador en cadenas; que con denuedo hable de él, como debo hablar».

Aunque Pablo estaba preso, siguió escribiendo y trabajando para su Señor. Durante su primer encarcelamiento en Roma escribió las llamadas epístolas de la prisión: Efesios, Colosenses, Filemón y Filipenses.

Prisión en Jerusalén

La prisión de Jerusalén la controlaban los sacerdotes, y es probable que estuviera contigua al palacio del sumo sacerdote o al templo (Hch 5:18). Pablo estuvo encarcelado en Jerusalén en la torre Antonia (Hch 23:10), en Cesarea, en el pretorio de Herodes (Hch 23:35) y después en Roma.

Cuando Pablo visitó Jerusalén después de su conversión, su intención era identificarse con los judíos (Hch 21:21-27). Sin embargo, algunos judíos procedentes de Asia alborotaron a los de Jerusalén que procuraron matarlo de inmediato (Hch 21:28-31). De ahí que las tropas romanas intervinieran en seguida para salvarlo. Entonces, Pablo presentó su defensa ante la multitud y ante el mismo concilio judío (Hch 21:37—23:10).

Prisión en Cesarea

Debido a que los soldados romanos protegieron a Pablo, algunos judíos planearon tenderle una trampa para darle muerte. No obstante, se descubre también la conspiración que tramaban en contra de Pablo y, por eso, lo trasladan a Cesarea (Hch 23:23). Allí presentó dos veces su defensa ante el gobernador Félix, ante su sucesor, Festo, y ante el rey Agripa (Hch 24). Al final, Pablo apela al emperador romano (25:10-12) y se defiende de las acusaciones que pesaban en su contra (Hch 25; 26).

Prisión en Roma

Después de un viaje lleno de dificultades, en el que naufragó la nave en que viajaba, tocaron tierra en Malta (Hch 27—28:13). Luego, al cabo de casi cuatro meses, llegaron a la capital del Imperio, Roma, donde estuvo preso dos años en una casa alquilada (Hch 28:16-31). Durante esta reclusión, se le permitió recibir visitas, por lo que pudo continuar su ministerio. Es probable que en este tiempo escribiera Efesios, Colosenses, Filemón y Filipenses.

En esta primera reclusión en Roma, el apóstol permaneció en arresto domiciliario en una «casa alquilada» (Hch 28:30), que pronto se convirtió en el centro de evangelización para toda la ciudad de Roma. Según una tradición judía, se dice que esta «casa» estaba situada en las afueras de un gueto o judería de Roma que se remontaba a la época de Pompeyo.

A pesar de que este primer encarcelamiento duró dos años, tal parece que Pablo quedó absuelto debido a que no aparecieron testigos en su contra. Muchos teólogos afirman que quizá Pablo emprendiera de nuevo su labor misionera para visitar Europa occidental, Europa oriental y el Asia Menor. En cambio, otros eruditos dicen que esto son solo especulaciones. Durante este período de libertad es que el apóstol escribió su primera epístola a Timoteo y su epístola a Tito.

Otras prisiones

El Nuevo Testamento revela muy pocos datos sobre el resto de la vida de Pablo, pero esas limitadas referencias que se encuentran en sus cartas concuerdan bien con los detalles extrabíblicos provenientes de la tradición y de algunos teólogos. Según estos informes, una vez que lo liberaron emprendió otra gira misionera y en Filipenses 1:25 y 2:24 reitera su deseo de visitar Filipos, mientras que en Filemón 22 expresa su propósito de visitar Colosas. Además, en Romanos 15:28 habla de sus planes de ir a predicar en España. Las epístolas pastorales, en especial 2 Timoteo, sugieren un ministerio adicional en el Oriente. Prueba de esto se encuentra en la primera carta de Clemente, que es la fuente más antigua, el canon de Muratori y otros escritos patrísticos sobre un viaje que Pablo realizó a España.

Durante este período de libertad se escribieron 1 Timoteo y Tito, época en que de seguro visitó Creta (Tit 1:5), Macedonia y Asia (2 Ti 1:3; 4:13). Por referencias indirectas en su segunda carta a Timoteo, parece que lo encarcelaron de nuevo, aunque esta vez lo hicieron autoridades romanas hostiles al cristianismo (2 Ti 1:15-16; 4:16-17). Se cree que durante esta reclusión escribiera 2 Timoteo en medio de circunstancias adversas (2 Ti 4:9-13, 21). Ya en ese entonces presentía su muerte (2 Ti 4:5-8) y no la liberación como durante su primer encarcelamiento.

Sin embargo, en casi todas sus prisiones, Pablo nunca estuvo solo por completo. Lucas y Aristarco le acompañaron, y Lucas estuvo a su lado hasta el final (2 Ti 4:11). También Timoteo estuvo a menudo con el apóstol (Flp 1:1; Col 1:1; Flm 1). En otras oportunidades le acompañó Tíquico (Ef 6:21), y durante algún tiempo contó con la compañía de Epafrodito (Flp 4:18). Incluso Marcos estuvo con él, como lo dice este pasaje: «Aristarco, mi compañero de prisiones, os saluda, y Marcos el sobrino de Bernabé, acerca del cual habéis recibido mandamientos; si fuere a vosotros, recibidle» (Col 4:10).

Firmeza de Pablo en medio de las prisiones

Pablo jamás consideró las épocas de sus prisiones como una pérdida de tiempo. En lo particular, creo que el Señor permitía que estuviera preso para que pudiera escribir sus cartas, pues de lo contrario le hubiera sido muy difícil debido a sus viajes constantes. (Además, en esos tiempos no había computadoras de ningún tipo).

Pablo les dice a los filipenses que sus prisiones habían redundado en el progreso del evangelio y que las conocían todos:

> Quiero que sepáis, hermanos, que las cosas que me han sucedido, han redundado más bien para el progreso del evangelio, de tal manera que mis prisiones se han hecho patentes en Cristo en todo el pretorio, y a todos los demás. Y la mayoría de los hermanos, cobrando ánimo en el Señor con mis prisiones, se atreven mucho más a hablar la palabra sin temor.
>
> FILIPENSES 1:12-14

En un período de varios años y de diversos encarcelamientos a través de su vida y ministerio, muchos soldados de la guardia romana debieron pasar largos días y noches con Pablo, y algunos hasta terminarían su turno de guardia con «Cristo en el corazón». Al escribirles a los gálatas, Pablo afirma:

> De aquí en adelante nadie me cause molestias; porque yo traigo en mi cuerpo las marcas del Señor Jesús.
>
> GÁLATAS 6:17

Esta expresión tan profunda sirve para indicar los sufrimientos de su existencia como apóstol y participante activo de la pasión de Cristo. Desde el comienzo de su actividad misionera fue objeto de la persecución y del ostracismo de los judíos celosos. Incluso, conoció varias veces las durezas de la cárcel y lo llevaron ante los tribunales de varias ciudades.

Según el cuadro total que se desprende de sus cartas, Pablo tuvo que sufrir también incomprensiones, insinuaciones malévolas, abandonos y hasta abiertas rebeliones. A esto debemos añadirle la enfermedad que padeció en Galacia (Gl 4:13) y sus debilidades (2 Co 12:1-10), así como los contratiempos que soportó durante sus fatigosos y peligrosos viajes, y el duro esfuerzo que requerían el trabajo misionero y la labor pastoral en las comunidades. Ante esto, Pablo se defendió siempre con gran energía de las críticas, insinuaciones y de los desafíos.

Por ejemplo, en la apología que realiza en su segunda carta a los creyentes de Corinto, no se priva de sus tonos agrios y por sus confesiones se desprende que nunca le faltó la valentía. Sobre todo, jamás se echó para atrás, ya que nada ni nadie lograba reducirle al silencio ni a la rendición. Por otra parte, las aflicciones y los padecimientos de la cárcel nunca lo deprimieron, pues en muchas de sus cartas habla acerca del gozo que experimentaba aun en las dificultades (véase 2 Co 12:10).

Con esto, no pensemos que Pablo tenía tendencias masoquistas, pues ni siquiera la esperanza de la vida eterna con Cristo más allá de la muerte le movía a desear el martirio. A sus ojos valía más la perspectiva de la liberación de la cárcel y la posibilidad de servir de nuevo a la iglesia:

> Porque de ambas cosas estoy puesto en estrecho, teniendo deseo de partir y estar con Cristo, lo cual es muchísimo mejor; pero quedar en la carne es más necesario por causa de vosotros. Y confiado en esto, sé que quedaré, que aún permaneceré con todos vosotros, para vuestro provecho y gozo de la fe.
>
> FILIPENSES 1:23-25

Actitud de Pablo ante las prisiones

Si Pablo arremete con entereza y energía en contra de todas las dificultades, es porque poseía una fe poderosa y un espíritu valeroso que se apoyaban en la gracia de Dios. Sufrió mucho en sus prisiones, pero sacó fuerzas de sus debilidades. Por eso, y no a pesar de eso, se define como un auténtico apóstol de Cristo.

1. PABLO ALABABA AL SEÑOR AUN EN LA PRISIÓN

Hechos 16:25-27: «Pero a medianoche, orando Pablo y Silas, cantaban himnos a Dios; y los presos los oían. Entonces sobrevino de repente un gran terremoto, de tal manera que los cimientos de la cárcel se sacudían; y al instante se abrieron todas las puertas, y las cadenas de todos se soltaron. Despertando el carcelero, y viendo abiertas las puertas de la cárcel, sacó la espada y se iba a matar, pensando que los presos habían huido».

2. **PABLO SABÍA QUE LE ESPERABAN MÁS PRISIONES**
Hechos 20:23: «Salvo que el Espíritu Santo por todas las ciudades me da testimonio, diciendo que me esperan prisiones y tribulaciones».

3. **PABLO, AUN PRESO, QUERÍAN MATARLO**
Hechos 23:18-21: «Él entonces tomándole, le llevó al tribuno, y dijo: El preso Pablo me llamó y me rogó que trajese ante ti a este joven, que tiene algo que hablarte. El tribuno, tomándole de la mano y retirándose aparte, le preguntó: ¿Qué es lo que tienes que decirme? Él le dijo: Los judíos han convenido en rogarte que mañana lleves a Pablo ante el concilio, como que van a inquirir alguna cosa más cierta acerca de él. Pero tú no les creas; porque más de cuarenta hombres de ellos le acechan, los cuales se han juramentado bajo maldición, a no comer ni beber hasta que le hayan dado muerte; y ahora están listos esperando tu promesa».

4. **PABLO NO MERECÍA LA MUERTE NI LA PRISIÓN**
Hechos 23:29: «Y hallé que le acusaban por cuestiones de la ley de ellos, pero que ningún delito tenía digno de muerte o de prisión».

5. **PABLO PUDO DEFENDERSE DE SUS ACUSADORES DESDE LA PRISIÓN**
Hechos 25:14-16: «Y como estuvieron allí muchos días, Festo expuso al rey la causa de Pablo, diciendo: Un hombre ha sido dejado preso por Félix, respecto al cual, cuando fui a Jerusalén, se me presentaron los principales sacerdotes y los ancianos de los judíos, pidiendo condenación contra él. A éstos respondí que no es costumbre de los romanos entregar alguno a la muerte antes que el acusado tenga delante a sus acusadores, y pueda defenderse de la acusación».

6. **PABLO ERA INOCENTE DE LAS ACUSACIONES Y MERECÍA LA LIBERTAD**
Hechos 26:31-32: «Y cuando se retiraron aparte, hablaban entre sí, diciendo: Ninguna cosa digna ni de muerte ni de prisión ha hecho este hombre. Y Agripa dijo a Festo: Podía este hombre ser puesto en libertad, si no hubiera apelado a César».

7. **PABLO PUDO HABLARLES DEL EVANGELIO A LOS JUDÍOS**
Hechos 28:16-17: «Cuando llegamos a Roma, el centurión entregó los presos al prefecto militar, pero a Pablo se le permitió vivir aparte, con un soldado que le custodiase. Aconteció que tres días después, Pablo convocó a los principales de los judíos, a los cuales, luego que estuvieron reunidos, les dijo: Yo, varones hermanos, no habiendo hecho nada contra el pueblo, ni contra las costumbres de nuestros padres, he sido entregado preso desde Jerusalén en manos de los romanos».

8. **PABLO HABLABA SIN RESERVAS DEL SEÑOR AUNQUE ESTABA PRESO EN ROMA**
Hechos 28:30-31: «Y Pablo permaneció dos años enteros en una casa alquilada, y recibía a todos los que a él venían, predicando el reino de Dios y enseñando acerca del Señor Jesucristo, abiertamente y sin impedimento».

9. **PABLO ESTUVO EN PRISIÓN JUNTO CON ALGUNOS DE SUS FAMILIARES**
Romanos 16:7: «Saludad a Andrónico y a Junias, mis parientes y mis compañeros de prisiones, los cuales son muy estimados entre los apóstoles, y que también fueron antes de mí en Cristo».

10. **PABLO ESTABA PRESO POR PREDICAR LA PALABRA**
Efesios 3:1: «Por esta causa yo Pablo, prisionero de Cristo Jesús por vosotros los gentiles».

Efesios 4:1: «Yo pues, preso en el Señor, os ruego que andéis como es digno de la vocación con que fuisteis llamados».

11. **PABLO SE ACORDABA DE LA IGLESIA AUN EN LA PRISIÓN**
Filipenses 1:7: «Como me es justo sentir esto de todos vosotros, por cuanto os tengo en el corazón; y en mis prisiones, y en la defensa y confirmación del evangelio, todos vosotros sois participantes conmigo de la gracia».

12. **PABLO Y SUS PRISIONES ERAN CONOCIDAS POR MUCHOS**
Filipenses 1:13: «De tal manera que mis prisiones se han hecho patentes en Cristo en todo el pretorio, y a todos los demás».

13. **PABLO Y SUS PRISIONES INSPIRABAN A LOS HERMANOS A PREDICAR**
Filipenses 1:14: «Y la mayoría de los hermanos, cobrando ánimo en el Señor con mis prisiones, se atreven mucho más a hablar la palabra sin temor».

14. **PABLO, HASTA EN LA PRISIÓN, QUERÍAN HACERLE DAÑO**
Filipenses 1:16: «Los unos anuncian a Cristo por contención, no sinceramente, pensando añadir aflicción a mis prisiones».

15. **PABLO, AUNQUE ESTABA PRESO, QUERÍA QUE DIOS LE ABRIERA PUERTAS**
Colosenses 4:3: «Orando también al mismo tiempo por nosotros, para que el Señor nos abra puerta para la palabra, a fin de dar a conocer el misterio de Cristo, por el cual también estoy preso».

16. **PABLO ESTUVO EN PRISIÓN JUNTO CON HERMANOS EN CRISTO**
Colosenses 4:10: «Aristarco, mi compañero de prisiones, os saluda, y Marcos el sobrino de Bernabé, acerca del cual habéis recibido mandamientos; si fuere a vosotros, recibidle».
Filemón 1:23: «Te saludan Epafras, mi compañero de prisiones por Cristo Jesús».

17. **PABLO LE PEDÍA A LA IGLESIA QUE SE ACORDARA DE SUS PRISIONES**
Colosenses 4:18: «La salutación de mi propia mano, de Pablo. Acordaos de mis prisiones. La gracia sea con vosotros. Amén».

18. **PABLO, AL ESCRIBIRLE A TIMOTEO, LE DICE QUE NO SE AVERGONZARA DE SUS PRISIONES**
2 Timoteo 1:8: «Por tanto, no te avergüences de dar testimonio de nuestro Señor, ni de mí, preso suyo, sino participa de las aflicciones por el evangelio según el poder de Dios».

19. **PABLO SUFRÍA EN SUS PRISIONES POR EL SEÑOR**
2 Timoteo 2:9: «En el cual sufro penalidades, hasta prisiones a modo de malhechor; mas la palabra de Dios no está presa».

20. **PABLO YA ERA ANCIANO Y TODAVÍA ESTABA EN PRISIÓN**
Filemón 1:9: «Más bien te ruego por amor, siendo como soy, Pablo ya anciano, y ahora, además, prisionero de Jesucristo».

21. **PABLO GANABA ALMAS PARA CRISTO AUN EN PRISIÓN**
Filemón 1:10: «Te ruego por mi hijo Onésimo, a quien engendré en mis prisiones».

22. **PABLO AHORA YA CANSADO NECESITABA AYUDA EN LA PRISIÓN**
Filemón 1:13: «Yo quisiera retenerle conmigo, para que en lugar tuyo me sirviese en mis prisiones por el evangelio».

Resumen del sufrimiento y las prisiones de Pablo

Como vimos, Pablo fue un hombre extraordinario, sufrido y acostumbrado al dolor, a las penalidades, a los constantes viajes, a las privaciones y a las muchas prisiones. Lo encarcelaron por predicar la Palabra y jamás negó a su Señor Jesucristo. Sabía a quién había creído y esto lo sostuvo durante toda su vida llena de tribulaciones, pruebas y luchas, pero se mantuvo siempre inquebrantable ante sus adversarios y oponentes y a los que le resistían por la fe en Cristo. Para los que vivimos en países libres, su ejemplo al predicar hace que nos avergoncemos de nosotros mismos.

En cuanto a los cristianos que viven en naciones extremadamente cerradas al evangelio, cerradas o casi cerradas, ya sean gobiernos musulmanes o totalitarios, el apóstol fue un hombre de gran estatura espiritual, de un espíritu ferviente y perseverante. Es más, supo experimentar lo más duro y difícil para que un cristiano mantenga su fe, que es la pérdida o el alejamiento de su familia, o la cárcel, con sus amenazas, dolores, sufrimientos y las cadenas de una prisión fría, oscura y temible.

Pablo fue un gran ejemplo para toda la iglesia de su tiempo, y lo es hoy y lo será por siempre. Las marcas en su cuerpo lo decían todo con estas profundas palabras:

> De aquí en adelante nadie me cause molestias; porque yo traigo en mi cuerpo las marcas del Señor Jesús.
>
> **GÁLATAS 6:17**

Las marcas en el cuerpo de Pablo fueron muchas y difíciles, tales como:

- Mordida de víbora: «Entonces, habiendo recogido Pablo algunas ramas secas, las echó al fuego; y una víbora, huyendo del calor, se le prendió en la mano» (Hch 28:3).
- Latigazos: «De los judíos cinco veces he recibido cuarenta azotes menos uno» (2 Co 11:24).
- Cadenas: «Por el cual soy embajador en cadenas» (Ef 6:20).
- Azotes con varas: «Tres veces he sido azotado con varas» (2 Co 11:25).
- Piedras: «Una vez apedreado» (2 Co 11:25).
- Naufragio: «Tres veces he padecido naufragio; una noche y un día he estado como náufrago en alta mar» (2 Co 11:25).
- Los peligros que enfrentó durante años: «En caminos muchas veces; en peligros de ríos, peligros de ladrones, peligros de los de mi nación, peligros de los gentiles, peligros en la ciudad, peligros en el desierto, peligros en el mar, peligros entre falsos hermanos» (2 Co 11:26).
- Fatiga, cansancio, ayunos: «En trabajo y fatiga, en muchos desvelos, en hambre y sed, en muchos ayunos, en frío y en desnudez» (2 Co 11:27).
- Tensión y preocupación: «Y además de otras cosas, lo que sobre mí se agolpa cada día, la preocupación por todas las iglesias» (2 Co 11:28).

- Hambre, sed, bofetadas: «Hasta esta hora padecemos hambre, tenemos sed, estamos desnudos, somos abofeteados, y no tenemos morada fija» (1 Co 4:11).

- Fatiga por el trabajo: «Nos fatigamos trabajando con nuestras propias manos» (1 Co 4:12).

- Contratiempos emocionales: «Nos maldicen, y bendecimos; padecemos persecución, y la soportamos» (1 Co 4:12).

- Difamación: «Nos difaman, y rogamos; hemos venido a ser hasta ahora como la escoria del mundo, el desecho de todos» (1 Co 4:13).

- Tribulaciones y persecuciones: «Que estamos atribulados en todo, mas no angustiados; en apuros, mas no desesperados; perseguidos, mas no desamparados; derribados, pero no destruidos» (2 Co 4:8-9).

- Ultraje: «Pues habiendo antes padecido y sido ultrajados en Filipos, como sabéis, tuvimos denuedo en nuestro Dios para anunciaros el evangelio de Dios en medio de gran oposición» (1 Ts 2:2).

- Muerte (abnegación, renuncia y pago del precio): «Llevando en el cuerpo siempre por todas partes la muerte de Jesús, para que también la vida de Jesús se manifieste en nuestros cuerpos. Porque nosotros que vivimos, siempre estamos entregados a muerte por causa de Jesús, para que también la vida de Jesús se manifieste en nuestra carne mortal. De manera que la muerte actúa en nosotros, y en vosotros la vida» (2 Co 4:10-12).

¡Que Dios nos dé fuerza y poder para servir de ejemplo a los demás como lo es Pablo para nosotros! ¡Ayúdanos, Señor!

Pablo y su galardón

¿Cuál, pues, es mi galardón?

1 CORINTIOS 9:18

E l deseo de Pablo siempre fue ver a la iglesia crecer en todos los aspectos. Su trabajo personal y ministerial lo llevó a transmitir con vehemencia el mensaje del evangelio a lugares donde no se había predicado de Cristo. En cada momento mantuvo su determinación, osadía, valentía, entrega y pasión por la causa de Cristo como nadie en el NT. Su mirada siempre estuvo en el premio, tanto aquí en ver sus esfuerzos realizados, como en el futuro:

> Hermanos, yo mismo no pretendo haberlo ya alcanzado; pero una cosa hago: olvidando ciertamente lo que queda atrás, y extendiéndome a lo que está delante, prosigo a la meta, al premio del supremo llamamiento de Dios en Cristo Jesús.
>
> **FILIPENSES 3:13-14**

La diversidad en el ministerio de Pablo

¿Cuál era el galardón o la recompensa de Pablo? Predicar el evangelio de forma gratuita, a fin de no abusar de sus derechos en el evangelio (1 Co 9:18). Entonces, veamos algunas palabras clave en griego que nos ayudarán a entender más lo que distinguía el ministerio de Pablo.

Osadía

La palabra «osadía» en griego es **«pepoithesis»**. Esta palabra se relaciona con el sustantivo **«peitho»**, el cual se traduce como «confianza» (2 Co 1:15; 3:4; 8.22; Ef 3:12), así como «osadía» (2 Co 10:2). Debemos señalar también el verbo **«tharreo»**, el cual se traduce «soy osado» (2 Co 10:1), también significa «valentía» o «ser atrevido». En cuanto al verbo **«tolmao»** se traduce «osadía» en 2 Corintios 11:21: «Pero en lo que otro tenga osadía (hablo con locura), también yo tengo osadía».

Por otra parte, tenemos el término **«apotolmao»** que indica a la persona que es muy osada (Ro 10:20). El sentido que implica esta palabra es el de «atreverse a hacer» algo que es terrible o difícil, o a «sobrellevarlo». Del verbo **«tharreo»** podemos decir que expresa confianza en la capacidad y el poder propios, y hace referencia al carácter, mientras que el verbo **«tolmao»** revela valor a la hora de llevar a cabo una tarea, de modo que se identifica con la actuación.

Denuedo

La palabra «denuedo» en griego es **«parresia»** (de **«pas»,** que significa «todo», y **«resis»,** que es «habla»), el cual se usa en casos donde se manifiesta la libertad al hablar y se hacen pronunciamientos sin reservas (véanse Hch 4:13, 29, 31). Esto se ajusta a este pasaje donde Pablo pide oración no solo por la iglesia, sino por él mismo, a fin de predicar la Palabra con «denuedo»:

> Orando en todo tiempo con toda oración y súplica en el Espíritu, y velando en ello con toda perseverancia y súplica por todos los santos; y por mí, a fin de que al abrir mi boca me sea dada palabra para dar a conocer con **denuedo** el misterio del evangelio.
>
> EFESIOS 6:18-19, ÉNFASIS AÑADIDO

Cuando nos referimos al «denuedo» de Pablo, debemos señalar también que siempre mostró su gran confianza en el Señor al predicar el evangelio, como vemos en estos pasajes:

> Por tanto, se detuvieron allí mucho tiempo, hablando con denuedo, confiados en el Señor, el cual daba testimonio a la palabra de su gracia, concediendo que se hiciesen por las manos de ellos señales y prodigios.
>
> HECHOS 14:3

> Y entrando Pablo en la sinagoga, habló con denuedo por espacio de tres meses, discutiendo y persuadiendo acerca del reino de Dios.
>
> HECHOS 19:8

En el NT también encontramos el término griego **«parresiazomai»** para indicar a alguien que habla con franqueza o valor. En un principio, solo hacía referencia al «habla», pero más tarde adquirió el significado de «valeroso» y de «actuar con confianza o denuedo», como cuando Pablo, Silvano y Timoteo tuvieron «denuedo en nuestro Dios para anunciaros el evangelio de Dios en medio de gran oposición» (1 Ts 2:2), y en Pablo y Bernabé que les hablaron «con denuedo» (Hch 13:46) a los judíos que vivían en Antioquía de Pisidia.

Pablo fue osado, intrépido y valiente al anunciar el evangelio, así lo dice la Palabra, donde el término **«parresiazomai»** se traduce «valerosamente»:

> Entonces Bernabé, tomándole, lo trajo a los apóstoles, y les contó cómo Saulo había visto en el camino al Señor, el cual le había hablado, y cómo en Damasco había hablado **valerosamente** en el nombre de Jesús».
>
> HECHOS 9:27, ÉNFASIS AÑADIDO

Confianza

El verbo **«tharseo»** se traduce como «tener confianza» y «estar alentado» (de **«tharsos»,** que es aliento y confianza). En el NT solo se usa en modo imperativo cuando se le dice a alguien que tenga ánimo o confianza, o que confíe (véanse Mt 9:2, 22; 14:27; Mr 6:50; 10:49; Jn 16:33; Hch 23:11). Además, está el verbo **«parrhesiazomai»,** que se traduce «con toda confianza», tal y como Pablo dice en su defensa ante el rey Agripa: «El rey sabe estas cosas, delante de quien también hablo con toda confianza» (Hch 26:26).

Agradecimiento

Pablo también fue muy agradecido con el Señor y podemos decir una vez más que uno de los galardones del gran apóstol era ver la extensión del Reino de Dios en la tierra.

El término griego **«caris»** se traduce «gratitud», «agradecimiento» o «dar gracias», y expresa también el sentimiento de gratitud o agradecimiento por algo. Se traduce «agradecimiento» cuando Pablo dice: «Y si yo con agradecimiento participo, ¿por qué he de ser censurado por aquello de que doy gracias?» (1 Co 10:30).

Gratuitamente

La palabra «gratuitamente» en griego es **«adapanos»,** la cual indica que es «sin gasto», pues viene de **«dapane»,** que significa «gasto, costo». Tal y como vimos antes, se usa cuando Pablo afirma:

> ¿Cuál, pues, es mi galardón? Que predicando el evangelio, presente **gratuitamente** el evangelio de Cristo, para no abusar de mi derecho en el evangelio.
>
> 1 CORINTIOS 9:18, ÉNFASIS AÑADIDO

El verbo **«carizomai»** significa ante todo «mostrar favor o bondad» y, como es de esperar, se relaciona con la palabra **«caris»,** pues se da con gratitud, así como con libertad y de forma «gratuita», tal y como traducen otras versiones bíblicas lo que les dice Pablo a los corintios:

> Y nosotros no hemos recibido el espíritu del mundo, sino el Espíritu que proviene de Dios, para que sepamos lo que Dios nos ha concedido [gratuitamente].
>
> 1 CORINTIOS 2:12

Pablo estaba decidido en agradecerle a Dios que le concediera valor, osadía, intrepidez, audacia, valentía, denuedo y compromiso en la predicación y la extensión del reino de Dios; en fin, darle gracias por todo lo que le había concedido «gratuitamente».

Galardón

La alegría, el gozo, la felicidad y el galardón de Pablo, desde el punto de vista humano, eran que Jesús se conociera en tierras lejanas. Su galardón futuro sería la gloria eterna al lado de su Señor, pero mientras viviera, su deseo era ver el fruto de su trabajo.

Cuando yo salgo a campañas alrededor del mundo, el galardón por mis esfuerzos es ver que miles y miles de almas han venido a Cristo por más de treinta y un años, y que muchísimos de ellos hoy son líderes, predicadores, evangelistas, misioneros, pastores y ministros en los diferentes ministerios que Dios les ha puesto.

La palabra galardón en hebreo es «**misthapodosia**», que significa «pago de salario». Procede de «**misthos**» y «**apodidomi**», que es «dar, devolver, pagar y recompensar». En Hebreos 10:35 se usa con relación a la «confianza», mientras que en Hebreos 11:26 es solo «galardón».

En cuanto a la palabra griega «**misthapodotes**» se refiere a la «persona que paga un salario», pero se traduce como «galardonador», que es el caso de Hebreos 11:6. Aunque «**misthos**» es «salario y paga» (Ro 4:4), en sentido general es «recompensa y galardón» (1 Co 3:8, 14; 9:17). En Hebreos 11:6, se usa por metonimia al referirse a Dios como el «galardonador de los que le buscan». Por lo tanto, Dios da y concede el «galardón», que es la palabra «**misthapodosia**».

Recompensa

La recompensa de Pablo estaba en ver a sus hijos espirituales crecer en la fe y, a su vez, que estos se convirtieran en líderes maduros y sólidos en las comunidades y ciudades en las que les pondría Dios. Hay una larga lista en sus cartas de sus discípulos que se volvieron grandes hombres de Dios en ministerios fructíferos que impactaron sus generaciones y que hasta hoy se ven sus resultados.

Las palabras «recompensa» y «recompensar» en griego es «**antapodoma**», término que está relacionado con «**antapodidomi**», que significa «dar de vuelta», «devolver», «dar», «retribución» y «recompensa». Se utiliza en dos sentidos:

- En sentido favorable: «Antes bien, cuando hagas banquete, llama a los pobres, los mancos, los cojos y los ciegos; y serás dichoso; porque ellos no te pueden recompensar, pero te será recompensado en la resurrección de los justos» (Lc 14:13-14).

- En sentido desfavorable: «Conviértase su mesa en trampa y en red, en tropezadero y en retribución» (Ro 11:9).

Por otra parte, tenemos también el término **«antapodosis»**, el cual se deriva de **«antapodidomi»,** que en Colosenses 3:24 se traduce como «recompensa del Señor».

Premio

Pablo también mantuvo siempre sus ojos en el premio de su llamamiento en el Señor, tanto aquí en la tierra como en la eternidad. La palabra «premio» en griego es **«brabeion»,** lo cual se refiere al «premio» que se otorga en los juegos olímpicos. Se relaciona con el término **«brabeus»,** que significa «árbitro», y **«brabeuo»,** que es «decidir y arbitrar». En el siguiente pasaje, Pablo establece una comparación entre los juegos y la vida espiritual: «¿No sabéis que los que corren en el estadio, todos a la verdad corren, pero uno solo se lleva el premio? Corred de tal manera que lo obtengáis» (1 Co 9:24). También lo relaciona con el llamado: «Y la paz de Dios gobierne en vuestros corazones, a la que asimismo fuisteis llamados» (Col 3:15).

En sentido metafórico, esta palabra se utiliza cuando se refiere al premio que el creyente fiel recibirá en la otra vida:

> Hermanos, yo mismo no pretendo haberlo ya alcanzado; pero una cosa hago: olvidando ciertamente lo que queda atrás, y extendiéndome a lo que está delante, prosigo a la meta, al premio del supremo llamamiento de Dios en Cristo Jesús
>
> **FILIPENSES 3:13-14**

El premio no es «el supremo llamamiento», sino el que se otorgará en virtud de este llamamiento celestial, como se cita en Hebreos 3:1: «Por tanto, hermanos santos, participantes del llamamiento celestial, considerad al apóstol y sumo sacerdote de nuestra profesión, Cristo Jesús». En realidad, esto les pertenece a todos los creyentes al dirigir sus mentes y aspiraciones en dirección al cielo, a fin de recibir el premio eterno:

> He peleado la buena batalla, he acabado la carrera, he guardado la fe. Por lo demás, me está guardada la corona de justicia, la cual me dará el Señor, juez justo, en aquel día; y no sólo a mí, sino también a todos los que aman su venida
>
> **2 TIMOTEO 4:7-8**

En este contexto, es significativo el verbo **«katabrabeuo»,** que se traduce como «privar», pues Pablo aclara que nadie debe privarnos de nuestro premio (Col 2:18). En otras palabras, que nadie nos defraude en nuestro premio. Este verbo se utilizaba respecto a la decisión que hacía un árbitro en contra de un corredor; de ahí que se usara el término en las diferentes traducciones o paráfrasis de diversas versiones de la Biblia.

El galardón de Pablo

Como vimos, Pablo predicó con poder, osadía, vehemencia, valentía e intrepidez. Pudo ver el fruto de su trabajo y agradecer por la extensión del Reino de Dios. Su recompensa era ver que sus hijos espirituales crecían en la fe de Cristo y se desarrollaban hasta convertirse en verdaderos líderes cristianos. Su recompensa también estaba en las manos de Dios, pues su llamamiento supremo en Cristo la traería en su tiempo y su galardón estaba en agradecer por todo lo que Dios le concedía realizar.

Independientemente de las circunstancias que enfrentó, siempre le mostró gratitud al Señor, a pesar de las grandes tribulaciones que experimentó, por eso nos exhorta hoy a que demos «gracias en todo, porque esta es la voluntad de Dios para con vosotros en Cristo Jesús» (1 Ts 5:18). El galardón de Pablo lo podemos ver desde varios puntos de vista, pues siempre se destacó por su deseo profundo de darle gracias al Señor por muchas cosas.

1. **EL GALARDÓN DE PABLO ERA DARLE GRACIAS A DIOS POR LA EFICACIA DEL EVANGELIO**
   Romanos 6:17: «Pero gracias a Dios, que aunque erais esclavos del pecado, habéis obedecido de corazón a aquella forma de doctrina a la cual fuisteis entregados».

2. **EL GALARDÓN DE PABLO ERA DARLE GRACIAS A DIOS POR LOS COLABORADORES FIELES**
   Romanos 16:3-4: «Saludad a Priscila y a Aquila, mis colaboradores en Cristo Jesús, que expusieron su vida por mí; a los cuales no sólo yo doy gracias, sino también todas las iglesias de los gentiles».

3. **EL GALARDÓN DE PABLO ERA DARLE GRACIAS A DIOS POR LA VICTORIA**
   1 Corintios 15:57: «Mas gracias sean dadas a Dios, que nos da la victoria por medio de nuestro Señor Jesucristo».

4. **EL GALARDÓN DE PABLO ERA DARLE GRACIAS A DIOS POR TRIUNFAR SIEMPRE**
   2 Corintios 2:14: «Mas a Dios gracias, el cual nos lleva siempre en triunfo en Cristo Jesús».

5. **EL GALARDÓN DE PABLO ERA DARLE GRACIAS A DIOS POR LOS AYUDANTES DISPUESTOS A SERVIR**
   2 Corintios 8:16: «Pero gracias a Dios que puso en el corazón de Tito la misma solicitud por vosotros».

6. **EL GALARDÓN DE PABLO ERA DARLE GRACIAS A DIOS POR ENVIAR A CRISTO**
   2 Corintios 9:15: «¡Gracias a Dios por su don inefable!».

7. **EL GALARDÓN DE PABLO ERA DARLE GRACIAS A DIOS POR LOS DEMÁS HERMANOS**
   Efesios 1:16: «No ceso de dar gracias por vosotros, haciendo memoria de vosotros en mis oraciones».
   1 Tesalonicenses 1:2: «Damos siempre gracias a Dios por todos vosotros, haciendo memoria de vosotros en nuestras oraciones».

8. **EL GALARDÓN DE PABLO ERA DARLE GRACIAS A DIOS POR TODAS LAS COSAS**
   Efesios 5:20: «Dando siempre gracias por todo al Dios y Padre, en el nombre de nuestro Señor Jesucristo».

9. **EL GALARDÓN DE PABLO ERA DARLE GRACIAS A DIOS POR ACORDARSE DE LAS DEMÁS IGLESIAS**
   Filipenses 1:3: «Doy gracias a mi Dios siempre que me acuerdo de vosotros».

10. **EL GALARDÓN DE PABLO ERA DARLE GRACIAS A DIOS POR ORAR POR LOS HERMANOS**
    Colosenses 1:3: «Siempre orando por vosotros, damos gracias a Dios, Padre de nuestro Señor Jesucristo».

11. **EL GALARDÓN DE PABLO ERA DARLE GRACIAS A DIOS POR SER PARTÍCIPE DE LA HERENCIA ETERNA**
    Colosenses 1:12: «Con gozo dando gracias al Padre que nos hizo aptos para participar de la herencia de los santos en luz».

12. **EL GALARDÓN DE PABLO ERA DARLE GRACIAS A DIOS POR HACERLO TODO POR MEDIO DE JESUCRISTO**
    Colosenses 3:17: «Y todo lo que hacéis, sea de palabra o de hecho, hacedlo todo en el nombre del Señor Jesús, dando gracias a Dios Padre por medio de él».

13. **EL GALARDÓN DE PABLO ERA DARLE GRACIAS A DIOS POR LA BENDICIÓN DE LA ORACIÓN**
    Colosenses 4:2: «Perseverad en la oración, velando en ella con acción de gracias».

14. **EL GALARDÓN DE PABLO ERA DARLE GRACIAS A DIOS POR SUS OYENTES QUE RECIBIERON LA PALABRA**
    1 Tesalonicenses 2:13: «Por lo cual también nosotros sin cesar damos gracias a Dios, de que cuando recibisteis la palabra de Dios que oísteis de nosotros, la recibisteis no como palabra de hombres, sino según es en verdad, la palabra de Dios, la cual actúa en vosotros los creyentes».

15. **EL GALARDÓN DE PABLO ERA DARLE GRACIAS A DIOS POR EL CRECIMIENTO ESPIRITUAL DE LA IGLESIA**
    2 Tesalonicenses 1:3: «Debemos siempre dar gracias a Dios por vosotros, hermanos, como es digno, por cuanto vuestra fe va creciendo, y el amor de todos y cada uno de vosotros abunda para con los demás».

16. **EL GALARDÓN DE PABLO ERA DARLE GRACIAS A DIOS POR LA ELECCIÓN DE LOS SANTOS PARA LA SALVACIÓN**
    2 Tesalonicenses 2:13: «Pero nosotros debemos dar siempre gracias a Dios respecto a vosotros, hermanos amados por el Señor, de que Dios os haya escogido desde el principio para salvación, mediante la santificación por el Espíritu y la fe en la verdad».

17. EL GALARDÓN DE PABLO ERA DARLE GRACIAS A DIOS POR SU LLAMADO AL MINISTERIO

1 Timoteo 1:12: «Doy gracias al que me fortaleció, a Cristo Jesús nuestro Señor, porque me tuvo por fiel, poniéndome en el ministerio».

18. EL GALARDÓN DE PABLO ERA DARLE GRACIAS A DIOS POR TODO LO QUE ÉL HIZO

1 Timoteo 4:4: «Porque todo lo que Dios creó es bueno, y nada es de desecharse, si se toma con acción de gracias».

19. EL GALARDÓN DE PABLO ERA DARLE GRACIAS A DIOS POR SU HIJO EN LA FE

2 Timoteo 1:3: «Doy gracias a Dios, al cual sirvo desde mis mayores con limpia conciencia, de que sin cesar me acuerdo de ti en mis oraciones noche y día».

20. EL GALARDÓN DE PABLO ERA DARLE GRACIAS A DIOS POR LOS HERMANOS QUE LO RECIBIERON EN ROMA

Hechos 28:15: «Oyendo de nosotros los hermanos, salieron a recibirnos hasta el Foro de Apio y las Tres Tabernas; y al verlos, Pablo dio gracias a Dios y cobró aliento».

21. EL GALARDÓN DE PABLO ERA DARLE GRACIAS A DIOS POR LA FE DE LA IGLESIA

Romanos 1:8: «Primeramente doy gracias a mi Dios mediante Jesucristo con respecto a todos vosotros, de que vuestra fe se divulga por todo el mundo».

22. EL GALARDÓN DE PABLO ERA DARLE GRACIAS A DIOS POR SU GRACIA A FAVOR DE LA IGLESIA

1 Corintios 1:4: «Gracias doy a mi Dios siempre por vosotros, por la gracia de Dios que os fue dada en Cristo Jesús».

23. EL GALARDÓN DE PABLO ERA DARLE GRACIAS A DIOS POR LOS DONES DEL ESPÍRITU

1 Corintios 14:18: «Doy gracias a Dios que hablo en lenguas más que todos vosotros».

24. EL GALARDÓN DE PABLO ERA DARLE GRACIAS A DIOS POR LAS ORACIONES DE LA IGLESIA A SU FAVOR

2 Corintios 1:11: «Cooperando también vosotros a favor nuestro con la oración, para que por muchas personas sean dadas gracias a favor nuestro por el don concedido a nosotros por medio de muchos».

25. EL GALARDÓN DE PABLO ERA DARLE GRACIAS A DIOS POR HABERLE HALLADO DIGNO DE PADECER POR CRISTO Y LA IGLESIA

2 Corintios 4:15: «Porque todas estas cosas padecemos por amor a vosotros, para que abundando la gracia por medio de muchos, la acción de gracias sobreabunde para gloria de Dios».

26. EL GALARDÓN DE PABLO ERA DARLE GRACIAS A DIOS POR LOS QUE SOSTENÍAN LA OBRA DE CRISTO

2 Corintios 9:11: «Para que estéis enriquecidos en todo para toda liberalidad, la cual produce por medio de nosotros acción de gracias a Dios».

27. EL GALARDÓN DE PABLO ERA DARLE GRACIAS A DIOS POR SU PROVISIÓN Y SOSTÉN PARA LA IGLESIA

2 Corintios 9:12: «Porque la ministración de este servicio no solamente suple lo que a los santos falta, sino que también abunda en muchas acciones de gracias a Dios».

28. EL GALARDÓN DE PABLO ERA DARLE GRACIAS A DIOS POR SU RESPUESTA A LAS PETICIONES DE LOS CRISTIANOS

Filipenses 4:6: «Por nada estéis afanosos, sino sean conocidas vuestras peticiones delante de Dios en toda oración y ruego, con acción de gracias».

El verdadero galardón

Como vimos, Pablo fue un hombre agradecido para con Dios. Su recompensa era ver la iglesia crecer en la fe, salvar y discipular las almas, así como caminar en intimidad de oración con el Señor. Su galardón era trabajar para Cristo con osadía, vehemencia y valentía, independientemente de las circunstancias que le venían a su vida. Su galardón era ver el reino de Dios extenderse sobre la tierra, por eso mantenía los ojos en el premio del llamamiento divino, la vida eterna.

En 1 Corintios 9:18, pregunta: «¿Cuál, pues, es mi galardón?». Sin duda, son los veintiocho puntos antes mencionados y muchos más. En todos estos aspectos demostró un agradecimiento incondicional hacia Dios por todo lo que sucedía en su vida.

La expresión de agradecimiento hacia Dios es una de las cosas más importantes en la vida de un creyente, pues en las Escrituras el Señor condena la ingratitud. Pablo mismo dijo en Colosenses 3:15: «Sed agradecidos». El agradecimiento es una de las armas más poderosas que podemos tener en nuestras vidas. Por lo tanto, nuestro galardón debe ser darle gracias a Dios por todas las bendiciones recibidas.

En realidad, Dios es nuestro galardón, como Él mismo le dijera a Abraham: «No temas [...] yo soy tu escudo, y tu galardón» (Gn 15:1). Así que Él es quien nos da toda dádiva y todo galardón:

> ¿Qué galardón me daría de arriba Dios, y qué heredad el Omnipotente desde las alturas?
>
> JOB 31:2

De modo que el galardón es de arriba, de lo alto, de donde viene todo lo que tenemos y podemos hacer.

Lo que nos dice la Biblia sobre el galardón

Son muchos los pasajes que nos hablan del galardón, la recompensa, el premio que Dios nos da a sus hijos. Por ejemplo:

David

El salmista David decía que si guardamos los mandamientos de Dios, tendríamos una gran recompensa: «En guardarlos hay grande galardón» (Sal 19:11). También afirmó que «ciertamente hay galardón para el justo» (Sal 58:11).

Salomón

Cuando compara al justo y al malvado, dice: «El impío hace obra falsa; mas el que siembra justicia tendrá galardón firme» (Pr 11:18).

Jesús

Afirmó que si por su causa nos vituperan, persiguen o dicen mentiras de nosotros, debemos gozarnos y alegrarnos porque nuestro «galardón es grande en los cielos» (Mt 5:12). También declaró: «Y cualquiera que dé a uno de estos pequeñitos un vaso de agua fría solamente, por cuanto es discípulo, de cierto os digo que no perderá su recompensa» (Mt 10:42).

Además, nos dijo que debemos perdonar, amar y ayudar a los que nos aborrecen: «Amad, pues, a vuestros enemigos, y haced bien, y prestad, no esperando de ello nada; y será vuestro galardón grande, y seréis hijos del Altísimo; porque él es benigno para con los ingratos y malos» (Lc 6:35).

Hebreos

En el libro de Hebreos hay grandes promesas para el cristiano que persiguen por la causa de Cristo y pierde sus bienes por servir a su Señor: «El despojo de vuestros bienes sufristeis con gozo, sabiendo que tenéis en vosotros una mejor y perdurable herencia en los cielos» (Heb 10:34). ¡Aleluya! A continuación, nos exhorta a que no perdamos nuestra «confianza, que tiene grande galardón» (Heb 10:35), pues Dios «es galardonador de los que le buscan» (Heb 11:6). Por eso, Moisés «tenía puesta la mirada en el galardón» (Heb 11:26).

Juan

El apóstol Juan nos amonesta con estas palabras: «Mirad por vosotros mismos, para que no perdáis el fruto de vuestro trabajo, sino que recibáis galardón completo» (2 Jn 8). Luego, nos afirma que vendrá «el tiempo de juzgar a los muertos, y de dar el galardón a tus siervos los profetas, a los santos, y a los que temen tu nombre, a los pequeños y a los grandes» (Ap 11:18).

Pablo

Todos recibiremos el galardón, como lo afirma el apóstol Pablo al decirnos que «cada uno recibirá su recompensa conforme a su labor» (1 Co 3:8). Por lo tanto, si todo lo hacemos para el Señor, recibiremos el galardón. Más adelante, confirma: «Si permaneciere la obra de alguno que sobreedificó, recibirá recompensa» (1 Co 3:14). Por eso debemos hacerlo todo para el Señor y no para los demás, tal como nos garantiza este pasaje: «Y todo lo que hagáis, hacedlo de corazón, como para el Señor y no para los hombres; sabiendo que del Señor recibiréis la recompensa de la herencia, porque a Cristo el Señor servís» (Col 3:23-24).

En conclusión

Por esto, y mucho más, servimos a Dios al predicar, viajar alrededor del mundo, ayudar a sostener los cuarenta y ocho misioneros, mantener nuestro Instituto Teológico en la India, pagar nuestras campañas en Asia y África, enviar por miles Biblias, libros y DVD a los presos aquí en Estados Unidos, a Cuba y también a otros países. Todo esto lo hacemos de corazón al ministrar las necesidades espirituales de nuestros hermanos en cada continente. ¡Alabado sea su Nombre para siempre! Y esta Palabra es para mí y para usted, pues nos bendice muchísimo:

> He aquí yo vengo pronto, y mi galardón conmigo, para recompensar a cada uno según sea su obra.
>
> APOCALIPSIS 22:12

¡Aleluya! También por esto y mucho más, todos los creyentes diremos algún día:

> Te damos gracias, Señor Dios Todopoderoso, el que eres y que eras y que has de venir, porque has tomado tu gran poder, y has reinado.
>
> APOCALIPSIS 11:17

¡Gloria a Dios, Amén!

Pablo y su coronación

He peleado la buena batalla, he acabado la carrera, he guardado la
fe. Por lo demás, me está guardada la corona de justicia, la cual me
dará el Señor, juez justo, en aquel día; y no sólo a mí, sino también a
todos los que aman su venida.

2 TIMOTEO 4:7-8

Hemos llegado al capítulo final sobre la fascinante vida, el sublime llamado y el extraordinario ministerio del gran apóstol Pablo. Su vida nos
muestra que a pesar de las pruebas, luchas, tribulaciones, persecuciones y
prisiones, podemos vivir en victoria en todas las circunstancias de la vida,
independientemente de las situaciones adversas, contrarias y negativas que
podamos tener.

En medio de la oposición y resistencia que enfrentó Pablo durante toda
su vida, siempre mantuvo su mirada en Cristo y sus ojos en el premio final
que es la vida eterna. Fue un verdadero ministro del Señor Jesucristo en todos los sentidos de la palabra, y supo mantenerse firme en cada una de las
adversidades que experimentó. Muy pocos hombres y mujeres han alcanzado
este nivel espiritual en sus vidas personales o ministeriales. Pablo lo alcanzó
debido a su perseverancia, su espíritu de devoción, su entrega, su pasión por
la causa de su Señor y su gran amor por las almas que lo llevó a predicar hasta
ser un embajador de Cristo en cadenas, sufrimiento y dolor. Con excepción
de Cristo, en el NT no hubo nadie que lo pudo igualar, y nadie fue más grande que él, sino solo el propio Salvador. Sus escritos pusieron la base teológica
de la iglesia que perdura hasta hoy, y estableció el firme fundamento basado
en la Palabra del Señor a su pueblo.

Algunas de las convicciones de Pablo

Antes de hablar de la muerte y del final de la carrera de Pablo, que terminó
al ser decapitado en Roma, mencionaré algunas de las muchas convicciones
personales del apóstol. Con tal propósito, solo usaré diez citas bien conocidas

extraídas de los escritos de Pablo. Estas expresan sus convicciones personales más íntimas que sostuvieron su vida, llamado y ministerio. Aunque casi todos nosotros siempre repetimos algunas de sus frases famosas, pondré los versículos completos con las frases subrayadas.

1. «*¿Quién nos separará del amor de Cristo?* ¿Tribulación, o angustia, o persecución, o hambre, o desnudez, o peligro, o espada? [...] Antes, en todas estas cosas somos más que vencedores por medio de aquel que nos amó. Por lo cual estoy seguro de que ni la muerte, ni la vida, ni ángeles, ni principados, ni potestades, ni lo presente, ni lo por venir, ni lo alto, ni lo profundo, ni ninguna otra cosa creada nos podrá separar del amor de Dios, que es en Cristo Jesús Señor nuestro» (Ro 8:35, 37-39).

2. «*Sed imitadores de mí, así como yo de Cristo*» (1 Co 11:1).

3. «*Y el que da semilla al que siembra*, y pan al que come, proveerá y multiplicará vuestra sementera, y aumentará los frutos de vuestra justicia» (2 Co 9:10).

4. «Por lo cual, por amor a Cristo me gozo en las debilidades, en afrentas, en necesidades, en persecuciones, en angustias; *porque cuando soy débil, entonces soy fuerte*» (2 Co 12:10).

5. «*Porque para mí el vivir es Cristo, y el morir es ganancia*» (Flp 1:21).

6. «*Lo que aprendisteis y recibisteis y oísteis y visteis en mí*, esto haced; y el Dios de paz estará con vosotros» (Flp 4:9).

7. «Sé vivir humildemente, y sé tener abundancia; en todo y por todo estoy enseñado, así para estar saciado como para tener hambre, así para tener abundancia como para padecer necesidad. *Todo lo puedo en Cristo que me fortalece*» (Flp 4:12-13).

8. «Con Cristo estoy juntamente crucificado, **y ya no vivo yo, mas vive Cristo en mí;** y lo que ahora vivo en la carne, lo vivo en la fe del Hijo de Dios, el cual me amó y se entregó a sí mismo por mí» (Gl 2:20).

9. «Pero lejos esté de mí gloriarme, sino en la cruz de nuestro Señor Jesucristo, *por quien el mundo me es crucificado a mí, y yo al mundo*» (Gl 6:14).

10. «*He peleado la buena batalla, he acabado la carrera, he guardado la fe*» (2 Ti 4:7).

¡Qué convicciones tan grandes! ¡Qué valor! ¡Qué palabras! ¡Qué hombre de Dios! Justo al final de la vida, del llamado, del ministerio y de la carrera de Pablo llegamos a la conclusión de este libro sobre este hombre inigualable.

Los últimos años del apóstol

Con relación a los últimos años del apóstol, antes de que partiera para estar con su Señor y recibir su corona, se sabe bíblicamente algunos lugares de destino del apóstol.

Roma

En el año 61 d. C., como ciudadano romano y por petición suya, lo enviaron a Roma para que lo juzgara el césar. Tuvo un naufragio cerca de la *isla de Malta* y llegó a *Roma* a principios del verano de 62 d. C. Los gobernantes romanos le tenían una gran consideración y pudo predicar libremente. Con esto termina el relato de su vida en el libro de los Hechos, capítulos 27 y 28.

Desde Roma, Pablo escribió su carta a los filipenses, dando gracias por la ayuda monetaria que le enviaron a través de Epafrodito. También les escribió cartas a los creyentes de Colosas y Éfeso, así como a Filemón, residente de Colosas, a causa de un esclavo fugitivo llamado Onésimo. Estas cuatro epístolas las escribió en el año 63 d. C. y las envió a sus destinatarios con Tíquico. También desde Roma, y en el año 64 d. C., se escribió la epístola a los hebreos de Palestina, que una gran mayoría de teólogos y eruditos la atribuyen a Pablo por su estilo literario y por su gran conocimiento del AT al hablar de la sangre de Cristo, citar las Escrituras con relación al sacrificio expiatorio del Señor y relacionar entre sí los dos Testamentos con tanta precisión.

Los destinos siguientes del apóstol Pablo no se conocen con exactitud. Algunos consideran que permaneció en Roma, y que por orden de Nerón murió como mártir en el año 64 d. C. En cambio, algunos teólogos del NT dicen tener bases extrabíblicas para pensar que luego de los dos años en prisión se le otorgó la libertad y emprendió su cuarto viaje apostólico. Como es de suponer, esto solo lo indica la tradición, pues no hay bases bíblicas que lo apoyen. Los eruditos que sostienen esta teoría dicen que esto se infiere por las epístolas pastorales a Timoteo y Tito, y que a continuación de su defensa ante el Senado y el emperador, a Pablo lo liberan y viaja al Oriente.

Creta

Después de permanecer un largo tiempo en la isla de Creta, deja allí a su discípulo Tito para la consagración de los presbíteros en todas las ciudades, lo cual da testimonio de que consagró a Tito como obispo de la iglesia de Creta:

> Por esta causa te dejé en Creta, para que corrigieses lo deficiente, y establecieses ancianos en cada ciudad, así como yo te mandé.
>
> **TITO 1:5**

Más adelante, en su epístola, el apóstol le instruye a Tito cómo cumplir las obligaciones de obispo.

Nicópolis

Por datos de esta misma epístola a Tito, se ve que Pablo pensaba pasar el invierno del año 64 d. C. en Nicópolis, cerca de Tarso: «Cuando envíe a ti a Artemas o a Tíquico, apresúrate a venir a mí en Nicópolis, porque allí he determinado pasar el invierno» (Tit 3:12).

Asia Menor

Durante la primavera del año 65 d. C., Pablo visitó a las restantes iglesias del Asia Menor, y en *Mileto* dejó a Trófimo enfermo (2 Ti 4:20). A causa de este, se produjo un levantamiento en Jerusalén contra el apóstol, a lo que le siguió su primer arresto. No se sabe si pasó por *Éfeso*, ya que dijo que los presbíteros de allí no verían más su rostro (Hch 20:25). Sin embargo, tal parece que en este tiempo Pablo consagró a Timoteo como obispo de Éfeso.

Troas

Luego, el apóstol pasó por Troas, donde en casa de Carpo dejó su capote, los libros y los pergaminos (2 Ti 4:13).

Macedonia

Después de su viaje a Troas, Pablo fue a Macedonia donde se enteró que las herejías en Éfeso iban en aumento y le escribe su primera epístola a Timoteo.

Corinto

Pablo permanece por algún tiempo en Corinto y, al final, regresa a Roma.

España

Se cree que Pablo visitó España y la región del Egeo después que lo liberaran y antes de su nuevo arresto y muerte a manos de Nerón (*ca*. 67 d. C.). Por lo tanto, según la tradición, se dice que en el año 96 d. C., Clemente de Roma, en su carta personal a los corintios afirma que Pablo «llegó hasta los últimos confines de occidente» (1 Clemente 5:5-7); es decir, viajó hasta *España*. También de esto hablan el canon de Muratori (*ca*. 170 d. C.) y el apócrifo Hechos de Pedro (1:3), de Vercelli. Estos escritos son extrabíblicos y distintos, así como apócrifos, por supuesto, pues no lo inspiraron el Espíritu Santo.

Si esto se admite, hay que concluir que Pablo quedó absuelto en el primer proceso romano y, entonces, se le tendría que asignar a su muerte por ejecución una fecha posterior. Sin embargo, el testimonio de la carta de Clemente resulta un tanto dudoso para algunos eruditos del NT que se preguntan: «¿Se remonta a una tradición o fuente en particular, o bien Clemente solo se inspiró en Romanos 15:22-24, 28?».

Como vemos, Pablo tenía intenciones de ir a *España* y que, según Clemente, hizo este viaje. Con todo, hasta hoy los teólogos debaten si en realidad Pablo fue o no a *España*, a pesar de lo que afirma el relato de la carta a los Romanos:

> Por esta causa me he visto impedido muchas veces de ir a vosotros. Pero ahora, no teniendo más campo en estas regiones, y deseando desde hace muchos años ir a vosotros, cuando vaya a **España**, iré a vosotros; porque espero veros al pasar, y ser encaminado allá por vosotros, una vez que haya gozado con vosotros [...] Así que, cuando haya concluido esto, y les haya entregado este fruto, pasaré entre vosotros rumbo a **España**.
>
> ROMANOS 15:22-24, 28, ÉNFASIS AÑADIDO

Es probable que la prisión en Roma del apóstol, que duró dos años según Hechos 28:30-31, fuera en los años 56-58 d. C. y que concluyera, según la mayoría de los eruditos, con la libertad del apóstol. En su segundo encarcelamiento en Roma lo condenaron a muerte, pero esto sucedió años más tarde y no durante la famosa persecución de los años 64-67 d. C.

Testimonios de Pablo

El testimonio directo de Pablo, fuente principal de la documentación, cesa con las noticias del capítulo 15 de la carta a los Romanos, que quizá fuera el último escrito auténtico del apóstol y que lo hiciera desde Corinto. Tal vez le llegaran noticias alarmantes de Jerusalén, ya que se encomienda a las oraciones de los creyentes de Roma, tal y como lo relata en este pasaje:

> Pero os ruego, hermanos, por nuestro Señor Jesucristo y por el amor del Espíritu, que me ayudéis orando por mí a Dios, para que sea librado de los rebeldes que están en Judea, y que la ofrenda de mi servicio a los santos en Jerusalén sea acepta.
>
> **ROMANOS 15:30-31**

A partir de ahora, solo debemos fiarnos del testimonio del autor de Hechos, Lucas. En este escrito encontramos datos que se muestran históricamente fidedignos, como el encarcelamiento en Cesarea y en Roma, el intento de linchamiento en Jerusalén, las indicaciones cronológicas, los nombres de los procuradores romanos Félix y Festo. Aun así, no falsifiquemos en su conjunto el relato de Hechos, pues este obedece a intenciones edificantes, apologéticas y teológicas, más que históricas.

Al llegar a Jerusalén, Pablo se encuentra con la iglesia madre reunida bajo la presidencia de Jacobo y de los «ancianos», que le sugieren un gesto que pueda demostrar su adhesión a la religión judía (Hch 21:15-27). Aquí aparece con claridad la libertad atrevida con que el biógrafo cuenta la confabulación. En primer lugar pone en labios de Pablo cinco discursos bien elaborados. Sus palabras son una elocuente y repetida apología. Más adelante, su declarada inocencia encuentra una confirmación en las declaraciones de Félix, Festo y el rey Agripa.

Los informes de Lucas

Fiel en su narración, y con intenciones edificantes, apologéticas y teológicas, como ya dijimos, Lucas nos ofrece un cuadro real del proceso del apóstol que muestra las acusaciones falsas, la inocencia del acusado, la hostilidad del Sanedrín, las sesiones del gobernador romano por maniobras políticas, etc. Es más, solo los datos de base merecen una credibilidad histórica justificada, como el intento de linchamiento, la intervención providencial de la guardia romana, la detención en Cesarea, la apelación al tribunal del emperador, así como la intervención de los procuradores romanos Félix y Festo en el año 55 d. C.

También se ocupa de relatar el viaje desde Cesarea hasta Roma (Hch 27:1-28), realizado con toda probabilidad en el invierno y entre los años 55 o 56 d. C. No obstante, el biógrafo se deleita sobre todo en la descripción de la tempestad y del naufragio (Hch 27:9-44). Esto es evidente debido a que lo hace en un estilo que más bien parece convencional, y donde Pablo adquiere tonos de «jefe de expedición».

Ya en Roma, más que un acusado en espera de sentencia, se muestra como un activo misionero cristiano (Hch 28:23-28). Así concluye el libro de Hechos:

> Y Pablo permaneció dos años enteros en una casa alquilada, y recibía a todos los que a él venían, predicando el reino de Dios y enseñando acerca del Señor Jesucristo, abiertamente y sin impedimento.
>
> **HECHOS 28:30-31**

Cuando leemos este pasaje, vemos lo relacionado que está con las palabras de Cristo en cuanto al mandato misionero: «Y me seréis testigos en Jerusalén, en toda Judea, en Samaria, y hasta lo último de la tierra» (Hch 1:8). De este modo realizó su proyecto literario el autor de Hechos, Lucas, «el médico amado», donde Pablo es el ejemplo de toda la iglesia misionera:

> Pero de ninguna cosa hago caso, ni estimo preciosa mi vida para mí mismo, con tal que acabe mi carrera con gozo, y el ministerio que recibí del Señor Jesús, para dar testimonio del evangelio de la gracia de Dios. Y ahora, he aquí, yo sé que ninguno de todos vosotros, entre quienes he pasado predicando el reino de Dios, verá más mi rostro.
>
> **HECHOS 20:24-25**

Pablo nombra su sucesor

Cuando Pablo se acercaba a su partida para estar con el Señor, le escribió a Timoteo a fin de pasarle la antorcha, y le dijo estas profundas y últimas palabras al aconsejarle de cómo debía comportarse en el ministerio:

> Pero tú sé sobrio en todo, soporta las aflicciones, haz obra de evangelista, cumple tu ministerio. Porque yo ya estoy para ser sacrificado, y el tiempo de mi partida está cercano. He peleado la buena batalla, he acabado la carrera, he guardado la fe. Por lo demás, me está guardada la corona de justicia, la cual me dará el Señor, juez justo, en aquel día; y no sólo a mí, sino también a todos los que aman su venida.
>
> **2 TIMOTEO 4:5-9**

Nadie sabe con exactitud si Timoteo visitó a Pablo mientras estuvo en la cárcel en Roma por segunda vez. Sin embargo, como hábil maestro, el apóstol le dio sus últimas indicaciones a su discípulo e hijo en la fe, instruyéndole a que fuera sabio, que soportara las pruebas, que desarrollara su ministerio de evangelista (lo cual me llena de gozo), diciéndole que ya estaba cerca de su partida, que sería «sacrificado». En lo personal, creo que de alguna manera sabía que lo ejecutarían tarde o temprano. Y así mismo sucedió.

Segundo encarcelamiento en Roma

Después que Pablo volvió a Roma, lo encarcelaron por segunda vez y allí se quedó hasta su muerte. Hay fuentes fidedignas que indican que predicó hasta en la corte de Nerón en Roma y que se convirtió a la fe de Cristo la concubina preferida del emperador mientras este se encontraba de viaje. Por eso lo juzgaron y sentenciaron a muerte. Por la gracia de Dios, como dice el propio Pablo, se salvó de la boca de los leones:

> Pero el Señor estuvo a mi lado, y me dio fuerzas, para que por mí fuese cumplida la predicación, y que todos los gentiles oyesen. Así fui librado de la boca del león.
>
> **2 TIMOTEO 4:17**

Como vemos, Pablo se salvó de que lo devoraran las fieras en el circo, la arena romana, pero lo encarcelaron. Los teólogos dicen que no era posible que lo echaran a los leones porque era ciudadano romano, de ahí que lo ejecutaran con la espada.

Durante su segundo encarcelamiento, Pablo le escribió a Timoteo su segunda carta, donde le invita a que le visite en Roma para despedirse, ya que presentía su muerte cercana. La tradición no dice si Timoteo tuvo tiempo de ver a su maestro con vida, pero relata que el apóstol no esperó mucho tiempo para recibir su corona como mártir de su Señor.

Después de nueve meses de su segundo encarcelamiento en Roma, Pablo murió asesinado por la espada, como ciudadano romano, cerca de la capital del Imperio. Esto aconteció en el año 67 d. C. y en el duodécimo año del reinado de Nerón.

Versiones extrabíblicas sobre la muerte de Pablo

Otra fuente no bíblica e histórica nos atestigua de la muerte de Pablo por ejecución por parte de Nerón. Junto con Hechos 20:25 que dice: «Y ahora, he aquí, yo sé que ninguno de todos vosotros, entre quienes he pasado predicando el reino de Dios, verá más mi rostro [de Pablo]», hay que citar la primera carta personal de Clemente a los Corintios de finales del siglo I, apócrifa, pero que dice: «Debido a los celos y a la discordia Pablo demostró cómo se consigue el premio de la constancia: siete veces en prisión, desterrado, lapidado, convertido en heraldo en Oriente y en Occidente, consiguió noble gloria por su fe; después de haber enseñado la justicia por todo el mundo [conocido], habiendo llegado hasta los últimos confines de Occidente [España], y habiendo dado testimonio ante los gobernadores, se apartó del mundo y llegó al lugar santo, convirtiéndose en el modelo más grande de constancia» (1 Clemente 5:5-7).

Menciono también otro escrito histórico y apócrifo muy conocido que es el de los Hechos de Pablo, del siglo II, y los Hechos de Pedro y de Pablo, del siglo IV. Según la leyenda de estos libros, en el primero se describe de esta forma el martirio del apóstol: «De pie vuelto al oriente, Pablo estuvo orando un largo tiempo y después extendió el cuello sin pronunciar palabra. Cuando el verdugo le golpeó la cabeza, sobre el traje del soldado salpicó leche». Más detallada es la descripción del segundo relato apócrifo: «Separaron a Pedro y a Pablo de la presencia de Nerón. A Pablo lo condujeron encadenado al lugar de la decapitación, a cinco kilómetros de la ciudad [Roma], bajo la escolta de tres soldados de noble linaje. Lo decapitaron junto al barranco de las Aguas Salvias, cerca del pino».

Claro, estos escritos son solo extrabíblicos e históricos, y también apócrifos (no inspirados por el Espíritu Santo). No quiere decir que sean verdad y no creemos que sean verdad. No hubo nadie que pudiera atestiguarlo, excepto los que llevaron a cabo la ejecución. Además, en la Escritura no se encuentra este relato. La misma tradición fidedigna cristiana no lo menciona. Son solo suposiciones y leyendas. Lo mencioné nada más que para tener una idea de lo que dice algún otro libro, aparte del único y verdadero libro inspirado por el Espíritu Santo, que es la Biblia, y que no habla de la ejecución del apóstol en el final del libro de los Hechos.

Otras fuentes fidedignas sobre la muerte de Pablo

Fuentes fidedignas e históricas, de acuerdo a la tradición cristiana, atribuyen que la muerte del apóstol fue esta manera: Durante su segundo arresto en Roma, lo decapitaron por orden de Nerón en el año 68 d. C. Según se alega, se debió a que la amante del emperador se convirtió al evangelio que predicó Pablo en la misma corte.

Después de su conversión, la mujer empezó a reunirse con la iglesia en Roma. Todo esto aconteció durante un viaje de vacaciones de Nerón que, al regresar, se enteró de lo sucedido con su concubina. Entonces, al no hallarla en su palacio, se llenó de ira y se enfureció en gran medida. En ese estado, procuró vengarse de Pablo al instante y mandó a que lo ejecutaran.

De esta manera, Pablo entró en las mansiones celestiales para estar al lado de su Señor para siempre. Además, recibió la corona que le esperaba después de una larga carrera triunfante y exitosa en su vida, llamado y ministerio, y se reunió para recibirla junto a los veinticuatro ancianos de los que habla Juan en el libro de Apocalipsis:

Y siempre que aquellos seres vivientes dan gloria y honra y acción de gracias al que está sentado en el trono, al que vive por los siglos de los siglos, los veinticuatro ancianos se postran delante del que está sentado en el trono, y adoran al que vive por los siglos de los siglos, y echan sus coronas delante del trono, diciendo: Señor, digno eres de recibir la gloria y la honra y el poder; porque tú creaste todas las cosas, y por tu voluntad existen y fueron creadas

APOCALIPSIS 4:9-11

Es bien conocida la historia de que cuando la reina Victoria I de Inglaterra escuchó predicar a uno de sus capellanes sobre el Cristo glorificado y que reina para siempre, se paró de su trono y quitándose la corona de su cabeza, dijo: «¡Cuánto me gustaría que el Señor Jesucristo viniera durante mi reinado, pues sería muy grato para mí poder entregarle con mis propias manos la corona del reino británico!». En realidad, solo Él es digno de recibir el reino, la gloria, el honor y el poder.

¡Aleluya! ¡Alabado sea su Nombre para siempre! ¡Él es el verdadero Rey!

La corona y su alcance

A Pablo le esperaba una corona gloriosa en los cielos, así como nos espera también a cada uno de nosotros si somos fieles hasta el fin. Basta con perseverar y mantenerse firme sin claudicar. Al referirse a esto, el apóstol dijo:

Por lo demás, me está guardada la corona de justicia, la cual me dará el Señor, juez justo, en aquel día; y no sólo a mí, sino también a todos los que aman su venida.

2 TIMOTEO 4:8

Si estuvo guardada para él, también está guardada para usted y para mí. Por eso debemos confiar en que recibiremos nuestra corona, sin importar lo que pasemos, la prueba que enfrentemos, la tribulación en que estemos, ni la persecución que sufrimos o sufriremos. Tenemos que creer, aunque padezcamos aflicción, y decir lo mismo que enfatiza Pablo:

Por lo cual asimismo padezco esto; pero no me avergüenzo, porque yo sé a quién he creído, y estoy seguro que es poderoso para guardar mi depósito para aquel día.

2 TIMOTEO 1:12

No hay que avergonzarse del Señor jamás, sino creer y confiar en que Él guardará nuestra corona. Grandioso es Él para tenerla lista en ese día en que subiremos con Él en el arrebatamiento o que cerremos nuestros ojos aquí y tengamos que cruzar el valle de la muerte al terminar por fin nuestra carrera, tal y como lo hizo el apóstol con valentía.

La palabra «corona» en griego es **«stefanos»,** la cual significa en primer lugar lo que rodea, como puede ser el caso de un muro o una multitud. Este término proviene de **«stefo»,** que quiere decir «rodear». Entre otras cosas, la corona nos muestra lo siguiente:

- El vencedor, el símbolo del triunfo en los juegos o en algún otro concurso parecido; de ahí que, por metonimia, sea «recompensa» o «premio».
- La prenda de honor público debido a servicios distinguidos, al poder militar, etc.
- El gozo nupcial y la alegría festiva, sobre todo durante la aparición en público de los reyes. En estos casos, se entretejía una especie de guirnalda de cedro, hiedra, perejil, laurel u olivo, o se confeccionaba una imitación en oro.
- El premio en los juegos, tal y como lo muestran algunos pasajes (1 Co 9:25).
- La justicia, como dice este pasaje: «Me está guardada la corona de justicia» (2 Ti 4:8).
- La «corona incorruptible de gloria» (1 P 5:4). Con estas palabras se contrastan las cosas pasajeras de la tierra con las eternas en los cielos.
- El emblema de vida, gozo, recompensa, gloria y triunfo (Flp 4:1; 1 Ts 2:19; Stg 1:12; Ap 2:10; 3:11; 4:4, 10; Ap 6:2; 9:7; 12:1; 14:14)
- La corona de espinas, como la que los soldados romanos entretejieron y pusieron en la cabeza de Cristo (Mt 27:29; Mr 15:17; Jn 19:2, 5). A simple vista, esta corona sería una alternativa de una diadema o corona real. Sin embargo, cuando consideramos el carácter ofensivo de esa afrenta, así como las espinas que usaron, de seguro que este tipo de diadema era inadecuada por completo. La corona que llevó Jesús fue de sufrimiento, dolor y muerte por cada uno de nosotros.

Por otra parte, el verbo **«stefanoo»,** que significa «coronar», se ajusta en su expresión a **«stefanos».** Se usa cuando se habla de recompensar la victoria en los juegos (2 Ti 2:5), de la gloria y honra que Dios le concede al ser humano con respecto a su posición en la creación (Heb 2:7), y de la gloria y honra concedidas al Señor Jesús en su exaltación (Heb 2:9).

La corona del cristiano

La Biblia habla de que los cristianos recibiremos al menos seis coronas. Los teólogos tienen su punto de vista respecto a que los creyentes recibirán algunas coronas, pero los ministros recibirán estas seis y otras más por su trabajo en el Señor. Por otra parte, algunos eruditos dicen que se trata de la misma corona, pero con seis nombres diferentes, y que las seis constituyen una sola en realidad. Incluso, hay quienes dicen que las coronas son simbólicas, mientras que otros afirman que es literal. Los puntos de vista son varios, pero lo que sabemos es que recibiremos:

1. **LA CORONA INCORRUPTIBLE**
   1 Corintios 9:25: «Todo aquel que lucha, de todo se abstiene; ellos, a la verdad, para recibir una corona corruptible, pero nosotros, una incorruptible».

2. **LA CORONA DEL GOZO**
   Filipenses 4:1: «Así que, hermanos míos amados y deseados, gozo y corona mía, estad así firmes en el Señor, amados».

1 Tesalonicenses 2:19-20: «Porque ¿cuál es nuestra esperanza, o gozo, o corona de que me gloríe? ¿No lo sois vosotros, delante de nuestro Señor Jesucristo, en su venida? Vosotros sois nuestra gloria y gozo».

3. **LA CORONA DE JUSTICIA**
   2 Timoteo 4:8: «Por lo demás, me está guardada la corona de justicia, la cual me dará el Señor, juez justo, en aquel día; y no sólo a mí, sino también a todos los que aman su venida».

4. **LA CORONA DE LA VIDA**
   Santiago 1:12: «Bienaventurado el varón que soporta la tentación; porque cuando haya resistido la prueba, recibirá la corona de vida, que Dios ha prometido a los que le aman». Apocalipsis 2:10: «No temas en nada lo que vas a padecer. He aquí, el diablo echará a algunos de vosotros en la cárcel, para que seáis probados, y tendréis tribulación por diez días. Sé fiel hasta la muerte, y yo te daré la corona de la vida».

5. **LA CORONA INCORRUPTIBLE DE GLORIA**
   1 Pedro 5:4: «Y cuando aparezca el Príncipe de los pastores, vosotros recibiréis la corona incorruptible de gloria».

6. **NUESTRA CORONA**
   Apocalipsis 3:11: «He aquí, yo vengo pronto; retén lo que tienes, para que ninguno tome tu corona».

La corona no es por obras

La Palabra de Dios dice que recibiremos una corona, pero en realidad recibiremos estas seis coronas, o una sola con estos seis nombres o algún otro. ¿Quién de nosotros es digno en verdad de recibir una corona del Señor? Él solo es digno de alabanza y honor, pues hasta el mismo Pablo se consideraba el más pequeño de los apóstoles, pues creía que no era digno de servir a su Señor debido a que persiguió a la iglesia, ni que tampoco merecía recibir las revelaciones que tuvo, etc. Estas son sus propias palabras:

> Y al último de todos, como a un abortivo, me apareció a mí. Porque yo soy el más pequeño de los apóstoles, que no soy digno de ser llamado apóstol, porque perseguí a la iglesia de Dios.
>
> 1 CORINTIOS 15:8-9

Si Pablo decía que no era digno, ¿qué podemos decir usted y yo? ¿Seremos dignos? Es más que suficiente la salvación de nuestras almas y escapar del fuego eterno. Sin embargo, los cristianos y ministros iremos a comparecer delante del tribunal de Cristo para recibir los galardones, como Pablo también escribió:

> Porque nosotros somos colaboradores de Dios, y vosotros sois labranza de Dios, edificio de Dios. Conforme a la gracia de Dios que me ha sido dada, yo como perito arquitecto puse el fundamento, y otro edifica encima; pero cada uno mire cómo sobreedifica. Porque nadie puede poner otro fundamento que el que está puesto, el cual es Jesucristo. Y si sobre este fundamento

> alguno edificare oro, plata, piedras preciosas, madera, heno, hojarasca, la obra de cada uno se hará manifiesta; porque el día la declarará, pues por el fuego será revelada; y la obra de cada uno cuál sea, el fuego la probará. Si permaneciere la obra de alguno que sobreedificó, recibirá recompensa. Si la obra de alguno se quemare, él sufrirá pérdida, si bien él mismo será salvo, aunque así como por fuego.
>
> 1 CORINTIOS 3:9-15

En ese día, antes de recibir alguna corona o reconocimiento de Dios por el trabajo que hicimos para el Señor, la obra de cada uno de nosotros se revelará de acuerdo a la intención de nuestros corazones. Entonces, se verá si hicimos todo para la honra y gloria de Dios o si lo hicimos basados en el orgullo y la arrogancia para que lo vieran los hombres y recibir algún reconocimiento humano. ¡Que Dios nos libre! Pablo esperaba recibir su corona, y yo creo que de manera literal y real nosotros recibiremos una por la misericordia de Dios, a pesar de que no la merecemos.

La corona de la bendición

El salmista David dice que Dios es el que nos «corona de favores y misericordias» (Sal 103:4). En otras palabras, la corona de bendición del Señor y de sus favores para nuestro bien es, en realidad, la que recibimos cada día en todos los aspectos de la vida. Es más, por sus misericordias «no hemos sido consumidos» (Lm 3:22).

También Salomón nos habla a nosotros los cristianos: «Los simples heredarán necedad; mas los prudentes se coronarán de sabiduría» (Pr 14:18). ¿Y quién es la sabiduría? ¡Cristo! Así lo afirma Pablo en su carta a los creyentes corintios: «Cristo poder de Dios, y sabiduría de Dios» (1 Co 1:24). Por lo tanto, como somos de Cristo, Él es quien nos corona de favores y también es nuestra sabiduría: «Mas por él estáis vosotros en Cristo Jesús, el cual nos ha sido hecho por Dios sabiduría» (1 Co 1:30). Nosotros somos sabios porque Cristo es sabio y nos hizo sabios en Él. Este es nuestro gozo: Servirlo de corazón, porque algún día recibiremos nuestra corona. El libro de Cantares expresa:

> Salid, oh doncellas de Sion, y ved al rey Salomón con la corona con que le coronó su madre en el día de su desposorio, y el día del gozo de su corazón.
>
> CANTARES 3:11

Nosotros, los salvos, el Israel de Dios, de «Sion», de cualquier parte o nación que seamos, algún día veremos al Rey, al Señor Jesucristo, y así como Salomón recibió una corona de su madre en el día de su casamiento, nosotros también recibiremos una corona de parte del Señor. Nos coronarán en el día del gozo de nuestro corazón, en el día en que le veremos cara a cara y que participaremos de las bodas del Cordero. ¡Gloria a Dios!

Así que debemos luchar, trabajar, pelear la batalla espiritual y vencer, pues «el que lucha como atleta, no es coronado si no lucha legítimamente» (2 Ti 2:5). Debemos trabajar para el Señor y triunfar como el atleta disciplinado que participa en los juegos olímpicos. Ellos entrenan para vencer, compiten con su mirada puesta en el premio, a fin de que les coronen con la medalla de oro, que es una corona corruptible. Por esta razón, nosotros debemos hacer lo mismo hasta que nos corone el Señor. Entonces, Él nos dará una corona incorruptible que es mucho mejor, ya que es eterna y bella, y está reservada para cada uno de los creyentes del Señor.

La corona de la creación

Al hacer referencia a las palabras del rey David en el Salmo 8, el libro de Hebreos reafirma que cuando Dios hizo al hombre, este se convirtió en la corona de su creación:

> ¿Qué es el hombre, para que te acuerdes de él, o el hijo del hombre, para que le visites? Le hiciste un poco menor que los ángeles, le coronaste de gloria y de honra, y le pusiste sobre las obras de tus mano.
>
> **HEBREOS 2:6-7**

Lo más grande de toda la creación de Dios es la humanidad. Dios mismo nos muestra que es la «corona de su creación» (Gn 1:26). Es decir, el ser humano es lo más importante, lo más notable y lo de más valor, pues Dios nos hizo a su imagen y semejanza. Como su «corona de la creación», nuestra vida es un regalo de Dios y lo que hacemos con ella es nuestro regalo a Dios.

Respecto a Cristo y su humanidad, la Palabra nos habla de manera elocuente:

> Pero vemos a aquel que fue hecho un poco menor que los ángeles, a Jesús, coronado de gloria y de honra.
>
> **HEBREOS 2:9**

¡Aleluya! Jesús, en su humanidad, fue hecho igual a nosotros que somos un poco menor que los ángeles. Así como Él venció y le coronaron con los honores más altos del cielo, a nosotros nos coronarán, no como a Él, por supuesto, pues Jesucristo es el único, es el Salvador. Sin embargo, por haberle servido a Dios con humildad, integridad y devoción, recibiremos primero de sus manos el premio de nuestra soberana vocación en Él, la vida eterna, y después nos distinguirán por lo que hayamos hecho por la extensión del Reino de Dios en la tierra. ¡Gloria a Dios!

Por esto alabamos y «coronamos» en forma simbólica mediante nuestras alabanzas a Aquel que ya le coronaron para siempre, a Jesucristo. Cuando Él vino a salvarnos, dejó su corona en los cielos para nacer, vivir, morir, resucitar y vencer, a fin de volverla a tomar de la mano del Padre. Sobre su cabeza está ahora una corona de oro, como Juan lo describió al decir:

> Miré, y he aquí una nube blanca; y sobre la nube uno sentado semejante al Hijo del Hombre, que tenía en la cabeza una corona de oro, y en la mano una hoz aguda.
>
> APOCALIPSIS 14:14

¡Alabado sea el Señor Jesucristo!

«Sé fiel hasta la muerte»

En el año 320 d. C., el emperador Licinio publicó un edicto en el que ordenaba que los oficiales del ejército que no les ofrecieran sacrificios a los dioses los degradaran y los juzgaran como traidores al Imperio. Cuando el gobernador de Sebaste, en Turquía, leyó en público el decreto del emperador, cuarenta soldados declararon que no ofrecerían incienso a los ídolos y que se proponían serle fieles a Jesucristo hasta la muerte.

El gobernador se llenó de ira y llevó a los soldados hasta un lago congelado, a fin de echarlos allí por la noche. Cerca del lago, mandó a que colocaran un estanque con agua tibia para que quien quisiera renegar de Cristo se pasara del agua helada a la tibia. Esa era una noche cruda de invierno en la que hacía un frío espantoso. Aprovechando estas condiciones climáticas, el gobernador ordenó que se les despojara a los soldados de sus ropas y los arrojaran al lago helado.

—¡Vamos a ver hasta cuándo ustedes pueden soportar para no negar a ese tal Jesús!

Los soldados se dieron las manos y empezaron a cantar himnos a Jesucristo. Después de un largo tiempo, los heroicos soldados se animaban los unos a los otros con pasajes bíblicos y seguían cantando al Señor.

—¡Nieguen a Cristo y podrán salir de ahí ahora mismo! —les gritaban los guardias que estaban fuera del lago.

Al cabo de un buen tiempo, uno de los soldados gritó desesperadamente:

—¡No soporto más este frío! ¡Estoy muriendo congelado!

—¿Qué dices? —le preguntó el hermano que tenía a su lado—. ¡Cristo nos promete la vida eterna si somos fieles hasta el fin! Soporta un poco más y estaremos con Él para siempre.

—¡Saldré del agua! —le contestó el soldado.

—¡No lo hagas, no lo hagas! —le animaban todos.

—¡Voy a salir! —les gritó en ese momento a los guardias.

Riéndose, un guardia se le acercó al soldado para llevarle ropas, una colcha y café caliente. Creía que si uno claudicaba y renegaba de la fe, los demás harían lo mismo. En cambio, el resto de los hermanos, ya casi congelados, seguían dándole palabras de ánimo al desertor, tratando de impedir que negara su fe. Aun así, este soldado estaba decidido a negar a su Señor y se dispuso a salir del agua.

Cuando uno de los guardias se le acercó y le extendió la mano para ayudarlo a salir por fin del lago, se quedó paralizado, sorprendido y maravillado al mismo tiempo. Miró que de arriba de la cabeza del hermano salía una lindísima corona de oro adornada con piedras preciosas de varios colores. El guardia que era tirano y ateo le miró y le dijo:

—Tú podrás salir, pero yo entraré y ocuparé tu lugar.

Entonces, arrodillándose junto al lago, se arrepintió y confesó sus pecados recibiendo a Cristo como su Señor y Salvador. Después, se levantó y ocupó el lugar del que negó su fe y se unió a los treinta y nueve soldados que alabaron la decisión que hizo el soldado por Cristo. Esa noche, los cuarenta soldados murieron congelados con los himnos de Sion en sus labios.

¡Alabado sea el Señor Jesucristo por siempre!

Muchos otros creyentes han muerto por Cristo de varias maneras alrededor del mundo. Según la revista del ministerio «La voz de los mártires», en su edición que repasa el año 2014, dice que desde el año 2010, se estima que once mil quinientos cristianos murieron por Cristo de varias formas. También otros tres mil quinientos cristianos sufrieron torturas físicas, y a otros miles más los encarcelaron, persiguieron y expulsaron de sus casas a manos de las autoridades anticristianas de sus países cerrados en extremo al evangelio.

Todos estos heroicos hermanos que ya están con el Señor disfrutan hoy de la comunión gloriosa con el Padre, el Hijo y el Espíritu Santo, a la vez que en sus cabezas brilla una hermosa corona. ¡Aleluya! Ante esto, la Palabra nos afirma:

No temas en nada lo que vas a padecer. He aquí, el diablo echará a algunos de vosotros en la cárcel, para que seáis probados, y tendréis tribulación por diez días. Sé fiel hasta la muerte, y yo te daré la corona de la vida.

APOCALIPSIS 2:10

¡Gloria a Dios! ¡El Señor permita que podamos serle fieles hasta ese día! ¡Ayúdanos, Señor!

Saulo, respirando

os discípulos de...

e pidió cartas pa...

le que si hallas...

Camino, los trajes...

el camino, acon...

repentinamente le...

ielo; y cayendo...

Saulo, Saulo...

res. Señor? Y...

persigues; dura...

Él, temblando y...

que yo haga? Y...

en la ciudad, y se...

hombres que iban...

oyendo a la verdad...

Saulo se levantó...

eía a nadie; así...

metieron en Damasco

no comió ni beb...

discípulo llamado...

isión: Ananías. Y...

Y el Señor le dijo...

lama Derecha, y bu...

Saulo, de Tarso...

en visión a un va...

le pone las manos...

Palabras finales y agradecimientos

Espero de todo corazón que la lectura de este libro le sirviera de edificación y que le trajera un entendimiento más claro, profundo y espiritual de lo que fue la vida, el llamado y el ministerio de este gran hombre de Dios, el apóstol Pablo. Mi deseo es que todos podamos aprender de su vida, sus sufrimientos, prisiones, entrega, pasión y devoción por la causa de Cristo, y que podamos imitarle y terminar nuestra carrera algún día en victoria como lo hizo él.

En realidad, Pablo fue un hombre incomparable, único, extraordinario y escogido por Dios para llevar a cabo una tarea especial, peculiar y exclusiva: ser el apóstol de los gentiles. Lo que es más importante, el Señor lo escogió también para que recibiera las revelaciones que tenemos del Nuevo Testamento que son la base de la teología cristiana hasta hoy, y lo será hasta la venida de Cristo y la consumación de todas las cosas.

Muchas gracias por haber tomado de su ocupado tiempo para leer esta obra literaria. Gracias por sus oraciones. Gracias por su amabilidad y cariño hacia mi persona. Por favor, le ruego que continúe orando por mi querida esposa Dámaris, por mis queridos hijos Kathryn y Joshua, y por mí, siervo de Dios y suyo. Además, le pido que ore por mi ministerio, a fin de que Dios nos siga bendiciendo para poder ayudar a sostener financieramente a nuestros cuarenta y ocho misioneros, el Instituto Teológico J.Y. en la India y a seguir ganando almas alrededor del mundo para la honra y gloria del Señor Jesucristo.

¡Que Dios bendiga su familia, su trabajo, iglesia y ministerio!

Con profundo agradecimiento a Dios y a usted, y por los lazos del Calvario que nos unen,

Rvdo. Josué Yrion

aulo, respira...
os discípulos...
e pidió cartas...
le que si hallase...
Camino, los...
l camino, a...
epentinamente...
ielo; y cayendo...
aulo, Saulo...
res. Señor: Y...
ersigues: ...
l, temblando y...
que yo haga? Y...
n la ciudad, y...
ombres que...
yendo a la verdad...
aulo se levantó...
eía a nadie...
etieron en Damasco...
no comió ni beb...
iscípulo llamado...
isión: Ananías. Y...
Y el Señor le dijo...
lama Derecha, y...
aulo, de Tarso...
n visión a un va...
le pone las man...

Acerca del Autor

El Rvdo. Josué Yrion es un escritor y evangelista internacional que ha logrado un reconocimiento destacable. Ha predicado en la unción del Espíritu Santo a millones de personas en setenta y cuatro países de todos los continentes del mundo. Esto ha resultado en la salvación de multitudes para Cristo. En 1985, estuvo en la Unión Soviética, y más tarde regresó en 1993 para predicar en Rusia en una base militar soviética de Moscú, a donde su ministerio llevó dieciséis mil Biblias. Ha recibido muchos honores, incluyendo la medalla del Congreso chileno y una placa del gobierno de Chile como «Hijo y visita ilustre de Viña del Mar».

Fue el primer ministro iberoamericano en predicar en una cruzada en Madrás (Chennai), India, donde setenta mil personas fueron testigos del poder de Dios a través de milagros y prodigios. Es maestro activo y acreditado de Misionología del curso «Perspectivas», de la División Latinoamericana de la Universidad William Carey y del Centro Mundial de Misiones en California. Es presidente del Instituto Teológico Josué Yrion en Manipur, India, donde muchos se preparan para alcanzar a los países no evangelizados aún del Asia.

En este momento, su ministerio está sosteniendo económicamente a cuarenta y ocho misioneros alrededor del mundo, y su organización cuenta con una oficina en cada continente. Su ministerio está entre las ochocientas veinticinco organizaciones misioneras reconocidas por el Libro de Consulta de Misiones [Mission Handbook] del Centro Billy Graham, EMIS (por sus siglas en inglés de Servicio de Información de Evangelismo y Misiones), editado por la Universidad de Wheaton.

El Rvdo. Yrion es autor de los libros: *El poder de la Palabra de Dios; Heme aquí, Señor, envíame a mí; La crisis en la familia de hoy; La fe que mueve la mano de Dios; El secreto de la oración eficaz; La vida espiritual victoriosa; Espíritu Santo, necesito conocerte más* [dos tomos], *«Dad, y se os dará»* y este, *Pablo: Su vida, llamado y ministerio*. Es ministro ordenado del Concilio

General de las Asambleas de Dios en los Estados Unidos y fundador y presidente de Josué Yrion Evangelismo y Misiones Mundiales, Inc. Reside con su esposa, Dámaris, y sus hijos, Kathryn y Joshua, en Los Ángeles, California, Estados Unidos.

Si desea más información de nuestro ministerio, nuestros libros, nuestros DVD y nuestros CD disponibles en inglés y español, o más información de nuestros cuarenta y ocho misioneros, del Instituto Teológico J.Y. en la India, así como nuestras campañas evangelísticas alrededor del mundo, visite nuestra página web: www.josueyrion.org, o escríbanos a la siguiente dirección:

JOSUÉ YRION EVANGELISMO Y MISIONES MUNDIALES, INC.
P.O. Box 768
La Mirada, CA 90637-0768, USA
Teléfono: (562) 928-8892 / Fax: (562) 947-2268
www.josueyrion.org
josueyrion@josueyrion.org • josueyrion@msn.com

Bibliografía recomendada

A.T. Robertson, *The Glory of the Ministry* [La gloria del ministerio], Nabu Press, 2011.

dc Talk y La Voz de los Mártires, *Locos por Jesús*, volumen I, Editorial Unilit, 2002.

_____, *Locos por Jesús*, volumen II, Editorial Unilit, 2003.

Edward M. Bounds, *El poder a través de la oración*, Editorial Peniel, 2007.

John Foxe, *El libro de los mártires*, Editorial Clie, 2008.

Josué Yrion, *«Dad, y se os dará»* y este, Editorial Unilit, 2014.

_____, *El poder de la Palabra de Dios*, Grupo Nelson, 2001.

_____, *El secreto de la oración eficaz*, Grupo Nelson, 2008.

_____, *Espíritu Santo, necesito conocerte más* [dos tomos], Editorial Unilit, 2012.

_____, *Heme aquí, Señor, envíame a mí*, Grupo Nelson, 2004.

_____, *La crisis en la familia de hoy*, Grupo Nelson, 2006.

_____, *La fe que mueve la mano de Dios*, Grupo Nelson, 2007.

_____, *La vida espiritual victoriosa*, Grupo Nelson, 2009.

Juan Bunyan, *El progreso del peregrino*, Whitaker House, 2013.

Oswald Smith, *Pasión por las almas*, Editorial Portavoz, 1957.

Richard Wumbrand, *Torturado por la causa de Cristo*, CLC, 2004.

Para más información sobre las palabras en hebreo y griego de esta obra, véase:

W.E. Vines, *Diccionario Expositivo de Palabras del Nuevo y Antiguo Testamento Exhaustivo de Vines*, Grupo Nelson, Nashville, TN, 1998.

Notas

_____
_____
_____
_____
_____
_____
_____
_____
_____
_____
_____
_____
_____
_____

aulo, respiran
os discípulos del
e pidió cartas par
le que si hallase a
Camino, los traje
l camino, acont
epentinamente le
ielo; y cayendo
Saulo, Saulo, ¿po
res, Señor? Y
ersigues; dura
Él, temblando y
que yo haga? Y el
en la ciudad, y se
hombres que iban
oyendo a la verdad
Saulo se levantó
veía a nadie; así
netieron en Damas
no comió ni beb
discípulo llamado
visión: Ananías. Y el
Y el Señor le dijo
lama Derecha, y busc
Saulo, de Tarso
en visión a un va
le pone las mano